Second Edition

CHARLEMOS UN POCO

Jackie Jarest

Marsha Robinson

Heinle & Heinle Publishers
Boston, Massachusetts 02116, U.S.A.

Publisher: Stanley J. Galek
Editorial Director: A. Marisa French
Project Coordinator: Kristin Swanson
Production Supervisor: Patricia Jalbert
Assistant Editor: Erika Skantz
Production Manager: Erek Smith
Text and Cover Design: Jean Hammond
Cover Illustration: Suzette Barbier
Art Director: Len Shalansky
Text Illustration: Linda King

▲

Photo permissions

AP / Wide World Photos, p. 118 (above), 264, 296; **Bettmann Archive,** p. 195; **Bettmann Archive Film Section,** p. 79; **Comstock** (Stuart Cohen), p. 52, 77; **FPG, Int'l.** (Stan Willard), p. 319; **Bob Frerck,** p. 59 (right); **Peter Menzel,** p. 9, 30 (right), 41, 90 (above and below), 125, 150 (left), 192, 205 (right), 230 (above and below), 231, 239, 250, 258 (left); **Monkmeyer Press Photo Service** (Hugh Rogers), 59, 104, 150 (right), 164, 233, 259; **Photo Researchers, Inc.** (Victor Englebert), 71, 213, 310 (left), (Barbara Rios), p. 3; **The Picture Cube** (Spencer Grant), p. 310 (right), (Carol Palmer), p. 247, (Eric A. Roth), p. 2 (left), 109, (Susan Van Etten), p. 258 (right), (David Witbeck), p. 311; **Stock Boston,** 204 (right), (Bob Daemmrich), p. 30 (left), (Owen Franken), p. 167, (Jerry Howard), p. 219, (Peter Menzel), p. 118 (below), 282 (above), (Nicholas Sapieha), p. 324, (Cary Wolinski), p. 17; **UPI / Bettmann Newsphotos,** p. 20; **Ulrike Welsch,** p. 49, 58, 69, 91, 137, 145, 180, 204 (left), 205 (left), 228, 270, 272, 282 (below).

Literary permissions

"Ohming Instick," permission granted by Ernie Padilla; "De lo que aconteció a un mancebo que se casó con una mujer muy brava y fuerte," permission for adaptation granted by Angel Flores; "Las droguerías americanas," permission granted by Germán Arciniegas; "Oda a la alcachofa," permission granted by Fundación Pablo Neruda; "En las sombras del cinematógrafo," permission granted by Espasa-Calpe, S.A.; "Águeda," permission granted by Caro Raggio; "Un día de éstos," permission granted by Gabriel García Márquez, 1962; "Momentos felices," permission granted by Ediciones Rialp.

Copyright © 1990 by Heinle & Heinle Publishers.
All rights reserved. No parts of this publication may be reproduced or transmitted in any form or by any means, electronic, or mechanical, including photocopy, recording, or any information storage and retrieval system, without permission in writing from the publisher.

Heinle & Heinle Publishers is a division of Wadsworth, Inc.
Manufactured in the United States of America
ISBN 0-8384-1868-6
10 9 8 7 6 5 4 3 2 1

Contenido

Prefacio

CAPÍTULO 1

Los hispanos en los Estados Unidos: ¡A conocernos! 2

Subject Pronouns 8
The Present Indicative: Regular Verbs 9
The Present Indicative: Stem-Changing Verbs 10
The Present Indicative: Irregular Verbs 13
Some Uses of the Present Indicative 15
Ahora, leamos
 Ohming Instick, Ernie Padilla 18
Yes / No Questions 21
Interrogative Words 23

CAPÍTULO 2

¡No haga Ud. hoy lo que puede dejar para mañana! 30

The Preterite: Regular Verbs 38
The Preterite: Irregular Verbs 40
The Uses of the Preterite 40
The Imperfect 43
Ahora, leamos
 Una carta a Dios, Gregorio López y Fuentes 47
The Preterite and the Imperfect 51

CAPÍTULO 3

La mujer en la sociedad 58

A Definition of the Subjunctive 66
The Present Subjunctive: Regular and Irregular Verbs 67
The Present Subjunctive: Stem-Changing Verbs 68
The Present Subjunctive: Irregular Verbs 69
Some Uses of the Subjunctive 72
Ahora, leamos
 De lo que aconteció a un mancebo que se casó con una mujer muy fuerte y muy brava, Don Juan Manuel 79
Commands 83

CAPÍTULO 4

El mundo moderno: no es para todos 90

Direct Object Pronouns 97
Indirect Object Pronouns 100
Prepositional Pronouns 102
Ahora, leamos
  Las droguerías americanas, Germán Arciniegas 105
Verbs like **gustar** 108
Double Object Pronouns 111

CAPÍTULO 5

El mundo del trabajo 118

Demonstrative Adjectives and Pronouns 126
Adjectives 128
The Past Participle as Adjective 132
Ahora, leamos
  Trabajo difícil, Conrado Nalé Roxlo 135
The Uses of **Ser** and **Estar** 139
The Present Perfect and the Past Perfect 143

CAPÍTULO 6

¿Puede Ud. resistir la tentación? 150

Affirmative and Negative Words 157
Reflexive Verbs 159
Ahora, leamos
  Oda a la alcachofa, Pablo Neruda 166
The Subjunctive in Adjective Clauses 170
The Subjunctive in Adverbial Clauses 173

CAPÍTULO 7

Los medios de difusión: ¿Qué opina Ud.? 180

The Future 188
Some Uses of the Future 188
The Conditional 191
Ahora, leamos
  En las sombras del cinematógrafo, Julio Camba 195
The Future and Conditional Perfect 198
Emphatic **sí** 200

CAPÍTULO 8

Las relaciones humanas: ¡complicadísimas!   204
Forms of the Past Subjunctive   212
Ahora, leamos
     Águeda, Pío Baroja y Nessi   218
Sequence of Tenses with the Subjunctive   222

CAPÍTULO 9

La política: ¿Le interesa o no?   230
Passive Voice with **ser** / Resulting Condition with **estar**   237
Other Uses of the Pronoun **se**   240
Ahora, leamos
     Un día de éstos, Gabriel García Márquez   245
The Gerund   250
The Uses of the Gerund   251

CAPÍTULO 10

¡Diviértase un poco!   258
The Uses of the Infinitive   264
The Prepositions **Por** and **Para**   267
Ahora, leamos
     Momentos felices, Gabriel Celaya   271
Si Clauses   275

CAPÍTULO 11

¡No espere más! ¡Haga el viaje de sus sueños!   282
Relative Pronouns   290
Ahora, leamos
     Los viajeros, Marco Denevi   298
Comparative Sentences   302
Equivalents of *Than*   306

CAPÍTULO 12

Algunas consideraciones sobre la salud   310
Prepositions   317
Ahora, leamos
     El indeciso, José Milla Vidaurre   323
Possessive Adjectives and Pronouns   328

Apéndices

I   Chapter Vocabulary Appendix   334
II Numbers   338
    Dates, days and months   339
    Time   340
    Weather   341
III Pronouns   342
IV Regular Verbs   343
    Stem-Changing Verbs   346
    Irregular Verbs   347

Glosario español-inglés   351

Índice   369

Prefacio

CHARLEMOS UN POCO, its companion reader, **AHORA, LEAMOS**, the workbook, instructor's tape, and the laboratory component offer instructors and students a complete program for intermediate college Spanish or level three or four of high school. The program's objective is to help students develop practical communicative skills while exposing them to Hispanic culture through authentic literary readings.

The grammar component of the program comprises twelve chapters. Because of the typically wide range in individual students' needs and abilities, **CHARLEMOS UN POCO** briefly reviews the essentials of grammar presented in most introductory texts before proceeding to a systematic, contextualized introduction to the use of more advanced structures. It is worth noting that the Spanish verb system is presented here as a two-tense system, present and past. Thus the present indicative is presented in Chapter 1 and the preterite and imperfect in Chapter 2. Tenses of the subjunctive are also done in this manner. All aspects of both tenses are continually reinforced throughout the text. Attention is also given to **vosotros** verb forms, in part because of the presence in some of the authentic readings and also because of the large number of students who study in Spain.

Each chapter of **CHARLEMOS UN POCO** opens with a thematic collage of illustrations and photos, followed by related questions, with the goal of immediately getting students involved in talking about themselves and using vocabulary and structures they already know. The vocabulary introduction that follows is divided into two sections. The first section, **Vocabulario personal,** asks students to write down theme-related words and expressions they frequently use to answer the opening questions, those they remember from previous study, and new words they'd like to know in order to discuss the chapter's topic. (Vocabulary Appendices for most chapters are included to help get them started.) The second vocabulary section, **Empecemos en contexto,** begins with an authentic taped conversation found on the instructor's tape, and introduces the core vocabulary in **Palabras prácticas.** Content questions based on the taped conversation follow. **Más vocabulario útil** provides another small core of thematic vocabulary in context. **Investiguemos un poco** helps students recognize forms, build vocabulary by dealing with word families, prefixes, suffixes, etc., and discriminate or further explain specific vocabulary usage. Several contextualized, communicative activities appear in **Practiquemos** to give further practice with this new vocabulary.

Grammar is introduced in **Enfoquemos el idioma,** both before and after the chapter's reading selection, followed by several exercises (in a contextualized format) that use the chapter's vocabulary. Many exercises call for group or pair work, written sentences, or teacher-student work. They progress from mechanical to more open-ended "personalized" activities. These activities are designed wherever possible to encourage role-playing and are in many instances modeled on ACTFL-ETS Oral Proficiency "situations." In other words, the activities derive from the increasingly popular functional-notional approach to language aquisition and are designed to promote true communicative competence and self-expression.

A new section of **CHARLEMOS UN POCO**, second edition, is the reading component. Authentic literary pieces have been selected to provide students with a true picture of Hispanic culture and also to give them an introduction to studying literature. Each selection is preceded by **Ayudemos su comprensión,** which sets the tone of the reading by giving hints to its content and by asking students questions to whet their appetite for the reading, and **Antes de leer,** which points out possible trouble spots dealing with grammar, vocabulary or cultural notes. **Reaccionemos** follows the reading and offers exercises for a variety of ability levels, ranging from content-type practice to analysis and composition exercises.

Charlemos un poco más concludes each chapter. This segment wraps up the entire chapter by providing more personalized questions, and ideas for debate, compositions, and group activities. These exercises suggest such things as starting a pen-pal correspondence, using video cameras to film ads, and ideas for student newspaper articles, interviews, etc. The last exercise for each chapter is a composition assignment based on art, much like the Advanced Placement activity, which encourages students to be creative with their language skill. **Digamos la última palabra,** a culminating vocabulary list, contains all the active vocabulary for each chapter. (The active vocabulary is also listed in the glossary, accompanied by the chapter number in which it was first introduced.)

A unique feature of **CHARLEMOS UN POCO** is the wealth of reference material contained in its appendices: numbers, dates, days and months, time, and weather; a review chart of pronouns; verb paradigms; and a supplementary vocabulary list for most chapters. These appendices are followed by a very complete glossary, which includes active vocabulary from each chapter listed with its chapter number, and vocabulary items from the reading selections that were not previously glossed. An index completes the text.

Accompanying the basic text are a workbook, a laboratory tape program, an instructor tape, and an integrated reader, **AHORA, LEAMOS.** The exercises in the Workbook and laboratory program are both designed to expand and reinforce the thematic content, the vocabulary, and the grammar of the text. **AHORA, LEAMOS,** the reader, builds on the thematic content of the text. The reader may be used either concurrently or independently of the text. Each chapter of the reader contains a variety of reading comprehension strategies, vocabulary expansion exercises, discussion activities, and exercises promoting the development of the reading and writing skills.

CHARLEMOS UN POCO is truly a second edition. Thanks to the many comments and suggestions from users of **CHARLEMOS UN POCO,** the authors have tried to improve on the first edition in order to provide both instructors and students a more pleasurable experience in language study.

▶ **Acknowledgements**

   In addition to the many individuals and companies who contributed to this book, we would especially like to thank the following people: Barbara Wing, for her careful scrutiny of the subjunctive; Baltasar Fra Molinero, for his native readings of the manuscript; Peggy Hartley for her reviews of the manuscript while in progress; Leslie Schrier for her contributions to the reading segment; Jack Rampon, Michele Garon, and María Fernández for their generous support; the many authors who allowed us to reprint their works; the entire production staff of Heinle and Heinle; and Kris Swanson and Marisa French, our editors, whose friendship, sense of humor and professionalism helped carry us through the second edition of CHARLEMOS UN POCO.

   In addition we'd like to thank our copy editor, Jane Wall-Meinike; our native reader, Ana María Rodino; our proofreaders, Joyce Goldenstern and Leesa Stanion; the native speakers in the tape program; and the following reviewers: Justyna Carlson, *North Adams State College;* Ann Doyle, *Stephen F. Austin State University;* Baltasar Fra Molinero, *Indiana University;* Peggy Hartley, *Appalachian State University;* Dr. Beverly Leetch, *Towson State University;* Leslie Schrier, *Iowa State University;* Sixto Torres, *Clemson University;* Mary Jane Treacy, *Simmons College;* Beth Wellington, *Simmons College;* and Barbara Wing, *University of New Hampshire.*

▼

**For the Gilfords, the Croteaus and the Robinsons, with love.
M.R.
For Jim, my parents Jack and Marilyn, Elizabeth Dupell, and all the rest of the Jarests, the Davises, and the Fecteaus, with much love.
J.J.**

▲

Note to the Student

¡**Bienvenido(a)**! We hope that you will enjoy this text and that continuing with Spanish will be a rewarding experience for you. Many of the activities we have included are to help you have fun at the same time you are learning.

We have chosen not to include cumbersome glosses in the exercises — you will infer much of the vocabulary from the context. However, should you run into any unknown vocabulary in the exercises or in the readings, you may refer to the glossary at the end of the text. In the glossary, the chapter number in which a word appears as a vocabulary item is listed after the definition. In vocabulary lists and in the glossary, stem changes are provided. You may wish to consult the appendixes before you begin the first chapter so that you are familiar with these reference sections.

The following is a list of words and expressions used in the exercise directions. Some are introduced as vocabulary items at some point in the text; others are not. Since you will be seeing many of them frequently, it is to your advantage to learn them as soon as possible.

a continuación following
adivine guess
añada add
  añadiendo adding
cambie change
  el cambio change
combine combine
la concordancia agreement
conjugue conjugate
el (la) consejero(a) advisor
  los consejos advice
la contestación answer
  conteste answer
lo contrario (el opuesto) opposite
corrija correct
cualquier any
dé give
el dibujo drawing
diríjase direct (yourself)
empleando using
  emplee use
encuentros personales
  personal encounters
la encuesta poll
enfoquemos let's focus
en letra bastardilla in italics
el ensayo essay
la entrevista interview
  entreviste interview
escoja choose
explique explain

la frase sentence
haga el papel play the role
hágale la pregunta a ask the question to
he aquí Here is, here are
le toca a usted it's your turn
narre narrate
la oración clause; sentence
el párrafo paragraph
la pregunta question
  pregunte ask
prepare de antemano prepare ahead of time
reaccione react
rellenar fill out
la respuesta answer
el rompecabezas riddle
quitando taking out, away
  quite take out, away
según according to
  según convenga (según corresponda)
  as necessary
  según el modelo according to the model
siga Follow
  siguiente following
subrayado(a) underlined
supla supply, provide
sustituya substitute
el tema theme
termine Finish
traduzca translate
el trozo portion, part
una join

CAPÍTULO 1
▼

The United States is the fourth largest Spanish-speaking country in the world, surpassed in number of speakers of Spanish only by Mexico, Argentina, and Spain. Because of the tremendous impact that the Spanish language and Hispanic culture have in the United States, your decision to study Spanish will be invaluable.

▲

Los hispanos en los Estados Unidos: ¡A conocernos!

Charlemos un poco

¿Conoce Ud. algunas comunidades hispanas en los EE.UU.?

¿Qué influencia tienen los hispanos en los EE.UU.?

¿Puede Ud. llegar a conocer a otras personas con facilidad?

¿Qué hace y qué dice en esos casos?

¿Cómo hace Ud. las presentaciones?

¿Qué nota Ud. en las fotos de comunidades hispanas?

¿Qué palabras en español emplea Ud. en su lengua nativa?

ABOGADO BILINGUE
JOHN J. O'BRIEN
• INMIGRACION • ACCIDENTES
1530 TREMONT STREET - BOX 782
BOSTON, MA 02120
TELEFONO (617) 445-1900

Vocabulario

▼
Vocabulario personal

▲

Make a list of words and expressions that you used to answer the questions about the photos. Then make a list of things you might say when you first meet someone. Make an additional list of words and expressions you might use to strike up a conversation with a native Spanish speaker, but for which you would need to ask your instructor for help.

▼
Empecemos en contexto
▲

You will now read a conversation between Arthur, a student of Spanish, and Josefina, a native Spanish speaker. As you read, identify the language problems Arthur has and how Josefina helps him. You may want to look at the vocabulary in the **Palabras prácticas** section before you read their conversation.

Los problemas de Arthur: _____

La ayuda de Josefina: _____

Arthur camina por la universidad. Josefina ve que Arthur lleva un ejemplar de *Charlemos un poco* y sabe que es estudiante de español. . . .

Josefina: Ah, veo que estudias español. ¡Qué bien! ¡Me encanta cuando alguien se interesa en mi idioma! ¿Cómo te llamas? ¿De dónde eres?

Arthur: Perdone. Lo siento mucho, pero no hablo muy bien el español. Estoy embarazado y no entiendo casi nada de lo que usted dice. Por favor, hable más despacio.

Josefina: Sí, cómo no. ¿Cómo te llamas?

Arthur: Me llamo Arthur. ¿Y Ud.?

Josefina: Josefina. Bueno, Arturo, una cosita. No estás embarazado. Eso significa "pregnant."

Arthur: ¡Por Dios! Cómo se dice "embarrassed?"

Josefina: Se dice "Estoy avergonzado."

Arthur: En ese caso, estoy muy avergonzado. Disculpe.

Josefina: Tranquilo, Arturo. Mira, yo no hablo bien el inglés. El otro día yo quise decir "I feel homesick" y dije "I feel homely." No importa. Es muy fácil hacer errores.

Arthur: ¿De dónde es usted?

Josefina: Vamos a tutearnos, ¿está bien?

Arthur: ¿Qué quiere decir eso?

1   Los hispanos en los Estados Unidos: ¡A conocernos!

Josefina: Que vamos a usar la forma de **tú.** Así se hablan los amigos.
Arthur: Bueno, ¿de dónde eres?
Josefina: Soy de Arizona. Mucho gusto en conocerte.
Arthur: Igualmente.
Josefina: Con permiso, Arturo. Tengo que ir a clase.
Arthur: Muy bien. Nos vemos pronto, ¿no?
Josefina: Sí, pronto. Chau, Arturo.
Arthur: ¿Chau?

Palabras prácticas

Sustantivo
el idioma language

Verbos
encantar to delight
querer (ie) decir to mean
significar to mean

Expresiones útiles
¿Cómo se (te) llama(s)? What's your name?
¡Cómo no! Of course!
¿Cómo se dice. . . ? How do you say. . . ?
Con permiso. / Disculpe. Excuse me
Chau Goodbye, so long.
Está bien. It's OK.

Estoy avergonzado. I'm embarrassed.
igualmente likewise
Lo siento mucho. I'm very sorry.
Mira. Look
Mucho gusto en conocerlo(la / te). It's a pleasure to meet you.
No importa. It doesn't matter.
Nos vemos. See you (around).
Perdone. Excuse me.
¡Por Dios! My goodness!
Por favor, hable más despacio. Please speak more slowly.
Soy de. . . . I'm from. . . .
Vamos a tutearnos. Let's use the **tú** form.

▶ **¿Qué pasó?**

1. Josefina quiere _____.
2. El problema de Arthur es que _____.
3. Arthur está avergonzado porque _____.
4. Josefina y Arthur se tutean porque _____.
5. Josefina termina la conversación porque _____
   _____.
6. ¿Qué dice Ud. cuando quiere conocer a otra persona? ___
   _____.

Más vocabulario útil

The boldface words in this section are considered active vocabulary. The English equivalents are included in the vocabulary list at the end of the chapter.

Presentarse es una manera de **conocer** a alguien.
Después de conocer a alguien, Ud. puede decir:
  ¿De dónde es (eres)?
  Encantado(a).
  El gusto es mío.
  ¡Seamos amigos! / **¡Hagamos amistad!**
  ¡Vamos a **reunirnos** pronto!

Vocabulario

Cuando alguien va a visitarlo(la) a Ud., Ud. puede decir:
> **Bienvenido(a).**
> **Pase Ud. / Pasa (tú).**
> **Está(s) en su (tu) casa.**
> **Siéntese. / Siéntate.**

Si Ud. necesita un **favor** o **ayuda,** puede decir:
> **¿Me pudiera(s) / podría(s) / puede(s) ayudar?**
> **Quisiera pedirle(te) un favor.**

La persona puede responder:
> **Claro. / Por supuesto.**
> **A sus (tus) órdenes.**
> **¿En qué puedo servirle(te)?**

Y Ud. dice:
> **Muchas / Mil / Muchísimas gracias por** el favor / la ayuda.
> **Le (te) agradezco mucho** el favor / la ayuda.

Investiguemos un poco
▲▲▲▲▲▲▲▲▲▲

1. Many of these expressions can be used in both formal and informal settings. With individual family members and peers, you will usually use the informal (**tú / te**) forms. With people who are older than you and with people you do not know personally, you will use the formal forms (**Ud./le**) unless otherwise directed. For example, if you were introducing one person to another in a formal situation, you'd say:

Señor Ramírez, quisiera presentar**le** a la señora Martín.

In an informal setting you'd say:
Jorge, quisiera (quiero) presentar**te** a Esteban.

In the **Palabras prácticas** and **Más vocabulario útil** sections, the formal forms are given first, with the informal forms in parentheses. When talking with your classmates, you will most likely use the informal forms. Think of different situations in which you would use formal forms and some where you would use informal forms. Practice both forms of the new vocabulary with a classmate, playing different roles.

2. Two verb forms in some of the above expressions are forms of the past subjunctive: **quisiera** and **pudiera.** The use of these forms softens a statement, making it more polite. You will learn other uses of this tense in Chapter 8.

1 Los hispanos en los Estados Unidos: ¡A conocernos!

3. Be careful not to confuse **¿Cómo se dice. . . ?** and **¿Qué quiere decir / significa. . . ?** The former is used when you do not know how to express yourself in Spanish. The latter is used when you do not understand something said in Spanish.
4. Note that there are several expressions for "excuse me."

   Perdón and **perdone / perdóneme (perdona / perdóname)** are used to get someone's attention.

   Disculpe (disculpa), and **le (te) pido disculpas** are used if you have inadvertently insulted someone.

   Con permiso is used when you want to pass in front of someone or when you are about to leave a place.
5. Remember the differences between the verbs **conocer** and **saber. Conocer** is used with the names of people and places to show familiarity or acquaintance with the people or places. The verb **conocer** also means "to meet." **Saber** is used to show acquired knowledge or learned information and also to mean "to know how + *verb*."

Practiquemos

A ¿Sabe Ud. bien las expresiones de cortesía?   ¿Qué dice Ud. después de oír lo siguiente?

1. Encantado(a).
2. Muchísimas gracias.
3. ¿Me pudieras ayudar?
4. Quisiera presentarte a Sofía Morales.
5. ¿De dónde eres?

B Una prueba de sabiduría.   Ud. tiene una amiga hispana, Maricarmen. Ella le hace las siguientes preguntas para ver si Ud. entiende las reglas de cortesía. Contéstalas.

1. ¿Qué dices cuando quieres que alguien te ayude?
2. Quiero presentarte a mi madre. Digo: Quiero presentarte a mi mamá, Virginia. ¿Qué dices?
3. Mi mamá no es una mujer reservada. ¿Qué dice ella probablemente?
4. ¿Qué dice mucha gente cuando conoce a alguien por primera vez?
5. Si necesitas pasar por delante (*in front*) de alguien, ¿qué dices?
6. Es muy fácil cometer indiscreciones en otro idioma. Si dices algo descortés en español, ¿qué dices?
7. Cuando aprecias un favor que alguien te hace, ¿qué dices?
8. Si alguien te pide un favor, ¿qué respondes?
9. ¿Qué dices si quieres hablar con Federico, pero él no comprende que quieres hablar con él?
10. Alguien está a la puerta. Es un amigo de la familia. ¿Qué dices?

Investiguemos un poco

C **Encuentros personales.** Con sus otros compañeros de clase, haga los papeles de los personajes en las siguientes situaciones.

1. Introduce yourself to someone you don't know in class. Find out where he or she is from, what he or she is studying, where he or she lives, and any other information you find interesting. Reverse roles.
2. Practice introducing class members to each other.
3. You are at home. A new Hispanic friend of yours has just come to visit. Welcome him or her and invite him or her in. Introduce your friend to your sister and to your mother.
4. You are at an outdoor market in the Hispanic section of the city. You have bumped into someone accidently. Excuse yourself, apologize, and then ask for help. Thank the person for the help and excuse yourself again as you try to get by the person. Say good-bye.

Enfoquemos el idioma

Los pronombres personales en función de sujeto
Subject Pronouns

These are the subject pronouns in Spanish.

Singular	**Plural**
yo	nosotros, nosotras
tú	vosotros, vosotras
usted (Ud.)	ustedes (Uds.)
él	ellos
ella	ellas

The subject pronouns are used for emphasis, clarity, and contrast. (**Ud.** and **Uds.** are also used for courtesy.) Whereas their use is required in English, they are not always used in Spanish because the verb itself often reveals the subject. Look at the following examples and explain the use or omission of the subject pronouns.

¿Da la mano *(shake hands)* cuando conoce a alguien?

¿Da **él** la mano cuando conoce a alguien?

¿Da **ella** la mano cuando conoce a alguien?

¿Da **Ud.** la mano cuando conoce a alguien?

Sí, doy la mano cuando conozco a alguien.

Sí, **yo** doy la mano cuando conozco a alguien, **él** no.

1 Los hispanos en los Estados Unidos: ¡A conocernos!

¿Qué ve Ud. en el mural detrás de este chico?

There are four ways to express *you*.

Tú is used to address a member of one's family, a friend, a person younger than the speaker, or a pet.

Vosotros(as) is the plural of **tú** and is used in Spain to address more than one friend, relative, etc. (In Latin America, **ustedes** is used for both familiar and formal address.)

Usted (Ud.) is used to address someone with whom the speaker is not personally familiar, a person we would address in English as Mr., Mrs., Ms., Miss, Dr., etc., while **tú** is used to address people with whom we use first names in English.

Ustedes (Uds.) is the plural of **usted** and is used in Spain to address more than one person formally; in Latin America it is used as the plural of both the formal **usted** and the familiar **tú.** When in doubt, use the **Ud.** and **Uds.** forms.

El presente del indicativo: verbos regulares
The Present Indicative: Regular Verbs

Spanish has three regular verb groups whose infinitives end in **-ar, -er,** and **-ir.**

▶ **-Ar** verbs. To conjugate a regular **-ar** verb, remove the infinitive ending (**-ar**) to obtain the stem, and then add the corresponding subject endings.

$$\text{amar} \qquad \text{am-} + \begin{cases} \text{-o} \\ \text{-as} \\ \text{-a} \\ \text{-amos} \\ \text{-áis} \\ \text{-an} \end{cases}$$

Note that the group vowel **a** is present in all forms except the first person singular.

Enfoquemos el idioma

▸ **-Er** and **-ir** verbs. Remove the **-er** or **-ir** ending to obtain the stem. **-Er** and **-ir** verbs share the same endings except for **nosotros** and **vosotros** forms.

$$\text{beber} \quad \text{beb-} + \begin{cases} \text{-o} \\ \text{-es} \\ \text{-e} \\ \text{-emos} \\ \text{-éis} \\ \text{-en} \end{cases} \qquad \text{vivir} \quad \text{viv-} + \begin{cases} \text{-o} \\ \text{-es} \\ \text{-e} \\ \text{-imos} \\ \text{-ís} \\ \text{-en} \end{cases}$$

▸ Among the regular verb groups, there are some changes that occur in order to maintain the sound of the infinitive.

With a verb ending in **-ger** or **-gir,** a **j** replaces the **g** in the first person singular.
escoger escojo, escoges, escoge, escogemos, escogéis, escogen
fingir finjo, finges, finge, fingimos, fingís, fingen

With verbs like **contribuir, construir, destruir, incluir,** and **oír,** a **y** is added to the stem unless the ending begins with **i** — that is, in all forms except the first and second person plural.
incluir incluyo, incluyes, incluye, incluimos, incluís, incluyen
An exception is the first person singular of **oír (oigo).**

With verbs ending in **-guir,** like **seguir, conseguir,** and **perseguir,** a **u** in the first person singular is not needed to retain the hard **g** sound.
seguir si**go,** sigues, sigue, seguimos, seguís, siguen

Convencer and **vencer** change the **c** to **z** in the first person singular.
vencer venzo, vences, vence, vencemos, vencéis, vencen

Verbos que cambian la raíz
Stem-Changing Verbs

Stem-changing verbs are not irregular. The four forms that change stems do so because the stem is stressed. The stems of the **nosotros** and **vosotros** forms do not change because the stem is not stressed. There are three kinds of stem-changing verbs in the present indicative: **e** →**ie, o** →**ue,** and **e** →**i** (only in **-ir** verbs).

▸ **E →IE**
sentir s**ie**nto, s**ie**ntes, s**ie**nte, sentimos, sentís, s**ie**nten
Verbs like **sentir: cerrar, comenzar, despertar, divertir, empezar, entender, pensar, perder, preferir, querer, tener (tengo), venir (vengo).**

▸ **O →UE**
contar c**ue**nto, c**ue**ntas, c**ue**nta, contamos, contáis, c**ue**ntan

1 Los hispanos en los Estados Unidos: ¡A conocernos!

Verbs like **contar**: almorzar, costar, demostrar, dormir, encontrar, morir, mostrar, poder, recordar, resolver, soñar, volver.

Jugar is the only verb that changes **u** to **ue**: j**ue**go, j**ue**gas, j**ue**ga, jugamos, jugáis, j**ue**gan.

▶ **E → I**

pedir   pido, pides, pide, pedimos, pedís, piden

Verbs like **pedir: conseguir, decir (digo), elegir, perseguir, repetir, seguir, servir, vestir.**

Reír and **sonreír** require a written accent on every form: (son)río, (son)ríes, (son)ríe, (son)reímos, (son)reís, (son)ríen.

To make a sentence negative, place **no** in front of the conjugated verb and any object pronoun it may have:

Josefina conoce a Arturo.	**No conoce** a Susana.
¿Vives en la comunidad hispana?	**No, no vivo** allá.
¿Nos recuerdas?	**No, no os recuerdo.** (Spain)
	No, no los recuerdo. (Latin America)

In the latter examples, the first **no** answers the question and the second **no** makes the sentence negative.

Practiquemos

D Una práctica en grupo.   ¡Vamos a practicar (o jugar) con los verbos! Formen grupos de por lo menos tres personas. Una persona va a entrevistar a las otras. Usando los grupos de palabras que aparecen a continuación, hagan seis preguntas con cada verbo, usando una persona diferente en cada pregunta. Los otros contestan. Cambien de papel después de cada grupo de preguntas.

Modelo: estudiar español

Estudiante 1: *¿Estudias español?*

Estudiante 2: *Sí, estudio español. (o No, no estudio español.)*

Estudiante 1: *¿Estudiamos español?*

Estudiante 3: *Sí, estudiamos español.*

Estudiante 1: *¿Estudio español?*

Estudiante 2: *Sí, estudias español.*

1. entender la cultura hispana
2. practicar las expresiones de cortesía
3. pensar en español
4. pedir comida hispana
5. leer novelas en español
6. poder entender las películas *(films)* hispanas
7. decir mucho en español

Enfoquemos el idioma

E Un(a) estudiante curioso(a). Ud. acaba de conocer a alguien. Con un(a) compañero(a) de clase, háganse estas preguntas.

1. ¿Por qué asistes a esta universidad?
2. ¿A qué hora empiezan las clases? ¿A qué hora terminan?
3. ¿Entiendes todo lo que estudias? ¿Qué no entiendes?
4. ¿Pierdes el tiempo? ¿En qué actividades?
5. ¿Tienes mucho que hacer?
6. ¿Duermes bien o mal? ¿Cuántas horas duermes por noche?
7. ¿Almuerzan tus amigos contigo? ¿Dónde almuerzan Uds.?
8. ¿Cuesta mucho asistir a esta universidad?

F Más preguntas. Forme preguntas con las siguientes palabras y hágaselas a un(a) compañero(a) de clase.

   Modelo: pensar viajar
   ¿Piensas viajar?
   Sí, pienso viajar. (No, no pienso viajar.)

1. hablar con todos los estudiantes
2. demostrar comprensión hacia personas diferentes
3. sonreír a personas que no conoce
4. empezar conversaciones con los amigos
5. contar buenas o malas historias
6. ayudar a los amigos

Ahora, hágales las preguntas otra vez a dos compañeros de clase. No se olvide de usar **vosotros**.

G La comunicación personal. Simplemente porque la comunicación es tan importante, es una idea excelente que todos en la clase se conozcan muy bien. Piense en diez preguntas más y hágaselas a sus compañeros de clase. ¡Sea creativo(a) y curioso(a)!

1 Los hispanos en los Estados Unidos: ¡A conocernos!

Enfoquemos el idioma

El presente del indicativo: verbos irregulares
The Present Indicative: Irregular Verbs

▶ Most verbs whose infinitives end in a vowel followed by **-cir** or **-cer** have **zc** in the first person singular form.

conocer cono**zc**o, conoces, conoce, conocemos, conocéis, conocen
desaparecer desapare**zc**o, desapareces, desaparece, desaparecemos, desaparecéis, desaparecen
establecer estable**zc**o, estableces, establece, establecemos, establecéis, establecen

Other verbs that follow this pattern include: **aparecer, conducir, merecer, ofrecer, parecer, pertenecer, producir, traducir.** Exceptions to this include **hacer (hago)** and **decir (digo).**

▶ Many verbs in the **-er** and **-ir** conjugations have irregular first person singular forms, while the rest of the forms are regular.

salir salgo, sales, sale, salimos, salís, salen

Other verbs that follow this pattern:

caer caigo	**poner** pongo	**valer*** valgo
decir (i) digo	**saber** sé	**venir (ie)** vengo
hacer hago	**tener** tengo	**ver** veo
oír oigo	**traer** traigo	

▶ **Estar, dar, ir: Estar** and **dar** are irregular only in the **yo** form. **Ir,** irregular also in the **yo** form, follows the pattern of **dar.**

estar estoy, estás, está, estamos, estáis, están
dar doy, das, da, damos, dais, dan
ir voy, vas, va, vamos, vais, van

The verb **ser** is completely irregular.

ser soy, eres, es, somos, sois, son

▶ The infinitive **haber** has a special verb form, **hay,** which most often means "there is" or "there are"; it stresses the existence of someone or something. **Hay** is not always translated into English by the word "there."

Aquí **hay** una comunidad hispana.   *Here's* a Spanish community.
¿**Hay** escuelas bilingües aquí?   *Are there* any bilingual schools here? (Do they exist?)

*****Valer** is most commonly used in the third person singular in these expressions: **Vale la pena.** *(It's worth it.);* **Vale.** *(O.K.,* Spain*);* **¿Cuánto vale?** *(How much is it?);* **Más vale.** *(It's better.)*

Enfoquemos el idioma

Practiquemos

H ¡**Confianza, confianza**! Escriba la forma correcta de los verbos entre paréntesis.

Yo no _____ (conocer) muy bien a mi nuevo vecino, pero _____ (saber) que _____ (ser) hispano porque lo _____ (oír) hablar español con un acento perfecto. Creo que _____ (ir-yo) a visitarlo. El siempre me _____ (sonreír) cuando él me _____ (ver), pero yo no le _____ (decir) nada porque no _____ (tener) seguridad hablando español. Yo _____ (estar) segura de poder hablar con él por unos momentos. Si yo _____ (hacer) muchos errores, le _____ (poder) pedir disculpas y terminar la conversación. Pero, la verdad _____ (ser) que si él y yo nos _____ (conocer) bien, ¡yo no _____ (pensar) cerrar la boca nunca! _____ (Valer) la pena empezar, ¿no? ¡Confianza!

I **Ahora, le toca a Ud.** Escriba la primera conversación entre las personas del Ejercicio **H**. Si quiere, puede hacer los papeles de estas personas con un(a) compañero(a) de clase también.

J **Encuesta.** Haga una lista de preguntas usando los verbos entre paréntesis, y diríjaselas a los compañeros de clase. Discutan los resultados.

Modelo: ¿(Estar) nervioso(a) al conocer a alguien?
¿Estás nervioso(a) al conocer a alguien?

1. ¿(Valer) la pena presentarse a alguien? ¿Por qué?
2. ¿(Mostrar) interés en lo que dicen otras personas?
3. ¿Y qué (hacer) si no es interesante lo que (oír)?
4. ¿Adónde (ir) para conocer a personas hispanas?
5. ¿(Tener) amigos hispanos?
6. ¿(Haber) estudiantes hispanos en esta clase?
7. ¿(Oír) música latina en la radio a veces? ¿Quién es tu grupo o cantante hispano favorito?
8. ¿(Ver) programas hispanos en la televisión? ¿Qué programas?

1   Los hispanos en los Estados Unidos: ¡A conocernos!

Enfoquemos el idioma

Algunos usos del presente del indicativo
Some Uses of the Present Indicative

These are the basic uses of the present indicative.

▶ The present indicative is used to state a current fact.

Queremos conocer a estudiantes hispanos.   *We want* to meet Hispanic students.

▶ It is used to indicate an ongoing activity.

Me gusta practicar el español con ellos.   *I like* practicing Spanish with them.

Hablo con ellos ahora.   *I'm talking* with them now.

▶ The present may also be used to indicate a near future event.

Practico más con ellos mañana.   *I'll practice* more with them tomorrow.

There are several possible English equivalents for the present indicative. Context will determine the correct meaning.

Charlo con mis nuevos amigos.
- *I chat* with my new friends.
- *I do chat* with my new friends.
- *I'm chatting* with my new friends.
- *I'll chat* with my new friends.

¿Los **visitas** a las tres?
- *Will you visit* them at 3:00?
- *Do you visit* them at 3:00?

The verb **querer** used in questions often means "will" and can substitute for a direct command.

¿**Quieres** presentarme a tu amigo?   *Will you* introduce me to your friend?

Here are some other uses of the present indicative.

▶ The present indicative of the verb **ir** followed by the preposition **a** and an infinitive is the equivalent of the English construction "going to" + *infinitive*.

Vamos a conocer a Marta.   *We're going* to meet Marta.

(Many verbs can be followed by an infinitive without a preposition. Some common ones are: **querer, deber, necesitar, poder, gustar.**)

▶ The present indicative of the verb **acabar** followed by the preposition **de** and an infinitive corresponds to the English "to have just" + *past participle*.

Acabamos de conocer a Marta.   *We have just met* Marta.

Enfoquemos el idioma

▶ **Hace** followed by a period of time and **que** uses the present indicative to indicate an action that began in the past and is continuing in the present.

¿Cuánto tiempo **hace que conoces** a Marta?   How long have you known Marta?

Hace muchos años **que conozco** a Marta.   I've known Marta for many years.

▶ **Desde**, by itself, is used with the present indicative to mean "since"; it also indicates an action that began in the past and is continuing in the present.

¿**Desde** cuándo **vives** en los EE.UU.?   Since when have you been living in the U.S.?

Vivo aquí **desde** el año pasado.   I have been living here since last year.

▶ **Desde**, followed by **hace** and a period of time, is synonymous with the construction **hace** + *period of time* + **que**.

Conozco a mi mejor amigo **desde hace** cuatro años.
Hace cuatro años **que** conozco a mi mejor amigo.
   I've known my best friend for four years.

▼
Practiquemos
▲

K **¡Vamos a conocernos un poco mejor!**   Con un(a) compañero(a) de clase, haga las preguntas según el modelo.

    Modelo: ir a hablar con un amigo hispano (tú, yo)
       ¿Vas a hablar con tu amigo hispano?
       No, acabo de hablar con él.
       ¿Cuánto tiempo hace que hablas con él?
       Hace cuatro años que hablo con él.
       Hablo con él desde hace cuatro años.

1. ver otra película hispana (Uds., nosotros)
2. leer otra novela española (Ud., yo)
3. practicar mucho el español (tú, yo)
4. conocer a Conchita (vosotros, nosotros)

L **Encuentros personales.**   Pídale la información a un(a) compañero(a) de clase, ¡en español, claro!
Pregunte . . .

1. how long he or she has been a student.
2. from where he or she has just come.

16   1   Los hispanos en los Estados Unidos: ¡A conocernos!

3. what he or she is going to do after class.
4. how long he or she has been studying Spanish.
5. what movies he or she has just seen.
6. what he or she wants to achieve (**lograr**) at the university.

M **Encuesta.** Ud. va a participar en una encuesta sobre la influencia hispana en los EE.UU. Haga una lista en español de todas las áreas de la vida en que Ud. ve alguna influencia de la cultura hispana en los EE.UU. Luego, compare su lista con las de sus compañeros de clase.

Modelo: *Noto la influencia hispana en el número de restaurantes mexicanos en mi ciudad.*

Ahora, leamos

Para su comprensión

The poem you are about to read deals with the communication problems of a Chicano child in an Anglo school. A Chicano is a Mexican-American who lives in the United States. The poem was written by a Chicano author, Ernesto Padilla, who combines English and Spanish in this poem. Imagine that you have just moved to a country in which you are unfamiliar with the language spoken. Make a list of difficulties you might face.

▼ Antes de leer ▲

1. This poem is divided into sections that portray three different time periods: the present, the past, and the future. The poet discusses the current situation, a memory, and the future intentions of the main character. List all the present tense verb forms, all the past tense forms, and all the future forms. If you are not sure how to identify the past and future forms, refer to **Apéndice IV.** You will study the formations of these structures later; for now you simply need to be able to recognize them.

2. Do not forget the reflexive object pronouns: **me, te, se, nos, os, se.** They must agree with the subject and the verb. **Me, te, nos,** and **os** can also be direct or indirect object pronouns. These are easy to spot because they do not match the verb forms. Find three examples of reflexive verbs in the poem and three examples of **me** used as an indirect or direct object.

  Ernesto Padilla (1944-) es un escritor chicano que es actualmente profesor de literatura en California State University (Bakersfield). Este mexicano-americano, que vive en los EE.UU., nos presenta en su poema "Ohming Instick" la influencia de las dos culturas. También nos muestra un problema con el que se enfrentan muchos hispanos en los EE.UU.

Ohming Instick
por Ernie Padilla
▲▲▲▲▲▲▲▲▲▲

«The Peacock
as you see in Heidi's drawing here,
is a big colorful bird.
it belongs to the same family as...»
  ...Habla de Pavos°
  ya yo sueño
    de pavos magníficos
  con
    plumas° azules;
  como el cielo
    cuando él se esconde tras las nubes°
  a mediodía,
    plumas rojas;
  que se hacen anaranjosas°
  como en la tarde
    al caer° bajo
  las sierras°,
    el sol tira° para todo
  el cielo rayos°
  anaranjándose
    con tiempo...

«...and the pigeon, which all of you should already know

pavos peacocks

plumas feathers

se esconde tras las nubes hides itself behind the clouds

anaranjosas orange-like

caer to fall
las sierras *montañas*
tira throws
rayos rays

1 Los hispanos en los Estados Unidos: ¡A conocernos!

what it looks like. The pigeon can be trained to return to his home, even if it is taken far away...»

palomas pigeons; doves

...¡Ahora habla de palomas!°...
«...This is called the Pigeon's 'homing instinct,' and...»
...Mi palomita, Lenchita,

quitaron they took
volar to fly
lloré I cried

    que me quitaron°
porque iba a volar° en las olimpiadas*
¡lloré° entonces!
y lloré también
cuando entre las miles de palomas que
enseñaron en la televisión
el primer día
de las olimpiadas,
¡Yo miré a mi Lenchita!

y después Lenchita volvió a casa
ya lo sabía...

«ALL RIGHT!»
Are you kids in the corner paying attention?»
«Armando, what is a Peacock? What does homing instinct mean?...»

¡A MI ME HABLA?

tonto estúpido

¡SOY MUY TONTO°!

«Aohming instick eis... eis... como Lenchita...»
«Armando haven't I told you not to speak Spa...»
    ¡Caramba

pegar to hit

    me van a pegar°!...
«It's bad for you... Go see Mr. Mann»

...Mañana
sí iré con papá.

piscaré I'll pick
algodón cotton

¡Piscaré° mucho algodón°...

(This poem was reprinted with permission of the author.)

Reaccionemos
▲▲▲▲▲▲▲▲▲

N **¿Comprendió Ud. el poema?**   Conteste las preguntas según el poema.

1. ¿Quiénes son los personajes *(characters)* del poema?
2. ¿Dónde transcurre el poema?

*Las olimpiadas de 1968 empezaron con miles de palomas que volaban a través de México.

Reaccionemos

He aquí una foto de las olimpiadas de 1968. ¿Puede Ud. reconocer a Lenchita?

3. ¿De qué habla la maestra en la primera sección? ¿Qué hace Armando mientras ella habla?
4. ¿Con qué compara Armando los colores de las plumas? ¿Por qué?
5. ¿Quién es Lenchita? ¿Adónde va Lenchita? ¿Por qué?
6. ¿Qué pasa un día cuando Armando mira la televisión?
7. ¿Qué hace Lenchita después de las olimpiadas? ¿Cómo se llama este instinto?
8. ¿Qué interrumpe los recuerdos de Armando?
9. ¿Cuál es la primera reacción de Armando cuando oye la voz de la maestra?
10. ¿Qué crítica hace la maestra? ¿Por qué? ¿Cómo reacciona Armando?
11. ¿Quién es Mr. Mann, probablemente? ¿Por qué tiene que verlo Armando?
12. ¿Qué plan tiene Armando? ¿Por qué?

O Solicitamos su opinión.

1. ¿Cuál es su primera reacción hacia este poema? ¿Por qué?
2. ¿Cuál es el tono del poema? ¿Qué emociones siente el niño? ¿Cómo lo sabe Ud.?
3. ¿Por qué cree Ud. que Armando está en una escuela de habla inglesa?
4. Armando experimenta muchos conflictos en esta clase. Haga una lista de las dificultades de comunicación que tiene.
5. ¿Cómo es posible mejorar la vida de los extranjeros (*foreigners*) en los Estados Unidos? ¿Tienen los EE.UU. la responsabilidad de ofrecer programas bilingües? ¿Por qué sí o por qué no?
6. Situaciones hipotéticas: a. Ud. es Armando. ¿Qué hace Ud.? ¿Por qué?

1   Los hispanos en los Estados Unidos: ¡A conocernos!

    b. Ud. es la maestra. ¿Cómo reacciona Ud.? ¿Por qué?
    c. Ud. es Mr. Mann. ¿Qué dice y qué hace Ud.?
7. ¿Qué representan las palomas? ¿Por qué cree Ud. que el comité de las olimpiadas quería empezar los juegos con el vuelo de palomas? (Recuerde que el año era 1968.)

P Debate. Formen Uds. dos grupos, uno a favor de la educación bilingüe y el otro en contra de este programa. Antes de debatir, hablen en grupos para formular sus ideas y los puntos del debate.

Q Temas escritos.

1. Regrese Ud. a su lista de problemas que tienen las personas que no hablan el idioma del país en que viven. (Véase **Para su comprensión.**) Con uno(a) o dos compañeros(as) de clase, añada o quite problemas y hable de posibles soluciones. En su composición, escoja uno o dos de los problemas más importantes y diga por qué son problemas y ofrezca algunas soluciones.

2. ¿Es Ud. poeta? Escriba un poema, similar al poema "Ohming Instick", en el que Ud. cambia el final del poema, o en el que Ud. escribe la segunda parte, la conversación entre Mr. Mann y Armando. También es posible crear otro poema completamente original que tenga que ver con los hispanos en los EE.UU. Emplee la imaginación y ¡diviértase!

3. Escriba sus ideas sobre la pregunta 3 del Ejercicio **O** en una composición bien pensada y organizada.

Enfoquemos el idioma

Preguntas con respuestas de sí o no
Yes / No Questions

Questions in Spanish can have the same word order as statements. The only difference is the intonation.

    In yes / no questions, the pitch rises; in statements, the pitch falls.

Statements	**Questions**
La música es hispana.	¿La música es hispana?
Es hispana la música.	¿Es hispana la música?
Es la música hispana.	¿Es la música hispana?

    The final word of the statement or question is the one on which the most emphasis falls. It is important to note that word order in Spanish is much more flexible than it is in English.

In Spanish statements the subject can be placed after the verb—or after objects—for emphasis. Be careful not to confuse the subject with the object when both refer to people. The presence of the **a personal** is very important in making this distinction. When the direct object of a sentence is a person, it must be preceded by **a** to separate it from the subject.

Conoce **al hombre** la mujer.
Conoce la mujer **al hombre.** *The woman knows the man.*

Conoce **a la mujer** el hombre.
Conoce el hombre **a la mujer.** *The man knows the woman.*

In the first example, the only possible subject is **la mujer,** since the preposition **a** (**a personal**) indicates that **el hombre** is the object. The reverse is true in the second example.

Tags are often used at the end of statements to make yes / no questions.

La actriz es hispana, ¿**verdad?** The actress is Hispanic, *isn't she?*
La actriz no es hispana, ¿**verdad?** The actress isn't Hispanic, *is she?*
La actriz es hispana, ¿**no?** The actress is Hispanic, *isn't she?*
Es una actriz excelente, ¿**no cree(s)?** / ¿**no le (te) parece?** She's an excellent actress, *don't you think?*

The tag ¿**no?** does not usually appear at the end of a negative statement.

Practiquemos

R **Un turista curioso.** Mario López, estudiante universitario del Perú, viaja por los EE.UU. Tiene mucho interés en lo hispano que ve por todas partes de los Estados Unidos y le hace muchas preguntas a su nuevo amigo, Lee Wong, que vive en California. Aquí tiene las respuestas. Formule Ud. las preguntas.

Mario: ¿_____?
Lee: Sí, hay muchos restaurantes hispanos aquí.
Mario: ¿_____?
Lee: Sí, también bailamos la salsa.
Mario: ¿_____?
Lee: Sí, Willie Colón es un cantante muy popular aquí.
Mario: ¿_____?
Lee: No. Desafortunadamente, no hay muchas escuelas bilingües en esta ciudad.
Mario: ¿_____?
Lee: Sí, en las ciudades grandes, los programas bilingües son más numerosos.
Mario: ¿_____?
Lee: No, Mario. No me parece verdad. La discriminación de los hispanos no es un problema aquí. ¡Ni la de los chinos!

1 **Los hispanos en los Estados Unidos: ¡A conocernos!**

Enfoquemos el idioma

Las palabras interrogativas
Interrogative Words

Information questions in Spanish are formed as follows:

question word + verb + subject or complement

The intonation is descending, in contrast to the intonation of a yes / no question.

¿Qué escuchas? ¿Escuchas "La Bamba"?

▶ The interrogative **¿dónde?** asks about location.

¿Dónde están?	*Where* are they?

¿De dónde? asks about origin.

¿De dónde eres?	*Where* are you from?

¿Adónde? (used with verbs of motion) asks about destination.

¿Adónde vamos?	*Where* are we going (to)?

Note that whenever a preposition is part of the question phrase, as in **¿de dónde?** and **¿adónde?**, it must precede the interrogative word and cannot be left out.

▶ **¿Cuándo?** asks for nonspecific time.

¿Cuándo es la película?	*When* is the movie?

¿A qué hora? asks for specific clock time.

¿A qué hora empieza?	*(At) what time* does it begin?

▶ **¿Quién? (¿Quiénes?)** can be used as the subject of a question, as the direct object, or as the object of a preposition. Remember that the **a personal** must be used when **¿quién?** is the direct object. Look at these examples.

¿Quién viene?	*Who* is coming? (subject)
¿Quiénes vienen?	
¿A quién busca Rafael?	*For whom* is Rafael looking? (direct object)
¿Con quién vas?	*With whom* are you going? (object of the preposition)

¿De quién? can mean either "from whom?" or "whose?"

¿De quién es el libro?	*From whom* is the book?
¿De quiénes son estos tacos?	*Whose* tacos are these?

Enfoquemos el idioma

▶ **¿Qué?** means "what?" and is used when asking for a definition, for identification, or for an explanation.

¿Qué es la discriminación? *What* is discrimination?

¿Qué clase / tipo? means "what kind?."

¿Qué clase de discusión es? *What type* of discussion is it?

▶ **¿Cuál? (¿Cuáles?)** means "which?" or "what?" and implies a choice.

¿Cuál es la nacionalidad predominante en la ciudad? *What's* the predominant nationality of the city? (Of all possible types, which one is it?)

Although **¿cuál?** is often used before a noun, **¿qué?** is preferred as an interrogative adjective.

¿Qué película prefieres? *Which* movie do you prefer?

¿Cuál? is used when **ser, de** or a verb follow—when a choice is offered.

¿Cuál es la película hispana que prefieres? *Which is* the Hispanic movie that you prefer?

¿Cuál de las películas hispanas prefieres? *Which of* the Hispanic movies do you prefer?

¿Cuáles prefieres? *Which ones* do you prefer?

▶ **¿Por qué?**, the interrogative "why?," should not be confused with the conjunction **porque,** which means "because."

¿Por qué vas a ver la película hispana? *Why* are you going to see the Hispanic movie?

Voy **porque** me interesa. I'm going *because* I'm interested.

¿Para qué? also means "why?." **¿Por qué?** is "why?" in the sense of "for what reason or cause?." **¿Para qué?** means "why" in the sense of "for what purpose?."

¿Por qué vas a la ciudad? *Why* (for what reason) are you going to the city?

24

1 **Los hispanos en los Estados Unidos: ¡A conocernos!**

Voy **porque** quiero visitar la comunidad hispana.	I'm going *because* I want to visit the Hispanic community.
¿Para qué vas?	*Why* (for what purpose) are you going?
Voy **para** practicar mi español.	I'm going *to (in order to)* practice my Spanish.

▸ **¿Cómo?** asks what something or someone is like, how something or someone is, or how something is done. It can be used to express "what?" to ask someone to repeat something that was not understood, or to express surprise.

¿Cómo es el nuevo estudiante?	*What's* the new student like?
Es muy **simpático**.	He's very *nice*.
¿Cómo habla inglés?	*How* does he speak English?
Lo habla **muy bien**.	He speaks it *very well*.
¿Cómo?	*What? / Pardon?*

Be very careful with the word "how?"; it is not always translated by **¿cómo?**. Expressions corresponding to the English "how" + *adjective* or "how?" + *adverb* can be formed by using **¿qué?** + *noun*.

¿Con qué frecuencia visitas la comunidad hispana?	*How often* do you go to the Hispanic community?
¿Qué (Cuánta) importancia tiene esta visita?	*How* important is this visit?
¿A qué distancia estamos del mercado latino?	*How* far are we from the hispanic market?

Two common expressions are **¿Qué le parece . . .?** and **¿Qué tal?** which mean "How do you like . . .?" or "What do you think of . . .?" **¿Qué tal?** also means "How are you?" or "How's it going?"

▸ **¿Cuánto?** means "how much?" or "how many?" and must agree in gender and number with the noun that follows.

¿Cuántos metros de alto tiene?	*How tall* is she?
¿Cuántas amigas hispanas tienes?	*How many* Hispanic *friends* do you have?

¿Cada cuánto? means "how often?" and is a synonym of **¿Con qué frecuencia? ¿Cuánto tiempo?** means "how long?."

▸ Note that all interrogative words have written accents. The same is true of words used to ask indirect questions.

Aquí es **donde** vive Carlos, pero no sé **dónde** vive Maribel. **¿Dónde** vive ella?	Here is *where* Carlos lives, but I don't know *where* Maribel lives. *Where* does she live?

Enfoquemos el idioma

Practiquemos

S **¡Veinte preguntas!** Haga Ud. las preguntas de modo que tenga como respuesta los segmentos de cada oración que aparecen en bastardilla. Siga el modelo, número 1.

1. Se llama *Luisa Enríquez Peña*.
    Pregunta: ¿Cómo se llama?
2. Es *administrativa*.
3. Nos interesa *porque también es representante de la comunidad puertorriqueña en Chicago.*
4. Repito: *es representante de los puertorriqueños en Chicago.*
5. Cree *que la contribución hispana a los EE.UU. es enorme.*
6. Es *muy* famosa.
7. Sabemos eso *porque hay muchos artículos escritos sobre ella.*
8. *Muchísimos artículos.*
9. Luisa está ahora *en Nueva York.*
10. Se prepara *para ir a una recepción.*
11. *Porque acaba de escribir un libro sobre la influencia hispana en los EE.UU.*
12. Habla *de los jugadores de béisbol hispanos como Jorge Orta y Fernando Valenzuela.*
13. También incluye *a los políticos famosos, como Henry Cisneros de Tejas.*
14. Escribe *sobre la comida hispana y sobre la música hispana.*
15. Podemos comprar este libro *el martes.*
16. *En la librería de la universidad.*
17. *Ella* va a estar en la librería.
18. *A las siete de la tarde.*
19. *Para firmar (sign) sus libros.*
20. Cuesta *veintiún dólares.* ¿Quieres ir con nosotros?

¿Dónde se puede comprar un ejemplar de *El Vocero*?

T **Más preguntas.** Lea Ud. este párrafo (que proviene del libro de Luisa Enríquez Peña, del Ejercicio **S**) y después escriba tantas preguntas como le sea posible, sobre la base de la información dada. Con un(a) compañero(a) de clase, háganse estas preguntas.

La vida hispanoamericana en los EE.UU. muchas veces es difícil. Por la situación económica de México, muchos obreros migratorios *(migrant workers)* no pueden encontrar trabajo en México y por eso van a los EE.UU. Muchos norteamericanos no quieren aceptar a los hispanos a causa de sus diferencias

26   **1   Los hispanos en los Estados Unidos: ¡A conocernos!**

étnicas, pero la influencia hispana es muy importante porque forma parte de la historia norteamericana. Esta influencia data del siglo XV con la ciudad de San Agustín en la Florida y continúa hasta hoy....

Charlemos un poco más

U **¡A Ud. le toca!** Ud. es reportero(a) para el periódico de la universidad. Su amigo(a) escribe un artículo sobre Luisa Enríquez Peña (del Ejercicio S) y Ud. tiene que entrevistar *(interview)* a un(a) hispano(a) que vive ahora en los EE.UU. para comparar su situación con la que presenta Luisa en su libro. Primero, formule Ud. las preguntas que quiere hacerle y después, con un(a) compañero(a) de clase, hagan los papeles del (de la) reportero(a) y del (de la) hispano(a). Como es la primera vez que Ud. conoce a esta persona, empiece con las presentaciones — no se olvide de las expresiones de cortesía. Es necesario usar grabador *(tape recorder)*.

V **Solicitamos su opinión: discusión final**

1. ¿Deben vivir separadas las comunidades hispanas en los EE.UU.? ¿Es posible que vivan sin dificultades dos culturas diferentes? ¿Por qué sí o por qué no?
2. ¿Cree Ud. que los hispanos que viven en los EE.UU. deben hablar inglés en vez de español? ¿Por qué?
3. ¿Cree Ud. que es buena o mala la influencia extranjera en una sociedad? Explique.
4. ¿Es un fenómeno bueno o malo la entrada de obreros migratorios a los Estados Unidos? Explique.
5. ¿Cuáles son algunas soluciones para eliminar la discriminación entre culturas diferentes?

W **Debate.** El gobierno de los EE.UU. no debe permitir la entrada de más personas en los EE.UU. porque ya hay muchos problemas respecto al empleo, a la vivienda, etc. Formen Uds. dos grupos para hablar sobre esta idea. Es necesario formular sus opiniones antes de la discusión en clase.

X Presentaciones. Escoja Ud. a una de estas personas y vaya a la biblioteca para buscar información sobre él o ella. El próximo día de clase, preséntele esa persona a la clase.

Roberto Clemente	Frank Romero
Pablo Casals	María Conchita Alonso
Henry Cisneros	Edward James Olmos
Andy García	Gabriel García Márquez
Adolfo	Carlos Fuentes
Rubén Blades	Cristina Herrera
Raúl Julia	Richie Valens
Gregory Rabassa	Linda Ronstadt
Santana	Linda Chávez
Julio Iglesias	César Chávez
Jorge Luis Borges	Salvador Dalí
Pablo Picasso	Fidel Castro
Eva Perón	Gloria Estefan

Y Temas escritos

1. Ahora, vamos a escribir la entrevista del Ejercicio U. Escriba Ud. las preguntas y las respuestas de la entrevista, en una forma bien organizada. Recuerde que es un artículo para el periódico universitario. Es necesario eliminar las secciones que no sean interesantes.

2. Mire Ud. los siguientes dibujos e invente una historia. Use la imaginación y ¡diviértase!

1   Los hispanos en los Estados Unidos: ¡A conocernos!

¡Digamos la última palabra!

This section will contain all of the vocabulary presented in each chapter for which you are responsible. The **(ie)**, **(ue)**, and **(i)** after verbs indicate that the verbs have stem changes.

Sustantivos
la ayuda help, assistance
el favor favor
el idioma language

Verbos
acabar de + *inf.* to have just + verb
conocer to know, to be familiar with
encantar to delight
entrevistar to interview
hacer amistad to make friends
ir (a + *inf.*) to go (to be going to + verb)
presentar to introduce
querer (ie) decir to mean
reunirse to meet, to get together
saber to know (how)
significar to mean

Adjetivo
avergonzado embarrassed
encantado(a) delighted

Expresiones útiles
a sus (tus) órdenes at your service
bienvenido(a) welcome
¡Claro! Of course!
¡Cómo no! Of course!
¿Cómo se dice ...? How do you say...?
¿Cómo se (te) llama(s)? What's your name?
Con permiso. Excuse me.
¿Cuánto vale? How much is it worth?
¿De dónde es (eres)? Where are you from?
desde hace + *time* + *present verb*   *present* verb + for + *time*
Disculpe. Excuse me.
¿En qué puedo servirle(te)? How may I help you?
Está bien. O.K.
Está(s) en su (tu) casa. Make yourself at home.
El gusto es mío. The pleasure is mine.
Estoy (muy) avergonzado I'm (very) embarrassed.
hace + *time* + **que** + *present* verb   *present verb* + for + *time*
igualmente likewise
Le (te) agradezco mucho el favor. Thank you very much for the favor.
Lo siento mucho. I'm very sorry.
Más vale. It's better.
¿Me pudiera(s) / podría(s) / puede(s) ayudar? Could you help me?
Mira. Look.
muchas / mil / muchísimas gracias (por) many thanks (for)
mucho gusto en conocerlo(la / te) a pleasure to meet you
No importa. It doesn't matter.
Nos vemos. See you (around).
Pase Ud. (Pasa tú.) Come in.
Perdone. Excuse me.
¡Por Dios! My goodness!
Por favor, hable más despacio. Please speak more slowly.
¡Por supuesto! Of course!
¿Qué le (te) parece? What do you think?
¿Qué tal? How's it going?
Quisiera pedirle(te) un favor. I'd like to ask you a favor.
¡Seamos amigos! / ¡Hagamos amistad! Let's be friends!
Siéntese. (Siéntate.) Sit down.
Soy de . . . . I'm from . . . .
¡Tranquilo! Calm down!
Vale. O.K. *(Spain)*
Vale la pena. It's worthwhile. It's worth it.
Vamos a tutearnos. Let's use the **tú** form.

CAPÍTULO 2

RAPID GIROS — **GARANTIZAMOS TRANSMITIR SU DINERO EN 24 HORAS**

Ofrecemos un nuevo servicio con el cual usted puede enviar su dinero a Latinoamérica, desde cualquier lugar de los Estados Unidos a través de nuestra oficina en Boston.

¡ES RAPIDO! ¡ES SENCILLO! ¡ES SEGURO!

Para más información llámenos al 695-9762 (en Boston)
1-800-288-9720 (fuera de Boston)

O VISITENOS EN NUESTRAS NUEVAS OFICINAS:

PARK SQUARE BUILDING, 31 ST. JAMES STREET
SUITE 937, BOSTON, MA 02116
(AL FRENTE DEL PARK PLAZA HOTEL)

RAPID GIROS

This chapter deals with three day-to-day chores and errands — money concerns, post office needs, and the responsibilities of a car. Letter writing is also presented. Because of the high cost of phone calls in most Spanish-speaking countries, letter writing is an important skill. This chapter's reading selection, "Una carta a Dios," deals with an interesting and effective letter.

No haga Ud. hoy lo que puede dejar para mañana

▼

Charlemos un poco

¿Es Ud. una persona responsable?

▼

¿Qué hace Ud. cuando tiene problemas con su coche?

▼

¿Llama a un(a) mecánico(a) o
repara el coche por sí mismo(a)?

▼

¿Puede Ud. contar una situación cómica
o no cómica que le haya ocurrido con su coche?

▼

¿Le gusta recibir correspondencia? ¿Cómo se siente
Ud. cuando recibe un paquete?

▼

¿Qué hace en la oficina de correos?

▼

¿Mantiene Ud. sus cheques en orden?
¿Cómo maneja su dinero?

▲

Vocabulario

Vocabulario personal

Las responsabilidades diarias

List those words and expressions that you used to answer the questions about the photos. List those words and expressions that you would use, but with which you needed help. Finally, list any other words and expressions related to money and banking, postal needs, and car responsibilities that you remember in Spanish, and any that you think you might need in order to discuss these themes. You may want to refer to **Apéndice I** for some ideas.

Empecemos en contexto

You will now read a monologue in which Sara Hace-lo-todo-tarde tells you about her "problem." As you read, identify and write down her problem and what happened to her last week. You may want to look at the vocabulary in the **Palabras prácticas** section before you read her monologue.

Su problema es: _____
La semana pasada: _____

Sara: Mi compañera de cuarto es una de esas personas perfectas. Ella siempre lo hace todo antes de que tenga que hacerlo. Y yo soy exactamento lo opuesto. Sufro de algo que se llama "mañanitis". En vez de hacer algo hoy, prefiero dejarlo para mañana o para más tarde.

Por eso muchas veces tengo problemas. Por ejemplo, la semana pasada tuve que depositar dinero en mi cuenta corriente y en mi cuenta de ahorros. Decidí esperar un rato y claro, no lo hice. Pues, ayer mi coche se estropeó y fue necesario llamar al mecánico de mi gasolinera favorita. Cuando llegó el mecánico, me dijo que no había gasolina en el tanque. Sí, sí. Olvidé llenar el tanque. Empecé a girar un cheque para pagarle al mecánico, pero él no quiso aceptarlo. Quería dinero en efectivo porque el banco le había devuelto mi último cheque—por falta de fondos. ¡Qué vergüenza!

Fui al banco y retiré dinero para pagar. Luego fui a la oficina de correos para enviarle una tarjeta a mi mamá. Decidí abrir mi apartado postal y descubrí una nota. ¡Había un paquete para mí! El empleado me entregó el paquete y lo abrí. Era de mi mamá—unas galletas. Qué bueno, ¿no? Estaba muy entusiasmada y de casualidad miré la fecha del matasellos. ¡Mamá me mandó el paquete hace seis semanas! No es que se me haya olvidado recoger el paquete . . . sí lo iba a hacer, y estaba en mi lista, pero . . . .

▼
Palabras prácticas
▲

Sustantivos
el apartado postal post office box
la casualidad chance
la cuenta corriente checking account
la cuenta de ahorros savings account
el dinero en efectivo cash
los fondos funds
la galleta cookie
la gasolinera / la estación de servicio gas station
el matasellos postmark
la nota / el mensaje message
la oficina de correos / el correo post office
un rato a short period of time, a while
la tarjeta card
la vergüenza shame, embarrassment

Verbos
depositar to deposit
devolver (ue) un cheque to return a "bounced" check
entregar to deliver
enviar to send
estropearse to break down
girar un cheque to write a check
llenar to fill
mandar to send, to order
olvidarse (de) to forget
recoger to pick up

retirar to withdraw
tener vergüenza to be embarrased

Adjetivos
entusiasmado(a) enthusiastic
opuesto(a) opposite

Preposiciones
en vez de instead
hasta until

▶ **¿Qué pasó?**

1. Sara Hace-lo-todo-tarde sufre de _____.

2. Su coche se estropeó porque _____.

3. El mecánico no aceptó su cheque porque _____.

4. Fue a la oficina de correos y encontró _____.

5. Sara no debe comer las galletas porque _____.

6. ¿Es Ud. una persona como Sara o como la compañera de cuarto de ella? ¿Tiene una lista de cosas que hacer mañana? Explique. _____

Vocabulario

▼
Más vocabulario útil
▲

En el correo Ud. puede decir:

Quisiera **echar / poner** una carta **por correo aéreo / por avión.**
                                    por correo certificado / recomendado.
                                    por correo regular / ordinario.

Quisiera **alquilar** un apartado postal.
Planeo ir a **la ventanilla** para **llenar una declaración de aduana** y para **asegurar** un paquete.
Tengo que comprar **sellos** *(Sp.)* / **estampillas** / **timbres** *(Lat. Am.)*
¿Dónde está **el buzón** y cuándo **se reparte el correo / la correspondencia** por aquí?

En el banco, **el (la) cajero(a)** puede decir:

¿Podría Ud. **endosar el cheque?**
Deme **su talonario / su libreta** por favor.
Su saldo es . . . .

En la gasolinera Ud. puede decir:

¿Puede Ud. **revisar el agua de la batería / el radiador?**
                el aire de las llantas?
Mis **frenos / luces** no **funcionan.**
Tengo **una llanta desinflada.**

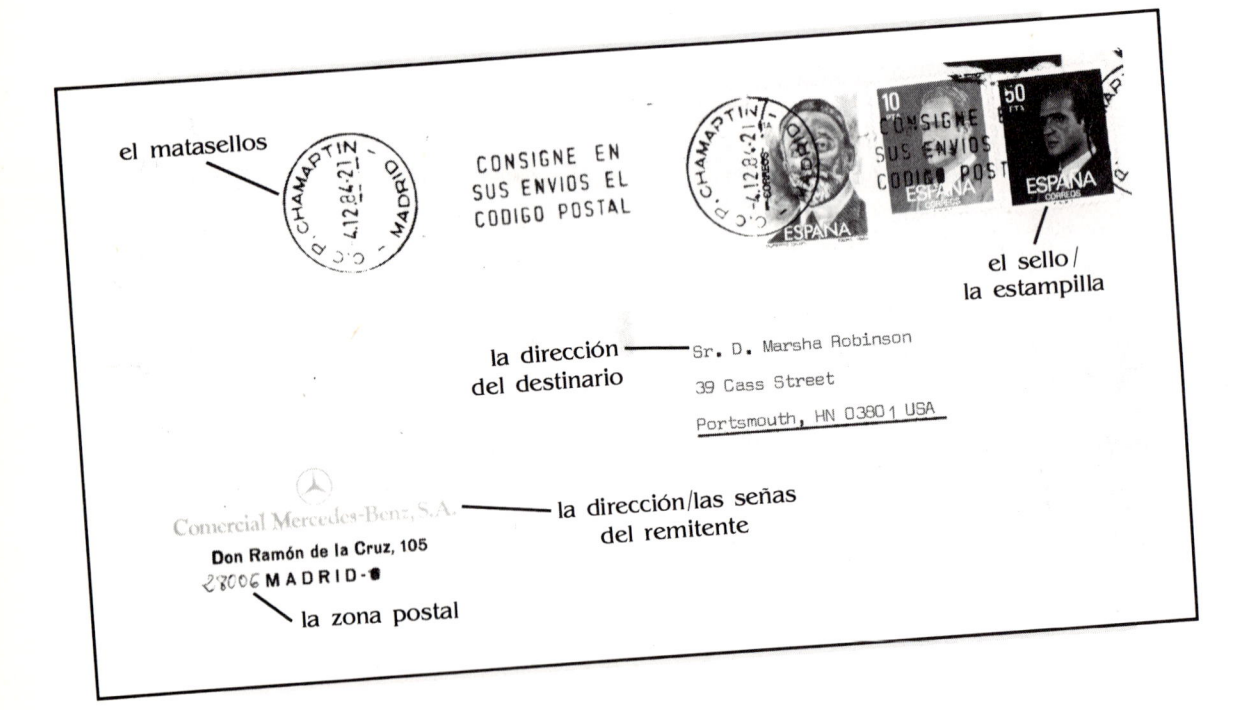

---

el matasellos

CONSIGNE EN SUS ENVIOS EL CODIGO POSTAL

el sello / la estampilla

la dirección del destinatario — Sr. D. Marsha Robinson
                                39 Cass Street
                                Portsmouth, HN 03801 USA

Comercial Mercedes-Benz, S.A.
Don Ramón de la Cruz, 105
28006 MADRID — la dirección/las señas del remitente

la zona postal

2 **No haga Ud. hoy lo que puede dejar para mañana**

Investiguemos un poco

1. You can often guess the meaning of an unfamiliar word if you know the meaning of a related word. Try to guess the meanings of these new words. First write the related word(s) that you know and then write the meanings of the new word and of the related word(s).

New word	**Related word(s)**	**Meanings**
a. ahorrar	_____	_____
b. lleno(a)	_____	_____
c. la entrega	_____	_____
d. devuelto(a)	_____	_____
e. seguro(a)	_____	_____
f. contar (ue)	_____	_____
g. entusiasmar(se)	_____	_____
h. el depósito	_____	_____
i. el plan	_____	_____
j. certificar	_____	_____

2. Several of the vocabulary items in this chapter merit special attention.

   a. Besides meaning "envelope," **sobre** is a preposition meaning "on top of" or "about (concerning)."

   b. The word **ventanilla** is formed by adding the diminutive ending **-illa** to the word **ventana**. Besides meaning "service window," **ventanilla** also refers to the little windows on an envelope.

   c. The verb **funcionar**, "to work," is not synonymous with **trabajar**. **Funcionar** refers to machines and **trabajar** to people.

   d. The adjective **entusiasmado(a)** is reserved for people; **entusiástico(a)** is used for things, such as **una carta entusiástica**.

   e. Do not confuse the verbs **devolver** and **volver**. **Devolver** means "to return" as in returning something to someone; **volver** is to physically return.

   f. The expression **tener vergüenza** *(to be ashamed or embarrassed)* uses a conjugated form of **tener** followed by a noun. There are other expressions with **tener** + *noun* with English equivalents of "to be" + *adjective*.

       tener ... años to be ... years old
       tener calor to be hot (people, not weather)
       tener celos to be jealous
       tener cuidado to be careful

tener cuidado tener éxito tener prisa

tener éxito to be successful
tener frío to be cold (people, not weather)
tener hambre to be hungry
tener... metros (de alto / largo)
  to be... meters (tall)
  (This is used only with objects;
  medir (i)... metros is used
  with people.)
tener miedo to be afraid

tener paciencia to be patient
tener prisa to be in a hurry
(no) tener razón to be right
  (wrong)
tener sed to be thirsty
tener sentido to make sense
tener sueño to be sleepy
tener suerte to be lucky

Practiquemos

A ¿Qué dice Ud.? Ud. tiene que hacer las siguientes cosas. Formule oraciones y preguntas para cada situación. Puede hacer este ejercicio con un(a) compañero(a) de clase.

Modelo: Ud. tiene que echar una carta.

Posibilidades: *Necesito comprar una estampilla, por favor.*
¿Cuánto cuesta mandar esta carta a Málaga?

En la oficina de correos.

1. Ud. quiere mandar una tarjeta postal pero no sabe dónde ponerla.
2. Quiere saber a qué hora llega la correspondencia.
3. No incluyó toda la información necesaria en el sobre de su carta.
4. Ud. quiere enviar un paquete a otro país.

En el banco.

5. Ud. acaba de recibir el cheque de su trabajo.
6. Por fin, Ud. tiene bastante dinero para tener una cuenta en el banco.
7. Ud. tiene problemas con el dinero.

En la estación de servicio.

8. Ud. va a hacer un viaje en coche.
9. Necesita líquidos para el coche.
10. Tiene problemas con el coche.

2 No haga Ud. hoy lo que puede dejar para mañana

B Una lista de cosas que hacer.   Escriba Ud. una lista de diez cosas que hacer escogiendo un elemento de cada columna.

A	B	C	D
Tengo que	depositar	un paquete	en el banco
Necesito	llenar	una tarjeta postal	en la oficina de correos
Debo	endosar	una cuenta de ahorros	en la gasolinera
Quiero	retirar	una cuenta corriente	en la estación de servicio
	enviar	dinero en efectivo	por correo certificado
	mandar	la batería con agua	
	recoger	el tanque	
	abrir	el cheque	
	alquilar	la nota	
	asegurar	el apartado postal	
	revisar	el aire de las llantas	
		una declaración para la aduana	

C Un día en la vida de un cartero.   El señor Morales es un cartero (*mailman*) muy simpático. Está pasando un día terrible. Usando las expresiones con **tener**, describa las situaciones a continuación.

Modelo: Hoy hace mucho sol y el señor Morales lleva un suéter grande.
El señor Morales probablemente tiene calor.

1. El señor Morales les entrega a los Callahan una carta para los Rodríguez.
2. En su ruta de entrega, el señor Morales ve un perro con dientes muy grandes.
3. El señor Morales quiere comer mucho y luego dormir una siesta.
4. El señor Morales tiene muchas cartas que repartir en poco tiempo.
5. El señor Morales tiene que repartir un paquete frágil.
6. Hoy el señor Morales encuentra un billete de cinco dólares.

Investiguemos un poco

D Encuesta y opiniones personales. Conteste las preguntas y luego hágaselas a un(a) compañero(a) de clase.

1. ¿A quién le escribe Ud. cartas? ¿Quién le escribe a Ud.?
2. ¿Qué contiene un paquete ideal? ¿De quién le gusta recibir paquetes? ¿Manda Ud. paquetes? ¿De qué?
3. ¿Prefiere usar el teléfono o escribir cartas? ¿Por qué?
4. ¿Tiene Ud. algunas cuentas en el banco? ¿Cuáles?
5. ¿Es difícil mantener su cuenta corriente en orden? ¿Tiene Ud. muchos cheques devueltos? ¿Por qué?
6. ¿Sabe Ud. reparar su coche? ¿Es importante saber reparar un coche? Explique.
7. Describa un coche que es "un limón." ¿Es su coche "un limón"? Explique.

E Encuentros personales. Con un(a) compañero(a) de clase, hagan los papeles de los personajes en las siguientes situaciones.

1. You bring a letter to the post office. Tell the clerk you need to register it and that you want to send it airmail. Ask if you can pay by check.
2. Your partner is the bank president and you are a chronic check bouncer. The bank president needs to be convinced that you deserve to keep your checking account. Try to convince him or her.
3. You are at the gas station and your car is in serious condition. The mechanic needs to know what's wrong with it. Tell him or her.

F Tema escrito. ¿Le gustan a Ud. las vacaciones? Imagínese que está de vacaciones. Es necesario enviarle(s) una tarjeta postal a su profesor(a) de español o a sus compañeros de clase, ¡claro! Compre una tarjeta postal y escríbasela a su profesor(a) o a sus compañeros.

Enfoquemos el idioma

El pretérito: verbos regulares
The Preterite: Regular Verbs

The preterite focuses on an aspect of the past tense. The preterite of regular verbs is formed in the following manner.

enviar		recoger		repartir	
	é		í		í
	aste		iste		iste
	ó		ió		ió
envi-	amos	recog-	imos	repart-	imos
	asteis		isteis		isteis
	aron		ieron		ieron

2 No haga Ud. hoy lo que puede dejar para mañana

The **nosotros** forms of **-ar** and **-ir** verbs have the same forms as the present indicative. **-Er** and **-ir** verbs share the same set of preterite endings.

Certain spelling conventions are needed in the preterite in order to preserve the sound of the infinitive.

▶ When the infinitive of a verb ends in **-gar,** a **u** is added to the stem only in the first person singular of the preterite.

pagar   pag**ué**, pagaste, pagó, pagamos, pagasteis, pagaron

▶ With verbs ending in **-car, c** changes to **qu** only in the first person singular.

certificar   certifi**qué**, certificaste, certificó, certificamos, certificasteis, certificaron

▶ With verbs ending in **-zar, z** changes to **c** only in the first person singular.

comenzar   comen**cé**, comenzaste, comenzó, comenzamos, comenzasteis, comenzaron

▶ When the stem of an **-er** or **-ir** verb ends in a vowel, the third person endings **-ió** and **-ieron** change to **-yó** and **-yeron.**

caer	caí, caíste, ca**yó**, caímos, caísteis, ca**yeron**
creer	creí, creíste, cre**yó**, creímos, creísteis, cre**yeron**
destruir	destruí, destruiste, destru**yó**, destruimos, destruisteis, destru**yeron**
incluir	incluí, incluiste, inclu**yó**, incluimos, incluisteis, inclu**yeron**
leer	leí, leíste, le**yó**, leímos, leísteis, le**yeron**

-Ar and **-er** stem-changing verbs do not change the stem in the preterite.

recomendar	(ie)		**volver**	(ue)
recomend-	é, aste, ó, amos, asteis, aron		volv-	í, iste, ió, imos, isteis, ieron

-Ir stem-changing verbs show a change only in the third person singular and plural. The **e** changes to **i** and the **o** changes to **u**.

repetir	(i)	**preferir**	(ie)	**dormir**	(ue)
repetí		preferí		dormí	
repetiste		preferiste		dormiste	
repitió		**prefirió**		**durmió**	
repetimos		preferimos		dormimos	
repetisteis		preferisteis		dormisteis	
repitieron		**prefirieron**		**durmieron**	

Enfoquemos el idioma

El pretérito: verbos irregulares
The Preterite: Irregular Verbs

▶ **Ser** and **ir** share the same forms in the preterite. Context will make the meaning clear.

    ser, ir   fui, fuiste, fue, fuimos, fuisteis, fueron

▶ **Dar** is irregular only in that it uses **-er, -ir** preterite endings. Accents are not needed because the first and third person forms are only one syllable.

    dar   di, diste, dio, dimos, disteis, dieron

▶ Several verbs have irregular stems and share these endings:

    -e, -iste, -o, -imos, -isteis, -ieron (-eron)

The verb **tener** is one such verb. Its stem is **tuv-** and it uses the irregular endings.

    tener   tuve, tuviste, tuvo, tuvimos, tuvisteis, tuvieron

Note that these endings are unstressed and differ from the stressed endings of the regular preterites. The **i** of the ending **-ieron** is removed from verbs whose stem ends in **j**.

▶ The other irregular stems are:

andar	**anduv-**	satisfacer	**satisfic-**	conducir	**conduj-**
estar	**estuv-**		(él **satisfizo**)	decir	**dij-**
tener	**tuv-**	querer	**quis-**	producir	**produj-**
caber	**cup-**	poner	**pus-**	traducir	**traduj-**
saber	**sup-**	poder	**pud-**	traer	**traj-**
hacer	**hic-** (él **hizo**)	haber	**hub-**		

Los usos del pretérito
The Uses of the Preterite

These words usually indicate that a past verb form (preterite, imperfect, etc.) must be used:

ayer yesterday	**anteanoche** the night before last
anteayer the day before yesterday	**la semana pasada** last week
anoche last night	**el año pasado** last year

▶ The preterite is used to focus on the beginning of an event. The verbs **comenzar** and **empezar** are sometimes used to indicate that an action began.

Ayer, de repente **pensé** en mi amigo Raúl.   *Yesterday, I suddenly thought about my friend Raúl.*

Decidí escribirle, pero **empecé** a estudiar y se me **olvidó**.   *I decided to write him but I began to study and I forgot.*

2 No haga Ud. hoy lo que puede dejar para mañana

He aquí un buzón artístico. ¿Qué significa "terrestre"? ¿Qué "come" las cartas?

▶ The preterite is also used to indicate a completed action. The focus here is on the completion of the event.

Fuimos a la oficina de correos.   *We went to the post office.*
Alquilamos un apartado postal.   *We rented a post office box.*

▶ When **hace** is used with a verb in the preterite, it translates as "ago":

Recibiste una carta de Maricarmen
hace una semana, ¿no?
Hace una semana que **recibiste**
una carta de Maricarmen, ¿no?

You received a letter from Maricarmen a week ago, didn't you?

▶ Remember that when **hace** is used with the present indicative, it indicates that an event began in the past and is continuing into the present.

Hace diez minutos que
escribo la tarjeta postal.
Escribo la tarjeta postal
desde hace diez minutos.

I have been writing the postcard for ten minutes.

Practiquemos

G **La carta de Carleen.** Conjugue los verbos en el pretérito. Luego, cambie los verbos a la forma de **yo** y después a la de **nosotros.**

1. Carleen (decidir) escribirle una carta a su amigo Tito.
2. Le (relatar) todos los detalles de su vida.
3. Y le (preguntar) a Tito todo lo que hacía.
4. Después de escribir la carta, Carleen (ir) a la oficina de correos.
5. (Pedir) sellos y sobres con ventanillas porque (tener) que enviar unas cuentas.
6. Ella (esperar) dos semanas y se (poner) muy contenta cuando (recibir) la contestación de Tito.

Enfoquemos el idioma

H **Un viaje memorable.** Complete las frases con la forma correcta del pretérito.

Jaime y Donna _____ (hacer) un viaje a Chile. _____ (Pasar) tres semanas allí y _____ (ir) a muchos lugares. Les _____ (enviar) muchas tarjetas postales a sus amigos y familias. Cuando _____ (llegar), _____ (buscar) primero un coche y lo _____ (alquilar). Después _____ (buscar) el banco porque _____ (tener) que pagar el coche. El cajero les _____ (dar) el dinero en efectivo. _____ (Ir) inmediatamente a la estación de servicio. El mecánico _____ (llenar) el tanque y les _____ (sugerir) algunos lugares de interés que visitar.

Creemos en el ahorro
Creemos en la familia
Creemos en el país

ASOCIACION POPULAR
DE AHORROS Y PRESTAMOS

La gran familia de ahorrante del país

$70,000 en cuentas de ahorros

I **Cuestionario personal.** Formen grupos de por lo menos tres personas. Uno de Uds. les hace las preguntas a los demás. Luego, cambien de papel. Empleen el pretérito y la forma de **vosotros**.

1. ¿Qué / hacer / ayer?
2. ¿Recoger / correspondencia?
3. ¿Recibir / algo interesante? ¿Qué?
4. ¿Depositar / dinero en su cuenta corriente? ¿Cuánto?
5. ¿Ir / gasolinera? ¿Por qué?
6. ¿Girar / un cheque? ¿Para qué?

J **"Mañanitis."** Jeff está hablando con su amigo Tomás. Cree que Tomás sufre de "mañanitis". Siga el modelo y escriba frases completas usando los grupos de palabras entre paréntesis. Use el pretérito.

    Jeff: Hace dos semanas que espero una carta de ti.
        (una semana / mandarte)
    Tomás: *Hace una semana que te mandé una carta.* o: *Te mandé una carta hace una semana.*

1. Espero también el paquete que mencionaste. (tres semanas / echar)
2. No tengo idea de dónde está. (tres semanas / ir a la oficina de correos)
3. ¿Qué pasa con Carmen? (dos días / hablar con ella por teléfono)
4. Cuéntame lo que ella hace. (dos meses / hacer un viaje)
5. Hace mucho que no oigo nada de ella. (una semana / ella / tratar de comunicarse contigo)
   Pues, voy a esperar noticias de ella. Hasta pronto.

K **Una práctica escrita.** Se dice que nadie escribe cartas hoy en día. Es más fácil usar el teléfono. Saque una hoja de papel de escribir y escríbale una carta muy creativa a un(a) amigo(a) o a un(a) pariente. Relate algo que Ud. hizo en el pasado para así poder emplear el pretérito. Tópicos posibles: una narración de un día de actividades, una visita a la oficina de correos, problemas con su coche o con el dinero, un incidente cómico que le ocurrió.

Enfoquemos el idioma
▲▲▲▲▲▲▲▲▲▲

El imperfecto
The Imperfect

We have already studied one aspect of the past tense, the preterite. In this section, we will examine the forms of another aspect of the past, the imperfect. The uses of the preterite and the imperfect will be contrasted in the second half of this chapter. You cannot rely on translation to determine whether to use the imperfect or the preterite because they are often translated in the same way in English since English does not make a preterite-imperfect distinction in its past tense.

The conjugations of the imperfect are very easy to master because all verbs are regular except **ir, ser,** and **ver,** and there are no stem changes (the stems are unstressed).

▶ Verbs with infinitives ending in **-ar** drop the **-ar** and add these endings (which all include **-aba**):

llenar

llen - { aba, abas, aba, ábamos, abais, aban }

▶ Verbs ending in **-er** and **-ir** drop the infinitive ending and add these endings (which all include **-ía**):

tener   **repartir**

ten - { ía, ías, ía, íamos, íais, ían }   repart - { ía, ías, ía, íamos, íais, ían }

▶ **Ir, ser,** and **ver** are the only verbs that are irregular in the imperfect.

ir	iba, ibas, iba, íbamos, ibais, iban
ser	era, eras, era, éramos, erais, eran
ver	veía, veías, veía, veíamos, veíais, veían

Enfoquemos el idioma

Practiquemos

L En la oficina de correos. Un día fuimos a la oficina de correos y había mucha actividad. Escoja Ud. un sujeto de la columna A y una opción lógica de la columna B para formar una frase completa. Emplee el imperfecto con los verbos.

A	B
Una mujer	comprar sellos
Varias personas	pedir mucha información
Un(a) cartero(a)	recoger la correspondencia para repartirla
Nathan y yo	hablar con su niño
Yo	charlar mientras esperar
Enrique	parecer impaciente
Tú	alquilar un apartado postal
Vosotros	llenar la declaración para la aduana
Ramón	mandar muchas cartas

M Cuestionario personal. Conteste las preguntas. Luego, hágaselas a un(a) compañero(a) de clase, tuteándose, claro.

1. ¿Cómo era Ud. de chico(a)?
2. ¿De qué tenía miedo?
3. ¿Qué hacía antes de venir a la universidad?
4. ¿Qué hacía Ud. anoche a las ocho?
5. ¿En qué quería tener éxito cuando era chico(a)?

Ahora, conteste las preguntas en el presente. ¿Ha cambiado Ud.?

Modelo: *Antes, yo era muy tímido(a); ahora no soy tímido(a), soy muy amistoso(a).*

N Un día en la vida de un cartero. ¿Recuerda Ud. al señor Morales, el cartero tan simpático? Lo que sigue es un día de trabajo típico para él. Use el pretérito (P) o el imperfecto (I), según las indicaciones. Después de hacer esta práctica, trate de adivinar algunas diferencias entre el uso del pretérito y el imperfecto.

El día del señor Morales _____ (P-empezar) a las seis de la mañana. Se _____ (P-levantar) y _____ (I-estar) de muy buen humor. A él le _____ (I-gustar) mucho su trabajo y _____ (I-tener) muchísimo entusiasmo ayer. _____ (I-Hacer) buen tiempo y el señor Morales _____ (I-saber) que _____ (I-ir) a ser un día fantástico.

El señor Morales _____ (P-ir) primero a la oficina de correos donde _____ (P-recoger) toda la correspondencia que _____ (I-necesitar) repartir. _____ (I-Haber) montones de cartas, periódicos y revistas.

2 No haga Ud. hoy lo que puede dejar para mañana

_____ (I-Ser) las once de la mañana. El señor Morales _____ (I-estar) en medio de su ruta cuando de repente _____ (P-empezar) a llover mucho. El no _____ (I-llevar) impermeable *(raincoat)* y se _____ (P-poner) muy mojado *(wet)*. _____ (P-Tratar) de ir más rápidamente para terminar pronto. El pobre señor Morales _____ (P-tropezar-*to trip*) y por accidente algunas cartas _____ (P-caer) en un charco *(puddle)* grande. _____ (I-Ser) imposible repartir las cartas en esas condiciones.

El señor Morales _____ (P-volver) a la oficina de correos y les _____ (P-decir) lo que le _____ (P-pasar) a sus amigos. El jefe se _____ (P-reír) cuando _____ (P-saber) del incidente porque lo mismo le _____ (P-suceder) a él cuando _____ (I-ser) cartero. El señor Morales _____ (P-poner) las cartas cerca de un ventilador *(fan)*. Cuando las cartas se _____ (P-secar), él _____ (P-terminar) su entrega.

A pesar del incidente, el señor Morales se _____ (I-sentir) bien cuando _____ (P-llegar) a casa.

¿Comprendió Ud. bien? Haga una lista de preguntas sobre el día de trabajo del señor Morales y después hágaselas a un(a) compañero(a) de clase. En sus preguntas, use el mismo tiempo verbal que en el ejercicio.

Ahora, leamos
▲▲▲▲▲▲▲▲▲▲

▼
Para su comprensión
▲

1. The title of the story you are about to read is "Una carta a Dios." Why would someone write a letter to God? If you did, what would you say in it?
2. The story is about a poor farmer (**un agricultor**) whose life, and that of his family, depends on his land and what it produces. Make a list of the problems and concerns that you think someone in this situation might face. Why might the farmer write a letter to God?
3. Read through the questions in exercise **O**, on page 49, to get an idea of what happens in the story.

▼
Antes de leer
▲

1. Pay special attention to the uses and forms of the preterite and imperfect in this story. Try to come up with some guidelines for their use.
2. This short story includes several examples of the present participle (gerund). The present participle of **-ar** verbs ends in **-ando**; that for **-er** and **-ir**, in **-iendo** (and sometimes **-yendo**). This participle is usually translated as *verb* + *ing*.

Try to identify the infinitives of the participles used in the story and then find other examples. You will learn more about this structure in Chapter 9.

haciendo   **cayendo**   **exponiéndose**

3. There are also several examples of past participles used in the story. The past participle of **-ar** verbs ends in **-ado**; the past participle for **-er** and **-ir** verbs, in **-ido**. These participles function as adjectives or as verbs. When used as an adjective, the past participle agrees with the noun modified.

   En la mesa **destinada** al público . . .   *At the table **designated** for the public . . .*

   When used as a verb, the past participle follows a form of the verb **haber** and the past participle ends in **-o**.

   . . . según le **habían explicado** . . .   *. . . as they **had explained** to him . . .*

   Find other examples of past participles in the story and decide whether they function as adjectives or as verbs. If you need more help with this structure, you may want to look at the explanation in Chapter 5.

4. When reading, it is often helpful to pick out cognates. A cognate is a word whose meaning you can guess because its spelling or pronunciation in Spanish is similar to an English word. There are some words that are false cognates (for example, **lectura** means "reading," not "lecture"), so if what you think a word might mean doesn't make sense in a given context, check a dictionary. Here are some of the cognates you'll find in the story. Try to guess the meanings of these words and then try to find some more cognates in the story.

la pirámide	**la costumbre**	**satisfecho**
la promesa	**examinar**	**la transparente cortina**
la experiencia	**el noreste**	**la perla**

5. Included in this reading selection are several weather expressions. If necessary, consult **Apéndice II** at the end of your text for a review of these expressions.

Gregorio López y Fuentes nació en México en 1897. Su padre era agricultor y por eso, López y Fuentes tenía mucho contacto con los campesinos que cultivaban (worked) *la tierra. Más tarde, López y Fuentes se hizo periodista y después, novelista y escritor de cuentos. Algunas de sus obras tienen que ver con la historia de México, la Revolución Mexicana y el papel de los indios mexicanos. En 1940 apareció* Cuentos campesinos de México, *una colección de cuentos que trata de la juventud de López y Fuentes. Hay una preocupación por las creencias, la psicología y la situación de los campesinos de la tierra de México.*

2   No haga Ud. hoy lo que puede dejar para mañana

Una carta a Dios
por Gregorio López y Fuentes
▲▲▲▲▲▲▲▲▲▲

subida *situada* / **cerros** hills / **peregrinaciones** pilgrimages / **los rastrojos** stubble fields **lindando con** *al lado de* / **la milpa** *plantas de maíz* / **jilotear** to blossom / **las matas** fields / **cosecha** harvest / **haciendo falta** was lacking, needed **aguacero** downpour **charcos** puddles **los surcos** furrows **sembrar** to sow, to plant, to seed / **apegado a** devoted to / **puño** fist

correteaban were scampering, running
dar en la boca *servir comida*
gruesas gotas thick, big drops (of water)
Hagan de cuenta Keep in mind
enseres tools, utensils
una cerca a fence; wall
a diez 10 centavos

las hileras frondosas leafy rows
soplar to blow
bellotas acorns

tamaño size

apedreó stoned / **la huerta** *el jardín*
una salina salt mine
deshojados without leaves / **hecho pedazos** in bits / **el alma** soul

La casa — única en todo el valle — estaba subida° en uno de esos cerros° truncados que, a manera de pirámides rudimentarias, dejaron algunas tribus al continuar sus peregrinaciones°. Desde allí se veían las vegas, el río, los rastrojos° y lindando con° el corral, la milpa°, ya a punto de jilotear°. Entre las matas° del maíz, el frijol con su florecilla morada, promesa inequívoca de una buena cosecha°.

Lo único que estaba haciendo falta° a la tierra era una lluvia, cuando menos un fuerte aguacero°, de esos que forman charcos° entre los surcos°. Dudar de que llovería hubiera sido lo mismo que dejar de creer en la experiencia de quienes, por tradición, enseñaron a sembrar° en determinado día del año.

Durante la mañana, Lencho — conocedor del campo, apegado a° las viejas costumbres y creyente a puño° cerrado — no había hecho más que examinar el cielo por el rumbo del noroeste.

—Ahora sí que viene el agua, vieja.

Y la vieja, que preparaba la comida, le respondió:

—Dios lo quiera.

Los muchachos más grandes limpiaban de hierba la siembra, mientras que los más pequeños correteaban° cerca de la casa, hasta que la mujer les gritó a todos:

—Vengan que les voy a dar en la boca°...

Fue en el curso de la comida cuando, como lo había asegurado Lencho, comenzaron a caer gruesas gotas° de lluvia. Por el noreste se veían avanzar grandes montañas de nubes. El aire olía a jarro nuevo.

—Hagan de cuenta°, muchachos, —exclamaba el hombre mientras sentía la fruición de mojarse con el pretexto de recoger algunos enseres° olvidados sobre una cerca° de piedra —, que no son gotas de agua las que están cayendo: son monedas nuevas; las gotas grandes son de a diez° y las gotas chicas son de a cinco...

Y dejaba pasear sus ojos satisfechos por la milpa a punto de jilotear, adornada con las hileras frondosas° del frijol, y entonces toda ella cubierta por la transparente cortina de la lluvia. Pero, de pronto, comenzó a soplar° un fuerte viento y con las gotas de agua comenzaron a caer granizos tan grandes como bellotas°. Esos sí que parecían monedas de plata nueva. Los muchachos, exponiéndose a la lluvia, correteaban y recogían las perlas heladas de mayor tamaño°.

—Eso sí que está muy malo — exclamaba mortificado el hombre—; ojalá que pase pronto...

No pasó pronto. Durante una hora, el granizo apedreó° la casa, la huerta°, el monte, la milpa y todo el valle. El campo estaba tan blanco que parecía una salina°. Los árboles, deshojados°. El maíz, hecho pedazos°. El frijol, sin una flor. Lencho, con el alma° llena de tribulaciones. Pasada la tormenta, en medio de los surcos, decía a sus hijos:

—Más hubiera dejado una nube de langosta°... El granizo no ha dejado nada: ni una sola mata de maíz dará una mazorca°, ni una mata de frijol dará una vaina°...

La noche fue de lamentaciones:

—¡Todo nuestro trabajo, perdido!

—¡Y ni a quien acudir°!

—Este año pasaremos hambre...

Pero muy en el fondo espiritual de cuantos convivían bajo aquella casa solitaria en mitad del valle, había una esperanza: la ayuda de Dios.

—No te mortifiques tanto, aunque el mal es muy grande. ¡Recuerda que nadie se muere de hambre!

—Eso dicen: nadie se muere de hambre...

Y mientras llegaba el amanecer°, Lencho pensó mucho en lo que había visto en la iglesia del pueblo los domingos: un triángulo y dentro del triángulo un ojo, un ojo que parecía muy grande, un ojo que, según le habían explicado, lo mira todo, hasta lo que está en el fondo° de las conciencias.

Lencho era un hombre rudo° y él mismo solía° decir que el campo embrutece, pero no lo era tanto que no supiera escribir. Ya con la luz del día y aprovechando la circunstancia de que era domingo, después de haberse afirmado en su idea de que sí hay quien vele por° todos, se puso a escribir una carta que él mismo llevaría al pueblo para echarla al correo.

Era nada menos que una carta a Dios.

«Dios —escribió—, si no me ayudas pasaré hambre con todos los míos, durante este año: necesito cien pesos para volver a sembrar y vivir mientras viene la otra cosecha, pues el granizo...»

Rotuló el sobre «A Dios», metió el pliego° y, aun preocupado, se dirigió al pueblo. Ya en la oficina de correos, le puso un timbre a la carta y echó ésta en el buzón.

Un empleado, que era cartero y todo en la oficina de correos, llegó riendo con toda la boca ante su jefe: le mostraba nada menos que la carta dirigida a Dios. Nunca en su existencia de repartidor había conocido ese domicilio. El jefe de la oficina —gordo y bonachón°— también se puso a reír, pero bien pronto se le plegó° el entrecejo° y, mientras daba golpecitos en su mesa con la carta, comentaba:

—¡La fe°! ¡Quien tuviera la fe de quien escribió esta carta! ¡Creer como él cree! ¡Esperar con la confianza con que él sabe esperar! ¡Sostener correspondencia con Dios!

Y, para no defraudar aquel tesoro° de fe, descubierto a través de una carta que no podía ser entregada, el jefe postal concibió una idea: contestar la carta. Pero una vez abierta, se vio que contestar necesitaba algo más que buena voluntad°, tinta° y papel. No por ello se dio por vencido°: exigió a su empleado una dádiva°, él puso parte de su sueldo° y a varias personas les pidió su óbolo° «para una obra piadosa».

Fue imposible para él reunir los cien pesos solicitados por Lencho, y se conformó con° enviar al campesino cuando menos lo que había reunido: algo más que la mitad. Puso los billetes en un sobre dirigido a Lencho y con ellos un pliego que no tenía más que una palabra, a manera de firma: DIOS.

2 No haga Ud. hoy lo que puede dejar para mañana

---

la angosta locust
una mazorca ear of corn
una vaina a pod
acudir to turn to

el amanecer dawn

el fondo bottom, depth
rudo rough
solía estaba acostumbrado
vele por looks out for

el pliego sheet of paper

bonachón good-natured
plegó wrinkled
el entrecejo brow
la fe faith

tesoro treasure
voluntad will
tinta ink
se dio por vencido gave up
una dádiva una contribución
sueldo salario
óbolo ayuda
se conformó con decidió

Al siguiente domingo Lencho llegó a preguntar, más temprano que de costumbre, si había alguna carta para él. Fue el mismo repartidor quien le hizo entrega la carta, mientras que el jefe, con la alegría de quien ha hecho una buena acción, espiaba a través de un vidrio raspado°, desde su despacho°.

Lencho no mostró la menor sorpresa al ver los billetes—tanta era su seguridad—, pero hizo un gesto de cólera° al contar el dinero . . . ¡Dios no podía haberse equivocado°, ni negar° lo que se le había pedido!

Inmediatamente, Lencho se acercó a la ventanilla para pedir papel y tinta. En la mesa destinada al público, se puso a escribir, arrugando° mucho la frente° a causa del esfuerzo que hacía para dar forma legible a sus ideas. Al terminar, fue a pedir un timbre, el cual mojó con la lengua y luego aseguró de un puñetazo°.

En cuanto la carta cayó al buzón, el jefe de correos fue a recogerla. Decía: «Dios: Del dinero que te pedí, sólo llegaron a mis manos sesenta pesos. Mándame el resto, que me hace mucha falta; pero no me lo mandes por conducto de la oficina de correos, porque los empleados son muy ladrones°. —Lencho»

raspado scratched
despacho *oficina*

cólera anger
haberse equivocado
   hacer un error
negar to deny

arrugando wrinkling
la frente forehead

un puñetazo punch

ladrones thieves

La vida de este agricultor es dura, pero hay gran satisfacción en labrar la tierra.

Reaccionemos
▲▲▲▲▲▲▲▲▲▲

O ¿Comprendió Ud. la lectura? Conteste las preguntas de acuerdo con el desarrollo del cuento. Trate de usar sus propias palabras.

1. ¿Qué sugiere el narrador en el primer párrafo con su descripción de la tierra?
2. ¿Quién es Lencho? ¿Qué espera?
3. ¿Qué pasa durante la comida? ¿Cómo reacciona Lencho?
4. ¿Qué pasa cuando empieza a soplar el viento?

Reaccionemos

5. ¿Por qué es que Lencho no se da por vencido?
6. ¿Qué hace Lencho al día siguiente? ¿Qué es lo que lo inspira?
7. ¿Cómo reacciona el cartero? ¿Y el jefe?
8. ¿Qué idea se le ocurre al jefe de correos? ¿Qué problemas encuentra en su plan?
9. ¿Cómo reacciona Lencho ante la carta que recibe?
10. ¿Qué hace Lencho al final del cuento?
11. ¿Cuál es la ironía del cuento?

P Ahora, le toca a Ud.   Escriba cinco preguntas más que tengan que ver con el cuento. El siguiente día de clase, cada estudiante va a hacerle sus preguntas a la clase y los compañeros tiene que contestárselas.

Q Solicitamos su opinión.

1. ¿Qué tipo de hombre es Lencho? ¿Es Lencho un hombre demasiado inocente? ¿Cree Ud. que el narrador se burla de *(to make fun of)* él? Explique.
2. ¿Cuál es su reacción personal ante el cuento? Explique.
3. ¿Cuáles son los temas más importantes del cuento? ¿Por qué son importantes?
4. Situaciones hipotéticas:
   a. Ud. es Lencho o su esposa. ¿Qué hace Ud. en su situación? ¿Por qué?
   b. Ud. es el jefe de correos. ¿Qué hace Ud.? ¿Por qué?

R Temas escritos

1. Lencho necesita la lluvia para sobrevivir. ¿Qué necesita Ud. para sobrevivir? Escríbale una carta (a Dios, a sus padres, a un[a] amigo[a]), en la que Ud. cuenta lo que necesita y por qué lo necesita.
   El (la) profesor(a) va a corregir su carta y va a dársela a otro(a) compañero(a) de clase para que la conteste. Escriba Ud. una respuesta.
2. Ud. es el (la) jefe(a) de la oficina de correos y es necesario responder a la segunda carta de Lencho. Escríbale una carta a Lencho.

S Encuentros personales

1. Lencho comes in to mail a letter to God. With a classmate, play the roles of the postal clerk and Lencho. Lencho first asks for a stamp, saying that he wants to mail the letter first class. He gives you the letter without an address. Explain to him that you can't mail it without an address. Solve the problem.
2. You are Lencho. Classmates are members of your family. Go home and explain to your family what happened in the post office. Your family has many questions for you. Answer all the questions.

2 No haga Ud. hoy lo que puede dejar para mañana

Enfoquemos el idioma

El pretérito y el imperfecto
The Preterite and the Imperfect

The use of the preterite and the use of the imperfect depend on what the speaker intends to imply about the nature of a past event. Each aspect conveys a different viewpoint. The preterite is used when an action or event is viewed as either completed or having a clear beginning. The imperfect, as its name implies, is an aspect that does not view the action as perfected, nor does it focus on the beginning; it expresses ongoing actions or characteristics. The imperfect is used to describe as yet incomplete, repeated, or habitual actions. In English the words *used to* or *would* are often used to imply this idea of repetition. Sentence context in itself does not necessarily cue the aspect — it is the speaker's intended meaning that determines the choice of aspect. Look at these examples.

Cuando Luis **entraba,** su hermana **abría** una carta.	(simultaneous actions, both viewed in the middle of the action)
Cuando Luis **entró,** su hermana **abría** una carta.	(an ongoing action, **abría,** interrupted by a completed action, **entró**)
Cuando Luis **entraba,** su hermana **abrió** una carta.	(an ongoing action, **entraba;** beginning of an action, **abrió**)
Cuando Luis **entró,** su hermana **abrió** una carta.	(an action completed, **entró,** while an action began, **abrió**)

Here is a summary of the uses of the preterite and the imperfect. Keep in mind that these are only guidelines to help you develop a feeling for the two aspects.

▶ **The Preterite**

1. Describes completed actions, whether instantaneous or of longer duration.

Empezó a llover.	*It began to rain.*
Lencho **salió** de la casa.	*Lencho went out of the house.*
Sonrió.	*He smiled.*

2. Describes a series of completed events.

Fue a la oficina de correos.	*He went to the post office.*
Compró un timbre.	*He bought a stamp.*
Puso la carta en el buzón.	*He put the letter in the box.*

Enfoquemos el idioma

¿Es Ud. mecánico(a)? ¿Cuál es el problema con este coche? ¿Sabe Ud. repararlo? ¿Qué hay que hacer?

3. Describes one action that interrupts another.

   Cuando la familia comía, **empezó** a llover.   *When the family was eating, it began to rain.*

4. Indicates beginning (onset) or end (conclusion) of an action.

   Lencho **fue** una persona muy religiosa.   *Lencho was a very religious person.*

   (Choice of the preterite here indicates a completed state, implying that he stopped being religious at some point in time.)

▶ **The Imperfect**

1. Sets the scene, describes background events; serves as the narrative past aspect of the Spanish language.

   La casa **estaba** situada en un cerro.   *The house was located on a hill.*
   Hacía calor. No **llovía.**   *It was hot. It wasn't raining.*
   Había una vez...   *Once upon a time...*

2. Describes repetitive actions not concluded at a specific, recalled time.

   Lencho **salía** al campo.   *Lencho would go out to the field.*
   Examinaba el maíz.   *He would (used to) examine the corn.*
   Esperaba la lluvia.   *He would hope for rain.*

2   No haga Ud. hoy lo que puede dejar para mañana

3. Describes ongoing actions.

Cuando la familia **comía,** empezó a llover.	*When the family was eating, it began to rain.*

4. Stresses the condition; does not indicate the end.

Lencho **era** una persona muy religiosa.	*Lencho was a very religious person.*

(Condition of being a religious person is stressed; end or beginning is not important.)

5. Tells time in the past.

Eran las cuatro de la tarde.	*It was 4:00 in the afternoon.*

Be careful not to assume that certain verbs belong to the preterite while others belong to the imperfect. The choice between the two aspects is a question of focus. For example, usually the imperfect is used to describe mental or physical states. A different focus, however, will require the preterite of the same verb. Consider these examples.

Cuando Lencho **trabajó** demasiado, **se cansó.**	*When Lencho worked too much, he got tired.* (beginning of fatigue)
Lo llamé hace dos días y todavía **estaba** cansado.	*I called him two days ago and he was still tired.* (continuing state of fatigue)
Estuvo cansado tres días en total.	*He was tired for three days in all.* (completed; end of fatigue)

Explain the reasons for the use of the imperfect and preterite in these examples.

Al ver la lluvia, Lencho **pensó** en la cosecha.	*When he saw the rain, Lencho thought about the harvest.*
Dos horas más tarde, todavía **pensaba** en la cosecha.	*Two hours later, he was still thinking about the harvest.*
Pensó en la cosecha dos horas más y finalmente **fue** al campo.	*He thought about the harvest for two more hours and finally he went to the field.*

Some verbs have different English equivalents, depending on their imperfect or preterite aspects. The **meaning** of the verb doesn't actually change: it has a different **focus.**

saber	Yo **supe** la dirección.	*I found out the address.* (began to know)
	Yo **sabía** enviar la carta.	*I knew how to mail the letter.* (middle of knowledge)
conocer	El me **conoció** anoche.	*He met me last night.* (began to know)
	Yo **conocía** al mecánico cuando era niño.	*I knew the mechanic when I was a child.* (middle of acquaintance)

Enfoquemos el idioma

poder	**Pudimos** comunicar con él.	*We managed to contact him* (could and did; completed)
	Podíamos comunicarnos con él.	*We were able to (could) contact him.* (but did not necessarily do so; middle of potential)
querer	Rosa no **quiso** escribirle.	*Rosa refused to write him.* (definite, final decision)
	Rosa no **quería** escribirle.	*Rosa didn't want to write him.* (but she may have written him anyway)
	Raúl **quiso** llamarla.	*Raúl tried to call her.* (an attempt was made)
	Raúl **quería** llamarla.	*Raúl wanted to call her.* (but did not necessarily do so)
tener	El mecánico **tuvo** que reparar el coche en dos horas.	*The mechanic had to repair the car in two hours.* (He had to and did.)
	El mecánico **tenía** que reparar el coche en dos horas.	*The mechanic had to repair the car in two hours.* (He had to, but did not necessarily do so.)

Practiquemos

T **Una amistad especial.** Escoja la forma correcta de los verbos y explique su selección. Tenga cuidado porque en algunos casos se permite el pretérito y en otros, el imperfecto. ¡Y a veces los dos, con diferencias!

Micaela y Arturo (fueron/eran) buenos amigos en la Universidad de Granada hace dos años. Después de graduarse, Micaela (fue/iba) a los EE.UU. para trabajar y Arturo (decidió/decidía) quedarse en España. El también (quiso/quería) ir a los Estados Unidos pero no (pudo/podía) porque no (tuvo/tenía) suficiente dinero para el viaje. Cada semana, Arturo (fue/iba) a la oficina de correos, (abrió/abría) su apartado postal y (buscó/buscaba) una carta de su amiga Micaela. Cuando no (recibió/recibía) una carta, (estuvo/estaba) triste. Su amistad (fue/era) muy importante para él y (pensó/pensaba) mucho en un futuro con Micaela.

U **Ahora, le toca a Ud.** Complete las frases con el pretérito o el imperfecto para continuar el cuento de Micaela y Arturo.

El martes siguiente, _____ (hacer) muy buen tiempo y Arturo _____ (salir) de su casa hacia la oficina de correos, en busca de una carta de Micaela. Cuando _____ (llegar) a la oficina, _____ (encontrar) un mensaje en su buzón. El mensaje _____ (decir) que él _____ (tener) que ir a la ventanilla para recoger una carta certificada. _____ (Ir) a la ventanilla y le _____ (pedir) la carta al empleado de correos. _____ (Estar) muy entusiasmado porque _____ (saber) que seguramente _____ (ser) una carta de Micaela.

2 No haga Ud. hoy lo que puede dejar para mañana

Antes de darle la carta a Arturo, el empleado le _____ (decir) que _____ (ser) necesario pagar un impuesto (*tax*). Pero Arturo se había olvidado de su dinero. El empleado no _____ (querer) darle la carta sin el impuesto y no _____ (querer) aceptar un cheque. ¡Pobre Arturo! _____ (Tener) que ir al banco para retirar dinero. _____ (Salir) de la oficina y _____ (correr) muy rápidamente a su casa porque _____ (tener) que conseguir su libreta. _____ (Entrar) en su cuarto, _____ (encontrar) su libreta y _____ (ir) al banco. Después de retirar el dinero, _____ (volver) a la oficina de correos. _____ (Ser) casi las doce y media, la hora de almuerzo cuando _____ (llegar) Arturo. El _____ (saber) que a las doce y media, los empleados _____ (cerrar) sus ventanillas y _____ (almorzar). Afortunadamente, antes de salir, el empleado _____ (reconocer) a Arturo y él _____ (saber) que Arturo _____ (querer) mucho recoger la carta. El empleado la _____ (conseguir), Arturo le _____ (dar) el dinero y el empleado le _____ (entregar) la carta a Arturo. Arturo la _____ (abrir) inmediatamente y _____ (empezar) a leer. . . .

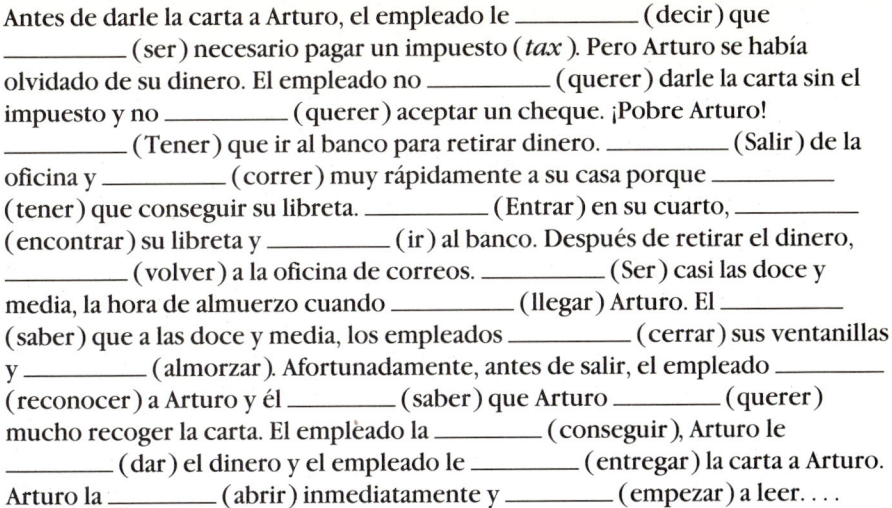

V **¿Qué decía la carta?** Complete las frases, usando el pretérito o el imperfecto, para terminar la historia de Micaela y Arturo. Es posible añadir cualquier otra información que Ud. crea necesaria.

Querido Arturo,
 ¿Cómo estás? Cuando recibí tu última carta estaba . . . porque . . . . Me encantan tus cartas, llenas de recuerdos de nuestra vida en la universidad. ¿Recuerdas el día en que . . . ? ¡Qué día más estupendo! Y nunca voy a olvidarme de nuestro viaje a Sevilla cuando el coche . . . y tú y yo . . . . ¿Recuerdas? También pienso en los días de clase en la universidad. Nosotros . . . y después . . . .
 Pues, probablemente te preguntas por qué te envié esta carta por correo registrado. Es porque contiene información muy importante. Decidí . . . .

Ahora, termine Ud. la carta de una manera original. Puede usar el presente, el pretérito o el imperfecto. Sea creativo(a) e interesante. ¡Diviértase!

Charlemos un poco más
▲▲▲▲▲▲▲▲▲▲

W **Encuentros personales**

1. Everyone likes talking about a special time they've had at college. With a classmate, share some memories of a particularly interesting time you've had at school. Ask questions during the discussion.
2. Describe to a classmate the contents of a letter you received recently.
3. With a classmate, discuss what you did last weekend — where you went, who (what) you saw and how you felt.

Charlemos un poco más

X Solicitamos su opinión: discusión final.

1. ¿En qué circunstancias escribe Ud. cartas? ¿Cuándo prefiere usar el teléfono en vez de escribir cartas?
2. ¿Depende Ud. del correo para algo? ¿Cómo se siente cuando no recibe cartas? ¿Qué otras cosas recibe por el correo?
3. ¿Es su cuenta corriente importante? ¿Por qué? ¿Gira muchos cheques cuando no hay suficiente dinero en su cuenta? Cuente una situación en que le ocurrió eso.
4. ¿Tiene Ud. coche? ¿Cómo es? ¿Se estropea mucho? Describa una situación en que le ocurrió eso. ¿Qué hizo Ud.? ¿Tiene miedo cuando su coche se estropea? ¿Por qué?

Y ¿Tiene Ud. amigo(a) por correspondencia *(penpal)* **de otro país?** He aquí la dirección de una compañía que ofrece contactos con otros países para intercambiar correspondencia. Escríbale a esta compañía y pídale un(a) amigo(a) por correspondencia hispano(a).

Foreign Correspondence Bureau
P.O. Box 260735
Lakewood, Colorado 80226

Z Temas escritos

1. Ahora, imagínese que Ud. acaba de recibir la dirección de un(a) amigo(a) por correspondencia hispano(a). Escríbale a esta persona una carta de presentación suya. Incluya los detalles descriptivos que Ud. considere más importantes. Hágale varias preguntas a su nuevo(a) amigo(a).
2. Mire Ud. los siguientes dibujos. Escoja uno e invente una historia original. ¡Use la imaginación!

2 **No haga Ud. hoy lo que puede dejar para mañana**

¡Digamos la última palabra!

Sustantivos
el agua (f.) water
el aire air
el (la) amigo(a) por correspondencia penpal
el apartado postal post office box
la batería battery
el buzón mailbox, slot
el (la) cajero(a) teller
la carta letter
el (la) cartero(a) mailman
la casualidad chance
el correo post office; mail
la correspondencia mail, correspondence
la cuenta corriente checking account
la cuenta de ahorros savings account
el cheque check
el dinero en efectivo cash
la dirección del destinario / remitente mailing / return address
el distrito postal zip code
la estación de servicio gas station (Lat. Am.)
la estampilla stamp (Lat. Am.)
los fondos funds
los frenos brakes

Expresiones útiles
devolver un cheque to return a "bounced" check
echar / poner una carta to mail a letter
girar un cheque to write a check
hace + time + preterite preterite + time ago
llenar una declaración de aduana to fill out a customs form
poner una corta mail a letter
por avión airmail
por correo aéreo airmail

la galleta cookie
la gasolinera gas statio
la libreta bankbook
la luz light
la llanta tire
el matasellos postmark
el mensaje message
la nota message
la oficina de correos post office
el paquete package
el radiador radiator
el rato a short period of time, a while
el saldo balance (in an account)
el sello stamp (Sp.)
las señas de destinario mailing address
las señas del remitente return address
el sobre envelope
el talonario checkbook
la tarjeta (postal) (post) card
el timbre stamp (Lat. Am.)
la ventanilla service window
la vergüenza embarrassment, shame
la zona postal zip code

Verbos
alquilar to rent
asegurar to insure
depositar to deposit

por correo certificado / recomendado registered mail
por correo regular / ordinario regular mail
tener... años to be... years old
tener calor to be hot
tener celos to be jealous
tener cuidado to be careful
tener éxito to be successful
tener frío to be cold
tener hambre to be hungry
tener... metros (de) alto / largo to be... meters (tall / long)

devolver (ue) to return (something)
endosar to endorse
entregar to deliver
enviar to send
estropearse to break down
llenar to fill
mandar to send; to order
medir (i) to measure
olvidarse (de) to forget
planear to plan
recoger to collect
repartir to deliver
retirar to withdraw
revisar to check

Adjetivos
desinflado(a) flat (tire)
devuelto(a) returned, "bounced"
entusiasmado(a) excited, enthusiastic
opuesto(a) opposite

Preposiciones
en vez de instead of
hasta until
sobre on top of; about, concerning

tener miedo to be afraid
tener paciencia to be patient
tener prisa to be in a hurry
(no) tener razón to be right (wrong)
tener sed to be thirsty
tener sentido to make sense
tener sueño to be sleepy
tener suerte to be lucky
tener vergüenza to be ashamed
tener que ver con to have to do with

CAPÍTULO 3
▼

TV Mujer abre corresponsalía en San Antonio y añade nueva productora en Los Angeles

Many Hispanic countries, because of their patriarchal tradition, have advanced more slowly than the United States in recognizing women as equals in the home and in the work force. The first section of this chapter deals with household activities traditionally performed by women and currently shared by men and women. The reading selection, "De lo que aconteció a un mancebo que se casó con una mujer muy fuerte y muy brava," portrays a stereotypical, old-fashioned situation, in which the man is considered head of the household. The woman, provider of his needs, must be "tamed."

▲

La mujer en la sociedad

▼

Charlemos un poco

¿Ve Ud. alguna diferencia entre estas mujeres?

▼

¿Cómo era la mujer del pasado? ¿Y el hombre del pasado?

▼

¿Cómo es la mujer moderna? ¿Y el hombre moderno?

▼

¿Quién tiene las responsabilidades de la casa hoy en día?

▼

¿Cómo se difieren el matrimonio de hoy y el del pasado?

▼

¿Tienen las mujeres modernas una vida más fácil que antes? Explique.

▼

¿Son diferentes los hombres modernos de los hombres del pasado? Explique.

▲

Vocabulario

Vocabulario personal

Think about your responsibilities in your living situation. Make a list of the household duties you perform, and divide the list into those you enjoy and those you'd rather have someone else do. Then make a list of words and expressions in Spanish that you used to answer the questions about the photos as well as a list of words and expressions that you would use, but about which you would have to ask your instructor.

Empecemos en contexto

You will now read a conversation between Rufina and her husband Luis, as they plan how to divide the housework. You will note that Luis enjoys teasing Rufina. As you read, identify each person's responsibilities. You may want to look at **Palabras prácticas** before you begin their conversation.

Las responsabilidades de Luis: _____

_____

Las responsabilidades de Rufina: _____

_____

■ **Limpiezas**
MOQUETAS, telados, pisos. 5215556.
EXPERTOS, abrillantado, suelos, mármol, terrazo, pizarra, parquet (sin acuchillado previo). Lavado moquetas, limpiezas obra domicilio. 5212609.
GARANTIZAMOS limpieza moquetas, alfombras, tresillos, paramentos entelados, tapices. Pruebas y presupuestos previos. 4023299.
LIMPIEZA general de viviendas, chalets, locales. Liserma.
MANTENIMIENTO de comunidades, oficinas. Liserma.
CRISTALES, limpieza general, mantenimiento. Liserma.
LISERMA, S. A. Veintiocho años de experiencia. 4314413, 4316976.

Rufina: Luis, ¿quieres ayudarme con los quehaceres domésticos? ¡Qué desorden en este apartamento! Hay mucho que hacer.
Luis: Pero, ¡mujer! Yo trabajo más de cuarenta horas por semana y quiero descansar. Eso de hacer orden es cosa de mujeres.
Rufina: ¡Hombre! ¿Qué te pasa? ¡Piensa en lo que dices! Yo también trabajo y es justo que tú hagas algo por aquí.
Luis: Te lo dije en broma, boba. No seas tan... pues, tan... feminista.
Rufina: Bueno, basta de comentarios, ¿eh? Voy a empezar por el dormitorio. Necesito cambiar las sábanas.
Luis: Yo voy a limpiar el baño porque está muy sucio.
Rufina: ¡Y no olvides el inodoro! ¡Los hombres nunca friegan el inodoro!
Luis: ¡Este hombre sí lo hace!

Pasan diez minutos.

Luis: ¡Quedó como nuevo! Ahora, ¿qué quieres hacer? ¿Por qué no vamos al centro?
Rufina: Porque queda mucho por hacer. Si yo limpio el polvo, ¿quieres tú pasar la aspiradora por la alfombra?
Luis: ¡Qué mujer más dominante eres! ¿Crees que te voy a obedecer como un perro? ¡Yo soy un macho!
Rufina: ¡Qué egoísta eres! ¡Eres increíble!
Luis: ¡Basta, basta, mujer! Te tomaba el pelo, nada más. Estoy a tus órdenes, mi

3   La mujer en la sociedad

amor. Como hoy me toca cocinar a mí, ¿qué tal si yo hago las compras también?
Rufina: Muy bien. Si lo compartimos todo, podemos descansar en unas horas.
Luis: Magnífico. Bueno, no perdamos más tiempo en estas discusiones ridículas.
Rufina: ¿Ridículas? ¿Qué quieres decir por ridículas, eh? Explícame . . . .
Luis: Hasta luego, querida.
Rufina: Pero . . . .
Luis: Nos vemos, mi amor.
Rufina: Pero . . . .
Luis: Hay mucho que hacer, querida.

▼ Palabras prácticas ▲

Sustantivos
el baño bathroom
el (la) bobo(a) dummy (used affectionately)
el desorden disorder
el dormitorio bedroom
el inodoro toilet
el quehacer doméstico household chore

Verbos
cocinar to cook
compartir to share
descansar to rest, to relax
fregar (ie) to scrub, to wash
obedecer to obey

Adjetivos
dominante domineering
egoísta self-centered, selfish
sucio(a) dirty

Expresiones útiles
¡Basta (de)! Enough!
cambiar las sábanas to change the sheets
en broma in jest, jokingly
hacer recados / mandados to do errands
ir de compras to go shopping
limpiar / sacar el polvo to dust
pasar la aspiradora (por la alfombra) to vacuum (the carpet)
¡Piensa en lo que dices! Think about what you're saying!
quedar como nuevo to be like new (again)
quedar mucho por hacer to have a lot left to do
tocarle a uno to be one's turn
tomarle el pelo to pull one's leg

▶ **¿Qué pasó?**

1. Rufina quiere hacer los quehaceres domésticos porque _____
   _____ .

2. Rufina empieza por _____ y Luis empieza por _____
   _____ .

3. Rufina se pone furiosa con Luis cuando _____
   _____ .

4. Luis va a hacer los recados e ir de compras porque _____
   _____ .

5. Y Ud., ¿qué quehaceres domésticos le gustan y cuáles no le gustan? _____
   _____ .

6. ¿Como reacciona Ud. cuando alguien le toma el pelo? _____
   _____ .

Vocabulario

▼ Más vocabulario útil ▲

Cuando Ud. va de compras, puede comprar:

(los) comestibles   **(el) jabón**
(el) papel higiénico   **(el) champú**
(la) pasta dentrífica   **(el) desodorante**
(las) toallas de papel   **(el) detergente para la ropa**

Si tiene mucha energía y quiere hacer más, puede:

barrer el suelo   **limpiar**
vaciar el cubo de la basura   **hacer la cama**
poner la mesa   **lavar los platos / la ropa**
secar los platos / la ropa

Si Ud. quiere **quejarse de** los quehaceres domésticos, puede decir:

Mi **esposo(a)** nunca hace nada.
Estoy de buen / mal humor.
Sufro **fatiga / tensión nerviosa.**
Tengo **un genio** muy simpático / antipático.
Soy una persona muy **débil / fuerte.**
Tengo mucho **amor propio.**
Tengo muy poca / mucha energía.

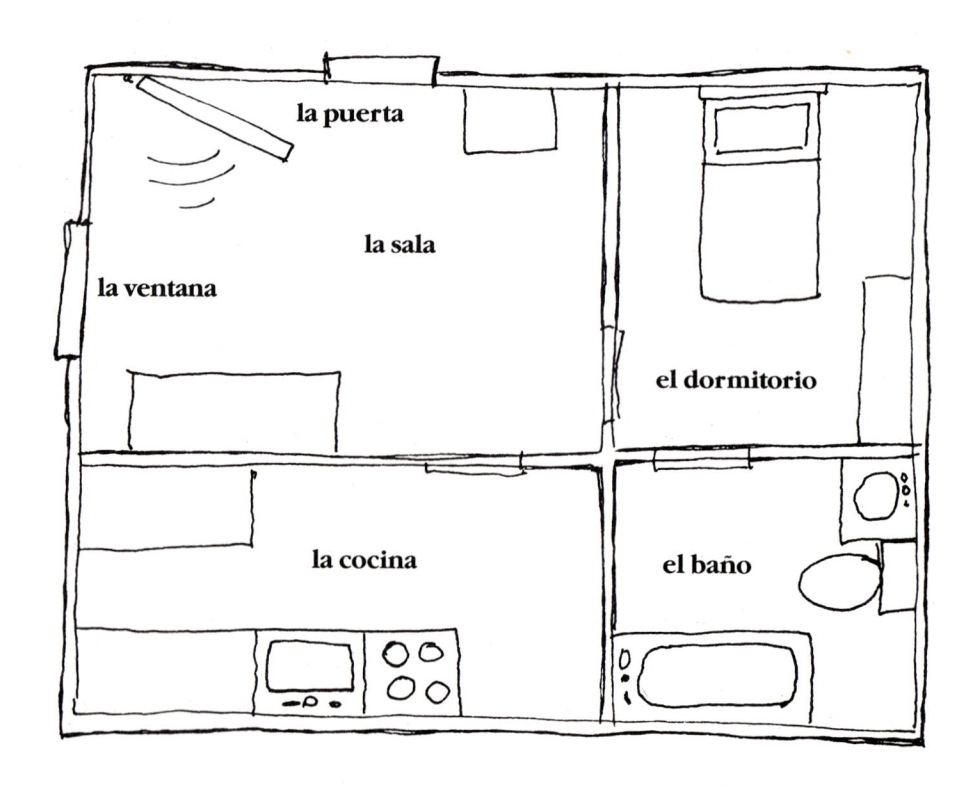

la puerta

la sala

la ventana

el dormitorio

la cocina

el baño

3 La mujer en la sociedad

Investiguemos un poco

1. Many of these vocabulary words have related forms. Based on the meanings of the words you already know, what do you think the following words mean? Are they nouns, verbs or adjectives?

   a. desordenado(a)
   b. bañarse
   c. limpio(a)
   d. la suciedad
   e. la queja
   f. bastar
   g. el descanso
   h. el lavaplatos
   i. la lavadora
   j. la secadora, seco(a)

2. Although **genio** is sometimes translated as "character," it refers to a person's disposition. Do not confuse it with **el personaje,** which refers to a fictional character.

3. **Tocarle (a uno)** is often followed by an infinitive. The verb is conjugated in the third person singular. The indirect object pronoun (which you will study in the next chapter) changes accordingly.

(A mí) me toca cocinar.	*It's my turn to cook.*
(A ti) te toca	*It's your turn* . . . .
(A él / ella/Ud.) le toca	*It's his / her / your turn* . . . .
(A nosotros / as) nos toca	*It's our turn* . . . .
(A vosotros / as) os toca	*It's your turn* . . . .
(A ellos / ellas / Uds.) les toca	*It's their / your turn* . . . .

   Tomarle el pelo also uses an indirect object pronoun, but the verb changes according to the subject.

Luis **le tomaba el pelo** a Rufina.	*Luis was pulling Rufina's leg.*

   Can you give the English equivalents of these sentences?

   a. ¿Por qué me tomaste el pelo?
   b. A Uds. les toca limpiar la sala.
   c. Te tomo el pelo porque tus reacciones son cómicas.
   d. Le tocó a Rogelio organizar los quehaceres.
   e. No te tomo el pelo; a ti te toca limpiar hoy.

4. The expression "there's a lot (little / nothing) *noun* to + *verb*" is expressed in Spanish as follows.

hay mucho	+ **que** + infinitive
poco	+ **que** + infinitive
no hay nada	+ **que** + infinitive

Can you give the English equivalents of these sentences?

a. Hay mucho que limpiar.

b. No hay nada que hacer ahora.

c. Hay poco que comprar hoy.

Practiquemos

A Asociaciones. ¿En qué piensa Ud. cuando ve las siguientes palabras? En una frase completa, haga asociaciones entre las palabras y los quehaceres domésticos o las relaciones entre hombres y mujeres.

Modelo: el quehacer doméstico

En mi casa, mi esposo y yo hacemos los quehaceres domésticos todos los sábados.

1. los comestibles
2. el amor propio
3. la toalla de papel
4. compartir
5. débil
6. el desorden
7. hacer recados / mandados
8. limpiar el polvo
9. fregar
10. descansar

B Una encuesta personal

1. ¿Dónde vive Ud.: en una residencia estudiantil, en un apartamento o con su familia? ¿Es importante que el lugar donde vive esté limpio? ¿Por qué sí o por qué no?

2. ¿Qué quehaceres domésticos hace Ud. con frecuencia? ¿Y cuáles evita *(avoid)*?

3. Cuando Ud. hace recados o va de compras, ¿adónde va y qué compra?

4. Cuando alguien especial lo (la) visita a Ud., ¿limpia bien su residencia para dar una buena impresión? ¿Por qué sí o por qué no? ¿Prepara Ud. algo especial para comer? ¿Por qué sí o por qué no?

5. Al terminar una limpieza de muchas horas, ¿cómo se siente Ud.?

6. ¿Cree Ud. que la condición en que se encuentra el cuarto *(room)* de una persona revela algo de su personalidad? ¿Qué revela?

C ¡Le toca a Ud.! En cada ejemplo, hay dos actividades. Escoja lo que Ud. prefiere hacer. Su compañero(a) de cuarto va a hacer la otra. Dé una razón lógica para justificar su preferencia.

Modelo: lavar los platos / secar los platos

A ti te toca secar los platos porque yo los sequé anoche. A mí me toca lavar los platos hoy.

1. barrer el suelo / pasar la aspiradora por la alfombra
2. hacer recados / limpiar
3. cocinar / poner la mesa

3 La mujer en la sociedad

4. vaciar el cubo de la basura / lavar la ropa
5. cambiar las sábanas / fregar el baño

D Solicitamos su opinión. Conteste las preguntas. Luego, hágaselas a algunos de sus compañeros de clase (tuteándose, claro). Si el tema les entusiasma, ¿por qué no forman grupos para discutir las preguntas?

1. ¿Cree Ud. que los hombres deben compartir las responsabilidades de la casa? ¿Por qué sí o por qué no?
2. ¿Cree Ud. que las mujeres deben obedecer a los hombres? ¿O que los hombres deben obedecer a las mujeres? ¿O que la obediencia es algo del pasado? Explique.
3. ¿Cuáles son las causas de la fatiga nerviosa? ¿Y las soluciones?
4. ¿Cuáles son algunos de los estereotipos del pasado sobre las diferencias entre el hombre y la mujer? ¿Cuáles son algunos que todavía hoy existen?
5. ¿Cree Ud. que alguien debe tratar de "domar" *(tame)* o cambiar a otra persona? ¿Por qué sí o por qué no?
6. ¿Quién tiene más necesidad de descansar, los hombres o las mujeres? ¿Por qué?
7. ¿Qué es ser una mujer fuerte? ¿Un hombre fuerte? ¿Una mujer débil? ¿Un hombre débil? ¿Cuáles son las actitudes de la sociedad hacia cada uno?

E Encuentros personales. Con unos compañeros de clase, hagan los papeles de los personajes en las siguientes situaciones.

1. You are at home. Your mother tells you that the Cedeño family is coming to visit tonight. She tells you to clean the kitchen. You protest, saying that you have other plans. You think your brother should help. Describe your plans and why your brother should take your place. Your brother says cleaning is "woman's work." Debate the question.

2. Your roommate answers the phone and gives you the message that your boyfriend's (girlfriend's) parents are coming for a visit. Your apartment is a mess. Enlist your roommate's help. He (she) doesn't feel like cleaning. Try to convince him (her) to help.

3. You are a married couple, both working. It's cleaning day and shopping has to be done. Discuss whose turn it is to do what and why.

Investiguemos un poco

Enfoquemos el idioma

Una definición del subjuntivo
A Definition of the Subjunctive

There are three verbal moods in the Spanish language: the indicative, the subjunctive, and the imperative. A mood reflects the speaker's attitude toward the idea expressed. Moods should not be confused with tenses. The indicative and the subjunctive moods have a present and past tense system. The indicative mood (including the present, the preterite, the imperfect, and the future, etc.) is an objective recording of what has happened, is happening, or will happen.

Grammatically, the subjunctive is found in the subordinate verb of a sentence that has at least two clauses. (A clause is a phrase that contains a subject and a verb.) A main or independent clause (**la oración principal**) can function as a complete sentence. A subordinate or dependent clause (**la oración subordinada**) also contains a subject and a verb, but is introduced by a conjunction (often *that*) and must be used with a main clause to form a complete sentence.

Main clause	Subordinate clause
He is sure . . .	. . . that she is a strong woman.

With very few exceptions, the subjunctive is used only in a subordinate clause; the indicative can be used in both main and subordinate clauses.

The subjunctive is used more frequently in Spanish than in English. The meaning of the verb in the main clause often, but not always, determines the mood of the verb in the subordinate clause. For example, the subjunctive is needed when the speaker expresses the following: influence, commentary, emotion, doubt, negation, nonexistence, anticipation of events, and contrary-to-fact situations. The subjunctive represents subjectivity or unreality and thus contrasts with the indicative. The difference between the use of the indicative and the subjunctive in subordinate clauses is one of attitude: objective reality (indicative) as opposed to subjectivity (subjunctive).

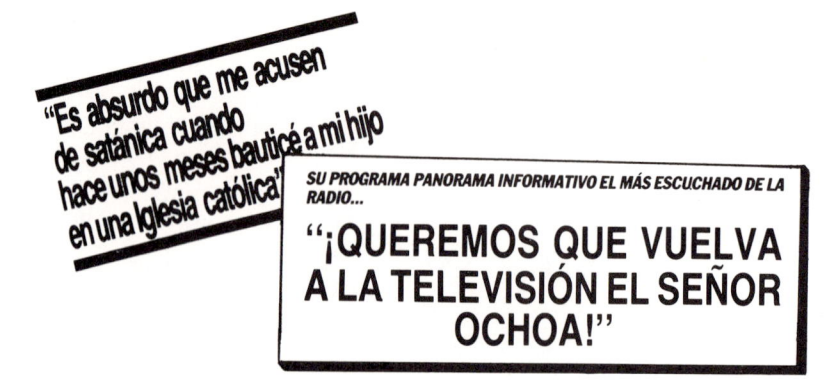

"Es absurdo que me acusen de satánica cuando hace unos meses bauticé a mi hijo en una iglesia católica"

SU PROGRAMA PANORAMA INFORMATIVO EL MÁS ESCUCHADO DE LA RADIO...
"¡QUEREMOS QUE VUELVA A LA TELEVISIÓN EL SEÑOR OCHOA!"

3 La mujer en la sociedad

El presente del subjuntivo: verbos regulares e irregulares
The Present Subjunctive: Regular and Irregular Verbs

To form the present subjunctive, take the first person singular of the present indicative, remove the **o** ending, and add the appropriate subjunctive endings.

▶ **-Ar** verbs. Use the **e** vowel marker to conjugate a regular **-ar** verb in the present subjunctive.

limpiar — limpi*ø*

limpi - { e, es, e, emos, éis, en }

▶ **-Er** and **-ir** verbs. Use the **a** vowel marker to conjugate regular **-er** and **-ir** verbs in the present subjunctive.

creer — cre*ø*

cre - { a, as, a, amos, áis, an }

compartir — compart*ø*

compart - { a, as, a, amos, áis, an }

▶ A verb whose first person singular form is irregular in the present indicative uses that irregular stem throughout the present subjunctive conjugation.

caer	caig*ø*	caiga, caigas, caiga, caigamos, caigáis, caigan
conocer	conozc*ø*	conozca, conozcas, conozca, conozcamos, conozcáis, conozcan
decir	dig*ø*	diga, digas, diga, digamos, digáis, digan
hacer	hag*ø*	haga, hagas, haga, hagamos, hagáis, hagan
incluir	incluy*ø*	incluya, incluyas, incluya, incluyamos, incluyáis, incluyan
obedecer	obedezc*ø*	obedezca, obedezcas, obedezca, obedezcamos, obedezcáis, obedezcan
oír	oig*ø*	oiga, oigas, oiga, oigamos, oigáis, oigan
parecer	parezc*ø*	parezca, parezcas, parezca, parezcamos, parezcáis, parezcan
poner	pong*ø*	ponga, pongas, ponga, pongamos, pongáis, pongan
salir	salg*ø*	salga, salgas, salga, salgamos, salgáis, salgan
tener	teng*ø*	tenga, tengas, tenga, tengamos, tengáis, tengan

Enfoquemos el idioma

traer	**traigó**	traiga, traigas, traiga, traigamos, traigáis, traigan
valer	**valgó**	valga, valgas, valga, valgamos, valgáis, valgan
venir	**vengó**	venga, vengas, venga, vengamos, vengáis, vengan
ver	**veó**	vea, veas, vea, veamos, veáis, vean

▶ Several verbs have orthographic changes in the present subjunctive. (Many of the spelling changes you will remember from the **yo** form of **-ar** verbs in the preterite.)

1. When the infinitive of a verb ends in **-gar,** a **u** must be added to the stem.

   pagar pagó   pa**gu**e, pa**gu**es, pa**gu**e, pa**gu**emos, pa**gu**éis, pa**gu**en

2. Verbs with infinitives ending in **-car** change **c** to **qu.**

   secar secó   se**qu**e, se**qu**es, se**qu**e, se**qu**emos, se**qu**éis, se**qu**en

3. Verbs that end in **-ger** and **-gir** change the **g** to **j.**

   escoger escojó   escoja, escojas, escoja, escojamos, escojáis, escojan

4. Verbs that end in **-cer** change **c** to **z.**

   convencer convenzó   convenza, convenzas, convenza, convenzamos, convenzáis, convenzan

5. Verbs that end in **-zar** change **z** to **c.**

   empezar empiezó   empie**c**e, empie**c**es, empie**c**e, empe**c**emos, empe**c**éis, empie**c**en

SOLO PARA SEÑORAS
Con personalidad y clase, inteligentes, ambiciosas, entusiastas, mayores de 40 años, que tengan estudios medios y que quieran realizarse en un trabajo de gran categoría.

In the first four groups, the changes are necessary in order to maintain the original sound of the infinitive. The change from **z** to **c** (as in **empezar**) does not affect the pronunciation, but is a spelling requirement; there are very few words in Spanish that have a **z** followed by an **e.**

El presente del subjuntivo: verbos que cambian en la raíz
The Present Subjunctive: Stem-Changing Verbs

▶ **-Ar** and **-er** stem-changing verbs follow the same pattern of stems in the present subjunctive as they do in the present indicative. The **nosotros** and **vosotros** stems are based on the infinitive, and the other forms change stems because of stress.

fregar	**friegó**	fri**e**gue, fri**e**gues, fri**e**gue, freguemos, freguéis, fri**e**guen
perder	**pierdó**	p**ie**rda, p**ie**rdas, p**ie**rda, perdamos, perdáis, p**ie**rdan

3 La mujer en la sociedad

▶ **-Ir** stem-changing verbs have two stem changes in the present subjunctive. All forms except the **nosotros** and **vosotros** forms follow the regular pattern (o →ue, e →i, e →ie). In addition, the **nosotros** and **vosotros** forms undergo another change: o →u and e →i.

o →ue, u
dormir   **duerm**o̶   d**ue**rma, d**ue**rmas, d**ue**rma, d**u**rmamos, d**u**rmáis, d**ue**rman

e →i, i
pedir   **pid**o̶   p**i**da, p**i**das, p**i**da, p**i**damos, p**i**dáis, p**i**dan

e →ie, i
sentirse   **me sient**o̶   me s**ie**nta, te s**ie**ntas, se s**ie**nta, nos s**i**ntamos, os s**i**ntáis, se s**ie**ntan

El presente del subjuntivo: verbos irregulares
The Present Subjunctive: Irregular Verbs

These verbs are irregular in the present subjunctive.

dar	dé, des, dé, demos, deis, den
estar	esté, estés, esté, estemos, estéis, estén
haber (hay)	haya, hayas, haya, hayamos, hayáis, hayan
ir	vaya, vayas, vaya, vayamos, vayáis, vayan
saber	sepa, sepas, sepa, sepamos, sepáis, sepan
ser	sea, seas, sea, seamos, seáis, sean

¿A cuántos hombres se ve en la foto? Qué indica eso?

Enfoquemos el idioma

Practiquemos

F Un día de limpieza.   Frank y Charlie son compañeros de cuarto. Los dos deciden que es hora de limpiar. Emplee el subjuntivo y cambie el verbo subordinado para que concuerde con las personas indicadas entre paréntesis.

1. Es necesario que me *ayudes*. (Roberto, nuestros padres, Roberto y tú)
2. No quiero que *limpies* el polvo. (Susana, Ramón y Raquel, nosotros, Uds.)
3. No es una buena idea que *perdamos* tiempo. (tú, Felicidad, yo, vosotros)
4. Espero que todos *pongan* el apartamento en orden. (tú y yo, ellos, tú, Maricarmen)
5. Prefiero que *vacíes* los cubos de la basura. (Rogelio, Uds., tú y yo, vosotros)

G ¿Cómo compartimos los quehaceres domésticos?   En cada uno de los ejemplos siguientes, hay una lista de actividades. Conjugue los verbos subordinados en el presente del subjuntivo según las personas indicadas.

1. Prefiero que tú . . . lavar los platos
   empezar en el dormitorio
   barrer el suelo
2. Es necesario que Uds . . . descansar después de ayudarnos
   hacer recados
   ver que hay mucho que hacer
   fregar el inodoro
3. ¿Quieren Uds. que yo . . . . obedecer a mis padres
   hacer otras actividades de limpieza
   comprar comestibles
   incluir mis quehaceres en la lista
4. Es importante que nosotros . . . limpiar las ventanas
   estar satisfechos
   no trabajar demasiado
   saber limpiar bien
5. Espero que vosotros . . . cocinar algo delicioso hoy
   ir al supermercado
   no perder tiempo
   no dormir la siesta en vez de limpiar

H Algunas reflexiones.   Dé la forma apropiada del presente del subjuntivo de los verbos que están entre paréntesis.

1. Carlos, hablando por teléfono con su amiga Rita:
   —Espero que tú _____ (venir) a mi casa hoy. Necesito que me _____ (dar) alguna información sobre la vida de la mujer moderna. Quiero que _____ (contestar) algunas preguntas que tengo.

2. Dos amigos, mirando su apartamento que está en desorden:
   —Es necesario que nosotros _____ (ser) más ordenados. Es terrible que _____ (vivir) en tanto desorden. Prefiero que _____ (hacer) los quehaceres hoy en vez de mañana. ¿Qué crees?

3. Una mujer, hablando de su esposo:
   —Carlos no quiere que yo lo _____ (obedecer). No es necesario que él me _____ (domar), ni yo a él. A él le importa que yo _____ (saber) que cree en la igualdad.

4. Un profesor de sociología a sus estudiantes:
   —Deseo que Uds. _____ (saber) que hay diferencias entre la mujer del pasado y la de hoy. No es verdad que las mujeres _____ (ser) "el sexo débil". Es importante que Uds. _____ (reconocer) los cambios en la sociedad. Es necesario que _____ (apreciar) la existencia de estos cambios y sus efectos.

5. Una discusión entre compañeros (use **vosotros**):
   —Espero que _____ (estar) aquí mañana para ayudar con los quehaceres domésticos. Es muy probable que _____ (tener) otros planes, ¿verdad? Pero es justo que me _____ (ayudar), ¿no?

6. Patricia, hablando de su amiga Teresa:
   —No es verdad que Teresa _____ (quejarse) demasiado. Es probable que _____ (sufrir) fatiga nerviosa. Espero que _____ (comenzar) a aprender a descansar un poco.

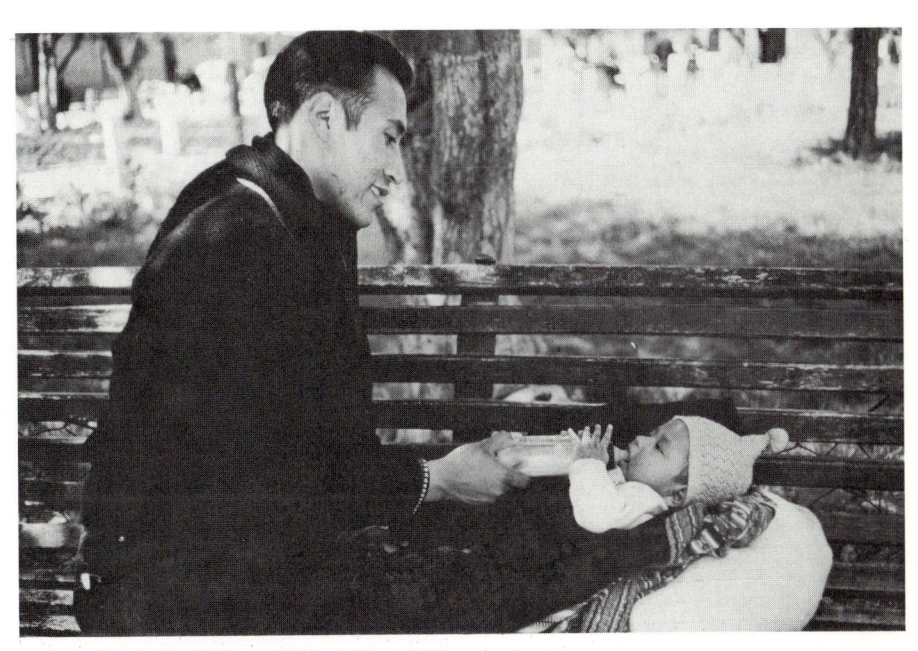

He aquí un papá que sabe ser "mamá".

Enfoquemos el idioma

I Algunos comentarios y observaciones.   Escoja un comentario de la columna A, un sujeto de la columna B y algo de la columna C. Haga frases completas conjugando los verbos de la columna C en el presente del subjuntivo. Puede añadir más palabras si quiere.

Modelo: Es bueno que / tú / ir de compras conmigo

Es bueno que vayas de compras conmigo.

A	B	C
Es dudoso que	mis amigos	compartir los quehaceres domésticos
Es importante que	tú	no ser egoísta
Es necesario que	yo	entender la importancia de no trabajar demasiado
Es fantástico que	mi compañero(a) (nombre)	tener confianza en sí mismo(a)
Es terrible que	Uds.	saber la diferencia entre la mujer antigua y la moderna
Es bueno que	(nombre) y yo	dar opiniones acerca de los estereotipos sobre las diferencias entre el hombre y la mujer
Es posible que	vosotros	ir de compras

J ¡Emplee la imaginación!   Usando el subjuntivo, termine las frases de una manera creativa.

1. Espero que mi amigo(a) (nombre) . . . .
2. Es necesario que yo . . . .
3. Mis padres prefieren que yo . . . .
4. Es importante que mi compañero(a) de cuarto . . . .
5. Espero que (nombre) y yo . . . .
6. Quiero que vosotros . . . .
7. Me gusta que Uds. . . . .

Enfoquemos el idioma

Algunos usos del subjuntivo
Some Uses of the Subjunctive

There are many uses of the subjunctive, which will be presented to you in several chapters. The most frequent use of the subjunctive is in noun clauses. A noun clause is an entire clause that functions as a noun (as a direct object or as a subject of the main verb). For example, "I insist *that you help.*" The clause *that you help* functions as a noun that answers the question "I insist *what?*" The subjunctive in noun clauses is used in several ways.

▶ Influence versus reporting.

Quiero **que compartas** los quehaceres domésticos conmigo.	*I want you to share the housework with me.*
Es verdad **que compartes** los quehacerse domésticos conmigo.	*It's true that you share the housework with me.*

In the first example, the speaker influences, or tries to influence, the behavior of the other party. The meaning of the main verb expresses a wish on the part of the speaker. In such cases, the subjunctive is necessary in the subordinate clause. Note that there is a change of subject in each clause. In the second example, a fact is simply being reported. Therefore, the indicative is used in the subordinate clause. It is important to understand the difference between the two uses.

Verbs of influence / willing include **aconsejar, decir, desear, hacer, impedir, insistir (en), mandar, necesitar, pedir, permitir, preferir, prohibir, querer, recomendar, sugerir.** Impersonal expressions of influence include **es esencial, es importante,** and **es necesario.***

Many verbs of communication can function both as verbs of reporting and as verbs of influence.

Les **digo** a Uds. **que no sean** pasivas.	*I'm telling you not to be passive.* (indirect command)
Les **digo** a Uds. **que no son** pasivas.	*I'm saying that you are not passive.* (fact, information)

Other verbs that can function in both ways include **advertir, indicar, insistir, proponer, sugerir.**

Note that there is an important difference between English and Spanish structure: whereas an infinitive construction is possible in English (I want you *to share*), in Spanish it must be expressed by a noun clause (**que compartas**). **Aconsejar, mandar, permitir,** and **prohibir** are exceptions and can be used in both ways.

Le aconsejo que descanse de vez en cuando. **Le aconsejo descansar** de vez en cuando.	*I advise you to relax from time to time.*

With any verb of influence, when there is no change of subject, an infinitive construction is used.

Quiero **que tú ayudes** más en casa.	*I want you to help more at home.* (two subjects)
Quiero **ayudar** más en casa.	*I want to help more at home.* (one subject)

*This list and those that follow are not exhaustive. They serve to help you understand how the intent of the main verb requires the use of the subjunctive in the dependent clause.

Enfoquemos el idioma

> Hay alguien que está aquí.
> Es cierto que está aquí.
> Es cierto que estuvo aquí.
> Es cierto que estaba aquí.
> Es cierto que estará aquí.

> No hay nadie que esté aquí.
> Dudo que esté aquí.
> Es fantástico que esté aquí.
> Necesito que esté aquí.
> Me alegraré cuando esté aquí.

La mente objetiva: lo que pasa, lo que pasó, lo que va a pasar.

La mente subjetiva: negación, duda, emoción, anticipación, voluntad.

▶ Doubt versus certainty.

Dudo que sepas limpiar el polvo. *I doubt that you know how to dust.*
No dudo que sabes limpiar el polvo. *I don't doubt that you know how to dust.*

When the speaker is not certain about information, that uncertainty is expressed in the main verb and usually requires the subjunctive in the subordinate verb. On the other hand, when certainty is expressed, the indicative is required in the subordinate clause. When in doubt, use the subjunctive!

Use the subjunctive in the subordinate clause when the main verb is one of the following:	Use the indicative in the subordinate clause when the main verb is one of the following:
dudar	**no dudar**
hay duda	**no hay duda**
negar (ie)	**no negar (ie)**
no creer	**creer**
no es cierto	**es cierto**
no es evidente	**es evidente**
no es que	**es que**
no es verdad	**es verdad**
no estar seguro(a)	**estar seguro(a)**
no imaginarse	**imaginarse**
no parecer	**parecer**
no pensar (ie)	**pensar (ie)**

In the doubt-versus-certainty category, a negative main verb usually dictates the subjunctive in the subordinate clause, whereas an affirmative main verb usually calls for the indicative. This is the only category in which such an affirmative / negative distinction is important.*

*When certainty is implied in an exclamation, the indicative may be used even when the main verb is expressed negatively:
¡**No es cierto que** ella **es** débil!   *It's not certain that she is weak!*
¡**No es verdad que** Juan **es** dominante!   *It's not true that John is domineering.*

3   La mujer en la sociedad

The verbs **creer** and **pensar** merit special attention. Their affirmative meanings, "to believe," "to think," convey a much stronger sense of certainty than they do in English, and for this reason they require the indicative. When the subjunctive is used, the speaker is uncertain about what is being questioned.

¿Cree que **tenga** razón? *Do you believe I'm right?*
¿No piensa que **tenga** razón? *Don't you think I'm right?*

▶ Commentary and emotion.

When the speaker makes a subjective comment about or shows an emotion toward information being given, the subjunctive is used.

Esperan que limpiemos el apartamento. *They hope that we'll clean the apartment.*

Other expressions in this category include **alegrarse (de), estar contento(a),* estar triste, ojalá,** sentir,** and **tener miedo.** Many impersonal expressions of commentary and emotion require the subjunctive in a subordinate clause, including **es absurdo que, es bueno / malo que, es difícil que** *(it's unlikely),* **es extraño que, es fácil que** *(it's likely),* **es fantástico que, es justo que, es (im)posible que, es (im)probable que, es interesante que, es una lástima que, es lógico que, es sorprendente que, es terrible que** and **no es de extrañar que.**

With impersonal expressions, when there is no **que** to introduce another clause, the infinitive is used. The use of **que** + subjunctive personalizes the action of the subordinate verb.

Es importante tener una carrera. *It's important to have a career.* (impersonal)

Es importante que tengamos una carrera. *It's important that we have a career.* (personal)

▶ In review, these are the criteria for using the subjunctive:

1. There usually are two clauses joined by **que.**
2. A change of subject is usually required.

   Yo espero que **ellos** pue**dan** descansar un poco. *I hope that they can relax a little.*

   The infinitive is usually used when there is no change of subject. A subordinate clause containing the subjunctive may be used, however.

   Espero poder descansar un poco. *I hope I can (I hope to be able to) relax a little.*
   Espero que pueda descansar un poco.

---

*When **estar** is followed by an adjective, **de** usually precedes **que: Estoy contenta de que** ella **tenga** una carrera.

****Ojalá** always requires the subjunctive. It comes from Arabic and means "May Allah grant" and is more loosely translated as "I (we) hope, I (we) wish." **Ojalá** does not change in form and may be followed by an optional **que.**

Enfoquemos el idioma

3. The verb of the main clause must fall into the categories of influence, emotion, commentary, or doubt.

The present subjunctive, like the present indicative, has several English equivalents, depending on context. The present subjunctive form expresses the idea of future action as well as present action.

Espera que ellos **resuelvan** sus diferencias de opinión.
*He hopes that **they resolve** their differences of opinion.*
they are resolving
they will resolve

Practiquemos

K **Una charla entre amigos.** Estos compañeros hablan de las mujeres modernas. Sustituya las expresiones en letra bastardilla por las expresiones entre paréntesis y haga los cambios necesarios. Preste atención al uso del subjuntivo y del indicativo.

1. *No dudo* que hay buenos empleos para mujeres. (es probable, no niego, espero, es fácil, no estamos seguros)
2. *Es esencial* que todos pensemos en cambiar las actitudes negativas. (insisto en, mandas, es cierto, es necesario, recomiendo)
3. *Es obvio* que muchas personas sufren fatiga nerviosa. (sé, no es verdad, no es de extrañar, admito, niego)
4. *Es probable* que las mujeres trabajadoras mejoren la economía. (ojalá, creemos, no parece, es posible, no hay duda)
5. *Es cierto* que no nos quejamos demasiado de la situación. (es mejor, es necesario, es verdad, creo, estoy segura de)

L **¿Puede Ud. dar buenos consejos?** Estas situaciones requieren los consejos de una persona muy lógica. ¿Puede Ud. ofrecer su infinita sabiduría? Conteste las preguntas según las situaciones.

1. Ud. visita a su amiga Conchita. Su casa está muy desordenada. ¿Qué le recomienda Ud.? ¿Qué es necesario?
2. Ud. conoce a un hombre que cree que las mujeres son el sexo débil. No cree que las mujeres deban tener carrera. ¿Qué le sugiere Ud.? ¿Qué admite Ud.?
3. Ud. lleva una vida llena de actividades. Siempre está cansado(a). ¿De qué está seguro(a)? ¿De qué no está seguro(a)? ¿Qué debe hacer?
4. Un amigo suyo tiene estos planes para hoy: hacer todos los quehaceres domésticos, ir de compras, hacer varios recados, preparar una gran comida, estudiar para un examen. ¿Qué teme Ud.? ¿Qué es necesario?
5. Su compañero(a) de cuarto le da a Ud. una lista de quehaceres domésticos que completar hoy. Ud. no tiene tiempo. ¿Qué le dice Ud.? ¿Qué sugiere Ud.?

3 **La mujer en la sociedad**

Un cartel que promueve la igualdad de los sexos. ¿Qué cree Ud.?

M **Una encuesta personal.** Conteste las siguientes preguntas con referencia al tema de la mujer moderna en la sociedad. Emplee dos oraciones en sus respuestas. Luego, hágale las mismas preguntas a un(a) compañero(a) de clase. No se olvide de tutear a su compañero(a) de clase al hacer las preguntas.

Modelo: ¿Qué niega Ud.?
Niego que todos los hombres crean que la mujer no debe trabajar.

1. ¿De qué tiene Ud. miedo?
2. ¿De qué no está seguro(a)?
3. ¿De qué está seguro(a)?
4. ¿Qué es cierto?
5. ¿Qué duda Ud.?
6. ¿Qué es fácil?
7. ¿Qué quiere Ud.?
8. ¿Qué cree Ud.?
9. ¿Qué es posible?
10. ¿Qué es difícil?

N **Un debate.** Formen grupos para hablar de los siguientes temas. Un grupo va a defender las ideas expuestas y el otro tiene que criticarlas.

1. Muchas mujeres sufren fatiga nerviosa porque tratan de ser "supermujer". Para una mujer, el amor propio se basa en agradecer (*to please*) a todo el mundo todo el tiempo sin pensar en sí misma.
2. Las mujeres con carrera trabajan más que los hombres porque su jornada (*workday*) no termina cuando salen del trabajo.
3. Las mujeres no deben depender de los hombres y los hombres no deben depender de las mujeres.
4. Todavía existe una gran desigualdad entre los sexos.
5. Hay todavía muchos estereotipos sobre las diferencias entre el hombre y la mujer.
6. La vida para la mujer moderna es difícil. La mujer necesita ser más egoísta.

O **Tema escrito.** Organice las ideas y opiniones que expresó Ud. en el Ejercicio **N** en una composición bien pensada. Ofrezca sus recomendaciones y consejos.

Enfoquemos el idioma

Ahora, leamos

▼
Para su comprensión
▲

1. Think about what it would be like to live in a society in which a woman must obey her husband no matter what the situation.

2. How would you feel if you were ordered by someone to do something you didn't want to do? What feelings might you have? Write five sentences describing your emotions.

▼
Antes de leer
▲

1. You have been studying the present subjunctive in this chapter. The story you are about to read is written in the past and includes examples of the past subjunctive. You do not need to know how to form the past subjunctive yet, only to recognize it. One set of endings is **-se, -ses, -se, -semos, -seis,** and **-sen.** Look at this example:

   Le dijo que le **diese** agua. (indirect command)   *He told her to give him water.*

   Try to find some other examples of the past subjunctive used in this story.

2. There are many cognates in this reading selection. Try to guess the meanings of these.

mencionado	**el traidor**	**obediente**
falso	**prometer**	**el tono**
preparar	**tranquilo**	**apreciar**

3. Spanish uses many suffixes which can help you to guess the meaning and function of a word. For example, the suffix **-mente**, added to the feminine singular form of an adjective, is equivalent to *-ly* in English and indicates that the word functions as an adverb.

   bravamente wildly, roughly
   ferozmente ferociously

4. **Don** and **Doña** are used in Spanish as titles of respect.

   Doña Carmen es una mujer muy independiente.

   Don Juan Manuel (1282-1349) era miembro de la nobleza española y sobrino del rey Alfonso X, el Sabio. Se dedicó a escribir y poco a poco se hizo el escritor más famoso de su época. Su obra principal, El conde Lucanor, *es una colección de cincuenta cuentos morales que terminan con una moraleja en verso. Cada cuento tiene un propósito didáctico y, como Ud. va a ver, podemos aprender hoy en día de las moralejas que escribió Don Juan Manuel hace seis siglos.*

3   La mujer en la sociedad

De lo que aconteció a un mancebo° que se casó° con una mujer muy fuerte y muy brava°
por Don Juan Manuel
▲▲▲▲▲▲▲▲▲▲

un mancebo *un joven*
se casó got married
brava wild, rough, uncivilized

una aldea *un pueblo*
un moro Moor, person originally from Africa
además besides
se daba cuenta de he realized
agradaría *gustaría*
pobreza poverty
fuera de *lejos de*
ganarse la vida to earn a living
propuso he proposed
se asombró *estuvo sorprendido*
por pobre que fuese as poor as one may have been

Hace muchos años vivía en una aldea° un moro° quien tenía un hijo único. Este mancebo era tan bueno como su padre, pero ambos eran muy pobres. En aquella misma aldea vivía otro moro, también muy bueno, pero además° rico; y era padre de una hija que era todo lo contrario del mancebo ya mencionado. Mientras que el joven era fino, de muy buenas maneras, ella era grosera y tenía mal genio. ¡Nadie quería casarse con aquel diablo!

Un día el mancebo vino a su padre y le dijo que se daba cuenta de° lo pobres que eran y como no le agradaría° pasarse su vida en tal pobreza°, ni tampoco marcharse fuera de° su aldea para ganarse la vida°, él preferiría casarse con una mujer rica. El padre estuvo de acuerdo. Entonces el mancebo propuso° casarse con la hija de mal genio del hombre rico. Cuando su padre oyó esto, se asombró° mucho y le dijo que no; pues ninguna persona inteligente, por pobre que fuese°,

¿Quién "doma" a quién? ¿Quién es "el sexo débil"? ¿Representa esta escena el pasado o el presente, o los dos?

Ahora, leamos

pensaría en tal cosa. «¡Nadie,» le dijo, «se casará con ella!» Pero el mancebo se empeñó tanto que al fin su padre consintió° en arreglar la boda.

    El padre fue a ver al buen hombre rico y le dijo todo lo que había hablado con su hijo y le rogó que, pues su hijo se atrevía a° casarse con su hija, permitiese el casamiento°. Cuando el hombre rico oyó esto, le dijo:

    —Por Dios, si hago tal cosa seré amigo falso pues Ud. tiene un buen hijo y yo no quiero ni su mal ni su muerte. Estoy seguro que si se casa con mi hija, o morirá o su vida le será muy penosa°. Sin embargo, si su hijo la quiere, se la daré, a él o a quienquiera° que me la saque de casa.

    Su amigo se lo agradeció° mucho y como su hijo quería aquel casamiento, le rogó que lo arreglase.

    El casamiento se hizo y llevaron a la novia a casa de su marido. Los moros tienen costumbre de preparar la cena a los novios y ponerles la mesa y dejarlos solos en su casa hasta el día siguiente.

    Así lo hicieron, pero los padres y parientes de los novios recelaban° que al día siguiente hallarían° al novio muerto o muy maltrecho°.

    Luego que los novios se quedaron solos en casa, se sentaron° a la mesa. Antes que ella dijese algo, miró el novio en derredor de° la mesa, vio un perro y le dijo enfadado°:

    —Perro, ¡danos agua para las manos!

    Pero el perro no lo hizo. El mancebo comenzó a enfadarse y le dijo más bravamente que le diese agua para las manos. Pero el perro no se movió. Cuando vio que no lo hacía, se levantó muy sañudo° de la mesa, sacó su espada° y se dirigió a° él. Cuando el perro lo vio venir, comenzó a huir.° Saltando° ambos por la mesa y por el fuego hasta que el mancebo lo alcanzó° y le cortó la cabeza.

    Así muy sañudo y todo ensangrentado,° se volvió a sentar° a la mesa, miró en derredor y vio un gato al que mandó que le diese agua para las manos. Cuando no lo hizo, le dijo:

    —¡Cómo, don falso traidor! ¿No viste lo que hice al perro porque no quiso hacer lo que le mandé yo? Prometo a Dios que si no haces lo que te mando, te haré lo mismo que al perro.

    Pero el gato no lo hizo porque tampoco es su costumbre dar agua para las manos. Cuando no lo hizo, el mancebo se levantó y le tomó por las patas° y lo estrelló° contra la pared.

    Y así, bravo y sañudo, volvió el mancebo a la mesa y miró por todas partes. La mujer, que estaba mirando, creyó que estaba loco y no dijo nada.

    Cuando hubo mirado por todas partes, vio su caballo, el único que tenía. Ferozmente le dijo que le diese agua, pero el caballo no lo hizo. Cuando vio que no lo hizo, le dijo:

    —¡Cómo, don caballo! ¿Crees que porque tú eres mi único caballo te dejaré tranquilo? Mira, si no haces lo que te mando, juro° a Dios que haré a ti lo mismo que a los otros, pues no existe nadie en el mundo que se atreva a desobedecerme.°

    Pero el caballo no se movió. Cuando el mancebo vio que no le obedecía, fue a él y le cortó la cabeza.

    Y cuando la mujer vio que mataba su único caballo y que decía que haría lo

---

consintió consented

se atrevía a dared to
el casamiento marriage

penosa *difícil*
quienquiera who(m)ever
agradeció *le dió gracias*

recelaban *pensaban*
hallarían *encontrarían*
maltrecho abused, mistreated
se sentaron they sat down
en derredor de around
enfadado *enojado, furioso*
sañudo *enfadado*
su espada sword
se dirigió a he went toward
huir to flee
saltando jumping
lo alcanzó he reached him
ensangrentado bloody
se volvió a sentar he sat down again
las patas paws
estrelló *chocó violentamente*

juro I swear
desobedecer to disobey

3   **La mujer en la sociedad**

Y cuando la mujer vio que mataba su único caballo y que decía que haría lo mismo a quienquiera que no obedeciese, se dio cuenta que el mancebo no estaba jugando. Tuvo tanto miedo que no sabía si estaba muerta o viva.

Y él, bravo y sañudo y ensangrentado, volvió a la mesa, jurando que si hubiera en la casa mil caballos y hombres y mujeres que no le obedeciesen, los mataría° a todos. Luego se sentó y miró por todas partes, teniendo la espada ensangrentada en la mano. Después de mirar a una parte y otra y de no ver a nadie, volvió los ojos a su mujer muy bravamente y le dijo con gran saña°, con la espada ensangrentada en alto:

—¡Levántate y dame agua para las manos!

La mujer, que creía que él la haría pedazos° si no hacía lo que le mandaba, se levantó muy aprisa° y le dio agua para las manos.

—¡Cuánto agradezco a Dios que hayas hecho lo que te mandé — le dijo él — que si no, te habría hecho igual° que los otros!

Después le mandó que le diese de comer y ella lo hizo. Y siempre que decía algo, se lo decía con tal tono, con la espada en alto, que ella creía que le iba a cortar la cabeza.

Así pasó aquella noche: nunca ella habló, y hacía todo lo que él mandaba. Cuando hubieron dormido un rato°, él dijo:

—No he podido dormir por culpa° de lo de anoche. No dejes que me despierte nadie y prepárame una buena comida.

A la mañana siguiente los padres y parientes llegaron a la puerta y como nadie hablaba creyeron que el novio estaba ya muerto o herido°. Al ver a la novia y no al novio lo creyeron aun más.

Cuando la novia los vio a la puerta, llegó muy despacio° y con gran miedo comenzó a decirles:

—¡Locos, traidores! ¿Qué hacen aquí? ¿Cómo se atreven a hablar aquí? ¡Cállense°, que si no, todos moriremos!

Al oír esto, todos se asombraron y apreciaron mucho al joven que había domado a la mujer brava.

Y desde aquel día su mujer fue muy obediente y vivieron muy felices.

Y a los pocos días el suegro° del mancebo quiso hacer lo mismo que había hecho su yerno° y mató un gallo° de la misma manera, pero su mujer le dijo:

—¡Ya es demasiado tarde para eso, don Nadie! No te valdrá de nada aunque mates cien caballos, pues ya nos conocemos demasiado bien . . .

mataría would kill

saña anger

la haría pedazos he would chop her into pieces
aprisa *rápidamente*
igual *lo mismo*

un rato a while
culpa guilt

herido wounded

despacio slowly

Cállense Be quiet

el suegro father-in-law
el yerno son-in-law
un gallo rooster

Si al comienzo no muestras quien eres nunca podrás después, cuando quisieres.

(This adaptation was reprinted with permission.)

Ahora, leamos

Reaccionemos

P **¿Comprendió Ud. la lectura?** Conteste las preguntas de acuerdo con el desarrollo del cuento. Trate de usar sus propias palabras.

1. ¿Cuál era la diferencia entre las dos familias moras? ¿Cuál era la diferencia entre los hijos de las familias?
2. ¿De qué se daba cuenta el mancebo? ¿Cuál era su plan? ¿Cuál fue la primera reacción de su padre? ¿Y la segunda, después de saber el plan?
3. ¿Qué le dijo el padre pobre al padre rico? ¿Cómo le contestó el padre rico?
4. Si su hija se casaba con el mancebo, ¿de qué estaba seguro el padre rico? ¿Qué quería mucho el padre rico?
5. ¿Cuál era la costumbre de los moros después de un casamiento?
6. En la mesa, ¿qué mandó el novio? ¿A quién?
7. ¿Qué pasó cuando el novio vio que el perro no le obedecía?
8. ¿Qué pasó cuando el novio vio que el gato no le obedecía?
9. ¿Qué le pasó al caballo?
10. ¿De qué se dio cuenta la mujer después de ver la muerte del caballo?
11. ¿Qué juró el mancebo?
12. Por fin, ¿a quién le mandó el mancebo? ¿Cómo?
13. ¿Qué hizo la mujer? ¿Por qué?
14. Cuando los padres y parientes llegaron la mañana siguiente, ¿qué creyeron? ¿Por qué?
15. ¿Cuál fue la reacción de la esposa al ver a los padres y parientes? ¿Por qué?
16. ¿Qué quería hacer el suegro del mancebo? ¿Qué pasó?

Q **Solicitamos su opinión.**

1. ¿Cuál es la moraleja del cuento? ¿Tiene sentido? ¿Por qué sí o por qué no?
2. ¿Cuál es su reacción ante las acciones del hijo?
3. El autor del cuento dice que los novios "vivieron muy felices." ¿Es posible, en su opinión, vivir felices bajo las circunstancias del cuento? ¿Por qué sí o por qué no?
4. En el cuento, los padres arreglan el casamiento de sus hijos. ¿Es una buena idea o no? ¿Por qué?
5. Este mancebo quiere casarse con la joven rica porque no quiere ser pobre. ¿Es mejor casarse por amor o por dinero? ¿Por qué?
6. El padre rico habla mal de su hija. ¿Debe un(a) padre (madre) hablar mal de sus hijos? ¿Por qué?

R Temas escritos

1. Para mantener la paz en una familia, a veces es necesario que un(a) esposo(a) obedezca al (a la) otro(a). Escriba una composición bien organizada y pensada que defienda o critique esta idea.
2. Escriba Ud. un diálogo entre dos esposos del Siglo XX cuando uno(a) trata de domar al (a la) otro(a).

S Debate. Formen Uds. dos grupos para discutir la siguiente idea. Antes de presentar su posición en clase, preparen en grupo sus ideas y posibles respuestas a las ideas del otro grupo.

No es necesario amar a otra persona para casarse. Hay muchas razones posibles: mejorar la situación financiera, separarse de los padres, ir a vivir en otra ciudad o país, hacerse ciudadano(a) de otro país, etc. Hoy el matrimonio puede ser un arreglo más práctico que emocional.

Enfoquemos el idioma

Los mandatos
Commands

There are two types of commands in Spanish. As you saw earlier in this chapter, indirect commands are formed by using the subjunctive after a verb of influence.

Le digo que **respete** a las mujeres.   *I tell him to respect women.*

A direct command omits the verb of influence, but still uses the subjunctive in the affirmative and negative forms of **Ud., Uds.,** and **nosotros,** and in the negative forms of **tú** and **vosotros.**

Respete Ud. a las mujeres.   *Respect women.*

The subjects of commands are **nosotros, tú, vosotros, Ud.,** and **Uds.**

▶ Formation of **nosotros** commands.

Commands using the **nosotros** verb form are really suggestions and correspond to the English "Let's . . . ." The verb form is the same as the present subjunctive **nosotros** form. The title of your text and many of its subsections are commands.

Charlemos.	*Let's chat.*
Investiguemos.	*Let's investigate.*
Enfoquemos.	*Let's focus.*
Practiquemos.	*Let's practice.*

To make a command negative, add **no** before the verb form.

Pensemos en la igualdad.   *Let's think about equality.*
No pensemos en la discriminación.   *Let's not think about discrimination.*

An alternative construction for **nosotros** commands, using **vamos a** + *infinitive,* is also possible, but only in the affirmative.

Vamos a pensar en la igualdad.
Pensemos en la igualdad.   *Let's think about equality.*
No pensemos en problemas.   *Let's not think about problems.*

There are two "let's" forms for the verb **ir**. The present indicative is used for the affirmative command; the present subjunctive is used for the negative command.

Vamos.   *Let's go.*
No vayamos.   *Let's not go.*

▶ Formation of affirmative **tú** and **vosotros** commands.

Familiar affirmative (**tú**) commands are just like the third person singular of the indicative (or the **tú** form without the **s**).

Piensa en un futuro mejor.   *Think about a better future.*

(This could also mean "he [she / you] is [are] thinking about a better future." Context will make the meaning clear.)

To emphasize the subject or to avoid ambiguity, the subject pronoun may be added. It follows the command form.

Piensa tú en un futuro mejor.   *Think about a better future.*

84   3   La mujer en la sociedad

The following verbs have irregular affirmative **tú** forms.

decir	**di**	salir	**sal**
hacer	**haz**	ser	**sé**
ir	**ve**	tener	**ten**
poner	**pon**	venir	**ven**

There are no irregularities in the **vosotros** affirmative commands. They are formed by simply removing the **r** from the infinitive and adding **d**:

habla**r**	habla**d**	se**r**	se**d**
escoge**r**	escoge**d**	i**r**	i**d**
admiti**r**	admiti**d**	hace**r**	hace**d**

▶ Other forms: **Ud., Uds.,** all negative commands.

With the three exceptions mentioned (affirmative **tú, vosotros** commands, and the **vamos a** + *infinitive*), all commands have the same form as the present subjunctive. For example:

descansar

descansa	**no descanses**	tú
descanse	**no descanse**	Ud.
descansemos	**no descansemos**	nosotros
descansad	**no descanséis**	vosotros
descansen	**no descansen**	Uds.

Verbs that are irregular, or that have spelling or stem changes in the present subjunctive, show these same changes in the command form.

hacer

haz	**no hagas**	tú
haga	**no haga**	Ud.
hagamos	**no hagamos**	nosotros
haced	**no hagáis**	vosotros
hagan	**no hagan**	Uds.

fregar

friega	**no friegues**	tú
friegue	**no friegue**	Ud.
freguemos	**no freguemos**	nosotros
fregad	**no freguéis**	vosotros
frieguen	**no frieguen**	Uds.

▶ Alternative forms.

In Spanish, circumlocution is often preferred to command forms because the tone is not as strong. Look at the following examples.

Tenga la bondad de darme agua.   *Be good enough to give me some water.*
Haga el favor de darme agua.   *Do me a favor and give me some water.*
¿Quiere darme agua?   *Will you give me some water?*

The use of the preposition **a** with an infinitive conveys the same message as a command and often suggests enthusiasm or a stern command.

¡A limpiar! is another way to say:
{
¡Limpia!
¡Limpie!
¡Limpiemos!
¡Limpiad!
¡Limpien!
}

Enfoquemos el idioma

Practiquemos

T **¿Qué dice el mancebo?** A continuación aparecen algunos mandatos indirectos. Transfórmelos en mandatos directos, expresando literalmente lo que dice el mancebo. Use mandatos informales (**tú**).

Modelo: El mancebo quiere que la esposa limpie la casa. Mujer, _____.
Mujer, limpia la casa.

1. El mancebo quiere que el perro traiga agua. Perro, ...
2. El joven desea que el gato busque agua. Gato, ...
3. El quiere que el caballo consiga agua. Caballo, ...
4. Finalmente insiste en que su esposa obtenga agua. Esposa, ...
5. Más tarde, quiere que ella no haga ruido para no despertarlo. Esposa, ...
6. Manda que ella prepare una gran comida. Mujer, ...
7. Prohibe que ella permita entrar a nadie. Mujer, ...

U **¿Qué más dijo el mancebo?** Tal vez, este mancebo le dio aún más mandatos a su novia. A continuación aparecen algunos mandatos directos. Transfórmelos en mandatos indirectos. Se permite el uso de verbos diferentes como **insistir, querer, prohibir, desear, mandar, permitir,** etc.

Modelo: Mujer, cocina algo.
Quiero que cocines algo.

1. Mujer, limpia la cocina.
2. Mujer, no me molestes.
3. Ve a la tienda.
4. Compra más comida.
5. Lava mi ropa.
6. ¡No dudes de mi poder!
7. No vendas mi espada.

V **Opiniones diferentes.** Cristina va a hacer una exposición en una conferencia que promueve (*promotes*) la independencia de la mujer en la sociedad. Su novio, Rodolfo, es un poco macho, pero no tanto como el mancebo del cuento. Cristina está algo irritada porque ella toma en serio sus propias ideas, pero Rodolfo no. Complete las frases con la forma del mandato con **tú**.

1. Rodolfo, no te _____ (burlar — *to make fun of*) de mis ideas antes de escucharlas. _____ (Empezar) a pensar que las mujeres no somos tímidas ni sumisas. _____ (Usar) tu energía para ver que somos individuos capaces y no _____ (hablar) más de la superioridad del hombre. _____ (Decir) que estás de acuerdo conmigo y no _____ (decir) más que no tengo razón. No _____ (ser) tan negativo, por favor.

2. Ahora, Cristina hace su exposición. He aquí una parte de lo que dice. Use el sujeto **vosotros**.
_____ (Ser) agresivas. No _____ (aceptar) como un hecho la idea de que el hombre es más capaz ni más inteligente. _____ (Buscar) empleo

3 La mujer en la sociedad

en lo que queréis. _____ (Ir) a la universidad y _____ (conseguir) títulos. No _____ (olvidar) participar en las reuniones políticas de vuestros pueblos y ciudades. Y no _____ (hacer) el papel de la mujer sumisa y tímida. _____ (Estar) a favor del progreso. _____ (Trabajar) como médicas, como profesoras, como abogadas . . . .

3. Un señor de la Argentina oye la conferencia y quiere expresar sus opiniones. Use las formas de **Uds.** y **nosotros** en sus mandatos.

¡No _____ (protestar) Uds. tanto y no _____ (ser) tan negativas! _____ (Pensar) en lo que dicen antes de ponerse furiosas. _____ (Ser) honestos Uds. y yo. _____ (Hacer) nosotros cambios en la sociedad trabajando juntos, no separados. ¡_____ (Seguir) nosotros con el progreso! Y Uds., las mujeres, ¡no _____ (creer) que están solas! No _____ (decir) que los hombres no las comprenden. _____ (Recordar) Uds. que no todos los hombres somos el enemigo . . . .

W ¿Qué cree Ud.? Escriba Ud. una lista de mandatos directos que tengan que ver con las actitudes de los hombres y de las mujeres hacia la igualdad de los sexos en la sociedad. Diríjales los mandatos a los hombres, a las mujeres, y a otras personas individuales e incluya a sí mismo(a).

Modelos: *Eliminemos la discriminación sexual.*
Paco, no seas tan machista.
Hombres, protestad contra la desigualdad.
Mujeres, no sean tan negativas.

Charlemos un poco más

NO ME DEJAN SER BOMBERA
VEA PAG. 2

JULIA RODRIGUEZ
Alega ser víctima de discriminación.

X Solicitamos su opinión: discusión final.

1. ¿Qué diferencias existen entre la mujer del pasado y la del presente? ¿Son buenos o malos esos cambios? ¿Qué problemas crea el nuevo papel de la mujer en la sociedad? ¿Qué soluciones ofrece Ud.?

2. ¿Debe existir una separación entre los sexos? ¿Dónde? ¿Cuándo?

3. ¿Sufrió Ud. algún caso (o conoce a alguien que haya sufrido) discriminación sexual? Explique.

4. ¿Existe ahora una discriminación contra el hombre causada por el movimiento de liberación femenina?

Charlemos un poco más

Y Encuentro personal. With a classmate, play the roles of husband and wife. The husband tries to "tame" the wife as in the story, using housework as an example. Instead of reacting submissively, the wife shows her husband her true colors. Then switch the situation — the wife tries to dominate her husband. In each case, come to a compromise.

Z Temas escritos

1. Ud. tiene que escribir un artículo para una revista. En el artículo, es necesario hablar de los cambios respecto al papel de la mujer en la sociedad del pasado y del presente. Ud. tiene que entrevistar a una mujer o a un hombre que tenga por lo menos cincuenta años y que sea hispanohablante (si es posible). Haga una lista de preguntas antes de hacer la entrevista.

2. Escriba una composición bien organizada y pensada sobre una de estas ideas:
   a. La mujer debe ser igual al hombre pero no debe participar en el servicio militar.
   b. La liberación femenina empeora (*worsens*) la situación entre los hombres y las mujeres.
   c. Ciertas profesiones deben ser sólo para hombres y otras sólo para mujeres.

3. Considere la moraleja del cuento:
   *"Si al comienzo no muestras quien eres
   nunca podrás después, cuando quisieres."*
   Escriba sobre la importancia de ser honesto(a) en las relaciones humanas en general y las consecuencias de no ser honesto(a).

4. Mire Ud. los dibujos siguientes e invente una historia. Use la imaginación.

¡Digamos la última palabra!

Sustantivos
la alfombra rug
el amor propio self-esteem
la aspiradora vacuum cleaner
el baño bathroom
la basura trash, garbage
el (la) bobo(a) dummy (used affectionately)
la cama bed
la carrera career
la cocina kitchen; cooking
los comestibles food, groceries
la compra purchase
la confianza en sí mismo(a) self-confidence
el cuarto room
el cubo (trash) can
el champú shampoo
el desodorante deodorant
el desorden disorder
el detergente detergent
el dormitorio bedroom
el (la) esposo(a) husband (wife)
la fatiga nerviosa stress
el genio disposition, character
el inodoro toilet
el jabón soap
la jornada workday
la lavadora washing machine
el lavaplatos dishwasher
la limpieza cleaning
el mandado errand
la mesa table
el papel higiénico toilet paper
la pasta dentífrica toothpaste
el personaje (fictional) character
el plato plate
el polvo dust
la puerta door
el quehacer doméstico chore, housework
el recado errand; message
la ropa clothing
las sábanas sheets
la sala living room
el suelo floor; ground
la tensión nerviosa stress
la toalla de papel paper towel
la ventana window

Verbos
barrer to sweep
cambiar to change
cocinar to cook
compartir to share
descansar to rest, to relax
domar to tame
fregar (ie) to scrub, to wash
hacer to do, to make
lavar to wash
limpiar to clean
obedecer to obey
poner to put, to set
quejarse (de) to complain
sacar to remove, to take out
secar to dry
vaciar to empty

Adjetivos
débil weak
desordenado(a) messy
dominante domineering
egoísta self-centered, selfish
fuerte strong
sucio(a) dirty

Expresiones útiles
¡Basta (de)! Enough!
en broma in jest, jokingly
estar de mal / buen humor to be in a bad / good mood
hacer el favor de + *infinitive* to do the favor of *verb* + *ing*
ir de compras to go shopping
limpiar / sacar el polvo to dust
¡Piensa en lo que dices! Think about what you're saying!
quedar como nuevo to be like new (again)
quedar mucho por hacer to have a lot left to do
¿Quiere + *infinitive?* Will you + *verb*?
tener la bondad de + *infinitive* to be so kind as to + *verb*
tocarle a uno to be one's turn
tomarle el pelo a uno to pull one's leg, to tease

CAPÍTULO 4

Shopping is a universal activity, of course, but you will notice some differences in Hispanic shopping areas. Although there are many large, modern supermarkets and shopping malls in Hispanic neighborhoods, you'll also find many small specialty stores. You will also be able to find items at places you might not expect. For example, you can buy stamps and envelopes at a tobacco shop, and foreign currency can often be exchanged at **casas de cambio** in hotels and at train stations, as well as in banks. Many Hispanics see our stores as unusual too, as you will see in this chapter's reading selection, "Las droguerías americanas."

PAPELERA
PUERTORRIQUEÑA
UTUADO
TELS. 894-2098   894-3155

El mundo moderno: no es para todos

Charlemos un poco

¿Qué hacen estas personas que aparecen en las fotos?

▼

¿Le gusta a Ud. ir de compras?

▼

¿Qué compra Ud. con más frecuencia?

▼

¿Qué no le gusta comprar?
¿Qué le gusta comprar?

▼

¿Qué compró Ud. la semana pasada?

▼

¿Busca Ud. gangas o no?

▼

¿Cuál es su tienda favorita?
¿Por qué?

La Piñata
PIEL GENUINA

CHAMARRAS - BOLSAS - PORTAFOLIOS
CINTURONES - CARTERAS - ETC.

Amberes 62-A   Zona Rosa   Tel. 514-19-36

Vocabulario

▼ Vocabulario personal

Make a list of words and expressions that you used to answer the questions about the photos. Then list all the products and stores that you remember in Spanish. Make an additional list of words and expressions you'd like to know in order to discuss shopping. Use a dictionary (or ask your instructor) if necessary.

▼ Empecemos en contexto

You will now read a conversation between Mariluisa, a student studying in Spain, and her host-family "sister," Chonín. As you read, write down the places Mariluisa wants to go and the things she plans to buy. You may want to review the vocabulary in **Palabras prácticas** before you read the conversation.

Los lugares: Las compras:
_____   _____
_____   _____

Chonín: ¡Hola, Mariluisa! ¿Qué haces hoy?
Mariluisa: Hola, Chonín. Voy de compras pero necesito ayuda. Primero, voy a la floristería a comprarle flores a tu mamá. Queda en la calle Santander, ¿no?
Chonín: Ajá. Y a la vuelta de la esquina, hay una confitería maravillosa.
Mariluisa: Gracias, pero no necesito bombones. Luego, voy a la librería a comprarme una novela, a la zapatería porque necesito un par de zapatos, y a la pastelería a recoger una torta y unos postres. Mira, ¿puedes decirme dónde queda la oficina postal? También necesito sellos.

4   El mundo moderno: no es para todos

Chonín: De la calle Santander, sigue derecho dos manzanas, cruza la calle y dobla la esquina. Está en la calle Zamora.
Mariluisa: ¡Ah! ¡Muy cerca de la confitería Ramírez! ¡Qué coincidencia! Chonín, eres una golosa. ¿Tengo razón?
Chonín: ¿Yo? Claro que no. Pero... si quieres traerme una sorpresa algún día, ¡ya sabes cuáles son mis tiendas favoritas!

▼ Palabras prácticas ▲

Sustantivos
el bombón chocolate candy
la calle street
la confitería / la bombonería candy store
la esquina corner
la flor flower
la floresteria / la florería flower shop
la ganga bargain
la librería bookstore
la manzana city block (*Sp.*) ; apple
la cuadra city block (*Lat. Am.*)
la novela novel
la pastelería pastry shop
el postre pastry
la torta cake

la zapatería shoe store
los zapatos shoes

Verbos
cruzar to cross
doblar to turn
pasar (por) to pass by, to stop by; to happen
quedar(se) to remain, to be left, to be located

Expresiones útiles
Ajá. Uh-huh, yes.
a la vuelta de la esquina around the corner
seguir (i) derecho to go straight (ahead)
ser un(a) goloso(a) to have a sweet tooth

▶ ¿Qué pasó?

1. Mariluisa quiere ir a la floristería para _____

2. Mariluisa necesita ir a la oficina postal para _____

3. Para llegar a la oficina postal de la calle Santander, Mariluisa tiene que _____

4. Muy cerca de la oficina postal está _____

5. Chonín quiere que Mariluisa _____

6. ¿A qué tienda prefiere ir Ud.? ¿Por qué? _____

▼ Más vocabulario útil ▲

Si Ud. está **perdido(a)** puede decirle a un(a) amigo(a):

¿Puedes **acompañarme** a ...?

Y a **un(a) desconocido(a)**:

Perdóne. ¿Podría / pudiera / puede Ud. decirme dónde **queda** ...?

Vocabulario

El (la) amigo(a) o el (la) desconocido(a) puede decirle:

Está **situado(a) calle abajo / arriba.***
cuesta abajo / arriba.
lejos de / cerca de aquí.
delante de / detrás de ese **edificio** (ese edificio **atrás**).
a la izquierda / a la derecha de ese edificio.
fuera de / dentro de ese edificio (ese edificio **afuera / adentro**).
enfrente de / al lado de ese edificio.
encima de / debajo de esa **tienda.**

Vaya Ud. **alrededor / a través de**l parque.
al norte / al noreste.
al este / al sureste.
al sur / al suroeste.
al oeste / al noroeste.

Si Ud. quiere hacer una lista de recados, puede escribir:

la panadería / comprar **pan**
la peluquería / **el salón de belleza** / **hacer una cita**
el quiosco / comprar **el periódico**
la tabaquería / **el estanco** / comprar sellos y sobres

Investiguemos un poco
▲▲▲▲▲▲▲▲▲▲

The names of many stores and their owners are derived from the products sold there. To form the name of the store, add **-ería** to the last consonant of the product. For example: **el zapato → la zapatería.** To form the name of the employee, remove the **-ía** from the store name and add the masculine **-o** or the feminine **-a**: **la zapatería → el zapatero, la zapatera.**

Form the store and employee names from these products. (The items marked with an asterisk require a spelling change to maintain sound.)

Producto	**Tienda**	**Empleado(a)**
1. la fruta	_____	_____
2. la joya *(jewel)*	_____	_____
3. el mueble *(piece of furniture)*	_____	_____

*Your answers may include a prepositional phrase (followed by a noun) or an adverbial form (in parentheses). The adverbial form is not followed by a noun. Example: *Estamos **detrás de** ese edificio,* but *La confitería queda allí **atrás.***

4 **El mundo moderno: no es para todos**

4. el papel   el (la) dependiente(a)
                                           (clerk)
5. el reloj
6. el libro
7. el bombón   el (la) empleado(a)
8. el pastel
9. la barba (beard)
10. el tabaco*
11. la cerveza* (beer)
12. la peluca* (wig)

The names for these stores and employees do not follow the above pattern.

la carne	**la carnicería**	**el (la) carnicero(a)**
la droga	**la farmacia**	**el (la) farmacéutico(a)**
	la droguería	
la flor	**la floristería**	**el (la) florista**
	la florería	**el (la) floristero(a)**
el pan	**la panadería**	**el (la) panadero(a)**
el vino (wine)	**la bodega**	**el (la) bodeguero(a)**
	la vinería	

Other store names and employees include:

el almacén	*department store*	
la lavandería	*laundromat*	**el (la) lavandero(a)**
el mercado	*market*	
la sastrería	*tailor shop*	**el (la) sastre**
la tintorería	*dry cleaners*	**el (la) tintorero(a)**

LAVANDERIA

CUENTA DEL HUESPED	NUESTRA CUENTA	TARIFA PESOS	TOTAL
		3,190.00	
	BRASSIERES	11,324.00	
	BATAS	1,435.00	
	CALCETINES	1,754.00	
	CALZONCILLOS	8,134.00	
	CAMISONES	3,509.00	
	CAMISAS	3,509.00	
	CAMISAS SPORT	4,147.00	
	GUAYABERAS	1,754.00	
	CAMISETAS	3,987.00	
	FONDOS	1,754.00	
	PAÑUELOS	5,901.00	
	PIJAMAS	1,754.00	
	PANTALETAS	4,944.00	
	SHORT	4,944.00	
	PLAYERA SPORT	3,190.00	
	MEDIO FONDO	6,061.00	
	PANTALON	6,061.00	
	FALDA SENCILLA	4,944.00	
	BLUSA LAVABLE		

▼ Practiquemos ▲

A **¡Vamos a jugar!** Formen Uds. grupos de cinco o seis personas. Cada grupo escoge a "una víctima." Los demás van a escoger un(a) empleado(a) o una tienda, sin decirle a la víctima el nombre escogido. La víctima tiene que adivinar quién es y dónde trabaja haciéndole preguntas al grupo. ¡Diviértanse!

Posibles preguntas: ¿Vende esta persona comida o cosas?
¿Vende cosas necesarias o no muy necesarias?
¿Trabaja en una tienda especializada o no?

Investiguemos un poco

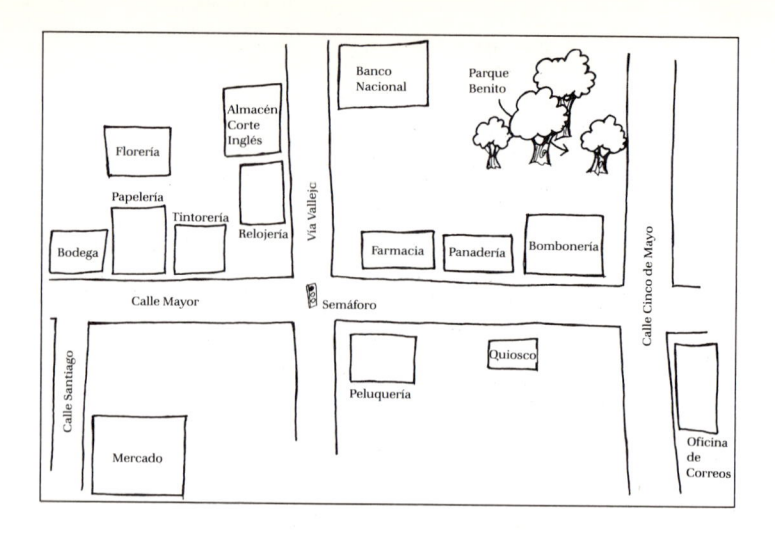

B **¡Preste atención!** Refiérase al mapa que está arriba. Conteste las preguntas según la información que tiene. Describa sus pasos *(steps)* en detalle. Puede hacer esta práctica con un(a) compañero(a) de clase si quiere.

1. Ud. sale de la peluquería y quiere ir a El Corte Inglés. ¿Qué hace?
2. Ud. está en el mercado. Alguien le pregunta cómo llegar al parque Benito. Dele direcciones, por favor.
3. ¿Dónde está la florestería en relación a la zapatería? ¿En relación a la relojería?
4. ¿Dónde están los árboles en relación al parque?
5. Una amiga suya está de visita y quiere ir de compras. Indíquele adónde puede ir, qué puede comprar y dónde están las tiendas.
6. Ud. tiene un día lleno de actividades y compras. Necesita lo siguiente: dinero, sellos y sobres, legumbres, el periódico, pantalones, pan, frutas y flores. Planee su día y describa sus pasos en detalle usando el mapa.

C **Una encuesta personal.** Conteste las preguntas y luego hágaselas a un(a) compañero(a) de clase, tuteándose, claro.

1. ¿Le gusta a Ud. ir de compras? ¿Por qué sí o por qué no?
2. Cuando va de compras, ¿está Ud. bien organizado(a)? Describa sus actividades.
3. ¿Cuáles son sus tiendas favoritas? ¿Por qué?
4. Cuando va de compras, ¿prefiere Ud. ir a varias tiendas diferentes o a una sola tienda para comprarlo todo allí? ¿Por qué? ¿Prefiere ir sólo(a) o con alguien? ¿Por qué?
5. ¿Es Ud. un(a) goloso(a)? ¿Qué come para satisfacer este deseo?
6. Situación hipotética: Ud. acaba de ganar un millón de dólares en la lotería. ¿Adónde va y qué compra?

4 El mundo moderno: no es para todos

7. Describa Ud. a una persona típica que va de compras compulsivamente. ¿Es Ud. tal persona? Explique.

D Encuentros personales

1. You and a friend are planning a birthday party for a mutual friend. You want to share the shopping responsibilities. Ask the friend to go to several stores while you go to others.
2. You and your roommate are planning a party. Discuss the shopping list for refreshments and any other errands that need to be done.
3. Ask a friend if he or she can pick up a newspaper for you when he or she goes by the newsstand. Your friend asks you to get him or her some pens at the stationery store. Continue along these lines, asking each other to pick up things at various stores.
4. You have just moved to a new city. Introduce yourself to your new neighbor. You need a lot of things for your house. Tell your neighbor what you need, and he or she will give you directions to the places you'll need to go.
5. You have just met an Hispanic tourist who is visiting the town in which your university is located. The tourist asks you what there is to see, do, and buy in your town. Point out places of interest and tell him or her how to get there from where you are now.

Enfoquemos el idioma

Pronombres de complemento directo
Direct Object Pronouns

A direct object is a noun or pronoun that receives the action of the verb and that answers the question "whom?" or "what?" A direct object is not preceded by a preposition.

Whom do you see? I see **Maricarmen**.
What do you see? I see **it**.

▶ These are the direct object pronouns in Spanish:

me	me	**nos**	us
te	you (familiar)	**os**	you (familiar)
lo	him, you (formal), it	**los**	them, you (formal)
la	her, you (formal), it	**las**	them, you (formal)

▶ A direct object pronoun replaces a direct object noun and is usually placed in front of the conjugated verb, except in the affirmative command form, where the pronoun is attached to the verb form. The pronoun may also be attached to an infinitive or a gerund (present participle). In a negative sentence, **no** precedes the object pronoun.

¿La torta?
La recojo mañana.
No **la** recojo hoy, sino mañana.
La estoy recogiendo ahora.
Estoy recogiendo**la** ahora.
La voy a recoger mañana.
Voy a recoger**la** mañana.
Recóge**la** (tú) mañana.
No **la** recojas mañana.

Note in the preceding examples that if the stressed syllables of a command or gerund is changed by adding a pronoun, a written accent is needed to maintain the original stress. With one-syllable verbs, the addition of a pronoun does not change the original stress. With two- (or more) syllable verbs, an accent is needed.

Diga la verdad. **Dí**gala.
Estoy comprando los pasteles. Estoy com**prán**dolos.

When the direct object noun precedes the verb, the inclusion of the direct object pronoun is mandatory.

Conocen bien al panadero.
Al panadero **lo** conocen bien.   *They know the baker well.*

▶ **Lo, la, los, las** must agree in gender and number with the noun replaced. The pronoun **lo** is also used to sum up an idea, and is used to help avoid repetition. In this situation, no agreement is made, since **lo** has a neuter function. It usually translates as "it," although sometimes there is no English equivalent.

¿Ir a la panadería? **Lo** hago mañana.   *Go to the bakery? I'll do it tomorrow.*
¿Estás perdida, Patricia? Sí, **lo** estoy.   *Are you lost, Patricia? Yes, I am.*

When **todo** *(all, everything)* acts as the direct object, **lo** must also be used.

Maricarmen **lo** compra **todo.**   *Maricarmen buys it all (everything).*

When a specific noun is replaced by a pronoun, both the direct object pronoun and **todo** show agreement.

Maricarmen hace **todos los recados.**   *Maricarmen does all the errands.*
Los hace **todos.**   *She does them all.*

▼
Practiquemos
▲

E **Una cena especial.**   Rodrigo y Salvador planean una cena para sus amigos. Haga Ud. el papel de Salvador y conteste las preguntas de Rodrigo, sustituyendo los complementos directos del verbo por los pronombres correspondientes.

Modelo: Rodrigo: ¿Cuándo vas a preparar la cena?
(inmediatamente)
Salvador: *Voy a prepararla inmediatamente.*

1. ¿Cuándo vas a invitar a Ramón? (antes de invitar a los otros)

4   **El mundo moderno: no es para todos**

2. ¿Y cuándo vas a llamar a Irene? (después de llamar a Jorge)
3. ¿Cuándo vas a comprar la comida? (hoy)
4. ¿Cuándo vas a la bodega a comprar el vino? (después de ir a la panadería)
5. ¿Cuándo vas a recoger la carne? (esta tarde)
6. ¿Cuándo vas a servir el vino y la cerveza? (a las ocho y cuarto)

F **Son las cuatro de la tarde.** Rodrigo y Salvador han salido para hacer las compras. Rodrigo sigue con las preguntas. ¡Qué nervioso está Rodrigo! Conteste según el modelo, empleando pronombres como complementos directos del verbo.

Modelo: Rodrigo: ¿Viste a Juan?

Salvador: *Sí, ya lo vi.*

1. ¿Viste a Lucía allí?
2. ¿Crees que ella nos vio?
3. ¿Debemos invitar a Lucía ahora?
4. ¿Tenemos que invitar a su novio también?
5. ¿Me escuchas?
6. ¿Quieres que yo compre el pan, los bombones y la torta?
7. ¿Quieres que recoja la ropa en la tintorería?
8. ¿Te encontró Diego? ¿Lo buscabas?
9. ¿Invitaste a todas las chicas?
10. ¿Estás cansado? ¿Estás irritado? ¿Estás entusiasmado?

G **¿A quién obedezco?** Haga el papel de un(a) estudiante que vive en un apartamento con otras dos personas. Uno(a) de sus compañeros(as) quiere que Ud. haga las cosas de cierta manera pero el (la) otro(a) no.

Modelo: Estudiante 1: ¿Queréis que compre el libro?

Estudiante 2: *Sí, cómpralo.*

Estudiante 3: *No, no lo compres.*

1. ¿Queréis que recoja las legumbres en el mercado?
2. ¿Queréis que os busque en el café?
3. ¿Queréis que pida una torta de la pastelería?
4. ¿Queréis que lleve la ropa a la lavandería?
5. ¿Queréis que compre el periódico en el quiosco?
6. ¿Queréis que haga todas las compras?
7. ¿Queréis que mande las tarjetas postales?
8. ¿Queréis que asegure este paquete?

Enfoquemos el idioma

Enfoquemos el idioma

Pronombres de complemento indirecto
Indirect Object Pronouns

Indirect objects can usually be identified by asking "to / for / of / on / from whom or what?" after the verb. The answer to this question is the indirect object.

The clerk sold the wine **to me.** (To me = indirect object)

▶ These are the indirect object pronouns in Spanish:

me to (for / of / on / from) me	**nos** to (for / of / on / from) us
te to (for / of / on / from) you (familiar)	**os** to (for / of / on / from) you (familiar)
le* to (for / of / on / from) him, her, you (formal)	**les*** to (for / of / on / from) them, you (formal)

▶ An indirect object pronoun is used to replace an indirect object noun and / or to repeat the indirect object noun. This second function is known as the redundant use of the indirect object pronoun. When the indirect object noun is stated, it is preferable to use the redundant construction — to include the indirect object pronoun as well as the noun.

Luis **le** da flores **a Rufina.**   *Luis gives flowers to Rufina.*
                                     (redundant construction)

Luis **le** da flores.   *Luis gives her flowers.*
                         (pronoun replaces noun)

Luis **le** da flores **a ella,**   *Luis gives her flowers, not you.*
no **a Ud.**   *(emphatic redundant construction)*

Note the other possible English equivalents of the indirect object pronoun.

Rufina **le** compra flores **a Luis.**   *Rufina buys flowers for Luis.*
Pepe **le** pide un favor **a Rafael.**   *Pepe asks Rafael for a favor (asks a favor of Rafael).*

Carlos **le** compra flores **a la dependiente.**   *Carlos buys flowers from the clerk.*

Mamá **le** pone la chaqueta **a José.**   *José's mom puts his jacket on him.*

▶ The indirect object noun may come before the verb. When this occurs, the inclusion of the corresponding object pronoun is essential.

A Luis Rufina **le** compra flores.   *Rufina buys Luis flowers.*

*In Spain, **le(s)** may be used as a direct object pronoun to distinguish male people from masculine objects. No distinction is made for feminine forms.

¿El mercado? **Lo** conozco.   ¿El dependiente? **Le** conozco.   ¿La dependienta? **La** conozco.

4   El mundo moderno: no es para todos

▶ The position of indirect object pronouns is the same as that of direct object pronouns. An indirect object pronoun is usually placed in front of the conjugated verb, except in the affirmative command form, where the pronoun is attached to the verb form. The pronoun may also be attached to an infinitive or gerund. In a negative sentence, **no** precedes the object pronoun.

Te compro zapatos.
No **te** compro zapatos.
Te voy a comprar zapatos.
Voy a comprar**te** zapatos.
Te estoy comprando zapatos.
Estoy comprándo**te** zapatos.
Cómpra**me** zapatos.
No **me** compres zapatos.

NUEVOS ESTILOS ZAPATOS CASUALES Y DE VESTIR AHORA DESDE $20

Practiquemos

H Marilinda busca una peluquera. ¿Quién puede ayudarla? Cambie las palabras en bastardilla por las que están entre paréntesis. Haga los cambios que sean necesarios.

1. Marilinda acaba de pedir*me* información. (a Tomás, a nosotros, a ti, a vosotros, a ellos)
2. *Me* pide que yo le ofrezca ayuda. (a Tomás, a nosotros, a ti, a vosotros, a ellos)
3. *Me* dice que busca una buena peluquera. (a Tomás, a nosotros, a ti, a vosotros, a ellos)
4. *Me* pregunta si conozco a alguien. (a Tomás, a nosotros, a ti, a vosotros, a ellos)
5. *Me* dice que agradece *(appreciates)* la información. (a Tomás, a nosotros, a ti, a vosotros, a ellos)

I Una sorpresa. Somos un grupo de estudiantes norteamericanos que pasamos un semestre en Segovia. Hacemos planes con nuestros amigos españoles para sorprender a nuestra directora, pero hay muchas preguntas. Conteste las preguntas con mandatos, usando el sujeto entre paréntesis y el complemento indirecto apropiado.

Modelo: Persona 1: ¿Le puedo preguntar algo? (Sí / tú)
Persona 2: *Sí, pregúntame (tú).*

1. ¿Les ofrecemos a Sofía y a Rafael nuestros servicios? (No / vosotros)
2. ¿Te repetimos las señas de los lugares adonde quieres ir? (Sí / Uds.)
3. ¿Les explico a Uds. dónde está la joyería? (No / tú)
4. ¿Les sugerimos unas alternativas para un regalo? (Sí / vosotros)
5. ¿Os menciono más planes ahora? (No / tú)
6. ¿Les repetimos a ellos todos los planes que tenemos hasta ahora? (Sí / nosotros)
7. ¿Les damos a Uds. ideas para la música? (Sí / Uds.)

Enfoquemos el idioma

J Los planes continúan. Conteste las preguntas afirmativa o negativamente. Practique Ud. con un(a) compañero(a) de clase.

1. ¿Te doy instrucciones para llegar al centro?
2. ¿Nos vas a pedir dinero?
3. ¿Le escribes una lista de compras a Raúl?
4. ¿Me ofreces otras ideas?
5. ¿Les mandamos invitaciones a Graciela y a Teresa?
6. ¿Os compro algo en el centro?
7. ¿Puedes indicarme dónde está la bombonería?

Enfoquemos el idioma

Complementos con preposición
Prepositional Pronouns

After most prepositions,* the following pronouns must be used.

mí me	**nosotros, nosotras** us
ti you (familiar)	**vosotros, vosotras** you (familiar)
él him	**ellos** them
ella her	**ellas** them
Ud. you (formal)	**Uds.** you (formal)
sí himself, herself, yourself (formal)	**sí** themselves, yourselves (formal)

No podemos ir de compras **sin ella**. We can't go shopping without her.
Pon las flores **delante de mí**. Put the flowers in front of me.

▶ Note that except for **mí, ti,** and **sí**, the prepositional pronouns are the same as the subject pronouns.
   Sí has a reflexive meaning.
   Juan le habla a él. Juan speaks to him.
   Juan se habla a **sí** mismo.
   Juan habla para **sí** (mismo). Juan talks to himself.

   After **entre, como,** and **que,** the subject pronouns are used.
   Entre **tú** y **yo**.... Between you and me....
   Ella está tan cansada como **yo**. She's as tired as I.
   El está más cansado que **yo**. He's more tired than I.

   After the preposition **con**, the pronouns **mí, ti** and **sí** change form:
   con + mí = **conmigo**, con + ti = **contigo**, con + sí = **consigo**.

*These are some common Spanish prepositions, some of which you studied at the beginning of this chapter: **a, alrededor de, con, contra, de, delante de, detrás de, en, hacia, para, por, sin, sobre.**

4 El mundo moderno: no es para todos

▶ Prepositional pronouns used with the preposition **a** are frequently used to clarify or to emphasize an object pronoun. In the following example, **a él, a ella** and **a Ud.** clarify the pronoun **le**.

Le da las señas { **a él.** / **a ella.** / **a Ud.** }   He gives directions { to him. / to her. / to you. }

In this redundant construction, the prepositional phrase is optional, but the indirect object pronoun is mandatory.

Practiquemos

K Comentarios en la calle. Use Ud. un complemento con preposición que se refiere a los sujetos indicados entre paréntesis.

1. Voy a comprar un regalo para _____ . (mi hermano, tú, mis amigos)
2. ¿Quieres ir al centro con _____ mañana también? (yo, Marta, Clara y yo, mis amigas)
3. Detrás de _____ hay otra tienda nueva. (tú, vosotros, Ud.)
4. La bombonería está enfrente de _____ (Uds., tú, yo)
5. Para _____ , el dinero es para gastar. (yo, las mujeres, los hombres, Cristina y yo)

L Temas escritos. Imagínese que Ud. está perdido(a) en el centro de una gran ciudad hispana. Busca un lugar específico, pero no tiene idea de dónde está.

1. Narre brevemente en el pasado lo qué le pasó. ¿Cómo se perdió Ud.? Dé muchos detalles.
2. Escriba un diálogo en el presente con alguien que Ud. para *(stop)* en la calle para pedir señas.

Enfoquemos el idioma

Ahora, leamos

Para su comprensión

1. The drugstore is a very popular place for shopping in the United States. What kinds of things can you buy in an American drugstore?

2. The author of this reading, Germán Arciniegas, describes an American drugstore of the past from a Columbian's point of view. What are some descriptions he may include? Think of modern drugstores as well as drugstores of the past.

Antes de leer

1. Remember that the word order of a Spanish sentence may vary greatly from English word order. If you have trouble understanding a sentence, always identify the verb first, which will help you find the subject. Here's an example from the essay. Identify the subjects and the verbs in both clauses.

    "La droguería no es droguería en el sentido castizo *(pure)* que para nosotros registra el diccionario . . ."

2. The verb **dar** has several English equivalents in addition to "to give." You will frequently see the phrase **le da** + *noun* used. Looking at this sentence, can you guess its colloquial meaning?

    Si le da sed (a Ud.), en la droguería encuentra una coca-cola.

Una droguería: ¿es hispana o americana? ¿Qué productos reconoce Ud.?

4   **El mundo moderno: no es para todos**

3. These cognates appear in the reading selection. Guess the meanings of these words and then make a list of other cognates as you do your first reading of the article.

el diccionario	**un uniforme**	**la sociedad americana**
una institución	**la frontera**	**una nota característica**
mágico	**extraño**	**un policial** (regional use)
un chocolate	**un níquel**	**vainilla**
el desierto	**finalmente**	**el cementerio**

Germán Arciniegas (1900-) es esencialmente ensayista y periodista. Sus artículos, muchas veces satíricos y humorísticos, ofrecen opiniones originales sobre temas diversos. Muchos de sus artículos tratan de las Américas. Este ensayo, "Las droguerías americanas," nos presenta una descripción única de esta institución.

Las droguerías americanas
por Germán Arciniegas
▲▲▲▲▲▲▲▲▲▲

los rascacielos *edificios muy altos* / **las ventas de helados** ice cream sales
colocarse to be placed
castizo *puro, noble*
registra *tiene en una lista* / **en buen romance** in plain language
una botica *farmacia*
el refrán *el proverbio*
los estantes shelves
baterías de cocina *utensilios para cocinar*
bombillas light bulbs
repuestos para automóvil spare car parts
suelen *están acostumbrados*
experimentar to experience
chupar *beber, succionar*
el zaguán entrance hall
alargar to stretch out
la punta de los dedos fingertips
un poder power

Entre las grandes creaciones de los Estados Unidos, al lado de los rascacielos°, el cinematógrafo, y las ventas de helados°, debe colocarse° la droguería. La droguería no es droguería en el sentido castizo° que para nosotros registra° el diccionario: tampoco podría decirse que es un almacén: es una institución. En buen romance° yo creo que deberíamos nosotros decir que no es droguería, sino botica°, porque en botica, como dice el refrán°, hay de todo.*

El caso es que a través de la droguería la sociedad americana trata de resolverle a usted todos los pequeños problemas de la vida ordinaria. Si usted tiene hambre, va a la droguería y come; si quiere leer, pide allí un libro; si le da sed, allí encuenta helados y coca-cola; y los estantes° mágicos de estos lugares contienen baterías de cocina°, máquinas de fotografía, bombillas° eléctricas, repuestos para automóvil°, regalos para señora . . . Finalmente, hasta drogas suelen° encontrarse allí.

Que es más o menos, lo que ocurre siempre en los Estados Unidos. Aquí no hay que buscar nada: las cosas le buscan a usted. Usted puede experimentar° el deseo de chupar° un chocolate, lo mismo en un teatro que en un cementerio, en la iglesia, en el tren, en el zaguán°, en la esquina, en el desierto, y siempre le ocurrirá lo mismo: que le basta alargar° un níquel en la punta de los dedos°, un poder° extraño e invisible tomará suavemente el níquel y le pondrá el chocolate en la palma de la mano.

Yo me he preguntado muchas veces con angustia: ¿dónde no encontraré una coca-cola? Es inútil: la coca-cola le perseguirá a usted desde la frontera de

*__Hay de todo en la botica.__ *There's everything under the sun.* (Spanish saying)

Ahora, leamos

México hasta la del Canadá, del Atlántico al Pacífico, y más allá. Pero en el caso de las droguerías la posibilidad de que todo esté al alcance° de su mano llega a la perfección. A una perfección desesperante°.

Detrás de un mostrador° hay siempre un juego° de muchachas en uniforme que preparan las fórmulas°. Mueven palancas° de níquel, abren grifos°, destapan unas cantinas° de donde sacan con cucharas° mecánicas bolas° de helado, ponen en relucientes vasos° mil ingredientes, colocan todo esto debajo de un molinillo° eléctrico y, finalmente, le ofrecen a usted, sacándola del vaso milagroso°, una crema helada de lo que usted piense: almendras°, vainilla, nueces°, menta°, cerezas°. Y aquello es tan bueno que usted puede venir de la Patagonia a los Estados Unidos por sólo el gusto de tomar un helado.

Otra nota característica de los Estados Unidos, y particularmente de las droguerías, es «la vuelta de la esquina». Todo lo que usted piense lo encontrará siempre a la vuelta de la esquina. Basta preguntarle a un policial, a un transeúnte°, al primer **míster** que se presente°, en dónde le pueden planchar° a usted el vestido o remendarle° el automóvil, o venderle hielo°, o recibir un telegama, y siempre le dirán: «Aquí, a la vuelta de la esquina». Y lo extraordinario es que sí. Camina usted veinte pasos, vuelve a la esquina y allí está el sastre, la telegrafía, el garage, lo que usted busque: la droguería.

La esquina siempre es igual, como la droguería. Los mismos letreros° de luces° eléctricas, el mismo anuncio de que se desarrollan° películas, la misma cuchilla° Gillete, la misma muchacha en uniforme, la misma catarata° de revistas. Y detrás de eso, lo que usted quiera.

Si usted viene a los Estados Unidos, no se entregue° a ninguna agencia de turismo, no gaste° su dinero en guías°, no compre mapas ni deje° que se los regalen: siga mi consejo°, y estará salvado. Cada vez que necesite algo, vaya a la vuelta de la esquina, entre a la droguería y alargue el níquel. Lo demás°, como en casa encantada.

(This essay was reprinted with permission of the author.)

al alcance at your reach
desesperante maddening
un mostrador counter
un juego *un grupo*
las fórmulas recipes
palancas levers
grifos spouts, faucets
destapan unas cantinas uncover some ice cream containers
cucharas spoons
bolas scoops
relucientes vasos sparkling glasses
un molinillo mixer
milagroso miraculous
almendras almond
nueces nuts, walnuts
menta mint
cerezas cherries
un transeúnte *persona que camina en la calle*
se presente *aparezca*
planchar to iron
remendarle *repararle*
el hielo ice
letreros signs
luces lights
se desarrollan *se dan*
cuchilla razor
la catarata cascade
no se entregue a *no vaya a*
no gaste don't waste
guías guidebooks
deje allow
consejo advice
lo demás all the rest

4 El mundo moderno: no es para todos

Reaccionemos

M **¿Comprendió Ud. el ensayo?**   Conteste las preguntas según el ensayo. Trate de usar sus propias palabras.

1. Según Arciniegas, ¿cuáles son algunas de las grandes creaciones de los EE.UU.?
2. ¿Cómo describe el autor lo que es una droguería?
3. ¿Qué ocurre en una droguería? ¿Qué "función" tiene la droguería para algunas personas?
4. ¿Qué cosas puede comprar alguien en una droguería?
5. Según el autor, si una persona quiere beber un chocolate en cualquier lugar, ¿qué hace? ¿Y qué pasa?
6. ¿Qué dice el autor sobre la coca-cola?
7. Dice el autor que la droguería es una "perfección desesperante". ¿Por qué usa el adjetivo "desesperante"?
8. ¿Qué hacen las empleadas de la droguería? ¿Cómo describe el autor lo que recibe de las empleadas?
9. ¿Por qué es importante saber la expresión «a la vuelta de la esquina» en los EE.UU? ¿Qué se encuentra a la vuelta de la esquina? ¿Es verdad?
10. ¿Qué consejos le da el autor a una persona que quiere visitar los EE.UU?

N **Solicitamos su opinión.**

1. ¿Critica o admira el autor la vida en los EE.UU? Justifique su respuesta con ejemplos específicos del artículo.
2. ¿Es la droguería que describe Arciniegas la misma droguería de hoy? ¿Qué cambios nota Ud.?
3. El autor dice que en los EE.UU. "... no hay que buscar nada; las cosas le buscan a usted." ¿Qué quiere decir? ¿Tiene razón? ¿Por qué sí o por qué no? ¿Qué revela esta frase sobre la sociedad americana y la colombiana de donde viene Arciniegas?
4. Según Arciniegas, "la vuelta de la esquina" es un lugar importante. ¿Qué diferencia existe entre una vuelta de esquina en los EE.UU. y una en otros países? ¿Qué simboliza la vuelta de la esquina?
5. El escritor habla de una parte muy pequeña de la sociedad americana. ¿Representa la droguería a toda la sociedad de los EE.UU.? Explique.

O **Debate.**   Formen Uds. dos grupos para contestar la pregunta que se presenta a continuación. Un grupo tiene que contestar afirmativamente y el otro negativamente.

Arciniegas nos presenta una pintura de un país que cumple con (*fulfills*) todos los deseos de su población, que tiene "casas encantadas," y en el que ocurren cosas mágicas. Habla de los EE.UU., la tierra de las oportunidades.

¿Tiene el autor una visión realista de los EE.UU.? ¿Por qué sí o por qué no?

P **Tema escrito.** El ensayo que Ud. acaba de leer describe una droguería americana en términos estereotípicos. Escoja Ud. otra tienda u otro lugar y escriba una composición bien organizada en un tono semejante. Use la imaginación y el sentido del humor.

Enfoquemos el idioma

Verbos como gustar
Verbs like **gustar**

With verbs like **gustar,** the subject and object are different from their English counterparts. The subject and object are usually reversed. For example, the verb **gustar** is used to express the idea of liking, but actually says that "something is pleasing to someone." **Gustar** must be in the third person singular or plural, and is accompanied by an indirect object pronoun.

Me gusta **la droguería.** Object Subject	*I like* **the drugstore.** Subject Object (*The* **drugstore** *is pleasing* **to me.**)
Les gustan **todas las tiendas.** Object Subject	*They like* **all the stores.** Subject Object (**All the stores** *are pleasing* **to them.**)
¿**Te** gustan? Object Subject (understood)	*Do you like* **them?** Subject Object (*Are* **they** *pleasing* **to you?**)

▶ When one or more infinitives are the subject of the sentence, the verb is always in the singular.

Nos **gusta ir** de compras.　　　*We like to go shopping.*
Nos **gusta ir** al centro y **comprar**　　*We like to go downtown and **buy*** ropa nueva.　　　　　　　　　　*new clothes.*

▶ Be careful with agreement between the subject and the verb. The subject, which usually follows the verb, is that to which the person (expressed by the indirect object pronoun) is reacting.

¿No os gusta la Coca-cola?　　　*Don't you like Coca-cola?*
¿No os gusta**n** los helados?　　　*Don't you like ice creams?*

4 **El mundo moderno: no es para todos**

En una tienda como ésta, ¿qué le interesa a Ud.? ¿Qué le hace falta comprar?

▶ Be careful when the subject is preceded by **ni . . . ni.** It is considered singular.

    No me **gusta ni** el té **ni** el café.   *I don't **like** tea **or** coffee.*
                                              *(**Neither** tea **nor** coffee **is pleasing** to me.)*

▶ Prepositional pronouns are frequently used with these verbs for emphasis or clarification and may precede or follow the verb.

    A mí me gustan las tiendas.
    Me gustan **a mí** las tiendas.   *I like the stores.*
    Me gustan las tiendas **a mí.**

▶ **Más,** not **mejor,** is used with **gustar** to mean "to like better (to prefer)."

    ¿**Te gusta más** la heladería?   *Do you **prefer** the ice cream shop?*

▶ These verbs function in the same manner as **gustar.**

agradar to please	**importar** to be important, to matter; to care about
caer bien (mal) to get (not get) along with, to suit	**interesar** to interest
desagradar to displease, dislike	**ir bien (mal)** to go well (badly)
doler (ue) to hurt, to ache	**molestar, fastidiar** to bother, to annoy
encantar to like very much, to love, to delight	**parecer** to seem, to appear
faltar to lack, to not have, to be missing	**quedar** to remain; to have left
	sobrar to be or to have left over
fascinar to fascinate	**sorprender** to surprise
hacer falta to need	**venir bien (mal)** to suit (not suit)

Enfoquemos el idioma

A subordinate verb (joined to the main clause by **que**) will take the subjunctive if the main verb is one of the following: **agradar, desagradar, encantar, fascinar, gustar, hacer falta, importar, interesar, molestar** or **sorprender.**

Nos importa que Uds. no **gasten** demasiado dinero.
Les hace falta que **vayas** al supermercado.

It matters to us that you don't spend too much money.
They need you to go to the supermarket.

Practiquemos

Q. Algunas opiniones sobre el día de compras. Todos tenemos la misma opinión en esta situación. Cambie los pronombres de complemento indirecto por los que están entre paréntesis.

1. ¡Me desagradan los supermercados! (a nosotros, a ti, a Luis, a Juana y a Eugenio, al señor Papas)
2. Me interesa más el mercado al aire libre. (a ti y a mí, a Megan, a Uds., a vosotros, a Abdul y a Olga)
3. No me gusta ir de compras pero me faltan comestibles. (a ella, a Rita y a Sara, a nosotros, a Carlos, a ti)
4. Me parece que debo ir a la carnicería hoy. (a ellos, a nosotros, a vosotros, a Uds., a Joaquín)
5. Me faltan legumbres pero me sobra carne. (a mi amigo Raúl, a ti y a Manuel, a ellos, a nosotros, a Ud.)

R. Frases originales. Use Ud. un elemento de cada columna para escribir diez frases. Es necesario terminar la frase de una manera original, explicando además por qué.

Modelo: A Susana / molesta(n) / ir al centro porque...
A Susana le molesta ir al centro porque no le gusta ir de compras.

A	B	C
a mí	interesa(n)	ir de compras porque...
a ti	importa(n)	las relojerías porque...
a ella	desagrada(n)	las tiendas grandes porque...
a Ud.	fascina(n)	los almacenes porque...
a (nombre)	gusta(n)	el centro porque...
a nosotros(as)	agrada(n)	hacer los recados porque...
a vosotros(as)	fastidia(n)	la panadería porque...
a ellos	hace(n) falta	la oficina de correos porque...
a Uds.	falta(n)	la pastelería porque...
a (nombres)	sorprende(n)	comprar regalos porque...

4 El mundo moderno: no es para todos

S **Una encuesta.** Conteste las preguntas. Después, con un(a) compañero(a) de clase, háganse estas mismas preguntas. Es necesario tutearse.

1. ¿Le gusta a Ud. ir de compras? ¿Por qué sí o por qué no? ¿Le gustaba ir de compras cuando era niño(a)? ¿Por qué sí o por qué no?
2. ¿Le parece a Ud. que el ir de compras es una enfermedad para ciertas personas? Explique y ofrezca soluciones.
3. ¿Le molestan las tiendas pequeñas? ¿Y las grandes?
4. ¿Le fastidia cuando los empleados le preguntan muchas veces si necesita ayuda? ¿Qué hace en esta situación?
5. ¿Le duelen los pies después de ir de compras? ¿Le duele la cabeza? ¿Por qué?

Enfoquemos el idioma

Los pronombres de complementos dobles
Double Object Pronouns

Indirect Object	**Direct Object**
me	me
te	te
le (se)	lo, la
nos	nos
os	os
les (se)	los, las

▶ When two object pronouns occur together, the indirect object pronoun usually precedes the direct object pronoun.

▶ **Le** and **les** change to **se** if combined with **lo, los, la,** or **las.**

    Le compré el periódico.   *I bought **him** the newspaper.*
    Se lo compré a él.   *I bought **it for him.***

▶ With a simple conjugated verb, the pronouns precede the verb form.

    ¿Los comestibles? **Te los** compré.   *The groceries? I bought them for you.*

▶ With a conjugated verb plus an infinitive or gerund, the pronouns may either go before the conjugated verb or be attached to the infinitive or gerund.

¿Los comestibles?
    Se los voy a comprar a Ramón.
    Voy a comprár**selos** a Ramón.

    Se los estoy comprando a Ramón.
    Estoy comprándo**selos** a Ramón.

He aquí la salvación de dos chicos desesperados por el muy famoso "Mall Man". ¡Qué héroe más maravilloso! Si Ud. tiene una emergencia similar, ¡no deje de llamar a "Mall Man"!

Note that when two pronouns are attached to an infinitive, a written accent must be placed on the last syllable of the infinitive to maintain the original stress. It is not necessary with just one pronoun.

Quiero com**prár**selos.	*I want to buy them for him.*
Quiero com**prar**le los comestibles.	*I want to buy him the groceries.*

When two pronouns are attached to a gerund, an accent must be placed on the next-to-the-last syllable of the gerund whether one or two pronouns are attached.

Estoy com**prán**doselos.	*I am buying them for him.*
Estoy com**prán**dole los comestibles.	*I am buying the groceries for him.*

▶ With affirmative commands, the pronouns must be attached to the end of the verb form.

¿Los comestibles? Cómpren**melos.**	*The groceries? Buy them for me.*

4 El mundo moderno: no es para todos

If the stressed syllable of a command is changed by adding pronouns, an accent is needed to maintain the original stress.

Diga, **Dí**game, **Dí**gamela
Escri**ba**, **Es**crí**banos**, **Es**crí**banosla**
Pon, **Pon**te, **Pón**tela

▶ With negative commands, the pronouns must come before the verb.

Cómpre**mela**.	No **me la** compre.
Pón**tela**.	No **te la** pongas.

The only time it is mandatory to attach pronouns to a verb form is with affirmative commands. In all other cases, it is perfectly acceptable to place pronouns before the conjugated verb.

▶ Note that pronouns of the same verb may not be separated by another word.

Me la quiere comprar.   Quiere comprár**mela.**

However, when pronouns are objects of different verbs, the pronouns are separated.

Te mando hacer**lo**.	*I order you to do it.*
Me gusta comprar**los**.	*I like to buy them.*

Practiquemos

T **¡Los niños siempre hacen preguntas!** Juanita va de compras con sus padres. En el almacén, les hace muchas preguntas. Conteste las preguntas, haciendo el papel de los padres, y empleando pronombres de complemento directo e indirecto según corresponda.

Modelo: ¿Vais a comprarme esta bicicleta?
Respuestas posibles: *Sí, vamos a comprártela.*
Sí, te la vamos a comprar.
No, no vamos a comprártela.
No, no te la vamos a comprar.

1. ¿Vais a comprarles esta moto a mis hermanos?
2. ¿Vais a darle este papel de escribir a tía Susana?
3. ¿Pensáis comprarme estos libros?
4. ¿Es necesario que yo le compre un libro a mi hermanito?
5. Y tú, mamá, ¿me das el dinero para pagar?
6. Papá, ¿me puedes dar ideas para el regalo de Chucho?
7. ¿Vais a sugerirme otras cosas que comprar?
8. ¿Me permitís que os dé algunas ideas?
9. ¿Necesitáis que yo os haga las compras?
10. ¿Queréis que les compre regalitos a mis maestros?

Enfoquemos el idioma

U **En la carnicería.** El señor y la señora Cortés necesitan comprar carne. Le piden ayuda a la carnicera. Haga el papel de la carnicera y conteste las preguntas.

Modelo: ¿Nos ofrece consejos?
Sí, se los ofrezco a Uds. o:
No, no se los ofrezco a Uds.

1. ¿Puede contestarnos algunas preguntas?
2. ¿Nos permite unos momentos antes de pedir la carne?
3. ¿Nos explica las carnes especiales de hoy?
4. ¿Nos recomienda el pollo?
5. ¿Nos puede dar los precios?
6. ¿Nos sugiere algo especial?

V **En la bombonería.** En esta escena, el dependiente les hace preguntas a sus clientes. Contéstelas.

Modelo: ¿Les puedo ofrecer consejos?
Sí, ofrézcanoslos, por favor. o:
No, no nos los ofrezca.

1. ¿Les puedo traer a Uds. los bombones?
2. ¿Les puedo sugerir algunos otros?
3. ¿Les puedo recomendar la fruta con chocolate?
4. Señora, ¿le puedo servir un poco de este chocolate?
5. Señor, ¿le puedo ofrecer un bombón?

W **Escenas en las tiendas.** Escriba Ud. frases combinando todos los elementos. Después, quite los sujetos y los complementos directos e indirectos del verbo y reemplácelos por pronombres. También es necesario usar pronombres preposicionales para dar énfasis.

Modelo: El panadero / vender / pan / a mí
El panadero me vende pan a mí.
El me lo vende a mí.

1. El barbero / cortar / la barba / a mi abuelo
2. La dependiente / ofrecer / varias cosas / a los señores
3. Los carniceros / sugerir / unas carnes especiales / a los clientes
4. ¿El relojero / reparar / el reloj / a ti?
5. La lavandera / lavar / la ropa / a nosotros
6. El farmacéutico / preparar / unas medicinas / a los médicos
7. El tintorero / traer / las chaquetas / a la señorita
8. Al dependiente / gustar / que / la jefa / dar / más dinero / a él

9. A los niños / agradar / que / su padre / comprar / tantos regalos / a su madre
10. A la mujer / molestar / que / el dependiente / hacer / tantas preguntas / a ella

Charlemos un poco más

X Encuentros personales

1. Play the roles of shoppers and clerks in various stores. Ask for help, inquire about various objects, ask for prices and ask for directions to the next store. Use your city for the locations.
2. One person is a door-to-door salesperson and the other is a homeowner. The salesperson should try to sell his or her product and convince the homeowner that he or she needs it.
3. Design a map for a downtown area, labeling different stores and other places. With a classmate and your new map, ask for directions to the places on the map. Reverse roles after each set of directions is given.

Y Solicitamos su opinión: discusión final.

1. ¿Cuántas veces por semana va de compras? ¿Siempre compra Ud. cosas que necesita? ¿Qué cosas le gusta a Ud. que otras personas le compren?
2. ¿Puede Ud. decirle que no a un(a) vendedor(a) que llama a la puerta? ¿Por qué sí o por qué no?
3. De niño(a), ¿qué preguntas les hacía a sus padres cuando iba de compras? ¿Qué preguntas les hace ahora?
4. Si Ud. tiene muchas ganas de comprar algo y no tiene suficiente dinero, ¿a quién(es) se lo pide? ¿Cómo se lo pide? ¿Qué hace Ud. si esa(s) persona(s) no le da(n) a Ud. el dinero? ¿Puede Ud. contar de tal situación?
5. Se dice que a los hombres no les gusta ir de compras. ¿Es verdad? ¿Por qué sí o por qué no?

```
PORTAL DE FLORES                    PERFUMERIA
       Y                            REGALOS
   AV. HIDALGO                      DISCOS Y CASSETTES
                  Primavera         ROPA DE NIÑOS
  TEL.: 6-25-95                     JUGUETERIA
                                    ARTICULOS RELIGIOSOS
  OAXACA, OAX.                      Y DE 1ª COMUNION
                  S.A. de C.V.      RELOJES Y PLUMAS
              (LA CASA DE UD. DESDE 1896)

      UN REGALO DE LA "PRIMAVERA", ES MAS APRECIADO...POR ALGO SERA
```

Z Debate.   Formen Uds. dos grupos para criticar o defender esta idea.

El ir de compras es trabajo de mujeres. A ellas les gusta gastar dinero más que a los hombres. Las mujeres no consideran penoso el ir de compras, de hecho les encanta y tienen más talento para encontrar las gangas que los hombres.

Aa Temas escritos

1. Muchos hispanohablantes prefieren ir a tiendas especializadas en vez de ir al supermercado. Esto requiere mucho tiempo, pero puede ser una experiencia muy agradable también. En una composición bien pensada, explique por qué Ud. prefiere el sistema hispano o por qué le gusta más el norteamericano.

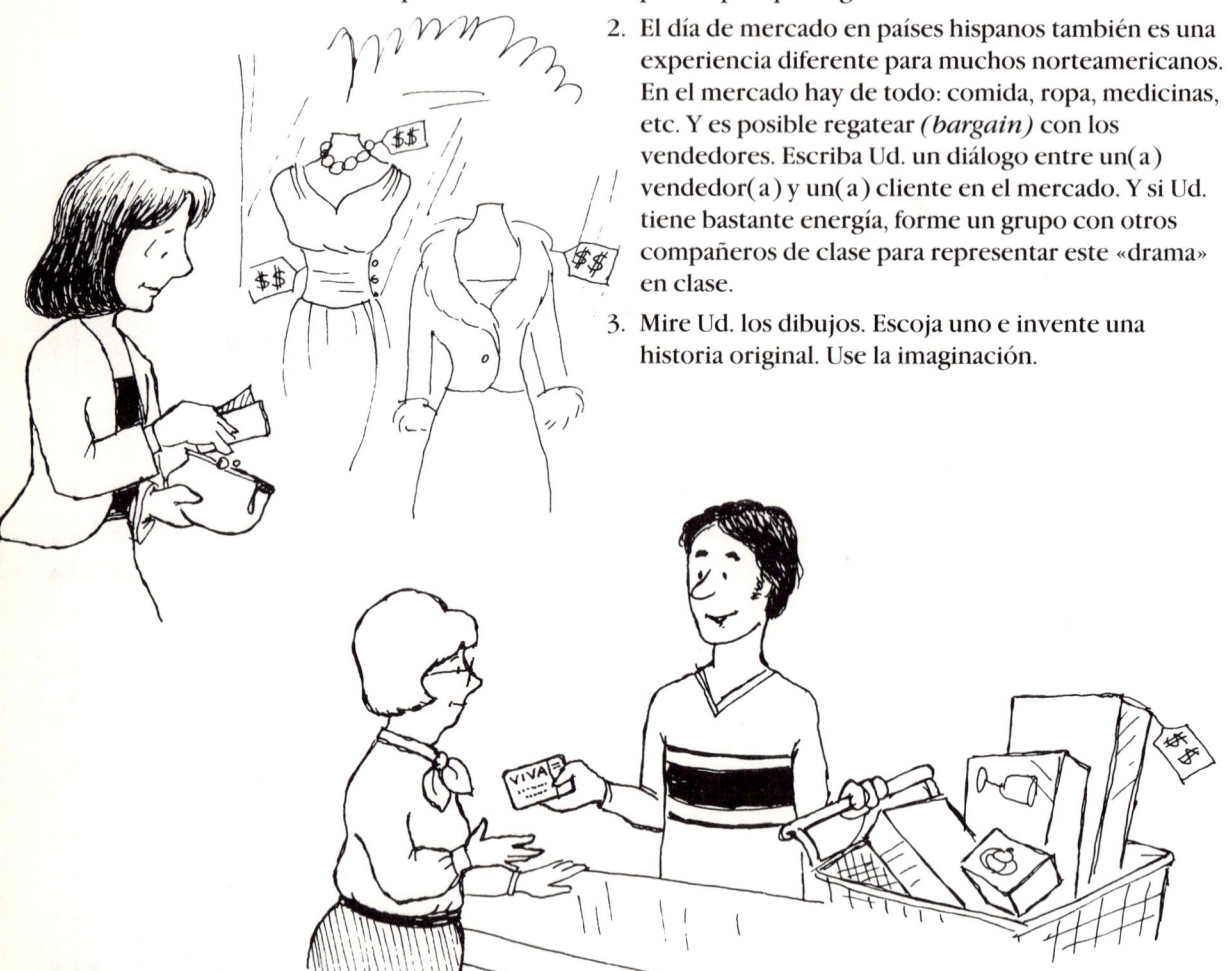

2. El día de mercado en países hispanos también es una experiencia diferente para muchos norteamericanos. En el mercado hay de todo: comida, ropa, medicinas, etc. Y es posible regatear *(bargain)* con los vendedores. Escriba Ud. un diálogo entre un(a) vendedor(a) y un(a) cliente en el mercado. Y si Ud. tiene bastante energía, forme un grupo con otros compañeros de clase para representar este «drama» en clase.

3. Mire Ud. los dibujos. Escoja uno e invente una historia original. Use la imaginación.

¡Digamos la última palabra!

Sustantivos
el almacén department store
la barba beard / **la barbería** barbershop / **el (la) barbero(a)** barber
la bodega / **la vinería** wine store
el (la) bodeguero(a) wine merchant
el bombón chocolate candy
la bombonería / **la confitería** candy store
la calle street
la carne meat / **la carnicería** butcher shop / **el (la) carnicero(a)** butcher
la cervecería beer store
la cerveza beer
la cuadra city block (*Lat. Am.*)
la cuesta hill
el (la) dependiente(a) clerk
el (la) desconocido(a) stranger
la droguería drugstore
el (la) empleado(a) employee
la esquina corner
el estanco tobacco shop / **el (la) estanquero(a)** tobacco seller
el (la) farmacéutico(a) pharmacist
la farmacia drugstore, pharmacy
la flor flower / **la florería** / **la floristería** flower shop **el (la) florista** / **el (la) floristero(a)** florist
la fruta fruit / **la frutería** fruit store
el (la) frutero(a) fruit vendor
la ganga bargain
la joya jewel / **la joyería** jewelry shop
el (la) joyero(a) jeweler
la lavandería laundromat
el (la) lavandero(a) laundromat employee
la librería bookstore
la manzana city block (*Sp.*); apple
el mercado market
el mueble piece of furniture
la mueblería furniture store
la novela novel
el pan bread / **la panadería** bakery
el (la) panadero(a) baker
el papel paper, stationery
la papelería stationery shop
el pastel pastry, pie
la pastelería bakery, pastry shop
el (la) pastelero(a) baker
la peluca wig / **la peluquería** / **el salón de belleza** beauty salon
el (la) peluquero(a) hairdresser
el periódico newspaper
el postre dessert
el quiosco newsstand
el reloj watch
la relojería watch shop
el (la) relojero(a) watch maker
el (la) sastre tailor
la sastrería tailor shop
la tabaquería tobacco and stamp shop
el (la) tabaquero(a) tobacco seller
la tienda store
la tintorería dry cleaners
el (la) tintorero(a) dry cleaner
la torta cake
el vino wine
la zapatería shoe store
el (la) zapatero(a) shoemaker
los zapatos shoes

Verbos
acompañar to accompany
cruzar to cross
doblar to turn
pasar (por) to pass by, to stop by; to happen
quedarse to be located

Adjetivos
perdido(a) lost
situado(a) located, situated

Preposiciones
a la derecha de to the right of
a la izquierda de to the left of
a través de through
al este (sureste) de to the east (southeast) of
al lado de beside
al norte (noreste) de to the north (northeast) of
al oeste (noroeste) de to the west (northwest) of
al sur (suroeste) de to the south (southwest) of
alrededor de around
cerca de near
debajo de under
delante de in front of
dentro de inside
detrás de behind, in back of
enfrente de in front of, facing
fuera de outside
lejos de far from

Adverbios
abajo under; down
adentro inside
afuera outside
arriba up
atrás behind
cerca near
lejos far

Expresiones útiles
a la vuelta de la esquina around the corner
Ajá Uh-huh, yes
hacer una cita to make an appointment
seguir (i) derecho to go straight
ser un(a) goloso(a) to have a sweet tooth

CAPÍTULO 5

Whereas many people used to find a job or profession and stay with it for many years, this is no longer the norm. After having worked many part-time and summer jobs, you will most likely choose a career. You may pursue one type of work for a period of time, only to replace it with another.

The same trends are evident in the Spanish-speaking world. Women constitute an ever-growing portion of the work force, and now have greater upward mobility.

This chapter deals with the world of work. The reading selection, "Trabajo difícil," deals with a "creative" approach to performing a job. As you will see, even a simple job can be made into a career.

El mundo del trabajo

▼

Charlemos un poco

¿Busca Ud. trabajo?

▼

¿Le interesan algunos de estos empleos? ¿Cuáles? ¿Por qué (no) le interesan a Ud.?

▼

OFERTA
Buscamos socio para crear una empresa de publicidad en Madrid. Tener 500.000 pesetas para integrar el capital social Experiencia en relaciones comerciales de buen nivel. Referencias morales
J. BIBONNE Joël. Domaine des Hugons
33360 QUINSAC. FRANCE

¿Cuál es el empleo ideal para Ud.?

▼

SE OFRECE EJECUTIVO
AMPLIA EXPERIENCIA EN
- CONSTRUCCION.
- DECORACION Y MUEBLES.
- ARTE ANTIGUEDADES.
- FORMACION DE VENDEDORES.

Titulado en Ciencias Empresariales (ICADE), muy responsable y dinámico. Posibilidad no Seguridad Social
Telefonear al 542 84 26

¿Trabaja Ud. durante el verano? ¿Qué hace? ¿Qué hizo el verano pasado?

▼

¿Trabaja media jornada o la jornada completa durante el año escolar?

▼

¿Sabe Ud. lo que quiere hacer después de graduarse? ¿Qué?

ESS SECRETARIADO BILINGUE
ESCUELA SUPERIOR DE SECRETARIAS DE DIRECCION
PLAZAS LIMITADAS
PROGRAMA DE ESTUDIOS
* Además de las materias clásicas, prácticas de oficina:
  * Informática (Word Processing).
  * Télex, telefax, teléfono, máquinas electrónicas.
  * Inglés (Audiovisual).
ABIERTA MATRICULA
FACILITAMOS puestos de TRABAJO por mediación de la ESCUELA
(Dedicados exclusivamente a esta enseñanza, desde hace más de 30 años).
Lagasca, 65. (Antes en Claudio Coello, 69, B)
Tels. 431 17 65 - 431 24 70

KINDERGARTERINA
Maestra de KINDER
UN CAMPO DE GRANDES POSIBILIDADES PARA PERSONAS ESPECIALIZADAS.

DETECTIVISMO
UNA ACTIVIDAD FASCINANTE QUE SOLO REQUIERE ASTUCIA Y ESPIRITU DEDUCTIVO

▲

Vocabulario

Vocabulario personal

Make a list of professions in which you are interested, of jobs you have held, and of requirements for and characteristics of those jobs. Then make a list of words you needed to answer the questions about the employment ads and photos. Finally, make another list of words in Spanish dealing with job-seeking and interviews. You may want to consult **Apéndice I** for vocabulary relating to professions and personal qualities.

Empecemos en contexto

You will now read a conversation between Raúl and his friend Timoteo. Raúl has just had a rather difficult interview. You may want to look at the **Palabras prácticas** section before you read the conversation to help you better understand. As you read, note the following information.

Tres cosas que salieron mal en la entrevista: _____
_____
_____

Tres cosas que Timoteo le dice a Raúl para aumentar su confianza: _____
_____
_____

Raúl Menéndez habla con su amigo Timoteo sobre una entrevista para un puesto de periodista que tuvo hoy.

Raúl: ¡Por Dios! ¡Qué entrevista más horrible tuve hoy!

Timoteo: ¿Qué pasó? Dime, Raúl. Estás muy pálido.

Raúl: Pues, en los anuncios clasificados del periódico vi que necesitaban un periodista y fui a solicitar el puesto. La semana pasada me llamó el señor Echeverría, el editor del periódico, para darme una entrevista. Hoy fui, pero estoy seguro de que no me tomó en serio. Metí la pata un millón de veces.

Timoteo: ¿Cómo metiste la pata? ¡Si tú siempre quedas tan bien!

Raúl: Fíjate lo que pasó. El editor me preguntó si podía escribir artículos sobre la política local.

Timoteo: Claro que puedes. Si tú siempre vives bien informado. ¿Qué pasó?

Raúl: Bueno, le dije al señor Echeverría que había escrito un artículo sobre el senador Morales y que se lo quería mostrar.

Timoteo: Recuerdo ese artículo. Está muy bien escrito.

Raúl: ¡No lo tenía conmigo! Lo había dejado en casa. El que tenía era sobre el congresista Ordóñez.

5 El mundo del trabajo

Timoteo: Eso no es nada. El editor se daría cuenta de que tú estabas nervioso. Eso es normal. ¿Le gustó el artículo?
Raúl: Sí, quedó muy bien impresionado.
Timoteo: Me parece que te preocupas demasiado.
Raúl: Es que no te he contado lo peor.
Timoteo: ¿Hay más?
Raúl: Sí. Me ofreció un café. Ahí fue cuando me pasó no sólo un desastre, sino dos. Fui a beber y se me derramó el café. ¡Adiós, corbata nueva! Y ¡adiós al puesto de periodista! ¿No?
Timoteo: Otra vez, estabas muy nervioso. Eso es normal en esas situaciones.
Raúl: Pero, escucha... hay más. Cuando fui a mostrarle otro artículo, derramé el café del señor Echeverría que estaba sobre su escritorio. ¡Qué vergüenza!
Timoteo: Eso sí es embarazoso. ¿Cómo reaccionó él?
Raúl: No dijo nada. Aceptó mis disculpas.... Pero estoy seguro de que no me vuelve a llamar. Ese puesto es para otro.
Timoteo: No seas tan negativo, amigo. Cálmate. Tienes otras posibilidades.
Raúl: Eso no es consuelo. ¡Ay! ¡Ay! ¡Ay!

Pasa una semana. Suena el teléfono.

Raúl: ¿Bueno?
La secretaria: ¿Está Raúl Menéndez, por favor?
Raúl: Sí, con él habla.
La secretaria: Habla la secretaria del señor Echeverría, editor del *Excelsior.*
Raúl: Ah, ¿cómo está, señorita?
La secretaria: Muy bien, gracias. Raúl, el señor Echeverría desea reunirse con Usted. Quiere ofrecerle el puesto de periodista. Al sueldo que Usted propuso.
Raúl: ¡Fantástico! ¡Qué sorpresa más maravillosa!
La secretaria: Bien, pero... él solamente me mencionó una condición.
Raúl: ¿Sí? ¿Cuál es?
La secretaria: Que cuando venga a hablar con él... ¡no tome café! ¡Ja! ¡Ja! ¡Ja!

Vocabulario

Palabras prácticas

Sustantivos
el anuncio clasificado classified ad
la aptitud / la capacidad qualification, ability
la buena presencia good (physical) appearance
el consuelo consolation
la corbata necktie
la entrevista interview
el escritorio desk
el (la) periodista journalist
el puesto position, job
el sueldo / el salario salary

Verbos
conseguir (i) to get, to obtain
derramar(se) / volcar(ue) to spill
preocuparse (de) to worry (about)
solicitar to apply for

Adjetivos
pálido(a) pale
peor worse, worst

Adverbio
demasiado too, too much

Conjunción
sino (que) but, but rather

Expresiones útiles
darse cuenta de to realize
¡Fíjate! Imagine!
meter la pata to put one's foot in one's mouth
tomarle en serio (a alguien) to take (someone) seriously

¿Qué pasó?

1. Raúl solicitó el puesto de _____ para el periódico *Excelsior*.
2. Raúl no está contento porque cree que la entrevista _____.
3. Timoteo cree que Raúl hizo algunos errores porque _____.
4. Raúl tuvo dos problemas con el café:
   a. _____
   b. _____
5. La condición del señor Echeverría es que _____
6. ¿Puede Ud. describir una entrevista que tuvo? ¿Cómo estaba Ud.? ¿Qué pasó?
   _____

Más vocabulario útil

Otras consideraciones que debe hacer **un(a) aspirante a empleo una vez** que decide **buscar** un puesto son:

si el puesto **logra sus metas** profesionales
si **las condiciones de trabajo** son buenas
si puede **acostumbrarse al ambiente** y a **la competencia**
si tiene la aptitud y está **capacitado(a)** para el puesto
si **el (la) jefe(a)** cree que el (la) aspirante **merece** el puesto
si **sale bien / mal** en la entrevista
si puede **llevarse bien con sus colegas**
si la compañía ofrece **ascensos**
si se necesita **título universitario**

5 El mundo del trabajo

si es un puesto de **media jornada** o de **jornada completa**
si le va a **costar mucho trabajo desempeñar las funciones** del puesto

(**Los requisitos** no incluyen ser **torpe** ni **tomar un trago** con los amigos durante la jornada.)

Si es necesario enviar **un curriculum vitae,** Ud. tiene que saber escribir **una carta de presentación** excelente:

Se abre con: **Estimado(a)** señor(a) + *nombre* :
O, si no sabe a quién dirigirla: **A quien corresponda:**
Se termina con: **Se despide de Ud. atentamente**

Lo bueno es que, al terminar todo este trabajo, ¡no hay que hacerlo otra vez!

Investiguemos un poco

1. Many of these words have related forms. Write short sentences using the following related words to show your understanding of them.

    a. acostumbrado(a)
    b. la preocupación
    c. competir (i)
    d. ascender
    e. el periodismo
    f. consolar (ue)
    g. emplear
    h. aspirar

2. Several of the vocabulary items merit special attention.

    a. **El empleo** and **el trabajo** refer to "work" in general. **El puesto** refers to a specific position or job.

    b. **El sueldo** and **el salario** are interchangeable, as are **la aptitud** and **la capacidad.**

    c. **Despedirse (i)** used reflexively means "to say goodbye." Nonreflexively, it means "to fire" someone from a job. (Reflexive verbs will be studied in detail in the next chapter.)

    d. **Tomar un trago,** besides meaning "to take a sip," is used colloquially to refer to "having a drink."

    e. **Demasiado** is used both as an adverb and as an adjective. When used as an adverb, no agreement is made. As an adjective, there must be agreement.

    f. **La vez** translates as "time," but refers to a specific occasion, not time in general (**el tiempo**) nor clock time (**la hora**). **Una vez** means "once."

3. **Sino** and **pero** both mean "but" with differences. **Pero** means "but" in the sense of "however, on the other hand." It introduces additional information and may be used in a negative or affirmative sentence. **Sino** means "but" in the sense of "but rather, but instead." It contradicts the first part of the sentence, which must be negative. **Sino que** is used if there is a conjugated verb in the second part of the sentence.

Complete the sentences with **pero, sino,** or **sino que.**

a. Timoteo trata de consolar a Raúl, _____ sus comentarios no ayudan.
b. Raúl cree que no salió mal en la entrevista _____ terriblemente mal.
c. No sufrió un desastre con el café _____ dos.
d. El jefe realmente no cree que Raúl es torpe, _____ recomienda que no tome café.

4. **Lo** + *adjective* or *adverb* in Spanish means "how" in an emphatic sense with the meaning of the adjective or adverb. The adjective agrees with the noun modified.

Raúl, el jefe sabe **lo talentoso** que eres.
María, el jefe sabe **lo talentosa** que eres.
Raúl (María), the boss knows how talented you are.

Y sabe **lo bien** que escribes.
And he knows how well you write.

5. **Qué** followed by a noun means "What a . . .!" If the noun is followed by an adjective, the latter must be preceded by **tan** or **más.** The verb and subject are usually inverted. Note that the indefinite article is not used.

¡**Qué** entrevista!
What an interview!
¡**Qué** entrevista **más / tan** excelente fue ésa!
What an excellent interview that was!

Make exclamations using the following elements.

a. periodista / capacitado / Susana
b. persona / torpe / Raúl
c. puesto / perfecto
d. sueldo / magnifico
e. buena presencia / tener / los candidatos

Practiquemos

A **¿Sabe Ud. entrevistar a un(a) aspirante a empleo?** Haga el papel del jefe (de la jefa) de una compañía que busca un(a) asistente responsable que sea bilingüe. Un(a) compañero(a) de clase es el (la) candidato(a). Utilizando cada una de las siguientes palabras, formule preguntas que Ud. puede hacerle al (a la) aspirante. El (ella) debe responder.

1. aptitud
2. capacitado(a)
3. experiencia
4. solicitar
5. carrera
6. dominio del español
7. desempeñar las funciones
8. curriculum vitae
9. anuncio clasificado
10. puesto
11. sueldo
12. condiciones de trabajo

5   El mundo del trabajo

Este aspirante a empleo tiene su primera entrevista. ¿Lo conseguirá o no?

B **¡Emplee la imaginación!**   Ud. trabaja para un periódico, en la sección de anuncios clasificados. Hoy su trabajo es el de preparar un anuncio clasificado que se dirija a cada una de estas personas. Mencione las características y experiencia del (de la) candidato(a) ideal. Emplee muchos adjetivos y consulte el **Apéndice I** para encontrar más vocabulario útil.

1. una persona de negocios
2. un(a) estudiante de español que quiere trabajar en una comunidad hispana
3. un(a) camarero(a)
4. un(a) recepcionista
5. un(a) periodista
6. un(a) obrero(a) de fábrica

C **Solicitamos su opinión.**

1. ¿Qué carrera le interesa a Ud.? ¿Por qué? ¿Qué tiene Ud. que hacer para conseguir un puesto en esta carrera?
2. ¿Qué es más importante: conseguir un puesto interesante o uno con un sueldo tremendo? Explique.
3. ¿Cree Ud. que un(a) ejecutivo(a) debe emplear a una persona que va a una entrevista no muy bien vestida *(well-dressed)*? ¿Y si tiene mucha experiencia y está muy capacitada? Explique.
4. Hoy en día muchas personas cambian de carrera frecuentemente. ¿Por qué cree Ud. que es así?
5. ¿Qué es más importante en el trabajo: un título universitario o la experiencia? Explique su opinión.

Investiguemos un poco

6. ¿Es importante que Ud. se lleve bien con sus colegas? Para Ud., ¿qué es lo más fácil respecto a llevarse bien con sus colegas de trabajo? ¿Y lo más difícil?

7. ¿Prefiere Ud. un trabajo difícil, con muchos requisitos y demandas o un trabajo fácil? ¿Por qué?

D Encuentros personales

1. Call a newspaper to place a classified ad about a job you wish to advertise. The newspaper employee will ask you for the following information: name of job; qualifications of candidates; approximate salary; your name, company, address, and telephone number. State also that you want a cover letter and résumé sent to PO Box 209. Reverse roles and practice with other types of jobs.

2. You work in a busy office with many employees. Certain conditions bother you — smoking (**el fumar**), too much talking and gossip (**el chismorreo**), etc. You like your job but would like to work out these problems. Discuss with a coworker the importance of getting along well with others and what to do about the problems.

3. You are working parents. Your schedules (**horarios**) are difficult. Choose professions and take turns describing your work responsibilities. Then decide how you both can share housework and child care (**cuidado de los niños**) to accommodate your work schedules.

4. You are a supervisor in a large company. One of your employees doesn't take his (her) work seriously. In a conversation, you discover that he (she) doesn't feel that you take him (her) seriously. See if you can come to an understanding.

Empresa de Marketing Editorial
precisa para sus divisiones en Madrid
UN PROMOTOR PARA LIBRERIAS
SE OFRECE:
- Ingresos fijos de 1.750.000 pesetas anuales.
- Seguridad Social.
- Gastos de movimiento.

4 PROMOTORES PARA COLEGIOS
6 AGENTES PARA VENTA DIRECTA
SE REQUIERE:
- Experiencia en venta en los distintos sectores.
- Dinamismo.
- Edad entre 21 a 45 años.
- Vehículo propio.

OFRECEMOS:
- Interesantes ingresos por comisión.
- Gastos de movimiento.
- Gestión compatible con otras actividades.
- Catálogo amplio de material de gran aceptación en el mercado.
- Posibilidad de incorporación a una organización joven y en desarrollo, donde encontrar amplias perspectivas profesionales y económicas.

Interesados llamar para concertar entrevista al **teléfono 409 30 15**, de 10 a 14 horas y de 17 a 20 horas. Preguntar por la Srta. Begoña

¿Le interesa a Ud. uno de estos?
¿Cúal? ¿Por qué?

Enfoquemos el idioma

Los adjetivos y pronombres demostrativos
Demonstrative Adjectives and Pronouns

These are the demonstrative adjectives in Spanish:

this / *these*	*that* / *those*	*that* / *those*
(closest to speaker)	(farther away)	(far away)
este, esta	**ese, esa**	**aquel, aquella**
estos, estas	**esos, esas**	**aquellos, aquellas**
esto	**eso**	**aquello**

5 El mundo del trabajo

▶ The demonstrative adjectives function like articles. They precede the noun and any accompanying adjective (except when emphasized), and agree in number and gender with the noun.

  est**os** buen**os** emplead**os**   aquell**as** emplead**as** ingles**as**
  el empleado **ese** (emphasized)

  The difference between **ese(a / os / as)** and **aquel(la / los / las)** is one of perspective. **Ese** is generally used for something viewed as being closer **(ahí** — *there*) and **aquel** is used for something viewed as being further removed in time or in space **(allá, allí** — *over there*).

  No quiero comprar **esa** corbata para mi entrevista, prefiero **aquella** corbata que está allí.

▶ **Esto, eso,** and **aquello** are neuter demonstratives. They do not refer to any specific noun but rather to something already mentioned, to a general idea, or to something unidentifiable to the speaker.

Eso es algo que debemos considerar.	*That is something that we should consider.*
¿Qué es **esto**?	*What's this?*

▶ Demonstrative pronouns, which replace nouns, have the same forms as demonstrative adjectives, but the pronouns have written accents. Remember that the demonstrative must agree in number and in gender with the noun it replaces.

éste, ésta	*this (one)*
éstos, éstas	*these (ones)*
ése, ésa, aquél, aquélla	*that (one)*
ésos, ésas, aquéllos, aquéllas	*those (ones)*

  One common use of demonstrative pronouns is as equivalents to the English construction *the former . . . the latter.* The forms of **éste** are used for "the latter" while the forms of **ése** or **aquél** for "the former." Note that the English construction is the reverse of the Spanish.

La competencia en el periódico *El Excelsior* y en el periódico *La Opinión* es intensa, pero **éste** (*La Opinión*) da más ascensos que **ése** (*El Excelsior*).	*The competition at the* Excelsior *and the* Opinion *is intense, but the latter gives more promotions than the former.*

▶ Do not confuse the neuter demonstratives and the demonstrative pronouns.

Eso me molesta.	*That bothers me.* (something previously stated)
Ése me molesta. (problema, empleado, etc.)	*That (specific one) bothers me.*

Enfoquemos el idioma

Practiquemos

E **Información sobre la compañía.** Sustituya los sustantivos entre paréntesis por las palabras en bastardilla y haga cualquier cambio necesario.

1. A los clientes les gusta mucho esta *compañía*. (agentes, vendedora, recepcionistas, jefe)
2. Estos *empleados* hacen estos *productos*. (trabajadoras / máquinas, secretario / proyecto, personas / cosas)
3. Esta *jefa* estudia esa *materia*. (jefe / tema, asistentes / resultados)
4. Ese *profesor* les enseña esos *procesos*. (coordinadora / materias, abogados / casos, jefas / práctica)
5. Aquella *oficina* tiene una vista magnífica. (edificios, ventanas, sala de reunión)
6. Esas *reuniones* en la oficina son aburridas. (programas, revista, periódicos)

F **Durante la entrevista.** Ud. está en una oficina porque una jefa de personal va a entrevistarlo(la) a Ud. Siga el modelo y haga el papel del (de la) candidato(a). Un(a) compañero(a) de clase es la jefa.

Modelo: Ud.: ¿Quiere Ud. ver estas cartas de recomendación?
La jefa: *No, no quiero ver éstas; prefiero ver ésas o aquéllas.*

1. ¿Quiere Ud. hablar con la persona de esta referencia?
2. ¿Desea Ud. examinar estos documentos?
3. ¿Prefiere Ud. que ponga esta información aquí?
4. ¿Quiere Ud. leer este artículo?
5. ¿Me dice Ud. que le explique esta parte de la solicitud?

Enfoquemos el idioma

Los adjetivos
Adjectives

Adjective position is very important in Spanish.

▶ Descriptive adjectives that distinguish certain nouns from others of the same group usually follow the noun they modify.

Estos puestos **nuevos** son interesantes.   *These new jobs are interesting.*

▶ Nondescriptive adjectives (those not giving qualities to a noun), such as numbers, quantitative adjectives, and articles, precede the noun.

tres aspirantes a empleo   **muchos** anuncios   **la** referencia

Demonstratives and possessives can come after the noun for emphasis.

estos candidatos / los candidatos **estos**
mi puesto / el puesto **mío**

When numbers are placed after the noun, they have the same function as an ordinal number that precedes the noun.

la **quinta** entrevista	*the fifth interview*
la entrevista **cinco**	

▶ When there are two or more adjectives modifying one noun, the following guidelines should be observed.

1. Articles should always precede other adjectives.
   las tres jefas   **unos** buenos jefes

2. If the adjectives are different, that is, if one is a descriptive adjective and the other is a nondescriptive adjective, their position is unchanged (the nondescriptive precedes the noun and the descriptive follows it).

Tres economistas **famosos** solicitaron el puesto.	*Three famous economists applied for the job.*

3. If the adjectives have the same function, they can both be placed before or after the noun, often joined by **y**.

   los periodistas **estimados y trabajadores**
   los **estimados y trabajadores** periodistas

   This could also be expressed as **los estimados periodistas trabajadores**, in which case the speaker is emphasizing the adjective **estimados**.

▶ Many Spanish adjectives can either precede or follow the noun.

   un **buen** maestro   un maestro **bueno**

   There is however, a slight difference in meaning. Before the noun in the above example, **bueno** implies an inherent or taken-for-granted characteristic of the teacher; after the noun, **bueno** distinguishes the teacher from all others, implying that this teacher is better than others.

▶ Some adjectives show a change in meaning (or at least in English equivalent) depending on position. Study the following examples, noting that with the more descriptive meaning, the adjective is placed after the noun.

   Conozco a **cierta** *(certain)* secretaria que no tiene información **cierta** *(definite)*.
   El **gran** *(great)* director es un hombre **grande** *(big, large)*.
   Mi **nuevo** *(new, recently acquired)* puesto no es un puesto **nuevo** *(brand new, newly created)*.
   El hombre **pobre** *(without money)* no se considera un **pobre** *(unfortunate)* hombre.
   Sus **propias** *(own)* ideas son opiniones **propias** *(characteristic)* de su profesión.

Enfoquemos el idioma

Es **pura** *(sheer)* suerte que el agua esté **pura** *(pure, uncontaminated)* aquí.

No digo **semejantes** *(such)* cosas; tengo ideas **semejantes** *(similar)* a las del jefe.

Las **mismas** *(same)* personas acaban de llamar otra vez; quieren hablar con el jefe **mismo** *(himself)* y no con su secretaria.

Es un **simple** *(mere)* empleado; no es un empleado **simple** *(simple-minded, simple)*.

Es un **perfecto** *(sheer)* accidente que Rita haga un informe *(report)* **perfecto** *(perfect, without error)*.

Mi **viejo** *(old, former)* jefe va a jubilarse *(retire)* pronto porque es un hombre **viejo** *(old)*.

No soy la **única** *(only)* persona que tiene una profesión **única** *(unique)*.

Remember these rules when dealing with adjectives:

▶ These adjectives drop the **-o** before a masculine singular noun: **uno, bueno, malo, alguno (algún), ninguno (ningún), primero,** and **tercero.**

    un **buen** arquitecto   el **primer** candidato

The **-o** is retained in the masculine plural.

    unos **buenos** arquitectos   los **primeros** candidatos

▶ **Grande** shortens to **gran** before a masculine or feminine singular noun; it remains **grandes** in front of plural nouns.

    el **gran** jefe   los **grandes** jefes

▶ Many adjectives of nationality, as well as **algún** and **ningún,** have accents on the masculine singular form only.

    el empleado **francés**   la empleada **francesa**
    los empleados **franceses**   las empleadas **francesas**

When **joven** is plural, an accent is needed to preserve the original stress.

    una empleada **joven**   unas empleadas **jóvenes**

Practiquemos

G **Los planes de Francisco y Rosa.** Dé la forma correcta de los adjetivos y póngalos en los lugares apropiados.

1. Francisco y Rosa son sociólogos. (excelente, dos)
2. Son expertos en la sociología de la gente. (moderno, trabajador)
3. Van a hacer investigaciones. (uno, importante)
4. Acaban de conseguir información (alguno, necesario) antes desconocida.
5. La información tiene que ver con características (vario, interesante, único) respecto al empleo.
6. Es probable que estudios (sociológico, este, primero) produzcan resultados (mucho, informativo, útil).

Este señor limpia un tren para la compañía RENFE en España. ¡Es un trabajo muy sucio!

H **Un proceso de eliminación.** Usando por lo menos dos adjetivos con cada palabra que se da a continuación, describa cómo Ud. quiere (o no quiere) que sea el puesto ideal para Ud.

Modelo: responsabilidades
  Quiero **muchas** responsabilidades **importantes** y **variadas.**

1. colegas
2. jefes
3. puesto
4. condiciones de trabajo
5. competencia
6. sueldo
7. ambiente
8. metas
9. ascensos
10. requisitos

I **Una prueba de creatividad.** Sustituya las palabras en bastardilla por uno de los siguientes adjetivos, y luego, escriba frases originales con las palabras, usando el vocabulario de este capítulo. Tenga cuidado con la posición de los adjetivos y con la concordancia.

cierto   mismo
propio   pobre
grande   semejante
puro   perfecto
nuevo   viejo

Modelo: una persona *sin dinero*
  La persona **pobre** busca empleo.

1. alguien *famoso e importante*
2. información *correcta y definitiva*
3. una persona *desafortunada*
4. maneras *similares* de buscar empleo
5. un puesto *que alguien tenía antes*
6. una obrera *que tiene muchos años*
7. una carta de presentación *sin un error*
8. opiniones *personales*
9. una coincidencia *no planeada*
10. muchos aspirantes a empleo que solicitan *un solo* puesto

Enfoquemos el idioma

Enfoquemos el idioma

El participio pasado como adjetivo
The Past Participle as an Adjective

To form the past participle of a verb, replace the infinitive ending with **-ado** for **-ar** verbs and with **-ido** for **-er** and **-ir** verbs. The past participle corresponds to the *-ed* form of an English verb.

clasificar → **clasificado**
vender → **vendido**
despedir → **despedido**

-Er and **-ir** verbs whose stems end in a vowel must have a written accent on the past participle to preserve the /i/ sound.

leer → le**í**do   traer → tra**í**do

▶ These verbs (and most verbs derived from them, like **revolver, oponer**, etc.) have irregular past participles.

escribir	**escrito**	decir	**dicho**
describir	**descrito**	hacer	**hecho**
resolver	**resuelto**	ver	**visto**
volver	**vuelto**	abrir	**abierto**
romper	**roto**	cubrir	**cubierto**
poner	**puesto**	descubrir	**descubierto**

▶ The past participle, in both English and Spanish, can be used as an adjective. In Spanish, it must agree in number and gender with the noun it modifies.

los anuncios **clasificados**   *the classified ads*

los trabajadores **dedicados**   *the dedicated workers*

When used with the verb **estar,** the past participle stresses the results of an action.

Acabo de escribir la carta de presentación.   *I have just written the cover letter.*

La carta de presentación **está escrita.**   *The letter is written.*

clasificados

| EMPLEOS | VENDEDORA/OR: Para trabajar en salón de joyería. Requisitos: 2 años de colegio. Habilidad para tratar con público. Enviar resumé a: P.O.Box 1289 San Juan, P.R. 00921 o pasar Joyería Yasmar en Fortaleza 205, San Juan. | SE SOLICITA FARMACEUTICO (A) Con licencia. Lunes a viernes de 9AM a 6PM. Inf. 746-0776 AM. 781-6587, 737-6695 PM. |
| **SOLICITO BARBERO CON EXPE-RIENCIA.** Trabajo en área de Río Piedras. Para más información: **758-2100.** | | **EJECUTIVOS** de cuenta con carro, un mes probatorio, segundo mes: beneficios fijos. Empresa ventas de servicio. **INF: 748-4704** |

Como Ud. es bilingüe, ¡solícite un puesto en Puerto Rico!

There are some past participles that also function as adjectives and do not necessarily imply the result of an action. Some examples are **divertido** *(fun)*, **pesado** *(heavy* or *boring)*, **aburrido** *(boring* or *bored)*, **parecido** *(similar)*. **Aburrido** can be used both as a result of an action with **estar** and as a descriptive adjective with **ser**.

Practiquemos

J **¡Detalles, detalles!** Sabrina Jones es la jefa de una oficina grande. Siempre hay mucho que hacer. Primero termine las frases, conjugando el verbo en el modo subjuntivo. Segundo, responda según el modelo.

Modelo: Es necesario que (terminar las cartas — yo)
   a. *Es necesario que termine las cartas.*
   b. *¡Pero, ya están terminados!*

1. Espero que (resolver los problemas de personal — ellos)
2. No creo que (despedir — mi ayudante) a los empleados que no trabajan.
3. Es importante que (considerar sus metas profesionales — Uds.)
4. Siento que (no hacer las llamadas telefónicas — nosotros)
5. Es necesario que (coordinar la entrevista — tú)
6. Ojalá que (devolver las cartas de presentación — vosotros)
7. No creo que (cubrir la materia — las secretarias)

K **Una encuesta personal.** Conteste las preguntas. Luego, hágaselas a un(a) compañero(a) de clase, tuteándose, claro.

1. ¿Es Ud. una persona dedicada? ¿A qué o a quién?
2. ¿Está Ud. ocupado(a) ahora? ¿Con qué? ¿Prefiere Ud. estar ocupado(a) o no?
3. ¿De qué quisiera Ud. estar encargado(a) *(in charge)*? ¿Por qué?
4. ¿Es Ud. una persona organizada o desorganizada, o las dos cosas? Explique en qué circunstancias.
5. ¿Está Ud. aburrido(a) con algo? ¿Con qué?
6. ¿Es Ud. una persona divertida? Explique.

L **Temas escritos**

1. Escoja uno de los anuncios clasificados del principio del capítulo. Escriba una carta de presentación para solicitar el puesto. ¿Por qué cree Ud. que deben emplearlo(la) a Ud.? ¿Qué tiene Ud. que ofrecer?
2. Escriba una carta de recomendación para un(a) compañero(a) de clase que solicita un puesto importante.
3. Escriba la descripción de un puesto que Ud. tuvo. Incluya lo siguiente: el trabajo, el ambiente, el sueldo, las condiciones de trabajo, el (la) jefe(a). ¿Le gustó el trabajo o no? Explique por qué sí o por qué no.

Enfoquemos el idioma

Ahora, leamos

Para su comprensión

1. "Trabajo difícil" deals with an employee at a lost-and-found office in a train station. If you were working in this situation, what would you do to ensure that lost objects were returned to their proper owners? Make a list of questions you might ask, things you might look for, etc.

2. A person who has lost something must of course be able to identify it. What things would you include in your description of a lost item? What things would be very difficult to claim? Why?

Antes de leer

1. You will encounter forms of the conditional in this story. Remember that the conditional is formed by adding **-ía, -ías, -ía, -íamos -íais, -ían** to the infinitive (or irregular stem) and that it can set up a hypothetical situation with an English equivalent of "would" + *verb*. The conditional will be studied in detail in Chapter 7. You only need to recognize the forms here.

2. Learning prefixes and suffixes can often help you to guess the meanings of words. The prefix **des-,** added to a root word, makes the new word the opposite or negative of the root word. There are three examples of this in the story. Can you guess the meanings of these words?

Root Word	Meaning	New Word	Meaning
colgar	to hang up, to put on	descolgar	_____
compuesto	composed, put together	descompuesto	_____
proporción	proportion	desproporción	_____

3. There are two false cognates in this story: **atender (ie)** which means "to attend" in the sense of "to take care of," not "to attend" a play, etc., and **largo(a),** which means "long," not "large." Here is a list of true cognates found in the story. Guess their meanings and find some other examples.

un aire pensativo	una pila	exclamó
un inconveniente	melancólicamente	murmuró
un detalle	efusivamente	una cantidad
unas vacantes	instalado	un psicólogo

4. You will often encounter idiomatic expressions when reading in another language. An idiomatic expression is one that usually cannot be translated literally. Here is a list of idiomatic expressions from the story, with English equivalents.

5 El mundo del trabajo

Una palabra trajo la otra.	One word led to another.
Póngalo a prueba.	Give him a try.
...dándome vueltas en la cabeza...	making my head spin
tener golpe de vista	to judge by sight
Sírvase. (No sirve.)	Help yourself. (It doesn't work.)
...que le garúe finito...	may the rain fall gently on you
...darlos a secas...	to hand them out without a word
...entrada en años y en carnes...	along in years and weight

Conrado Nalé Roxlo (1898–1971) fue poeta, dramaturgo y también escritor de cuentos y novelas. Era de la Argentina y contribuyó mucho al desarrollo de la literatura argentina, especialmente en el área de la literatura de fantasía. Tenía un buen sentido del humor que se revelaba en los dibujos animados (cartoons) que hacía. Este gran sentido del humor también se revela en el cuento "Trabajo difícil" que Ud. va a leer a continuación.

Trabajo difícil
por Conrado Nalé Roxlo
▲▲▲▲▲▲▲▲▲▲

ferrocarril railroad
calurosamente warmly
su buena voluntad *buenas intenciones*
corazón heart
pasaré por alto I will pass over
obraré *trabajaré*
en regla *en orden*
el encargado the one in charge
a su cargo in his care
impermeables raincoats
un empalme junction, intersection
empalmaron ellos they got together
partir *salir*
un rápido *un tren rápido*
boleto de ida one-way ticket

El jefe de personal del ferrocarril°, después de leer la carta de recomendación que yo le había presentado, me miró con aire pensativo y me dijo:

—Hay un pequeño inconveniente. Yo no sé quién es esta persona que lo recomienda tan calurosamente°.

—No me extraña—respondí—, pues él también me dijo que no lo conocía a usted, pero que me daba la carta para que no dudara de su buena voluntad° y deseo de serme útil.

—Eso demuestra que es una persona de buen corazón°, y como yo también lo soy, pasaré por alto° ese detalle y obraré° como si la carta estuviera en regla°. No hay vacantes.

En ese momento entró el jefe de estación y dijo:

—Señor, se ha perdido el encargado° de la oficina de objetos perdidos.

—¿Lo han buscado bien entre los objetos a su cargo°? Recuerde el caso de Martínez, al que se encontró tres días después debajo de una pila de impermeables°.

—No; en este caso sabemos dónde está, pero es como si se lo hubiera tragado la tierra para el servicio. Es toda una historia. Resulta que una señorita fue a quejarse de que había perdido a su novio en un empalme° y una palabra trajo la otra y al fin empalmaron ellos° y acaba de partir° en un rápido° con la señorita y boleto de ida° solamente.

—Sí; creo que ese hombre está perdido —exclamó tristemente el jefe de personal.

Ahora, leamos

amontonando mounting up
los paraguas umbrellas
Dispense Excuse me
mostrador counter
a mi espalda to my back
el título de propiedad certificate of ownership
guantes de color patito pale yellow gloves (*patito* = duckling)
reclamando claiming
cabo de hueso bone handle
tratándose de dealing with
un contrasentido nonsense; contradiction
al rato in a while
escasear to get scarce
consabido usual
espantar to frighten
de mucho porvenir with a good future
todo de potreros perrosos all for field dogs
otros datos *más información*
apretando un resorte squeezing a spring button
el puño handle
pero si *pero*
gritaría I would yell
pongo por caso *por ejemplo*
brincando jumping up and down
un estante *lugar* (shelves)
está desviando is evading
cualquiera any old, whichever

—Se casarán— murmuró melancólicamente el jefe de estación—; el caso es que no hay quien atienda la oficina y se siguen amontonando° los paraguas°.
—Dispense°—dije—pero, ¿y yo?
Es verdad—dijo el jefe de personal—; aquí está este joven que me ha sido recomendado muy efusivamente y parece buena persona. Póngalo a prueba.
Y así me vi instalado ante un largo mostrador°, con una gran cantidad de paraguas a mi espalda° y unas rápidas instrucciones dándome vueltas en la cabeza. Lo más importante—me había dicho el jefe—es que las personas identifiquen bien los objetos. Tiene usted que ser psicólogo, tener golpe de vista e intuición, pues nadie le va a presentar el título de propiedad° de un paraguas o de un par de guantes color patito°. Y hay que tratar de darle a cada cual lo suyo.
Al principio se presentaron muchas personas reclamando° paraguas negros con cabo de hueso°. Como había muchos y parecían gente de buena fe, yo descolgaba uno y le decía:
—Sírvase, y que le garúe finito.
Era una fórmula cortés que había adoptado, porque tratándose de° paraguas me parecía un contrasentido° darlos a secas. Pero al rato° comenzaron a escasear° y decidí ser más cauto. Así, cuando vino una dama entrada en años y en carnes y reclamó el consabido° paraguas, le dije:
—¿Para la lluvia?
—Naturalmente, joven.
—No tan naturalmente, señora; tengo un amigo que usa un paraguas para espantar° a los perros, porque vive en un barrio de mucho porvenir°, pero que ahora es todo de potreros perrosos°. Déme otros datos°.
—Era negro y se abría apretando un resorte°.
—Todos los paraguas son de ese color y se abren así, a menos que estén descompuestos.
—El puño° está formado por una cabeza de perro, en hueso.
—¡Oh, señora, la cabeza de perro es casi la cabeza natural del paraguas!
—No sé qué decirle, pero el paraguas es mío.
—¿Qué paraguas?
—Uno como todos.
—No sirve. Tiene que darme algunas señas personales.
—¡Pero si° el paraguas no es una persona!
—Ese es el inconveniente. Si usted hubiera perdido un chico, todo era más fácil. Usted me diría el nombre del niño; yo gritaría° Juancito, pongo por caso°, y lo veríamos salir corriendo y brincando° de algún estante°. Habría una hermosa escena de familia. Algo así como el regreso del hijo pródigo, pero un paraguas ayuda poco.
—No crea; en los días de lluvia ayuda bastante.
—Creo, señora, que se está desviando° de la cuestión.
—¿Le parece? Bueno, déme un paraguas cualquiera° y terminamos.
—¿Y si no es el suyo?

5 El mundo del trabajo

me conformaré I will agree
yernos sons-in-law
me di vuelta I turned around
sistema intensivo de devolución intensive system of returns
se me había agotado la existencia no había más paraguas
la empresa business, enterprise
renovaba replenished
mango handle
funda de cuero de cocodrilo crocodile leather cover
tela de seda natural fabric of natural silk
un caballero gentleman
para arreglarlo to straighten things out
una faja de goma elastic girdle
fue a dar allí it came to end up there
un gritón screamer, shouter
volvió a quedar again remained
pensaba hacer intended to make

—No importa, me conformaré°.
—¿Y si viene el dueño a reclamarlo?
—Le hace un interrogatorio como a mí y es casi seguro de que prefiere comprarse otro. Yo soy muy paciente porque tengo cinco yernos°.
—¿Y un solo paraguas? Hay evidentemente una gran desproporción, pero le voy a dar uno porque no me gusta hacer perder a nadie el tiempo.

Me di vuelta°, pero, ¡ay!, ya no quedaba un solo paraguas. Con mi sistema intensivo de devolución° se me había agotado la existencia°. Le rogué que volviera al día siguiente, pues la empresa°, según le dije, renovaba° constantemente el stock. Y, efectivamente, al otro día pude darle un muy hermoso paraguas con mango° de oro, funda de cuero de cocodrilo° y una hermosa tela de seda natural°. Se fue muy contenta. El que no se conformó fue un caballero° que decía ser el dueño del paraguas de oro y a quien para arreglarlo° le quise dar una faja de goma°, que nunca se supo cómo fue a dar allí°. Era un tanto gritón° y parecía persona influyente. Digo esto porque el puesto volvió a quedar° vacante. Y lo siento porque yo pensaba hacer° carrera.

Cerca de la estación de trenes en Madrid. ¿Perderán el impermeable?

Reaccionemos
▲▲▲▲▲▲▲▲▲▲

M **¿Comprendió Ud. la lectura?** Ponga en orden cronológico las frases siguientes según el desarrollo del cuento.

1. El narrador decidió que debía tener más cuidado con la identificación de los paraguas.
2. Un señor furioso causó que el narrador fuera despedido de su puesto.
3. El narrador tenía una carta de recomendación de alguien al que el jefe de personal no conocía.
4. El narrador tuvo una conversación algo detallada con una mujer grande.

5. El encargado de la oficina de objetos perdidos desapareció con una mujer.
6. El jefe de personal entrevistó al narrador.
7. El narrador le dio a la señora grande un paraguas muy hermoso que no era suyo.
8. El jefe de personal recomendó al narrador para el puesto vacante.
9. El narrador les da paraguas a varias personas sin mucho cuidado.
10. El jefe de personal empleó al narrador.

N **Ahora, un poco más profundamente.**   Conteste las preguntas en sus propias palabras.

1. ¿Por qué le dice el jefe de estación al narrador que tiene que ser sicólogo para hacer bien el trabajo?
2. Al principio, el narrador tiene un sistema algo desorganizado de devolver objetos perdidos, especialmente paraguas. Pero a la señora grande le pide montones de información. ¿Por qué?
3. ¿Por qué le pidió el narrador a la señora grande que volviera al día siguiente? ¿Fue una buena solución al problema? ¿Por qué sí o por qué no?

O **Solicitamos su opinión.**

1. ¿Tuvo razón el jefe en despedir al empleado? ¿Por qué sí o por qué no?
2. Este cuento es humorístico e irónico. Dé ejemplos del humor y de la ironía en el cuento. Discuta la importancia de la última frase del cuento.
3. ¿Para qué otras profesiones es necesario ser sicólogo(a)? Explique.
4. ¿Qué cualidades debe buscar un(a) jefe(a) en un(a) empleado(a)? ¿Qué cualidades debe buscar un(a) empleado(a) en un(a) jefe(a)?
5. ¿Qué recomienda Ud. que haga una persona para conseguir un puesto?
6. ¿Por qué es Ud. un(a) buen(a) empleado(a)? ¿O es que Ud. es un(a) mal(a) empleado(a)? ¿Por qué quiere un(a) jefe(a) emplearlo(la) a Ud.?

P **Encuentro personal**

You have lost several objects and have to identify them for the lost-and-found employee before he (she) will return them to you. The employee asks many questions (when you lost the object, what it looks like, if you have any proof of ownership, etc.). You may not know all the exact words needed, but you should be able to get along by using circumlocution. Reverse roles after each situation. You can use these objects and/or any original ones: **su cámara, su libro de español, su compañero(a) de clase, su paraguas,** etc.

138   5   **El mundo del trabajo**

Q. Temas escritos

1. Escriba un anuncio clasificado para el periódico de la universidad. Se solicita un(a) empleado(a) para la oficina de objetos perdidos. Incluya todas las cualidades necesarias, la experiencia, etc.
2. Ud. es el (la) empleado(a) despedido(a) de la oficina de objetos perdidos del cuento. Escríbale una carta al jefe del ferrocarril defendiendo sus acciones y en la que Ud. le pide que le dé otra oportunidad de trabajar para él.

Enfoquemos el idioma

Los usos de ser y estar
The Uses of Ser and Estar

In Spanish both **ser** and **estar** mean "to be." The verbs are not interchangeable. Instead, each verb has specific uses.

Ser

▶ **Ser** is used to indicate the time and location of events, meaning "to take place."

La entrevista **fue** aquí.	*The interview was here.*
La reunión **es** en la sala de conferencias a las dos.	*The meeting is in the conference room at 2:00.*

▶ **Ser** is used to equate the subject and predicate.

profession	Juan **es** médico.
religion	**Soy** católica.
nationality	**Somos** cubanos.
trait or characteristic	Rita **es** rubia y alta.

▶ It is used with time expressions.

Era la una cuando me entrevistó.	*It was 1:00 when he interviewed me.*
Es lunes y **es** de noche.	*It's Monday and it's night.*
No creo que **sea** hora de cambiar de puesto.	*I don't think it's time to change jobs.*

▶ **Ser** is used in impersonal expressions.

Es necesario.	**Es** imposible.

▶ It is used with the preposition **de.**

origin	**Soy** de México.
possession	La carta **fue** de él.
material	El título **es** de papel.

Enfoquemos el idioma

▶ **Ser** is used with the preposition **para** to show destination.

El puesto **era** para Juan. *The job was for Juan.*
El tren **es** para Lima. *The train is (headed) for Lima.*

Estar

▶ **Estar** is used to indicate the location of people and things.

La solicitud **estaba** aquí. *The application was here.*
Tomás **está** aquí. *Tomás is here.*

▶ Words such as **aquí** and **allí**, indicating location, are often omitted after **estar**, with a slight change of meaning.

La solicitud **estaba**. *The application was here. (ready)*
Tomás **está**. *Tomás is (still) here. (He hasn't left.)*

▶ **Estar** is used with a past participle to stress the resulting condition of an action.

El problema de personal **está** resuelto. *The personnel problem is solved.*

▶ It is used with certain idiomatic expressions.

estar de acuerdo   **estar** de viaje
estar de vacaciones   **estar** bien
estar de vuelta   **estar** claro
estar seguro(a)

Ser y estar juntos

The verbs **ser** and **estar** can both be used with predicate adjectives, but the resulting meanings are different.

▶ With the verb **estar**, a particular condition at a particular time is stressed. Often these conditions deal with personal observations or reactions, and they frequently involve one of the five senses.

El café de la oficina **está delicioso**. *The office coffee is (tastes) delicious.*
Este candidato **está nervioso**. *This candidate is (looks) nervous (especially at this moment).*

Miguel **es** pobre.   Acaba de ganar la lotería nacional.   Ahora **está** rico.

▶ The verb **estar** can also suggest that a change has taken place, or is likely to take place, in the condition of something or someone.

El café **estaba frío.**	*The coffee was cold.*
El candidato **está tranquilo** ahora.	*The candidate is calm now.*
Susana salió del trabajo porque **está enferma.**	*Susana left work because she is ill.*

▶ **Ser** is used to indicate the normal characteristic of something or someone or the perceived norm after a period of time has elapsed.

El café de la oficina donde trabajaba **era delicioso.**	*The office coffee where I worked was delicious.* (norm)
El café **es caliente.**	*The coffee is hot.* (norm)
Antonio **es enfermo.**	*Antonio is sickly.* (also, mentally ill) (normal characteristic)
El candidato **es tranquilo.**	*The candidate is a calm person.* (normal characteristic)

▶ One of the best ways to distinguish the uses of **ser** and **estar** with adjectives is to contrast sentences. Study these examples carefully.

Rita **era tranquila.**	*Rita was calm.* (norm)
Hace diez años consiguió un puesto nuevo.	*Ten years ago she got a new job.*
Estaba nerviosa su primer día de trabajo.	*She was nervous her first day.* (change from norm)
Hoy, como supervisora, **es** muy **nerviosa** porque tiene millones de responsabilidades.	*Today, as supervisor, she is (a) nervous (person) because she has millions of responsibilities.* (new norm)
Martín **es distraído.**	*Martin is an absentminded person.*
Martín **está distraído.**	*Martin is distracted* (by something).
La fruta **es verde.**	*The fruit is green* (its natural color).
La fruta **está verde.**	*The fruit is green* (unripe).

Practiquemos

R Ahora le toca a Ud. Explique la distinción entre los siguientes pares de frases.

1. Este jefe es un enfermo. Este jefe está enfermo.
2. El empleado es aburrido. El empleado está aburrido.
3. La comida era deliciosa. La comida estuvo deliciosa.
4. Dudo que la entrevista sea aquí. Dudo que las preguntas para la entrevista estén aquí.

Enfoquemos el idioma

S Una entrevista difícil. Complete las frases con la forma correcta de **ser** o de **estar.** Tenga cuidado con los tiempos y modos verbales.

Buscar empleo no _____ necesariamente fácil. Pregúntele eso a Martín. El _____ de acuerdo en que _____ difícil. La semana pasada Martín _____ en una entrevista por dos horas. El _____ muy nervioso, especialmente unos días antes. Como _____ estudiante de ingeniería, Martín solicitó un puesto con una compañía que no _____ lejos de donde vive. El se sorprendió cuando la jefa de personal lo llamó para una entrevista. Entre la llamada y la entrevista, Martín _____ sumamente distraído porque _____ tan preocupado. No sabía si _____ capacitado para las responsabilidades del empleo.

La entrevista _____ a las nueve de la mañana y _____ en la oficina de la jefa de personal. Martín se puso un traje azul porque sabe que la apariencia física en una entrevista _____ muy importante. No _____ nada seguro de sí mismo. Pero, a pesar de *(despite)* no tener mucha experiencia, sabe que _____ muy inteligente y trabajador.

Martín espera que mañana _____ el día decisivo. ¡Ojalá que _____ en casa para recibir la llamada diciéndole que el puesto _____ suyo!

T Preguntas posibles durante una entrevista. A continuación le sugerimos algunas posibles preguntas para una entrevista. Hágale las preguntas a un(a) compañero(a) de clase.

1. ¿Cómo es Ud.? Describa su personalidad en detalle.
2. ¿Cómo está Ud.?
3. ¿Es Ud. aburrido(a)?
4. ¿Cuándo está aburrido(a)?
5. ¿Es Ud. distraído(a)?
6. ¿Cuándo está distraído(a)?
7. ¿Qué es difícil para Ud.?
8. ¿Qué es necesario que Ud. haga?
9. ¿En qué está Ud. interesado(a)?
10. ¿Es Ud. una persona ocupada?

U ¡Explíquese! Las palabras que aparecen a continuación pueden emplearse con **ser** o con **estar.** Escriba frases originales usando **ser** o **estar.** Es muy importante que Ud. cree un contexto que justifique el uso de **ser** o de **estar.**

Modelo: elegante

Sara es elegante hasta en la oficina. Tiene buen gusto en los vestidos.
Sara está elegante hoy; lleva un traje nuevo estupendo.

1. pálido
2. comunicativo
3. dedicado
4. capacitado
5. seguro
6. optimista
7. organizado
8. tímido
9. trabajador
10. distraído

★ INSTRUCTORES/AS ★
DE IDIOMA ESPAÑOL

Para enseñar español a pequeños grupos de adultos en los condados de; Los Angeles, Ventura, Orange, Riverside, San Bernardino y en Las ciudades de Carson, Culver City, Torrance y localidades do Beach, Long Beach, Redondo vecinas. Candidatos deben poseer excelente dominio del idioma español, personalidad agradable, buena presencia, vehículo en buenas condiciones y licencia válida de conducir. Estarán enseñando en localidades cercanas a sus domicilios, tiempo parcial. Por favor llamar de 9 AM a 5 PM.
(1-818) 954-0660
(1-714) 971-1221

5 El mundo del trabajo

V Entrevista.   Entrevístense Ud. y un(a) compañero(a) de clase. Pida información específica y cualquier otra información que sea interesante. Escoja un tema como la salud, la personalidad, etc. Prepare de antemano las preguntas y preste atención al uso de **ser** y de **estar**.

Enfoquemos el idioma

El presente perfecto y el pluscuamperfecto
The Present Perfect and the Past Perfect

The present perfect is an aspect of the present tense that is used to describe an action that has been completed recently but has continuing effects in the present, or an action that began in the past and continues into the present. It is a compound aspect, composed of the present of the auxiliary verb **haber** followed by a past participle. The forms of **haber** in both the present indicative and in the subjunctive are irregular.

Present Indicative			Present subjunctive		
he			haya		
has			hayas		
ha	}	+ past participle	haya	}	+ past participle
hemos		(-ado, -ido)	hayamos		(-ado, -ido)
habéis			hayáis		
han			hayan		

▶ When used with the verb **haber,** the past participle always ends in **o** because it has the function of a verb, not of an adjective.*

| **Han pedido** más referencias. | *They have requested more references.* |
| No me sorprende que **hayan pedido** más referencias. | *It doesn't surprise me that they have requested more references.* |

▶ Pronouns can never be attached to a past participle; they must go directly before the conjugated verb. The auxiliary verb and the past participle are not usually separated.

| ¿**Le has dado** las referencias? | *Have you given him the references?* |
| No, no **se las he dado** todavía. | *No, I haven't given them to him yet.* |

▶ There is a Spanish construction that uses the simple present which translates as the present perfect in English. Remember that this construction indicates an action that began in the past and continues into the present.

| Hace un año que trabajo aquí. | *I have been working here for a year.* |

*Remember that when the past participle is used with **estar,** the resulting action of a verb is implied: Las referencias **están pedidas.** *The references are requested.*

Enfoquemos el idioma   143

El pluscuamperfecto
The Past Perfect

The past perfect aspect is formed much like the present perfect. It is composed of the auxiliary verb **haber** in the imperfect* followed by a past participle. It is used in both the indicative and in the subjunctive. The past perfect subjunctive will be studied in a later chapter.

Past Perfect Indicative

había
habías
había
habíamos } + past participle **(-ado, -ido)**
habíais
habían

▸ The past perfect is a compound aspect of the past that indicates a past action further in the past than a simple preterite or imperfect action; it indicates something that had already occurred prior to the moment being recalled. The auxiliary means "had."

Ya **había encontrado** la carta cuando Rodolfo llegó.
I had already found the letter when Rodolfo arrived.

In this example, **había encontrado** is the action that happened before (further in the past than) the second action, **llegó**.

▸ The past perfect is not used in the following situation as it is used in English.

Hacía un año que trataba de conseguir ese puesto cuando finalmente lo conseguí.
I had tried to get that job for a year when I finally got it.

Practiquemos

W **Experiencias compartidas.** Lo que sigue son las experiencias de algunos jefes respecto al proceso de emplear a alguien. Complete las frases con la forma correcta del presente perfecto del indicativo o del subjuntivo.

1. La jefa de un nuevo almacén en Chile:
   Es verdad que nosotros _____ (emplear) a Andrés Gómez. El _____ (tener) mucha experiencia en el campo internacional de los negocios internacionales. Es una lástima que nosotros no _____ (poder) emplearlo a él antes, pero él no _____ (estar) en Chile.

---

*The auxiliary verb can also appear in the preterite. As opposed to **había terminado**, **hube terminado** emphasizes the cessation of one action prior to the beginning of another action completed in the past:
Cuando **hube terminado,** volví a casa.   *When I had finished, I returned home.*

5   El mundo del trabajo

Es muy posible que esta mujer sea una aspirante a empleo, y que busque información sobre una compañía. Un consejo para todos los aspirantes a empleo: ¡vayan preparados!

2. El jefe del hotel:
   Espero que el próximo candidato se _____ (graduar) de la universidad con título. Los otros _____ (ser) personas simpáticas, pero no me _____ (inspirar) confianza con sus cualidades profesionales ni con su experiencia.

3. Una jefa de la compañía:
   Yo _____ (conocer) a muchas personas y todavía no _____ (encontrar) la persona ideal. Todos los candidatos _____ (solicitar) este puesto por el prestigio, no porque quieran dedicarse a la compañía. Ellos me _____ (decir) que _____ (esperar) la oportunidad de trabajar aquí por mucho tiempo, pero no me _____ (convencer) de que tienen las cualidades necesarias.

4. Un jefe muy satisfecho:
   Es fantástico que vosotros me _____ (mencionar) lo de Micaela Benítez. Vosotros _____ (hacer) un trabajo tremendo aquí y aprecio mucho su entusiasmo. Estoy contento de poder anunciar que yo _____ (encontrar) a la empleada perfecta. Ella _____ (volver) de la Argentina y _____ (aceptar) mi oferta de ser jefa. ¿Sabéis quién es? ¡Micaela Benítez, gracias a vosotros!

Enfoquemos el idioma

X Una entrevista importante. Alfredo está muy nervioso porque tiene una entrevista. Su esposa trata de calmarlo. Con un(a) compañero(a) de clase, hagan los papeles de Alfredo y de la esposa según el modelo. Empleen pronombres de complemento directo o indirecto donde sea apropiado.

    Modelo: Alfredo: Tengo que planchar *(iron)* mi camisa.
                  La esposa: ¡Cálmate! ¡Ya la he planchado!
                              Ya está planchada.

1. Tengo que copiar las cartas de recomendación.
2. Tengo que llamar al señor Martínez para pedirle otra referencia.
3. Debo planear la ruta a la oficina.
4. Necesito preparar mi curriculum vitae.
5. Debo responder a la carta de la secretaria.
6. Tengo que convencerle al jefe de que estoy capacitado para el puesto.

Y Los empleados hablan. Aquí tiene Ud. las experiencias de algunos empleados. Complete las frases con una de las siguientes posibilidades: presente perfecto del subjuntivo o del indicativo, condición resultante con **estar** o participio pasado como adjetivo.

Benjamín y Esperanza _____ (ir) a México para visitar las sucursales *(branches)* mexicanas de computadoras, y Samuel y yo _____ (decidir) ir a España. Todos nosotros _____ (preparar) mucho para la visita y _____ (hacer) todo el trabajo necesario. Las entrevistas con otros empleados _____ (arreglar) y estamos contentos de que los jefes de las sucursales nos _____ (invitar) a visitarlos. La presidenta de la sucursal española tiene tiempo _____ (reservar) para hablar con nosotros y ella _____ (decir) que todo _____ (preparar).

Z Un día típico en el mundo de trabajo. Estos empleados han tenido varias experiencias comunes. Siga Ud. el modelo y escriba lo que les ha pasado usando el pretérito en la primera parte de la frase y el pluscuamperfecto en la segunda parte.

    Modelo: Enrique quería tomar el autobús a la oficina. (cuando / llegar a la parada *(stop)* // el autobús ya / salir)
                  Cuando Enrique llegó a la parada, el autobús ya había salido.

1. Mindy salió sin paraguas.
   (cuando / salir a la calle // ya empezar a llover)
2. Karl quería tomar un café antes de trabajar.
   (después de tomarlo / descubrir que // olvidar su dinero)
3. Tú querías llamar a un cliente importante.
   (cuando / tratar de llamarlo / saber que // dejar el número en casa)
4. Vosotros queríais darles una fiesta a los empleados.
   (cuando / llamar a los empleados // ya salir de la oficina)

5. El presidente de la compañía quería darle a Marisa un coche nuevo.
   (cuando / dárselo // ella / ya comprar otro coche nuevo)
6. Juan buscaba otra carta de recomendación.
   (cuando / conseguir otra // su esposa / ya descubrir la que buscaba)
7. Demi y John querían un aumento de sueldo.
   (cuando / pedírselo al jefe // el jefe / ya decidir dárselo)

Aa **Preguntas sobre el trabajo.** Ud. tiene un(a) colega que hace muchas preguntas. Contéstele según el modelo.

Modelo: el (la) colega: ¿Has hecho el informe?
Ud.: *Te dije que lo había hecho esta mañana.*

1. ¿Ya has leído el artículo?
2. ¿Has preparado la información?
3. ¿Han pedido los sándwiches Alfredo y Humberto?
4. ¿Ya han escrito las secretarias los anuncios clasificados para asistentes nuevos?
5. ¿Te ha dicho el jefe que nos da un aumento?
6. ¿Ya has puesto los discos en la computadora?
7. ¿Les hemos comunicado a los jefes los planes para el proyecto?

Charlemos un poco más

Bb **Encuentros personales**

1. With a classmate, play the roles of supervisor and employee. The employee wants a raise (**un aumento**) and should try to convince the boss that he (she) deserves this, reminding him or her of accomplishments, personal characteristics, professional talent, etc. The boss disagrees with everything. Come to an agreement.

2. One manager wants to fire an employee. The other manager doesn't agree. Each manager must defend his or her position, stating why the employee should (not) be kept.

Cc **Debate.** Formen Uds. dos grupos para criticar o defender las ideas siguientes. Definan con claridad sus ideas antes de la presentación en clase.

1. El conseguir un trabajo es más importante que la manera de obtenerlo.
2. Un sueldo alto es más importante que un puesto interesante.
3. No es necesario que a Ud. le guste un puesto para aceptarlo.

Charlemos un poco más

Dd Actividad en tres partes: lo artístico, lo escrito y lo oral.

1. Ud. trabaja en una oficina de personal y tiene que desarrollar un formulario para los que solicitan empleo. Diseñe Ud. *(design)* su propio formulario.
2. Dele su formulario a un(a) compañero(a) de clase. El (la) compañero(a) tiene que rellenar *(to fill out)* el formulario porque quiere conseguir el puesto.
3. Llame al (a la) compañero(a) de clase para una entrevista y hágale todas las preguntas necesarias. (Es una buena idea escribir las preguntas antes de la entrevista.) Decida Ud. si quiere emplear a esta persona o no.

Ee Temas escritos

1. Escríbale un informe a su jefe(a) para hacerle saber su opinión con respecto al (a la) aspirante a empleo del Ejercicio **Dd.** Incluya sus recomendaciones y las razones.
2. Escríbale una carta al (a la) aspirante a empleo del Ejercicio **Dd.** Infórmele de sobre su decisión, dele las gracias e incluya cualquier otra información necesaria. (Puede entregarle esta carta a su compañero(a) de clase para que sepa en realidad si tiene trabajo o no.)
3. Prepare su propio curriculum vitae en español.
4. Mire los dibujos. Escoja uno e invente una historia original. Use la imaginación.

¡Digamos la última palabra!

Sustantivos
el ambiente atmosphere, environment
el anuncio clasificado classified ad
la aptitud qualification, ability
el ascenso promotion
el (la) aspirante a empleo job applicant
la buena presencia good (physical) appearance
la carta de presentación letter of introduction, cover letter
la capacidad qualification, ability
el (la) colega coworker
la competencia competition
las condiciones de trabajo work conditions
el consuelo consolation
la corbata necktie
el curriculum vitae resume
el (la) empleado(a) employee
el empleo work, job
la entrevista interview
el escritorio desk
la función duty
el informe (written) report
el (la) jefe (jefa) boss, supervisor
la meta goal
el (la) periodista journalist
el personal personnel
el puesto job, position
el requisito requirement, responsibility
el salario salary
el sueldo salary
el título universitario university degree
el trabajo work
la vez time, occasion

Verbos
acostumbrarse a to become accustomed to
buscar to look for
conseguir (i) to get, to obtain
derramar to spill
desempeñar to carry out, to fulfill
despedir (i) to fire
despedirse (i) (de) to say good-bye to
lograr to achieve
merecer to deserve
mostrar (ue) to show
preocuparse (de) to worry (about)
solicitar to apply for
volcar (ue) to spill, to tip over

Adjetivos
aburrido(a) bored, boring
algún, alguno(a) some
aquel, aquella that (over there)
aquello that (over there) (neuter)
capacitado(a) qualified, capable
cierto(a) certain; definite
demasiado(a) too much, too many
ese, esa that
eso that (neuter)
este, esta this
estimado(a) esteemed
esto this (neuter)
grande (gran) big, large; great
mismo(a) same; oneself
ningún, ninguno(a) none, no one, not any
nuevo(a) newly acquired; brand new
pálido(a) pale
peor worse
perfecto(a) sheer; perfect
pobre poor (without money); unfortunate
primero(a) first
propio(a) own; characteristic
puro(a) pure, uncontaminated; sheer
semejante such; similar
simple mere; simple-minded
tercero(a) third
torpe clumsy
único(a) only; unique
viejo(a) old; former

Adverbio
demasiado too much

Conjunciones
pero but
sino (que) but (rather)

Expresiones útiles
A quien corresponda to whom it may concern
costar (ue) mucho trabajo to be a lot of work
darse cuenta (de) to realize
de jornada completa full time
de media jornada part time
¡Fíjate! Imagine!
llevarse bien to get along well
meter la pata to put one's foot in one's mouth
¡Qué + noun + tan / más + adjective! What a + adjective + noun!
salir bien / mal to do well (badly)
Se despide de Ud. atentamente Sincerely, Yours truly
tomar un trago to take a sip; to have a drink
tomarle en serio (a alguien) to take (someone) seriously

CAPÍTULO
6
▼

**SABORES SURTIDOS
SALVAVIDAS**

If you were to travel to different Hispanic countries, you would probably be surprised by both the similarities to foods you are used to, and by the differences. You would also note that each country's food is distinctly its own. Puerto Rican food is entirely different from Spanish, Mexican, or Argentinian. The different spices and staples available contribute to the uniqueness of food in each Hispanic country. Words used to describe foods also vary. Did you know that a **tortilla** in Mexico and in the United States is a corn or flour flattened bread, but in Spain is an omelette?

This chapter's reading, "Oda a la alcachofa," deals with one person's reactions to a certain food. The vocabulary of this chapter will introduce you to basic foods common to all. For the real thing, you'll have to travel and taste!

▲

¿Puede Ud. resistir la tentación?

Charlemos un poco

¿Le gusta a Ud. comer? ¿Cuáles son sus comidas favoritas?

¿Le interesa cocinar? ¿Qué cocina Ud.?

¿Cuáles eran sus comidas favoritas cuando era niño(a)?

¿Qué no puede comer hoy que podía comer de niño(a)?

¿Qué comidas hispanas le apetecen?

Describa la comida perfecta en el restaurante ideal.

Vocabulario

▼

Vocabulario personal

Make a list of words and expressions you used to answer the questions about the photos. Then make a list of the foods, restaurant vocabulary, and other related words and expressions that you remember. Finally, list any other words or expressions you'd like to know in order to discuss this topic. You may want to consult **Apéndice I** for some ideas.

▼

Empecemos en contexto

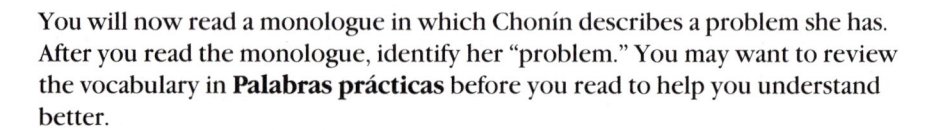

You will now read a monologue in which Chonín describes a problem she has. After you read the monologue, identify her "problem." You may want to review the vocabulary in **Palabras prácticas** before you read to help you understand better.

El problema de Chonín: _____
_____

Chonín: ¿Es Ud. una de esas personas que nunca engorda? Una de esas personas que puede comer todo lo que quiera, ¿sin engordar? Yo, no. Cada bocado que me como me engorda. Jamás he adelgazado. Cuando tenía diez años, era delgada y me comía un desayuno enorme, un almuerzo como para un elefante y una cena grandísima. Y entre comidas, comía bombones, bocadillos, galletas y mil cosas más. No aumentaba ni un kilo.

Pero las cosas han cambiado. Ahora siempre estoy a dieta, pero muchas veces la fuerza de voluntad me falla y me voy de parranda. Ayer fue uno de esos días. Me levanté y desayuné ligero: frutas, té y jugo de naranja. Al mediodía fui a mi restaurante favorito y me comí una ensalada y pollo frío. Después del trabajo, decidí volver a casa a pie para hacer ejercicio. Y ahí fue donde empezaron los problemas.

Pasé por la confitería y olí chocolate. Perdí todo el control. Me enloquecí. Entré y decidí probar un pedazo pequeñísimo. No sería nada grave, pues estaba haciendo ejercicio ¿no? No podía resistir la tentación: lo probé y ese fue el comienzo del final. Compré media libra de chocolate.... Sí, y cuando llegué a casa, ¡ya me lo había comido todo! No fue mucho lo que duró el placer.... ¡Qué delicia! Mañana vuelvo a empezar mi dieta de nuevo.

6   ¿Puede Ud. resistir la tentación?

Palabras prácticas

Sustantivos
el almuerzo lunch
el bocadillo sandwich
el bocado bite (of food)
la cena dinner
la comida food; meal
la fuerza de voluntad will power
el jugo de naranja orange juice
el kilo kilogram (roughly 2.2 pounds)
la libra pound
el placer pleasure
el peso weight
el pollo chicken
la tentación temptation

Verbos
adelgazar to lose weight
aumentar to gain, increase
desayunar to eat breakfast
durar to last
engordar to gain weight
enloquecerse to go crazy (over something)
fallar to fail (*used like* **gustar**)
levantarse to get up
oler (ue) to smell
probar (ue) to taste, to try out (on)

Adjetivos
delgado(a) thin
ligero(a) light (weight and color)

Conjunción
aunque although

Adverbio
de nuevo again

Expresiones útiles
estar a dieta to be on a diet
hacer ejercicio to exercise
irse de parranda to go on a binge

¿Qué pasó?

1. Cada bocado que Chonín come, le _____.
2. Cuando ella tenía diez años, comía _____.
3. Hoy parece que siempre _____.
4. Ayer comió un desayuno que consistió en _____.
5. Caminó a su apartamento para _____.
6. Después de oler el chocolate, ella _____.
7. ¿Puede Ud. resistir la tentación de comer algo? ¿Tiene Ud. una voluntad fuerte? ¿Puede describir una situación en que Ud. no haya podido resistir la tentación?
_____.

Más vocabulario útil

Al entrar en un restaurante, Ud. puede decir:

Tengo **reservas** / **reservaciones** para las nueve.

Prefiero una mesa en **la sección de fumar (no fumar).**

¿Cuáles son **los entremeses** / **las sopas** / **las entradas** especiales?

¿Qué hay de **legumbres** / **huevos** / **pescados** / **mariscos** / **carnes**?

Estoy **listo(a)** para **pedir**.

¿Dónde **dejo la propina**?

Vocabulario

El (la) mozo(a) / camarero(a) / mesero(a) puede decirle a Ud.:

Buen provecho / apetito.

¿Qué le **apetece**?

El servicio y el impuesto están incluídos en **la cuenta.**

La especialidad de la casa es. . . .

Para comentar la comida, Ud. puede decir:

Vale la pena probarla.

¡Qué **sabrosa**!

Este pedazo tiene **un sabor** exquisito.

La merienda tiene **un gusto** maravilloso.

Y, no **se desespere** si se **da un bocado** demasiado, porque **al fin y al cabo**, se puede **dar un paseo** después de comer.

Investiguemos un poco

1. Some Spanish nouns are formed by using the first person singular form of a verb (if the noun is masculine) or the third person singular of the verb (if the noun is feminine). What nouns come from these verbs? Give the meanings of the verbs and nouns.

	Verb	Noun	Meanings
a.	almorzar (ue)	el _____	_____
b.	desayunar	el _____	_____
c.	cenar	la _____	_____
d.	gustar	el _____	_____
e.	pesar	el _____	_____
f.	probar (ue)	la _____	_____
g.	merendar (ie)	la _____	_____
h.	reservar	la _____	_____
i.	contar (ue)	la _____	_____
j.	cocinar	la _____	_____

2. **Apetecer** ("to please," "to appeal to"; "to feel like eating") and **fallar** ("to lack," "to fail") are used like the verb **gustar**. How would you say:

   a. Does this soup appeal to you?

   b. My will power failed me.

6 ¿Puede Ud. resistir la tentación?

MARISQUERIA - RESTAURANTE
La Trainera
VIVEROS PROPIOS
☆ Lagasca, 60
Teléfs. 276 80 35
276 05 75
Mariscos recibidos por avión

¿Le apetecen los mariscos? ¿Por qué no va a comer en este restaurante?

3. You saw the suffix **ísimo(a / os / as)** in this monologue (**pequeñísimo**). This suffix can be added to the last consonant of a singular adjective to give it the meaning "very, extremely" + *adjective*. How would you express this idea with the adjectives in italics? (Remember agreement and spelling changes.)

    a. Los bombones son *sabrosos*.
    b. Compré un pedazo *pequeño*.
    c. El menú es *largo*.
    d. Es un postre *rico*.
    e. Andrea está *feliz* cuando come en ese restaurante.

4. The verb **oler** ("to smell") is irregular in the present indicative (**huelo, hueles, huele, olemos, oléis, huelen**) and in the present subjunctive (**huela, huelas, huela, olamos, oláis, huelan**).

5. **Al** + *infinitive* has the English equivalent of "when, upon + *ing*." (In English we use the present participle.) How would you say the following?

    a. When having breakfast...
    b. Upon ordering the appetizer...
    c. When reserving the table...
    d. Upon smelling chocolate...

6. Both **salir** and **dejar** mean "to leave." **Salir** is to physically leave and **dejar** means to leave something behind. (**Dejar** also means "to allow" and "to stop" when followed by **de** and an infinitive.) Which verbs would you use to complete these sentences?

    Al _____, noté que (yo) _____ mi almuerzo en casa. Mi jefe no me _____ _____ para almorzar; pues, es un problema: no sé qué voy a comer hoy.

7. The verb **volver**, followed by **a** and an infinitive, means "to + *verb* again." For example, **él vuelve a comer** means "he's eating again." How would you say the following?

    a. We're tasting the snack again.
    b. She's losing weight again.

Investiguemos un poco

Practiquemos

A En el restaurante. Asocie una palabra de la segunda columna con una de la primera. Luego, haga frases completas con las combinaciones de palabras.

Modelo: *pedir - entremés*
Siempre pido un entremés diferente en aquel restaurante.

1. _____ reservas
2. _____ el servicio y el impuesto
3. _____ una buena moza
4. _____ dar un bocado
5. _____ la voluntad
6. _____ desayunar
7. _____ estar a dieta
8. _____ apetecer
9. _____ probar
10. _____ oler

a. la cuenta
b. los postres
c. la sección de fumar / no fumar
d. adelgazar
e. la especialidad de la casa
f. una comida sabrosísima
g. engordar
h. jugo de naranja
i. irse de parranda
j. una propina grande

B Los gustos personales. Conteste las preguntas. Luego, hágaselas a un(a) compañero(a) de clase, tuteándose, claro.

1. ¿Comió Ud. bien o mal ayer? ¿Cuántas veces comió? ¿Qué comió?
2. ¿En qué consiste su comida favorita? ¿Y su merienda favorita?
3. ¿Cuándo fue la última vez que Ud. cenó en un buen restaurante?
4. Describa un restaurante bueno y uno malo.
5. ¿Qué come cuando le falla la fuerza de voluntad?
6. ¿Qué recomienda Ud. que una persona coma si quiere adelgazar? ¿Qué recomienda Ud. que una persona coma si quiere engordar?
7. ¿Le gusta a Ud. cocinar? ¿Qué sabe cocinar bien?
8. ¿Le gusta a Ud. la comida picante (*spicy*)? ¿Por qué sí o por qué no?
9. ¿Se va Ud. de parranda mucho? Describa la última vez que lo hizo.

6 ¿Puede Ud. resistir la tentación?

C Encuentros personales

1. You and three friends are going to prepare a meal for six other friends. Decide who plans the menu, what to prepare, who goes shopping where, who cooks what, who cleans up, etc. Be organized and have fun!

2. You go to a restaurant with a friend. He or she makes suggestions for each course of the meal. You disagree and suggest alternatives, giving your reasons.

3. Use **Apéndice I** and act out a variety of role-plays. Suggestions: two students can play the roles of a few customers, or the whole class can put on a restaurant scene with the Maître d'hotel, cashier, waiters and waitresses, cooks and customers. Try to make your role-plays as authentic as possible.

Enfoquemos el idioma

Palabras afirmativas y negativas
Affirmative and Negative Words

These words are used in affirmative statements and questions:

algo something
alguien someone, somebody
alguno some, any
siempre always
algún día someday
también also, too
o . . . o either . . . or

These words are used in negative statements and questions:

nada nothing, not anything
nadie no one
ninguno no, none, not any
nunca / jamás never
nunca never
tampoco neither
ni . . . ni neither . . . nor

Affirmative:

Ramón **siempre** come **algo** bueno en ese restaurante.

Ramón always eats something good in that restaurant.

Negative:

Ramón **nunca** come **nada** bueno en ese restaurante.

Ramón never eats anything good in that restaurant.

▶ In a negative sentence, all of the affirmative words must be made negative, making a multiple negative grammatically correct and often mandatory in a Spanish sentence.

No pide **nada nadie** en ese restaurante.

No one orders anything in that restaurant.

Enfoquemos el idioma

157

▶ **Alguno** and **ninguno** are adjectives and must agree with the nouns they modify. In addition to the **o, a, os, as** endings, both **alguno** and **ninguno** drop the final **o** before a masculine singular noun and add an accent.

Algún día voy a comprar un restaurante.

Ningún restaurante me interesa ahora.

The plural of **ninguno** is used only when a noun is inherently plural, such as **gafas** *(eyeglasses)*.

¿Hay **algunas** gafas baratas? No, no hay **ningunas** (gafas).

With all other nouns, the singular is used.

¿Sirven **algunos** pescados? No servimos **ninguno** (pescado).

▶ **Alguien** and **nadie** refer only to people, whereas **alguno** and **ninguno** can refer to people and things.

Alguien pide **algunas** comidas picantes.

Nadie pide **ninguna** comida picante esta noche.

▶ If a negative word precedes the verb, **no** is not needed; when there is no negative word before the verb, **no** is used.

Nunca pide **nada** picante.
No pide **nada** picante **nunca.**

He never orders anything spicy.

▶ **Jamás** is a synonym of **nunca,** but it is used less frequently. In affirmative statements and questions, it means "ever."

¿Has ido **jamás** a este restaurante? *Have you ever gone to this restaurant?*

Practiquemos

D **Un cliente no muy satisfecho.** Roberto va por primera vez a un restaurante nuevo con un amigo. El amigo le hace a Roberto las siguientes preguntas. Roberto las contesta todas negativamente.

1. ¿Jamás has venido a este restaurante?
2. ¿Conoces a alguien aquí?
3. No entiendo el menú. ¿Lo entiendes tú?
4. ¿Vas a pedir algunos entremeses?
5. ¿Planeas probar algo picante?
6. ¿Quieres volver aquí a comer algún otro día?

E **En la residencia estudiantil.** Joaquín es un estudiante nuevo. Quiere saber todo respecto a la comida de la universidad. Conteste sus preguntas.

Modelo: ¿Comes el desayuno o el almuerzo? (merienda / cena)
No como ni el desayuno ni el almuerzo. Como una merienda o una cena.

6 ¿Puede Ud. resistir la tentación?

1. ¿Siempre comes algo para el desayuno? (almuerzo)
2. ¿Quieres probar algunas sopas? (huevos)
3. ¿También te apetece el pollo? (hamburguesas)
4. ¿Alguien de la residencia cocina hoy? (mañana)
5. ¿Crees que planean servir mariscos algún día? (pescado)

F Encuesta personal. Conteste las preguntas. Luego, hágaselas a un(a) compañero(a) de clase, tuteándose, claro.

1. ¿Cómo es la cafetería de su universidad? ¿Qué sirven siempre? ¿Qué no sirven nunca? ¿Cuáles son algunas de sus preferencias respecto a la comida?
2. Cuando Ud. come en un restaurante, ¿siempre pide la misma cosa? ¿Por qué?
3. ¿Puede Ud. recomendar algunos buenos restaurantes por aquí para celebrar alguna fecha importante? ¿Por qué los recomienda?
4. ¿Jamás ha olvidado dejar una propina? ¿Es necesario dejar una propina? ¿Cuándo no le deja Ud. una propina al (a la) camarero(a)?

Enfoquemos el idioma

Los verbos reflexivos
Reflexive Verbs

A reflexive verb is one whose object is the same as the subject. The subject performs the action on itself rather than on something else. A reflexive verb in Spanish has the reflexive object pronoun **se** attached to the infinitive. When conjugating a reflexive verb, the pronoun **se** changes to agree with the subject.

levantarse

yo	**me** levanto	nosotros	**nos** levantamos
tú	**te** levantas	vosotros	**os** levantáis
él / ella / Ud.	**se** levanta	ellos / ellas / Uds.	**se** levantan

▶ When a reflexive verb is not conjugated, the reflexive pronoun must still agree with the subject.

Martín no quiere reunir**se** con nosotros para cenar.	*Martín doesn't want to get together with us for dinner.*
¿Quieres reunir**te** con nosotros?	*Do you want to meet us?*
Vamos a reunir**nos** con Héctor y Teresa.	*We're going to meet Héctor and Teresa.*

Enfoquemos el idioma

El cliente **se** sirve.

El camarero **le** sirve al cliente.

El cocinero **le** prepara un bocadillo a Chonín.

Chonín **se** prepara un bocadillo.

▶ The position of the reflexive pronoun follows the same rules as those for direct and indirect object pronouns; when there are two pronouns, the reflexive comes first.

Ellos **se** sirven la cena.	**Sírvansela** Uds.
Se la sirven.	No **se la** sirvan Uds.
Insisto en que **se la** sirvan.	Sirvámo**nosla*** nosotros.
Están sirviéndo**sela.**	Servíos**la*** vosotros.

▶ Many verbs can be used reflexively or nonreflexively. When they are nonreflexive, the subject does something to someone or to something else; when they are reflexive, no second person or thing is involved.

*Notice that the **s** of the **nosotros** affirmative command and the **d** of the **vosotros** affirmative command are dropped before the reflexive pronoun is added.

6 **¿Puede Ud. resistir la tentación?**

Here is a list of other verbs used in this manner.

nonreflexive (action done to someone or something else)	reflexive (action done to self)
aburrir to bore	aburrirse to become bored
acostar (ue) to put to bed	acostarse (ue) to go to bed
afeitar to shave (someone)	afeitarse to shave (oneself)
apurar to rush	apurarse to hurry up
asustar to frighten	asustarse to become frightened
calmar to calm	calmarse to calm down
callar to silence	callarse to shut up, be quiet
cansar to tire	cansarse to become tired
casar to marry (officiate)	casarse to get married
decidir to decide	decidirse to make up one's mind
despedir (i) to fire, to dismiss	despedirse (i) to say good-bye
despertar (ie) to awaken, to enliven	despertarse (ie) to wake up
divertir (ie) to amuse	divertirse (ie) to have a good time
enojar to anger	enojarse to become angry
hacer to make, to do	hacerse to become
lastimar to hurt	lastimarse to get hurt
lavar to wash	lavarse to wash (oneself)
llamar to call	llamarse to be named
poner to put, to place	ponerse to put on; to become
preocupar to worry (someone)	preocuparse to be worried
preparar to prepare	prepararse to get ready
quedar to be located; to be; to be left	quedarse to remain, to stay
quitar to take away	quitarse to take off
reunir to gather	reunirse to meet, to get together
servir (ie) to serve	servirse (ie) to serve oneself
vestir (i) to dress	vestirse (i) to get dressed
volver (ue) to return	volverse (ue) to become

▶ **Ponerse, hacerse**, and **volverse** all mean "to become," but have different uses.

Ponerse is used with adjectives to describe an emotional, physical, or psychological change that is not constant.

Me puse contenta después de comer.

Hacerse implies an intent or some voluntary effort on the part of the speaker and can be followed by nouns and, rarely, adjectives.

Susana **se hizo cocinera** en un restaurante buenísimo.

Enfoquemos el idioma

Volverse indicates that a radical change has taken place in a person. It can be followed by nouns, but is most commonly used in the expression **volverse loco**.

Nos volvimos locos de risa *(laughter)* en el café.

▶ Some verbs have a slight change of meaning when used reflexively. These verbs do not necessarily involve another person.

beberse to drink all up	**marcharse** to go away; to leave
caerse to fall down	**morirse (ue)** to die
comerse to eat all up	**negarse (ie)** to refuse
dormirse (ue) to fall asleep	**parecerse a** to resemble
irse to go away; to leave (departure emphasized)	**perderse (ie)** to miss out on
	saltarse to skip, to omit
llevarse con to get along with	**sentirse (ie)** + *adjective* to feel

Me llevo bien con Pablo.   *I get along well with Pablo.*
Paco se parece mucho **a** su padre.   *Paco looks a lot like his father.*

▶ After a reflexive verb, the definite article, rather than the possessive adjective, is usually used with clothing and parts of the body.

Me quito la chaqueta al entrar en el restaurante.   *I take off my jacket when entering the restaurant.*

Se lavó las manos antes de comer.   *He washed his hands before eating.*

▶ The plural reflexive pronouns **nos, os**, and **se** can be used to express the idea "each other," "one another." This is called a reciprocal reflexive construction.

Nos invitamos a cenar.   *We invite each other to dinner.*
¿Os dais recetas?   *Do you give each other recipes?*
Se reconocieron en el restaurante.   *They recognized each other in the restaurant.*

¿SE HA SENTIDO SATISFECHA DE SU FIGURA EN ESTAS VACACIONES DE VERANO?

AHORA ES EL MOMENTO DE RENOVAR EL CUERPO ESBELTO Y SANO QUE ECHAS DE MENOS

No te conformes con pobres e ineficaces imitaciones, sólo los 25 años de prestigio y garantía de VOTRE-LIGNE y EL PRESIDENTE te pueden asegurar y dar resultados.

El grupo VOTRE LIGNE, EL PRESIDENTE y CORONA DE LA TORRE siempre en vanguardia, le ofrece sus instalaciones de más de 5.700 m² dedicados a la belleza y figura muscular.

Ahora nueva apertura con métodos SLENDER YOU de VOTRE-LIGNE en Puerta de Hierro c/ Isla de Oza, 70. Tfono.: 216 68 85

★ 5 GIMNASIOS
★ 7 SAUNAS
★ 7 PISCINAS DE «HIDROMASAJE»
★ 2 PISCINAS CUBIERTAS
★ CIRCUITOS DE «JOGGING» COMPUTERIZADOS
★ AEROBIC-AVANZADO Y PRINCIPIANTES
★ 5 ESTETICIENS
★ 6 LAMPARAS RAYOS UVA
★ 20 MASAJISTAS
★ PARAMOUNT-BALLY
★ NAUTILUS-UNIVERSAL
★ MAQUINAS PASIVAS
★ MAQUINAS DE GIMNASIA COMPUTERIZADAS
★ BAR-RESTAURANTE SELECTO
★ SUPERVISION MEDICA

This construction often uses **uno a otro** to emphasize and clarify the reciprocal pronoun.

Nos invitamos **uno a otro.**

This structure also differentiates the reciprocal action from the reflexive.

Ellos se hablan **a sí mismos** mientras comen.
They talk to themselves while they eat.

Ellos se hablan **uno a otro** mientras comen.
They talk to each other while they eat.

Practiquemos

G Comentarios en el restaurante. Cambie el sujeto de la frase por los nuevos sujetos entre paréntesis.

Modelo: Me canso después de trabajar. (él)
Se cansa después de trabajar.

1. Ayer nos quedamos en el restaurante hasta las diez. (yo, los clientes, el mozo nuevo, tú)
2. Los clientes van a enojarse si el servicio no es mejor. (el jefe, nosotros, tú, yo)
3. No nos hemos preparado lo suficiente para el número de clientes. (Ud., vosotros, yo, tú)
4. La jefa insiste en que nos pongamos este uniforme ridículo. (yo, tú, vosotros, los mozos)
5. Me había preocupado de que la comida no llegara a tiempo. (el jefe, nosotros, tú, vosotros)

H Una jefa ocupada. Patricia Robles está encargada *(in charge)* de la gran cocina de un restaurante bien conocido. Está encargada de varios empleados. Haga el papel de Patricia y formule mandatos con las siguientes palabras. Diríjaselos a las personas indicadas.

Modelo: callarse (Uds.) *¡Cállense Uds.!*

1. apurarse (tú) porque hay mucho que hacer
2. no reunirse (Uds.) en la cocina
3. calmarse (nosotros) inmediatamente
4. no lastimarse (Ud.) con el cuchillo *(knife)*
5. preocuparse (nosotros) por la calidad de la comida
6. no cansarse (tú) demasiado
7. comerse (nosotros) la comida que no servimos
8. no sentarse (Uds.) cuando hay clientes que esperan
9. llevarse (tú) bien con el cocinero
10. no quejarse (Ud.) enfrente de los clientes
11. divertirse (Uds.) mientras trabajan

Enfoquemos el idioma

La gente se divierte comiendo. ¿Qué comen? ¿Tiene Ud. hambre?

I **¿Qué hacemos?** Un grupo de amigos salimos juntos a cenar. Conteste las preguntas con mandatos siguiendo el modelo.

Modelo: Estudiante 1: *¿Vamos a prepararnos para salir?*
Estudiante 2: *Sí, preparémonos.*
Estudiante 3: *Preparáos vosotros, yo no.*

1. ¿Vamos a sentarnos a esta mesa?
2. ¿Vamos a pedirnos algo exótico?
3. ¿Vamos a comernos toda la ensalada?
4. ¿Vamos a bebernos toda el agua?
5. ¿Vamos a irnos satisfechos?

J **Una noche para recordar.** Decida si los verbos necesitan el pronombre reflexivo o no. Luego, dé la forma correcta de los verbos. Tenga cuidado con los tiempos verbales.

Yo _____ (llamar/se) Antonio. El año pasado _____ (conocer/se) a Luisa. La semana pasada hice una cita con ella para celebrar nuestro primer aniversario. Yo iba a _____ (reunir/se) con Luisa a las ocho en el restaurante.

Yo _____ (apurar/se) en el trabajo para terminar rápidamente. Eso _____ (enojar/se) a mi jefe. Creía que me iba a _____ (despedir/se). Le expliqué que _____ (preocupar/se) por la cita con mi novia. El no dijo mucho; él y yo _____ (entender/se) bien uno al otro.

Finalmente salí del trabajo a las seis y media. Volví a casa, _____ (lavar/se), _____ (vestir/se) elegantemente y salí. Iba rumbo al *(on the way to)* restaurante cuando vi una luz roja que me _____ (asustar/se). ¡Era la policía y no sabía qué había hecho! Pues, resultó que una luz de mi coche no funcionaba. Le dije que la iba a reparar inmediatamente. El _____ (despedir/se) de mí y me dejó ir.

6 **¿Puede Ud. resistir la tentación?**

Llegué al restaurante y _____ (reunir/se) con Luisa. ¡Ella _____ (parecer/se) a una reina! Yo _____ (sentar/se) primero a ella y luego (yo)_____ (sentar/se) a la mesa que estaba muy romántica. Comimos langosta. Todo era muy romántico, aunque el servicio no fue bueno.

Pero, no importa. Yo no quería _____ (perder/se) la oportunidad perfecta. Yo _____ (sentir/se) nervioso, pero _____ (haber + decidir/se) que iba a preguntarle a Luisa hoy si quería _____ (casar/se) conmigo. Ella _____ (poner/se) muy contenta y me dijo que sí. Yo _____ (volver/se) loco de alegría. Nosotros vamos a _____ (casar/se) en seis meses.

K Temas escritos

1. Planee una celebración para una persona muy especial. Ud. va a llevarlo(la) a su restaurante favorito. Describa cómo va a invitar a esa persona tan especial (puede escribirle una invitación), por qué, adónde van a comer, qué van a comer, el servicio y la comida del restaurante.

2. Ud. quiere adelgazar o engordar. Planee una dieta especialmente para Ud. Incluya las comidas que debe comer y las que no debe comer. Explique posibles maneras de resistir la tentación de no comer lo que no debe.

3. Escriba una narración sobre una comida grande que Ud. cocinó para alguien. ¿Cómo planeó la comida? ¿Dónde compró los comestibles? ¿Qué cocinó?

Ahora, leamos

Para su comprensión

1. The poem you are about to read is called an ode. An ode is a poem that exalts an object, person, or quality. It can be lyrical, rhymed and often very elaborate. To what objects, people, or qualities might you address an ode?

2. This poem is an ode to an artichoke. What would you associate with an artichoke? Make a list of characteristics, associations, and uses for this vegetable. Use your imagination.

3. Reading poetry is different from reading prose. Sounds and words that are repeated, and images and comparisons made are all more significant in a poem because the poet must convey his or her message in fewer words than a prose writer. Practice reading "Oda a la alcachofa" aloud and make note of repeated sounds and words, as well as of images and comparisons.

Antes de leer

1. "Oda a la alcachofa" contains several reflexive verbs. Make a list of the reflexive verbs used and the subject of each.

2. As you learned in Chapter 5, prefixes can help you guess the meanings of unknown words. Here are some prefixes and root words. Can you guess the

meanings of the new words used in the poem?

Root Word	Meaning	New Word	Meaning
des — opposite or negative of root word			
vestir	*to dress*	**desvestir**	_____
re — to do again			
secar	*to dry up*	**resecar**	_____
sub — under, sub			
el suelo	*floor, ground*	**el subsuelo**	_____

3. One false cognate, **realizar**, appears in this poem. **Realizar** does not mean "to realize" in the sense of understanding, but rather in the sense of "to achieve something." Here is a list of true cognates from the poem. What are their meanings?

erecta	**el orégano**	**examina**	**una botella**
impermeable	**perfumar**	**observa**	**el vinagre**
se dedicó	**la detonación**	**un par**	**sumerge**

4. Punctuation can help you understand a poem, as can grammatical structures. Be sure to read following the punctuation marks and try to identify all subjects, verbs, and objects during your first readings of the poem.

Pablo Neruda (1904–1973) fue un poeta chileno de gran fama mundial. Escribió numerosas obras de poesía, que fueron traducidas a muchas lenguas. Veinte poemas de amor y una canción desesperada, Residencia en la tierra, Canto general *y* Odas elementales *son algunas de sus obras más famosas. Neruda habla de muchos temas en sus poemas: la política, el amor, la naturaleza, la sencillez de la vida. Por esta poesía de valor universal, ganó el Premio Nóbel de Literatura en 1971.*

Oda a la alcachofa
por Pablo Neruda
▲▲▲▲▲▲▲▲▲▲

tierno corazón tender heart
guerrero warrior
cúpula cupola
se mantuvo it kept itself

sus escamas scales, flakes of skin

La alcachofa
de tierno corazón°
se vistió de guerrero°,
erecta, construyó
una pequeña cúpula°,
se mantuvo°
impermeable
bajo
sus escamas°,
a su lado

6   ¿Puede Ud. resistir la tentación?

se encresparon bristled, stood on end	los vegetales locos
	se encresparon°,
	se hicieron
zarcillos tendrils	zarcillos°, espadañas°,
espadañas bulrushes	bulbos conmovedores°,
bulbos conmovedores poignant, moving bulbs	en el subsuelo
	durmió la zanahoria°
la zanahoria carrot	de bigotes° rojos,
bigotes mustaches	la viña°
la viña vineyard	resecó los sarmientos°,
resecó los sarmientos scorched the vine shoots	por donde sube el vino,
	la col°
la col cabbage	se dedicó
faldas skirts, covers	a probarse faldas°,
	el orégano
	a perfumar el mundo,
	y la dulce
	alcachofa
el huerto el jardín	allí en el huerto°
	vestida de guerrero,
bruñida polished	bruñida°
una granada pomegranate; grenade	como una granada°,
orgullosa proud	orgullosa°,
	y un día
	una con otra
	en grandes cestos
cestos de mimbre wicker baskets	de mimbre°, caminó
	por el mercado
	a realizar su sueño:
la milicia servicio militar	la milicia°.
hileras rows	En hileras°
marcial militar	nunca fue tan marcial°
la feria fair	como en la feria°,
	los hombres
	entre las legumbres
	con sus camisas blancas
	eran
mariscales marshals	mariscales°
	de las alcachofas,
las filas apretadas tight rows	las filas apretadas°,
las voces voices	las voces° de comando,
	y la detonación
una caja crate, box	de una caja° que cae,
	pero
	entonces

He aquí una escena típica en un mercado al aire libre. Aquí la gente escoge lo que quiere comprar y luego regatea *(bargains)* para conseguir el mejor precio. ¡Es muy divertido!

Ahora, leamos

viene
María
con su cesto,
escoge
una alcachofa,
no le teme,
la examina, la observa
contra la luz como si fuera° un huevo,
la compra,
la confunde°
en su bolsa
con un par de zapatos,
con un repollo° y una
botella
de vinagre
hasta
que entrando a la cocina
la sumerge en la olla°.
Así termina
en paz
esta carrera
del vegetal armado
que se llama alcachofa,
luego
escama por escama
desvestimos
la delicia
y comemos
la pacífica pasta°
de su corazón verde.

como si fuera as if it were
la confunde she mixes it up
un repollo head of cabbage
la olla pot
la pacífica pasta the peaceful pulp, meat

(This poem was reprinted with permission.)

Reaccionemos

L ¿Comprendió Ud. el poema? Conteste las preguntas de acuerdo con el desarrollo del poema. Trate de usar sus propias palabras.

1. ¿Cómo se vistió la alcachofa?
2. ¿Qué construyó? ¿Para qué le sirven las escamas?
3. ¿Qué cosas viven al lado de la alcachofa? ¿En qué se convirtieron?
4. ¿Qué ocurre en el subsuelo?

5. ¿Qué hizo la viña?
6. ¿A qué se dedicó la col? ¿Y el orégano?
7. ¿Con qué compara Neruda la alcachofa en el huerto? ¿Qué características tiene?
8. ¿Adónde van las alcachofas? ¿Cómo van?
9. ¿Cuál es el sueño de una alcachofa?
10. ¿Qué diferencia existe entre las hileras de alcachofas en el jardín y las filas en la feria?
11. ¿Cómo son las voces en la feria? ¿Qué ruido *(noise)* hace una caja de alcachofas al caer?
12. ¿Quién aparece en la feria? ¿Qué tiene ella? ¿Qué hace?
13. ¿Cómo escoge ella una alcachofa? ¿Dónde la pone? ¿Qué otras cosas hay junto a la alcachofa?
14. Cuando ella entra en la cocina, ¿qué hace con la alcachofa? ¿Cómo termina la vida de esta legumbre?
15. ¿Qué hacemos nosotros con la alcachofa?

M Analicemos el poema más profundamente.

1. Al analizar un poema, a menudo es bueno hacer listas de ideas, palabras, comparaciones, etc. que tienen algo en común. Haga Ud. tres listas de todas las palabras que se refieren a lo militar, a la paz y a la comida.
2. La personificación es una técnica que usa Neruda en el poema. Haga una lista de todas las características o acciones humanas que tienen las legumbres del poema.
3. ¿Cuáles son los colores que usa Neruda? ¿Qué describen estos colores? ¿Qué representan los colores?
4. Una metáfora es una comparación implícita entre dos cosas diferentes. ¿Qué metáfora(s) usa Neruda en el poema? Explíquese usando referencias específicas al poema para defender su respuesta.
5. Neruda describe "la dulce" alcachofa "de tierno corazón." Pero la describe en términos militares. ¿No es esto una contradicción? Explique.

N Solicitamos su opinión.

1. ¿Es una alcachofa un objeto al que se debe escribir una oda? ¿Por qué?
2. ¿Con qué característica de la alcachofa empieza el poema? ¿Cómo termina? En su opinión, ¿qué sugiere Neruda?
3. ¿Cuál es el tema del poema? Defienda su respuesta con referencias específicas al poema.
4. ¿Quién es María? ¿Por qué cree Ud. que Neruda escogió este nombre? ¿Qué representan las acciones de María? ¿Qué representa María?

Reaccionemos

O Temas escritos

1. Escoja un tema y escriba una oda.
2. En el poema, Neruda compara detalladamente la alcachofa con un guerrero. ¿Es una comparación absurda o lógica? Explique su opinión en una composición. Emplee imágenes del poema para defender su opinión.

P Asociaciones.   Con un(a) compañero(a) de clase, haga asociaciones con estas comidas. Es necesario escribir una lista de estas asociaciones para discutirlas con toda la clase. Piense Ud. en la apariencia de las comidas, sus usos, lo que representan, etc.

el tomate	la cebolla *(onion)*	las papas fritas *(French fries)*
el pan	el vino	el aceite

Por pura coincidencia, Neruda ha escrito odas a estas comidas también. Vaya Ud. a la biblioteca y busque otra oda para leer y compartir con la clase, si quiere. Consulte la introducción sobre Neruda para encontrar los títulos de sus obras.

Enfoquemos el idioma

El subjuntivo en oraciones adjetivales
The Subjunctive in Adjective Clauses

As we learned in Chapter 3, the subjunctive is used in noun clauses after expressions of influence, doubt, emotion and commentary. Review these examples of the subjunctive in noun clauses:

Permito que Ud. **haga** las reservaciones en el restaurante.	*I'll allow you to make the restaurant reservations.*
¿Hay duda que **puedas** comer bien aquí?	*Is there doubt that you can eat well here?*
Es bueno que ellos **coman** más legumbres.	*It's good that they're eating more vegetables.*
Nos alegramos de que te **gusten** las alcachofas.	*We're glad that you like the artichokes.*

▶ The subjunctive is also used in some adjective clauses. An adjective (or relative) clause is an entire clause that functions as an adjective (modifies a noun). The boldface words in these sentences modify the noun **hombre.**

Conozco a un hombre **delgado.** Conozco a un hombre **que es delgado.**

▶ In adjective clauses, when the existence of the noun is known and identifiable, the indicative is used in the subordinate clause.

Hay una señorita que **busca** alcachofas. (existence of the modified noun is certain)

6 ¿Puede Ud. resistir la tentación?

▶ When the existence of the noun is unknown, questioned, denied or uncertain, the subjunctive is necessary.

¿Hay alguien aquí que **busque** alcachofas? (questions existence)

No, no hay nadie aquí que **busque** alcachofas. (existence denied)

▶ In adjective clauses, the mood of the verb will show whether or not the person or thing modified exists in the eyes of the speaker.

Busco un restaurante que { **es** bueno. / **sea** bueno. }

In the first sentence, the choice of the indicative implies that such a restaurant exists and that the speaker can identify it. The choice of the subjunctive in the second sentence implies uncertainty as to the existence of such a restaurant.

▶ The absence of the personal **a** can often indicate the uncertain existence of the direct object noun and thus cue the subjunctive. Compare these sentences.

| Busco una (la) persona que **pueda** recomendarme un buen restaurante. | *I'm looking for a (the) person who can recommend a good restaurant to me.* |
| Busco a una (la) persona que **puede** recomendarme un buen restaurante. | *I'm looking for a (the) person who can recommend a good restaurant to me.* |

The existence of the noun in the first sentence is uncertain, as shown by the use of the subjunctive. The existence of the noun in the second sentence is certain, as shown by the indicative. Note the use of the definite or indefinite article does not determine the certainty of the existence of a noun.

The personal **a** is used with **alguien** and **nadie** when they are the direct object, whether the existence of the noun is certain or uncertain.

Conozco **a alguien** que **cocina** bien. (existence certain)

Quiero conocer **a alguien** que **cocine** bien. (existence uncertain)

No conozco **a nadie** que **cocine** bien. (existence denied)

▶ After **tener** and **hay,** the personal **a** is usually omitted.

Tengo alguien aquí que **sabe** preparar comida japonesa. (existence certain)

Hay alguien aquí que **sabe** preparar comida japonesa. (existence certain)

No hay nadie aquí que **sepa** preparar comida japonesa. (existence denied)

Practiquemos

Q. Marcos busca un gimnasio para adelgazar. Complete las frases con la forma correcta del verbo que está entre paréntesis.

Cerca de donde vive Marcos, hay varios clubes que _____ (ser) excelentes. Primero está el club de salud que _____ (ofrecer) programas especialmente para las personas que quieren adelgazar. Marcos no cree que

Enfoquemos el idioma

_____ (haber) otro club que _____ (tener) programas tan buenos como éste. Ofrece buenos programas de ejercicio; también hay programas para controlar el peso que _____ (ser) excelentes. Al lado de este club está el Club Internacional que _____ (tratar) de _____ (atraer — *to attract*) a personas de fama internacional. Se dice que este club les _____ (dar) atención especial a los clientes que _____ (ser) actores o modelos. Marcos necesita un club que _____ (cumplir) con sus necesidades. Busca un club que le _____ (dar) un buen programa de ejercicios y uno que lo _____ (motivar) a adelgazar. Espera también que _____ (poder) _____ (encontrar) un club que _____ (estar) en su barrio.

R **Fernando necesita ayuda.** El restaurante de Fernando acaba de abrir. Esta es la primera vez que él tiene un restaurante en los Estados Unidos y necesita ayuda. Siga el modelo y practique este ejercicio con dos compañeros de clase.

Modelo: comidas especiales / recomendar (Uds.)
Persona 1: (Forme preguntas a partir de las palabras que se dan.)
¿Hay comidas especiales que recomienden Uds.?
Persona 2: (Conteste negativamente.)
No, no hay comidas especiales que recomiende yo.
Persona 3: (Conteste afirmativamente.)
Sí, hay comidas especiales que recomiendo yo.

1. entradas norteamericanas / ser sabrosas
2. entremeses / deber evitar (yo)
3. postres especiales / preparar las pastelerías
4. confiterías / estar cerca de aquí
5. bodegas / vender vinos de varios países
6. cocineros buenos / buscan trabajo

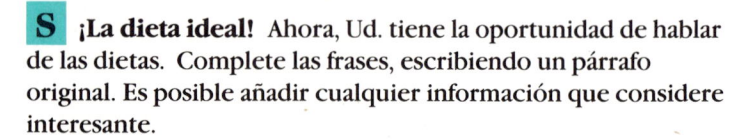

S **¡La dieta ideal!** Ahora, Ud. tiene la oportunidad de hablar de las dietas. Complete las frases, escribiendo un párrafo original. Es posible añadir cualquier información que considere interesante.

1. ¿Existe la dieta que . . . ?
2. Espero encontrar una dieta que . . . .
3. Es evidente que todos mis deseos gastronómicos . . . .
4. Quiero conocer una persona que . . . .
5. Ahora no conozco a nadie que . . . .
6. Es importante que mi dieta . . . .
7. También es necesario que . . . .
8. Es muy probable que . . . .

Enfoquemos el idioma

El subjuntivo en oraciones adverbiales
The Subjunctive in Adverbial Clauses

Just as in noun clauses and adjective clauses, the subjunctive is often used in adverbial clauses. An adverbial clause is a clause that begins with a conjunction and that functions as an adverb. An adverbial clause may follow or precede an independent clause.

Como la cena cuando regreso del trabajo.	*I eat dinner when I return*
Cuando regreso del trabajo, como la cena.	*from work.*

▶ The use of the subjunctive in an adverbial clause depends on the conjunction used and the meaning of the sentence.

The following conjunctions set up conditions or purposes not yet met and always require the subjunctive.

para que so that	**con tal (de) que** provided that
a fin de que so that	**sin que** without
a que so that	**a no ser que** unless
en caso (de) que in case (that)	**a menos que** unless
antes de que before	
a condición (de) que on the condition	

Fernando hace ejercicios **para que** también los **haga** su padre.	*Fernando does exercises so that his father does them too.*
Vamos al restaurante **con tal de que haya** comida mexicana.	*We'll go to the restaurant provided that there's Mexican food.*

▶ The indicative is used with **de modo que** and **de manera que** *(so that),* to express logically inferred or known and experienced, consequence and result.

Les dimos la fiesta en el restaurante **de modo que ahora saben** que nos importan.	*We gave them the party at the restaurant so that now they know we care about them.* (Result: They know this.)

When the subjunctive is used, an as yet unrealized purpose is expressed.

Les damos la fiesta en el restaurante **de modo que sepan** que nos importan.	*We're giving them the party at the restaurant so that they'll know we care about them.* (Purpose: We want them to know this.)

Enfoquemos el idioma

ABOGADO

John B. Shorton

PARA CUANDO USTED NECESITE
ASISTENCIA LEGAL

▶ These conjunctions are followed by either the subjunctive or the indicative, depending on the meaning of the sentence.

cuando when	**a la vez que** at the same time
en cuanto as soon as	**aunque** although, even if
así que as soon as	**como** as; however
tan pronto como as soon as	**según** as; according to
hasta que until	**donde (adonde)** where
después (de) que after	**de modo que** so that
mientras (que) while	**de manera que** so that

The indicative is used in the subordinate clause when the event has been completed in the past or is known to be a customary action in the present or in the past; it is real and has been experienced.

Ayer hablé con el camarero **después de que** me **sirvió** la comida.

Yesterday I spoke with the waiter after he served me the meal.
(completed action — preterite)

(Todos los días) hablo con el camarero **después de que** me **sirve** la comida.

(Every day) I speak with the waiter after he serves me the meal.
(habitual action in the present — present indicative)

(Todos los días) hablaba con el camarero **después de que** me **servía** la comida.

(Every day) I used to speak with the waiter after he served (used to serve, would serve) me the meal.
(habitual action in the past — imperfect)

The subjunctive is used when an event is anticipated or the action has not yet occurred.

(Mañana) voy a hablar con el camarero **después de que** me **sirva la comida.**

(Tomorrow) I'm going to speak with the waiter after he serves me the meal. (anticipated action — present subjunctive)

Since the simple present indicative may be used in the main clause to indicate a future occurrence, the mood of the subordinate clause carries the necessary information to determine whether the event is a customary action or is anticipated.

6 **¿Puede Ud. resistir la tentación?**

Salgo (Voy a salir) cuando **termine** de comer.	*I'm leaving (going to leave) when I finish eating.* (anticipated action)
Salgo cuando **termino** de comer.	*I leave when I finish eating.* (customary action)

▶ **Cuando, como / según,** and **donde / adonde** have the English equivalents of "whenever," "however," and "wherever," respectively.

—¿Cuándo quieres comer?	*When do you want to eat?*
—Cuando **quieras.**	*Whenever you wish.* (anticipated)
—¿Cuándo comes?	*When do you eat?*
—Cuando **quiero.**	*Whenever I wish.* (customary)

▶ When the subject of the adverbial clause is the same as that of the main clause, an infinitive clause is used instead of a subordinate clause.

Vamos allí especialmente **para pedir** los postres.	*We're going there especially to order the desserts.* (no change of subject)
Vamos allí especialmente **para que yo pueda** pedir los postres.	*We're going there especially so that I can order the desserts.* (change of subject)

Note that these prepositions function as conjunctions when combined with **que: después de, hasta, a fin de, para, con tal de, antes de, sin, en caso de.** Remember that an infinitive is used after these prepositions to indicate there is no change of subject.

Practiquemos

T La comida y sus problemas. A continuación le presentamos parte de una disertación realizada por González Ibaño, experto en la comida y sus problemas. Complete las frases con las formas apropiadas de los verbos que están entre paréntesis.

... Antes de _____ (empezar) nuestra conferencia de hoy, tengo que decirles a Uds. que no puedo darles una fórmula secreta para que _____ (adelgazar). Y sin que yo _____ (saber) la historia médica de cada individuo, no puedo recomendarles nada que _____ (ser) apropiado. Así pues, voy a hablar de unos conceptos generales.

Tan pronto como Uds. _____ (decidirse) a seguir una dieta, hagan una cita con su médico para _____ (evitar) ciertos problemas asociados con una dieta. Muchas personas, cuando _____ (ponerse) a dieta, comen de una manera extrema. Mientras que _____ (deber) comer tres comidas equilibradas, o comen demasiado o no comen bastante. Continúan este programa de extremos hasta que _____ (enfermarse). Después de que alguien _____ (haber / sufrir) de un desorden de alimentación, es difícil reestablecer un buen programa de comidas. A fin de que Uds. no _____ (sufrir) de anorexia nerviosa, diabetes u otra enfermedad, les recomiendo que hablen con su médico ...

Enfoquemos el idioma

U Una reunión especial. Empleando las palabras entre paréntesis, formule oraciones y haga los cambios necesarios.

Modelo: Hoy Bárbara va al centro. Sale del trabajo. (tan pronto como)
Hoy Bárbara va al centro tan pronto como salga del trabajo.

1. Todos los jueves, Bárbara va a una reunión. Termina de trabajar. (después de que)
2. Este jueves, necesita recoger a su amigo, Julio. Va a la reunión. (antes de)
3. Tiene que acompañar a su amigo. Julio tiene bastante fuerza de voluntad. (de modo que)
4. Bárbara sabe que Julio va a estar contento. Llegan a la reunión. (cuando)
5. Los dos van a esta reunión. Pueden adelgazar con la ayuda de otras personas. (para que)
6. (Cuando) Un socio (*member*) nuevo entra a la reunión. Los otros socios aplauden. (para) Le dan motivación.
7. La reunión es en un lugar. Sirven comida especial para personas que quieren adelgazar. (donde)
8. Las directoras del programa les enseñan a los socios. Saben qué comer y cómo preparar la comida. (de manera que)
9. (En caso de que) Cierto programa no cumple (*fulfill*) con las necesidades de una persona. Se sugieren otros programas.
10. Los participantes normalmente adelgazan. Tienen muchas dificultades. (sin)
11. Bárbara y Julio se han decidido a participar en el programa. (hasta que) Adelgazan. (para) Están más satisfechos con su apariencia física.

V Recomendaciones, recomendaciones. Todo el mundo hace recomendaciones respecto a la comida. Escriba Ud. una lista de recomendaciones, usando los elementos de cada columna. Añada cualquier otra información que sea necesaria. No hay que mantener un orden específico.

Recomiendo que	(no) enfermarse	antes de que	adelgazar
Sugiero que	pedir una cita	después de que	desesperarse
Espero que	hablar con un médico	para que	probar nuevos postres
Ojalá que	(no) comprar más bombones	sin que	engordar
Es bueno que	(no) ir a un restaurante	a menos que	enfermarse
Es necesario que	comer más legumbres	cuando	estar a dieta
Es posible que	beber mucha aqua	hasta que	ponerse a dieta
Te pido que	hacer ejercicios	de modo que	parecerse a un(a) modelo

| Te aconsejo que | comer más | en caso de que | ponerse un traje de baño |
| Es fácil que | ir a McDonald's con los amigos | con tal de que | hacerse socio(a) de un club |

W   Fiesta de cumpleaños.   María y Francisco planean una fiesta de cumpleaños para su amigo Toño. Complete las frases de una manera original, usando un verbo diferente en cada una de ellas en su forma correcta.

1. Todavía hay muchas cosas que _____ .
2. Debemos planear el menú en cuanto _____ .
3. Necesito que alguien _____ .
4. Susana, ¿puedes ir a la pastelería para _____ ?
5. Y tú, Alfredo, ¿puedes ir al supermercado de modo que _____ ?
6. Nosotros vamos a decorar el apartamento cuando _____ .
7. Gómez, a no ser que _____, quiero que tú _____ .
8. ¿Hay alguien aquí que _____ ?
9. Ahora, no hay nada que _____ .
10. Bueno. Todo está organizado. Solamente tenemos que esperar hasta que _____ .

Charlemos un poco más

X   Actividades.   Después de haber hablado tanto sobre la comida, ¿tienen Uds. hambre?

1. Preparen Uds. una fiesta gastronómica de comidas hispanas o vayan juntos a la cafetería de la universidad para almorzar o cenar en grupo. Es necesario hablar solamente el español durante la comida. (Otra posibilidad: organicen una "hora de café" cada semana para los estudiantes de español, en la que solamente se hable español.)

Charlemos un poco más

2. Después de comer, escriba un artículo de propaganda para el periódico universitario en el que describa la fiesta hispana de su clase de español.
3. Traduzca su receta favorita al español, usando el diccionario si es necesario.
4. Haga una demostración en clase de cómo preparar varias comidas. Tiene Ud. que hablar español y usar utensilios durante la demostración. (Posibilidades: un sándwich, unas galletas, helado, una torta de fruta, etc.)

Y Debate. Formen Uds. dos grupos para criticar o defender estas ideas.

1. Somos lo que comemos.
2. Los hombres tienen más interés en la apariencia física que las mujeres.
3. Todos debemos ser vegetarianos.

Z Temas escritos

1. ¿Es Ud. crítico(a)? Vaya Ud. a un restaurante y escriba un artículo recomendando o no este restaurante. Hable de los platos, del servicio, de los precios, del ambiente en el restaurante, etc.
2. Comente Ud. alguna(s) de las ideas mencionadas en el Ejercicio **Y**, en una composición bien pensada y organizada.
3. Mire Ud. los dibujos e invente una historia. Use la imaginación.

178 6 ¿Puede Ud. resistir la tentación?

¡Digamos la última palabra!

Sustantivos
el almuerzo lunch
el bocadillo sandwich
el bocado bite (of food)
el (la) camarero(a) waiter (waitress)
la carne meat
la carta menu
la cena dinner
la comida food; meal
la cuenta bill
la entrada main course
el entremés appetizer
la especialidad de la casa house specialty
la fuerza de voluntad willpower
el gusto taste
el huevo egg
el jugo juice *(Lat. Am.)*
el kilo kilogram (roughly 2.2 pounds)
la legumbre vegetable
la libra pound
los mariscos shellfish
el menú menu
la merienda snack
el (la) mesero(a) waiter (waitress)
el (la) mozo(a) waiter (waitress)
la naranja orange
el pedazo piece
el pescado fish
el peso weight
el placer pleasure
el pollo chicken
la propina tip
la reserva reservation
la reservación reservation
la sección de fumar / no fumar smoking / nonsmoking section
la sopa soup
la tentación temptation
el zumo juice *(Sp.)*

Verbos
adelgazar to lose weight
apetecer to appeal; to feel like eating
aumentar to gain, to increase
dejar to allow; to leave (behind)
dejar de + *infinitive* to stop + *ing*
desesperarse to become desperate
desayunar to have breakfast
durar to last
engordar to gain weight
enloquecerse to go crazy (over something)
fallar to fail
levantarse to get up
pedir (i) to order; to request, to ask for
probar (ue) to taste; to try, to test

Adjetivos
delgado(a) thin
ligero(a) light
listo(a) ready; clever
picante spicy
sabroso(a) delicious

Adverbio
de nuevo again

Conjunción
aunque although

Expresiones útiles
al + *infinitive* when, upon + *ing*
al fin y al cabo after all is said and done
Buen provecho / apetito. Enjoy your meal.
dar un bocado to take a mouthful
dar un paseo to take a walk
El servicio y el impuesto están incluidos. The tip and tax are included.
estar a dieta to be on a diet
hacer ejercicios to exercise
irse de parranda to go on a binge
valer la pena to be worthwhile

CAPÍTULO 7

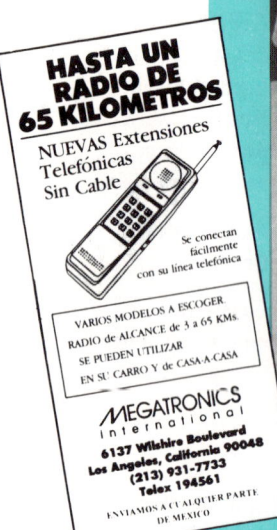

Mass media affects our daily lives; radio, television, newspapers, books, and magazines are some of the sources that influence our ideas and opinions.

How we are viewed and how we view other nations are in large part the results of mass media. We learn what goes on in Hispanic countries through mass media just as other countries learn about us.

The vocabulary in this chapter deals with mass media and the effect it has on our daily lives. The reading selection, "En las sombras del cinematógrafo," takes a step back to movies of "the old days."

Los medios de difusión: ¿Qué opina Ud.?

Charlemos un poco

¿Ve Ud. mucha televisión? ¿Cuáles son sus programas favoritos? ¿Por qué?

¿Escucha la radio con frecuencia? ¿Qué escucha, música clásica, música popular, las noticias?

¿Le gusta debatir sobre lo que pasa en el mundo?

¿Ve Ud. la televisión más para saber lo que pasa en el mundo o para divertirse? ¿Por qué?

¿Qué opiniones tienen otros países de los Estados Unidos por lo que se ve en la televisión y en las películas?

¿Qué opiniones tienen los EE.UU. de otros países por lo que se ve en la televisión y en las películas?

TELEVISION

— Domingo 3 —

PRIMER PROGRAMA

9,00 Sopa de gansos.
(Repetición.)
9,30 Campo y mar.
«Turismo rural: el campo como diversión». Dirección: José María Esteban. Realización: Pilar García Bartolomé.
10,00 El día del Señor. Santa Misa.
Desde la iglesia de Santa María en Torredonjimeno (Jaén). Reportaje: «La víspera del alba» Dirección: Eduardo T. Gil de Muro. Realización: Miguel García Marín.

Vocabulario

Vocabulario personal

Make a list of words and expressions that you would need to discuss the photo and art. Then make a list of Spanish words and expressions you remember concerning mass media and ways to express opinions about them. Finally, make a list of words and expressions you'd like to know in order to discuss this chapter's theme. You may want to consult **Apéndice I** for some ideas.

Empecemos en contexto

You will now read a dialogue between Cecilia and Teresa, two women sharing an apartment. While watching television, they discuss their differences of opinion regarding mass media. As you read, write down the viewpoints of each person. You may want to review the vocabulary in **Palabras prácticas** before you read.

Los puntos de vista de Cecilia: _____

Los puntos de vista de Teresa: _____

Cecilia: A ver si hay algo bueno en la televisión.

Locutor: En las noticias de hoy figuran un asesinato, tres incendios y un terremoto....

Cecilia: ¡Ay! Bastantes problemas tengo para tener que oír de más.

Teresa: Pero, Cecilia, yo sí quiero informarme de los acontecimientos de actualidad.

Cecilia: ¿Para qué? ¿Piensas cambiar el mundo? No me gustan las noticias. Lee el diario o mira una revista si quieres informarte. Los titulares te lo dicen todo. A ver...

Locutor: ... He aquí el próximo episodio de "Hospital Municipal". En el episodio de hoy, la ciudad cae víctima de un terremoto desvastador. Hay mucho que hacer en el hospital.

Cecilia: Esta telenovela me gusta por lo realista.

Teresa: ¡Qué va! Los personajes son estereotipos. Cada día todos sufren crisis tras crisis. Y todos son ricos. Y todos son hermosos.

Cecilia: Esa es tu opinión. Yo prefiero ver una buena telenovela que lidiar con las noticias.

Teresa: Te contradices, boba. Las tramas de tus telenovelas son iguales a las noticias. Hay de todo: espionaje, política, asesinatos, etc. Pero todo... muy exagerado.

Locutor: ¿Quisiera Ud. tener la figura de esta modelo? Adelgace fácilmente y coma todo lo que quiere con Nutrición Mágica....

7 Los medios de difusión: ¿Qué opina Ud.?

Cecilia: Ah. A mí lo que no me gusta son los comerciales.
Teresa: Pero, Cecilia, la publicidad es lo que financia tus preciosas telenovelas. Hay que promover los productos para venderlos.
Cecilia: ¡Esto es el colmo! Oye, ¿qué te parece si vamos al cine? Están pasando una película que ha recibido reseñas muy favorables . . . sobre un *gangster* que se enamora de una mujer muy ingenua y buena.
Teresa: ¿Cómo se llama?
Cecilia: "Erase una vez." Es un cuento de hadas moderno.
Teresa: Bueno, ¡vamos!

▼
Palabras prácticas
▲

Sustantivos
los acontecimientos de actualidad current events
el asesinato assassination
el cine movie theater
el comercial commercial
el cuento de hadas fairy tale
el diario newspaper
el espionaje espionage
el incendio fire
el (la) locutor (a) announcer
los medios de difusión mass media
las noticias news
la película movie
la publicidad publicity
la reseña review (of movie, book)
la revista magazine
la telenovela soap opera
el terremoto earthquake
el titular headline
la trama plot

Verbos
contradecir (i) to contradict
enamorarse (de) to fall in love (with)
lidiar (con) to fight, to contend (with)
promover (ue) to promote

Expresiones útiles
Erase una vez . . . . Once upon a time . . . .
¡Esto es el colmo! That's the last straw!
pasar / dar una película to show a movie
¡Qué va! What nonsense! C'mon! Get out of here!

¡FIEBRE DE AMOR!
ALMA MIA

Una mujer. Una leyenda. Una nueva y dramática novela de Telemundo que lo cautivará con inesperadas intrigas amorosas, ardientes pasiones y sorprendentes traiciones. Nohely Arteaga es Alma Rosa. Carlos Montilla, el joven y rico Luis Gustavo Peñalver. Y Astrid Carolina Herrera es...una mujer bella y peligrosa que estorba sus vidas sin revelar por qué.
Viva todo el drama y la emoción de "Alma Mía." De lunes a viernes, por su cadena Telemundo.

fiebre

Contágiese con toda la emoción de la candente cadena Hispana de televisión.
TELEMUNDO
Consulte los horarios de transmisión de su canal local.

¡Habrá que ver este programa!

▶ **¿Qué pasó?**
1. Cecilia no quiere escuchar las noticias porque _____.
2. Teresa quiere informarse de _____.

Vocabulario

3. A Cecilia le gusta la telenovela "Hospital Municipal" porque _____
   _____.

4. Teresa cree que las tramas de las telenovelas _____
   _____.

5. Cecilia sugiere una película en el cine porque _____
   _____.

6. ¿Se parece Ud. más a Cecilia o a Teresa? Explique. _____
   _____

▼ Más vocabulario útil ▲

Más sobre **la prensa:**

¿Le gustan los editoriales o **las historietas (tiras) cómicas**?
¿No encuentra delicioso el escándalo de **la prensa sensacionalista** que venden en los supermercados? Falta **verosimilitud,** pero es muy **entretenida,** ¿verdad que sí?
¿Por qué no **se ensimisma en** las noticias que lo (la) **rodean**?

Si quiere expresar su opinión, puede decir:

Opino que los chistes políticos son parte de los medios de difusión. ¿Por qué no? **Se tratan con los sucesos** del día.
Me opongo a la censura de la prensa porque **el propósito** es limitar su libertad.
¿Está(s) a favor o en contra del sexo en la televisión?
(No) estoy de acuerdo que haya mucha violencia en **los dibujos animados.**
Las noticias **me vuelven loco(a).**
Prefiero **hojear** una revista que **trata** las noticias que mirar la televisión.
¡**Malditos anuncios comerciales!**
¡**Imagínese! (¡Imagínate!)**
¡**De ninguna manera!**
¡**Qué idea más rara!**
¡**Por supuesto!**
¡**Y con razón!**
Desde mi **punto de vista** . . . .

Investiguemos un poco
▲▲▲▲▲▲▲▲▲▲

1. There are several words in your vocabulary that have related forms. Based on the meanings of the vocabulary words you know, guess the meanings of the following forms and use each one in a sentence.

   a. contar (ue)   c. suceder   e. dibujar
   b. ensimismado(a)   d. la promoción   f. verosímil

2. The verb **tratar**, used alone and with prepositions, has several meanings.

   tratar *to deal with:*

   Las telenovelas **tratan** sucesos actuales.

   tratar con *to associate (work / deal) with:*

   Los editorialistas **tratan con** palabras y opiniones.

   tratar de *to try to:*

   Trato de ver las noticias internacionales todos los días.

   tratarse *to treat each other, to call each other:*

   Estos críticos cinematográficos **se tratan** cortésmente.

   tratarse con *to have dealings with someone:*

   Después de una reseña muy crítica, los actores no quieren **tratarse con** los medios de difusión.

   tratarse de *to be about:*

   ¿De qué **se trató** esa película?

3. **La actualidad** is a false cognate; it means "the present time." **Actual** means "current" and **actualmente** means "currently," "presently."

4. **Volverle loco(a)** takes an indirect object pronoun. **Loco** agrees in gender and number with the object.

   Las noticias **le vuelven loca** a Angela.

   Las noticias **nos vuelven locos** a nosotros.

   It can also be used reflexively.

   Me vuelvo loco de risa al leer las tiras cómicas.

Practiquemos

A ¿Es Ud. astuto(a)? He aquí algunas definiciones o situaciones que tienen que ver con los medios de difusión. Supla las palabras correctas de acuerdo con el sentido de cada frase.

1. Los anuncios comerciales son para _____ productos específicos.
2. Vamos al cine para ver _____ .
3. Un programa que generalmente tiene una trama exagerada es _____ .
4. Un ejemplo de un desastre natural descrito en las noticias es _____ .
5. Cuando una persona está aburrida, es posible que _____ una revista, sin leer muy cuidadosamente.
6. Muchos cuentos de hadas empiezan con las palabras _____ .

Investiguemos un poco

7. Nos encantan las historietas cómicas porque son _____ , frecuentemente irónicas.
8. Para saber lo que sucede en el mundo, leemos _____ o vemos _____ en la televisión.
9. En el diario _____ anuncian los acontecimientos más importantes.

B Mi programa favorito.   Lea el siguiente fragmento y conteste las preguntas que aparecen a continuación.

Miro un programa de debate todos los días. El propósito del programa es informar a la gente. Cada día hay un tema diferente que tiene que ver con los acontecimientos de actualidad. Hay un moderador que habla con dos grupos de personas que tienen opiniones opuestas. Muchas veces los grupos se ponen furiosos unos con otros porque no están de acuerdo. A veces hablan sin cortesía. Un día, el tema fue la política. El moderador tuvo que interrumpir a los grupos, para pedirles más cortesía. Al final del programa, una editorialista resume lo que se discutió con sus propias ideas y opiniones. Es un programa interesantísimo.

1. ¿Qué trata de hacer el programa?
2. ¿Cómo se tratan los grupos a veces?
3. ¿Con quiénes se trata el moderador? ¿Cómo lo hace?
4. ¿Con qué trata la editorialista?
5. ¿De qué se trató el programa en que el moderador interrumpió a los grupos?
6. ¿Qué asuntos *(matters)* trata el programa?

C Encuesta personal.   Conteste las preguntas. Luego, hágaselas a un(a) compañero(a) de clase, tuteándose, por supuesto.

1. ¿Ve Ud. mucha televisión? ¿Cuáles son sus programas preferidos?
2. ¿Con qué propósito(s) usa Ud. los medios de difusión?
3. ¿Está Ud. interesado(a) en la política? ¿Por qué sí o por qué no?
4. ¿Cómo aprende Ud. de lo que pasa en el mundo? ¿Es necesario que una persona esté informada? ¿Por qué sí o por qué no?
5. ¿Le gustan las historietas cómicas? ¿Por qué sí o por qué no? ¿Cuáles son sus favoritas?
6. ¿Escucha Ud. mucho la radio? ¿Qué le atrae más: la música, las noticias o el talento del (de la) locutor(a)? ¿Por qué?
7. Con respecto a los medios de difusión, ¿qué le vuelve loco(a)?
8. ¿Ve Ud. telenovelas? ¿Por qué sí o por qué no?
9. ¿En qué se ensimisma? ¿Cuándo y por qué?
10. ¿Qué secciones del diario le interesan lo más? ¿Por qué?

11. ¿Qué aprende Ud. de la publicidad en televisión?
12. ¿A qué se opone Ud. con respecto a los medios de difusión?
13. ¿Le gusta a Ud. la prensa sensacionalista? ¿Por qué sí o por qué no?
14. ¿Qué responsabilidades tiene la prensa? ¿Es necesaria a veces la censura? Justifique su opinión.
15. ¿Cree Ud. que hay contradicciones en los medios de difusión? Explique.

D **¿Cómo reacciona Ud.?** Usando el vocabulario de este capítulo, exprese su reacción y sus opiniones sobre las siguientes situaciones. Dé respuestas variadas.

Modelo: Miro la televisión cada día durante cuatro o cinco horas.
¡Imagínate! Creo que hay cosas más importantes que ver tanta televisión.

1. Todos los políticos en la actualidad son deshonestos.
2. Un amigo le informa que el único programa que ve es una telenovela. ¿Qué dice Ud.?
3. Alguien que Ud. conoce nunca lee un diario ni ve noticias en la televisión. No quiere saber lo que pasa en el mundo.
4. Su compañero(a) de cuarto no cree que los estudiantes deban preocuparse por las noticias internacionales. Tienen bastante que hacer como estudiantes.
5. Un amigo suyo cree que los medios de difusión existen simplemente para deprimir *(depress)* al público.
6. Su personaje favorito de su telenovela favorita muere.
7. Un amigo hispánico cree que los norteamericanos son como los actores que ve en las películas y en la televisión.

E **Encuentros personales**

1. Start a conversation with a friend. You end up talking about television commercials. You detest them, but your friend thinks that they have great value. Discuss your points of view. Then describe your favorite and least favorite commercials and why you like or don't like them.
2. You are an artist and your friend is very good with words. Plan how you will create a comic strip that is timely. Discuss characters and themes.
3. You avoid mass media. You don't watch television, you don't read newspapers, and you don't listen to the radio. Your friend thinks that you are apathetic (**apático[a]**). Discuss your viewpoints.

Investiguemos un poco

Enfoquemos el idioma

El futuro
The Future

The future, an aspect of the present tense, is formed by adding the endings **é, ás, á, emos, éis, án*** to the future stem of the verb, which in most cases is the infinitive.

tratar	**promover**	**debatir**
trataré	promoveré	debatiré
tratarás	promoverás	debatirás
tratará	promoverá	debatirá
trataremos	promoveremos	debatiremos
trataréis	promoveréis	debatiréis
tratarán	promoverán	debatirán

▶ The stress and the written accents on the endings are extremely important: **tratara**, for example, is the imperfect subjunctive (which you will be studying in the next chapter); **tratará** is the future.

▶ The following verbs have irregular stems in the future, although the endings are regular. These stems are also used for the conditional (to be studied in the next section).

decir	**dir-**	saber	**sabr-**	poner	**pondr-**
haber	**habr-**	salir	**saldr-**	tener	**tendr-**
hacer	**har-**	caber	**cabr-**	valer	**valdr-**
querer	**querr-**	poder	**podr-**	venir	**vendr-**

Algunos usos del futuro
Some Uses of the Future

▶ The future is used to indicate an action that will occur sometime in the future. It usually points to a distant future event or is used to emphasize a prediction.

Ella dice que **tratará** de informarse más.
She says she will try to be more informed. (prediction)

En el año 1999, **habrá** más publicidad que ahora.
In the year 1999, there will be more advertising than now. (distant event)

*Note the similarity of the future endings to the forms of **haber; hablaré** was **hablarhe** in old Spanish.

7 Los medios de difusión: ¿Qué opina Ud.?

The present tense and **ir** + **a** + *infinitive* can also be used to indicate future events, but these forms are usually used when a future event is closer to the present moment.

Mañana **hay (va a haber)** un episodio especial de mi programa favorito.

Tomorrow there is (there is going to be) a special episode of my favorite program.

▶ Remember that a main verb with a future indication with an adverb of time requires the subjunctive in the subordinate clause.

Comentaremos el programa nuevo **después de que veamos** de qué se trata.

We will comment on the new program after we see what it's about.

Tan pronto como oigamos sus opiniones, **expresaremos** las nuestras.

As soon as we hear your opinions, we will express ours.

▶ The future is also used to express probability in the present. In English, we tend to express probability by using expressions such as "I wonder," "probably," and "must."*

¿A qué hora **será** el programa?
I wonder what time the program is on.

Será a las ocho.
It's probably at 8:00. It must be at 8:00.

¿Quién **será** ella?
Who can she be? Who do you think (suppose) she is?

Será la locutora.
She must be (probably is) the announcer.

*There are, however, some parallels with Spanish forms: (someone at the door) Who'll that be? **¿Quién será?**

¿Estará en el cine? No, no le gusta ir al cine sola.

¿Leerá el diario? No, no le gusta leer.

¿Verá televisión? Sí, su programa favorito empieza ahora.

Marta dice—¿Dónde estará mi compañera de cuarto? ¿Qué hará ahora?

Enfoquemos el idioma

Practiquemos

F **¿Un artículo impresionante?**   Stuart Rogers trabaja para un periódico famoso por su carácter sensacionalista. Aquí siguen unos comentarios en la oficina del periódico. Sustituya los sujetos por los que aparecen entre paréntesis.

1. Le diré a Ud. lo que quiere oír. (ellos, tú, nosotros, ella)
2. Ud. querrá leer este artículo. (yo, vosotros, Uds., él)
3. Sabremos pronto si el artículo hará famoso al individuo en cuestión. (tú, ellas, Ud., yo)
4. Reaccionarán positivamente a la calidad del artículo. (Uds., nosotros, vosotros)
5. Estará de acuerdo conmigo. (ella, vosotros, Ud., tú)

G **¿Qué comentario hace Ud.?**   Empleando el futuro de probabilidad, comente las siguientes situaciones de una manera original. Emplee un verbo diferente en cada comentario.

   Modelo: Ese hombre lee el diario todos los días.
   Sabrá mucho de los acontecimientos de actualidad.

1. Martín no está de acuerdo con mis ideas.
2. Esa telenovela es muy popular.
3. La sección editorial de mi periódico de hoy es bastante polémica.
4. Hace tres horas que Carlos está ensimismado en la televisión.
5. No nos gusta mucho la trama de esa telenovela.
6. Hay demasiada publicidad en los medios de difusión.

H **Una discusión bien planeada.**   El tema de esta discusión es el efecto de la televisión sobre los niños. Termine las frases de una manera lógica, prestando atención al tiempo y modo verbal.

1. Hablaré con Ud. sobre el tema después de que Ud . . . .
2. Tan pronto como Ud. me explique su punto de vista, yo . . . .
3. Mis compañeros se interesarán en la conversación cuando Ud . . . .
4. Ud. y yo comentaremos sobre lo bueno y lo malo de la televisión para los niños mientras mis compañeros . . . .
5. Veremos otros dibujos animados antes de . . . .
6. En cuanto los demás expresen su opinión, Ud. y yo . . . .

I **Una encuesta: pensando en el futuro.**   Conteste las preguntas según sus planes para el futuro. Luego, hágaselas a un(a) compañero(a) de clase.

1. ¿Cómo cree Ud. que serán los medios de difusión dentro de diez años?
2. ¿Se interesará más o menos por las noticias? ¿Por qué?
3. ¿Qué hará para informarse más?

7   Los medios de difusión: ¿Qué opina Ud.?

4. ¿Querrá saber lo que pasa en el mundo?
5. ¿Cómo usará Ud. los medios de difusión para divertirse?
6. ¿Serán más o menos importantes los medios de difusión para Ud.? ¿Por qué?
7. ¿Usará los medios de difusión para desarrollar sus propias opiniones?

Enfoquemos el idioma

El condicional
The Conditional

The conditional, an aspect of the past, is formed by adding the imperfect endings **ía, ías, ía, íamos, íais, ían** to the future stem. (Remember that the future stem is usually the infinitive; irregular future stems are listed on page 188.)

tratar	**promover**	**debatir**
trataría	promovería	debatiría
tratarías	promoverías	debatirías
trataría	promovería	debatiría
trataríamos	promoveríamos	debatiríamos
trataríais	promoveríais	debatiríais
tratarían	promoverían	debatirían

Some uses of the conditional:

▶ The conditional usually corresponds to "would" + *verb* in English.* It indicates that an action was predicted to occur after another action in the past. The conditional represents "the future" of the past.

Dijo — No escucharé más anuncios comerciales.
He said, "I will not listen to any more commercials." (direct discourse)

Dijo que no **escucharía** más anuncios comerciales.
He said that he wouldn't listen to any more commercials. (indirect discourse)

*One must be careful not to confuse "would" used for the conditional and "would" in the sense of habitual action, which is expressed by the imperfect:

El me **llamaba** después de leer las reseñas. *He would (used to) call me after reading the reviews.*

Enfoquemos el idioma

▶ The conditional, like the future, can be used to express probability, but with the conditional, the probability is in the past.

¿Qué **causaría** el terremoto en la Ciudad de México?   *I wondered what caused the earthquake in Mexico City.*

Esteban **estaría** en casa cuando sucedió.   *Esteban was probably at home when it happened.*

Esteban could have been at home when it happened.

Practiquemos

J   El tiempo es oro.   Nunca tenemos suficiente tiempo. Con los sujetos sugeridos, forme frases usando el condicional. ¿Qué harían estas personas si tuvieran más tiempo?

1. El editorialista: tratar más temas entretenidos
   prepararse mejor
   escribir editoriales más largos
   (frase original)

2. Tú: divertirte más leyendo diarios
   ir al cine más frecuentemente
   interesarte más en las noticias
   (frase original)

3. Nosotros: tratar de informarnos más
   escuchar la radio
   leer todo el diario
   (frase original)

4. Yo: ensimismarme en la televisión
   prestar más atención como consumidor(a)
   hojear revistas de vez en cuando
   (frase original)

5. Vosotros: no estar tan preocupados por la censura
   tratarse con más entusiasmo
   salir más para divertiros
   (frase original)

6. El y ella: escribir reseñas de películas
   verse más para charlar de los acontecimientos de actualidad
   planear la trama de una telenovela nueva
   (frase original)

Fíjese en el titular del diario. Hubo un terremoto en México.

7   **Los medios de difusión: ¿Qué opina Ud.?**

K Una oportunidad excelente. Ud. puede ganar mucho dinero promoviendo un producto nuevo. Ahora Ud. tiene que crear la publicidad. Conteste las preguntas.

1. ¿Qué producto escogería? ¿Por qué?
2. ¿Cómo desarrollaría la publicidad para el producto?
3. ¿Qué medios de difusión usaría para promover el producto? ¿Por qué?
4. ¿Cómo interesaría a los consumidores en el producto?
5. ¿Cuál sería el resultado de su proyecto?

L Una carta agradable. Acabo de recibir una carta de mi mejor amiga, Luisa. Escriba las frases en el pasado.

> **Modelo:** Dice que tratará de llamarme pronto.
> *Dijo que trataría de llamarme pronto.*

1. Dice que vendrá a visitarme la semana que viene.
2. Cree que podrá conseguir unas vacaciones sin problema.
3. Me informa que querrá ver sus programas favoritos.
4. Me promete que no pasará todo el tiempo mirando televisión.
5. Dice que hablaremos mucho sobre todo.
6. Pienso que tendré que comprarle el diario porque a ella le gusta.
7. Me menciona que se interesará en las noticias locales.
8. Está segura de que nos divertiremos mucho.

M Debates. Formen grupos. Un grupo debe defender el tema y el otro, oponerse. Empleen la imaginación.

1. La vida sería mejor sin la publicidad.
2. En los medios de difusión, se pone demasiado énfasis en lo desastroso, lo malo, lo corrupto, etc. Estos temas son más populares que los cuentos de hadas modernos con finales felices.

N Temas escritos

1. Escriba un cuento de hadas moderno. Describa en detalle a los personajes y desarrolle la trama. ¡No se olvide del final feliz!
2. Escriba una composición bien desarrollada sobre las noticias de actualidad que más le interesan a Ud. ¿Por qué le interesan? ¿Qué impacto tienen sobre su futuro?
3. ¿Qué opina Ud.? Redacte *(edit, write)* con cuidado sus ideas sobre uno de los temas del Ejercicio **M**.
4. Escriba un resumen de su programa de televisión favorito. ¿Por qué le gusta?

Enfoquemos el idioma

Ahora, leamos

Para su comprensión

1. The sketch "En las sombras del cinematógrafo" describes a scene in a movie theater that parallels the excitement of a gangster movie. What are some of the elements of a gangster movie that make it exciting?
2. The setting for the sketch dates back to the time when gangster movies were very popular and inexpensive. What makes the movies so popular today?
3. There are two parts to this reading. The first sets the scene in the theater; the second talks about going to the movies. As you read, keep this in mind and look for the transition.

Antes de leer

1. You have just studied the future and the conditional; find examples of each in the essay.
2. Several words in the text have related forms you already know. Guess the meanings of these words.

Known Word	Meaning	New Word	Meaning
taquilla	*ticket window*	taquillera	_____
entrar	*to enter*	entrada	_____
teléfono	*telephone*	telefonear	_____
frecuente	*frequent*	frecuentar	_____
emoción	*emotion*	emocionar	_____

3. Spanish uses a construction with the pronoun **se** that has an impersonal meaning. It corresponds to "one," "someone," or "they" in English, and does not refer to anyone specific. It also can have a passive meaning. This will be reviewed in detail in Chapter 9.

   . . . **Se** abre la puerta del fondo . . .   The back door is opened . . . (someone does it)

   Here are some more examples. Guess what they mean.

   . . . **se** apaga la luz . . .
   . . . **se** ven levantarse dos sombras *(shadows)* . . .
   . . . Cuando **se** hace la luz . . .
   . . . el teatro **se** encuentra casi vacío . . .

4. Now that you've had a lot of practice with cognates, lists from the readings will no longer be provided. You may want to keep a running list for yourself to increase your vocabulary.

Julio Camba (1884–1962) fue un periodista y humorista español que escribió sátiras no sólo sobre la población española sino sobre la de otros países

7   Los medios de difusión: ¿Qué opina Ud.?

también. Sus relatos (narrations) *frecuentemente exageran lo que describe y el resultado es una caricatura de gente o de actividades específicas. Muchos de sus relatos han aparecido en sus obras* Alemania (1915), Londres (1916), Un año en el otro mundo (1917) *y* La rana viajera (1920).

"En las sombras del cinematógrafo" tiene lugar en Nueva York, un lugar que Camba visitó. Habrá que volver un poco al pasado para apreciar el relato.

En las sombras° del cinematógrafo°
por Julio Camba
▲▲▲▲▲▲▲▲▲

sombras shadows
cinematógrafo cine

Un hombre se presenta a la puerta de un cinematógrafo. Va a la taquilla y le dice a la taquillera que su mujer está en la sala acompañada de un amante°.

—Quiero matarla°—ruge° blandiendo un pistolón.

amante lover
matar *terminar la vida*
ruge *grita*
gratis *sin pagar*
chilla *grita en una voz muy alta*

Quiere matarla, pero gratis°, sin tomar entrada ninguna. La taquillera se aterra y mientras el irascible marido chilla° y exhibe su artillería, ella telefonea al director exponiéndole el caso. ¿Qué creerán ustedes que se le ocurre entonces al director? ¿Preparar una cámara para hacer un documental con la muerte de la esposa adúltera y proyectarlo al día siguiente en el mismo lugar del suceso? No. El director interrumpe la sesión cinematográfica, hace iluminar la sala y se dirige° al público en estos términos:

se dirige *habla*

¿Reconoce Ud. a algunos de los actores? Son "gangsters" de las películas del pasado cuyos temas todavía son populares en películas hoy.

Ahora, leamos

aguarda *espera*
que nadie se asuste *que nadie tenga miedo*
la puerta del fondo *back door*
el rubor *la vergüenza*
las tinieblas *darkness*
parejas *couples*
vacío *empty*
un estremecimiento *a shuddering*
un espeluzno *a terror*
un escalofrío *a thrill, chill*
alcance *reach*
la gripe *flu*
aficionada a *fond of*
módica *modesta*
disposición *disposal*
envergadura *breadth, importance*
la Bolsa *stock exchange*
estrellarse *to crash*
bien a las claras *muy bien, perfectamente*
propicias *favorables*

—A la entrada del establecimiento hay un hombre cuya mujer se encuentra aquí en compañía de su amante. Ese hombre quiere matarla *(Sensación)*. La aguarda° en la puerta con una pistola *(Pánico)*. Pero que nadie se asuste°. El caballero y la señora de quienes se trata podrán salir impunemente por la puerta del fondo°.

A estas palabras se abre la puerta del fondo y se apaga la luz para ocultar el rubor° de los fugitivos. Entonces, entre las tinieblas°, se ven levantarse dos sombras. Detrás de éstas, se levantan otras dos y así hasta once parejas°. Cuando se hace la luz, el teatro se encuentra casi vacío°. Mientras tanto, el irascible marido continúa blandiendo su pistolón en la entrada.

A thrill a minute (un estremecimiento°, un espeluzno°, un escalofrío° por minuto) decían los anuncios de las películas de *gangsters* en mis tiempos de Nueva York. Un escalofrío por minuto, o sean, sesenta escalofríos por hora, lo que, dada la duración de las películas y el precio de las entradas, ponía el escalofrío al alcance° de todas las fortunas y le hacía una gran competencia a la gripe°. La docena de escalofríos, en efecto, venía a resultar en unos cinco centavos, y en una ciudad tan aficionada a° las emociones como Nueva York haría falta, realmente, estar en la mayor miseria para no dejarse escalofriar por una suma tan módica°. Se puede afirmar, por tanto, que en Nueva York todo el mundo frecuentaba el cine, excepto los millonarios, quienes, como es natural, tenían a su disposición° procedimientos escalofriantes de mucha más envergadura° y preferían arruinarse unos a otros en la Bolsa° o estrellarse° a toda velocidad en coches de veinte o veinticinco mil dólares. Todo el mundo frecuentaba el cine en busca de emociones, y aunque las películas de *gangsters* no emocionan ya a nadie, el suceso que acabamos de referir demuestra bien a las claras° que el cine, con sus sombras propicias° a todas las pasiones furtivas, sigue siendo todavía algo así como la Meca del escalofrío.

(This reading was reprinted with permission.)

Reaccionemos

O **¿Comprendió Ud. el relato?** En sus propias palabras, termine brevemente las frases de acuerdo con la lectura.

1. Un hombre va al cine porque....
2. La taquillera tiene miedo porque....
3. El director del cine tiene un plan para....
4. El no quiere que la gente en el cine....
5. El director sugiere que....
6. Veinte y dos personas... porque....
7. La publicidad para las películas de *gangsters* era....
8. Muchas personas iban al cine porque....
9. Los millonarios no iban al cine porque....
10. El cine todavía es....

7 Los medios de difusión: ¿Qué opina Ud.?

P Vamos a analizar un poco más profundamente.

1. En la descripción de la escena en el cine, todos los verbos están en el presente. ¿Cuál es el efecto de esto?
2. Hay varios elementos de humor en el relato. Dé algunos ejemplos y explíquelos.
3. ¿Cómo describe Camba la ciudad de Nueva York? ¿Qué tiene que ver la descripción con ir al cine?
4. ¿Es este relato una caricatura? Explique su respuesta.
5. ¿Cuál es el tono del relato?

Q Solicitamos su opinión.

1. Camba sugiere que ir al cine para ver una película con mucha acción era más entretenido antes que ahora. ¿Está Ud. de acuerdo? Explique.
2. Ir al cine cuesta muchísimo más ahora que antes. ¿Por qué sigue siendo popular?
3. ¿En qué se diferencia la publicidad de las películas actuales de la de las antiguas (películas de *gangsters*)?
4. Camba dice que las películas de *gangsters* ya no emocionan a nadie. ¿Tiene razón? Explique.
5. Para Ud., ¿qué es más importante en una película: la trama, la emoción, el humor, el suspenso o la verosimilitud? Explique.
6. ¿Qué es lo que la gente quiere ver en una buena película?
7. ¿Cree Ud. que la gente de hoy va al cine por las mismas razones que antes? Explique.

R Temas escritos

1. Describa una escena o relate un episodio con el estilo de Julio Camba. Ud. es la cámara y todo se ve por sus ojos. ¡No se olvide del suspenso!
2. Escriba una reseña crítica de una película que a Ud. le gusta o que no le gusta. Incluya lo siguiente: el tema, la trama, los personajes, la verosimilitud.

Enfoquemos el idioma

El futuro y el condicional perfecto
The Future and Conditional Perfect

The future and conditional perfect aspects, like the present and past perfect aspects, are composed of the auxiliary verb **haber** followed by the past participle. In the future perfect, **haber** is used in the future; in the conditional perfect, **haber** is in the conditional.

Future Perfect		Conditional Perfect	
habré		habría	
habrás		habrías	
habrá	+ past participle	habría	+ past participle
habremos		habríamos	
habréis		habríais	
habrán		habrían	

I (you, he, we, they...) will have + past participle

I (you, he, we, they...) would have + past participle

▸ The use of the perfect aspects in Spanish corresponds closely to their use in English: that is, they express something *that will have happened* or *would have happened* by a specific time. (Remember, the future is an aspect of the present and the conditional is an aspect of the past.)

Dentro de 10 años, **habré escrito** muchos anuncios comerciales.
Within 10 years, I will have written many commercials. (by then)

Si (fuera) posible, ya **habría escrito** más antes de esto.
If possible, I would have already written more. (by that point)

▸ Like the future and conditional, the future and conditional perfect can be used to express probability.

Lo **habrán leído** en el diario.
They probably have read it in the newspaper.

Lo **habrían leído** en el diario.
They must have read it in the newspaper.

▼ Practiquemos ▲

S El futuro. ¿Cuáles son sus comentarios para el futuro? Usando los elementos indicados y el futuro perfecto, escriba Ud. frases que expresen comentarios del futuro.

Modelo: Dentro de 10 años / la gente / dejar de mirar la televisión
Dentro de 10 años, la gente habrá dejado de mirar la televisión.

1. Para el año 2000 / mis amigos / interesarse más en los acontecimientos de actualidad

7 Los medios de difusión: ¿Qué opina Ud.?

LOCATEL

LOCATEL es un organismo desconcentrado del Departamento del Distrito Federal, perteneciente a la Secretaría General de Desarrollo Social, creado con una finalidad de servir.

Un servicio para todos sin costo alguno, accesible a través de cualquier aparato telefónico.

LOCATEL es un apoyo que se brinda a través de información obtenida de diversas instituciones tanto públicas como privadas, para ser concentrada y organizada mediante un sistema de cómputo.

LOCATEL funciona las 24 Hrs. del día, todos los días del año.

He aquí una fuente de información usando el teléfono.

2. Ellos / leer el diario por muchos años para tener un punto de vista de los sucesos históricos tras el tiempo
3. La televisión / cambiar muchísimo
4. Los países del mundo / tratar de informarse más
5. Yo / hojear millones de revistas
6. Nosotros / volverse locos con la publicidad
7. ¿Participar (tú) / en la política promovida por los medios de difusión?
8. ¿Hacer (vosotros) / un cambio en la sociedad por haberse informado más?

T Encuesta personal. Muchos cambios pueden ocurrir dentro de diez años, ¿no? Conteste estas preguntas y hágaselas después a un(a) compañero(a) de clase.

1. Dentro de 10 años, ¿qué habrá hecho Ud.?
2. ¿A qué (quién) se habrá opuesto?
3. ¿Cómo habrán cambiado los medios de difusión?
4. ¿Qué programas habrán sido eliminados? ¿Qué programas habrán sido mejorados?
5. ¿De quién(es) habrán tratado las noticias mundiales?
6. ¿Qué productos habrán promovido los anuncios comerciales?
7. ¿Cuántos libros habrá leído Ud.? ¿Cuántas películas habrá visto?

U ¿Qué habrían hecho estas personas? A continuación se presentan algunas situaciones. ¿Cuál habría sido su reacción en estos casos? Siga el modelo y piense en una reacción diferente para cada frase.

Modelo: El amigo de Felipe supo que Felipe ganó la lotería. El amigo decidió escribirle una carta con las noticias en vez de llamarlo por teléfono. (yo)
¡Qué raro! Yo lo habría llamado por teléfono. No le habría escrito una carta.

1. No hubo nada de interés anoche en la televisión. Leí una buena novela. (nosotros)
2. Susana quería ver una buena película que empezó a las nueve. A las nueve menos cuarto su amiga la llamó para quejarse de su trabajo. Habló más de una hora. (tú)
3. Yo quería saber lo que ocurrió en Nicaragua. Decidí mirar las noticias internacionales en vez de leer el diario. (mis amigos)
4. Leíamos el diario. Nos ensimismábamos en las historietas cómicas del periódico en vez de interesarnos por los editoriales. (vosotros)

Enfoquemos el idioma

5. El programa se trató de la política en los medios de difusión. Ellos no tenían interés. (Andrea)

6. Marcos y Freida vieron telenovelas toda la tarde. (yo)

V **Reacciones sobre "En las sombras del cinematógrafo".** Conteste estas preguntas y luego, hágaselas a un(a) compañero(a) de clase, tuteándose, claro. Use el condicional perfecto.

1. Un señor supo que su mujer tenía un amante y quería matarla. ¿Qué habría hecho Ud.?

2. El señor le habló a la taquillera. Quería entrar sin pagar. La taquillera se aterró. ¿Cómo habría reaccionado Ud.?

3. El director del cine no quería problemas. Sugirió que la pareja en cuestión saliera por la puerta del fondo. ¿Qué habría dicho Ud.?

4. Ud. y su compañero(a) son una de las parejas en cuestión. ¿Qué habrían hecho al saber las circunstancias?

5. Para ver una película de *gangsters* durante aquella época, ¿cuánto dinero habría necesitado Ud.?

6. Camba dice que los millonarios no frecuentaban los cines porque tenían otras actividades de interés. De ser millonario(a), ¿qué habría hecho Ud. en aquella época?

7. Para escalofriarse, ¿qué habría preferido Ud.: la gripe o una película de *gangsters?*

Enfoquemos el idioma

El *sí* enfático
Emphatic **sí**

In English, we can place emphasis on part of a sentence by stressing the words "do," "can," etc. This is often done to contradict another's claim.

He *did* watch the program.
She *can* discuss current events intelligently.

Sí or **sí que** are used in Spanish for this type of emphasis. Note that they are just the opposite of **no** and occur in the same place as **no,** before the verb.

Pepe: Carlos no leyó el diario hoy.
José: Carlos **sí (sí que)** lo leyó.
Pepe: El no puede discutir las noticias inteligentemente.
José: **Sí (sí que)** puede discutirlas inteligentemente.

7 Los medios de difusión: ¿Qué opina Ud.?

Practiquemos

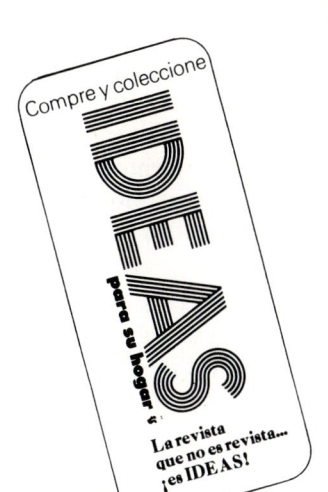

W Una discusión entre amigos. Tomoko y Kurt no están de acuerdo respecto a los medios de difusión. Haga Ud. el papel de Kurt. Primero, reaccione ante lo que dice Tomoko. Luego, contradiga todo lo que dice Tomoko. Finalmente, explique por qué Ud. no está de acuerdo.

Modelo: Tomoko: La televisión no es importante.
Kurt: *¡Qué va! Sí (Sí que) es importante. Además de ser entretenida, aprendemos algo a través de las noticias.*

1. Los programas de noticias internacionales no nos presentan la verdad.
2. No estamos interesados de ninguna manera en la publicidad.
3. Los locutores de radio no hablan de nada serio.
4. Las telenovelas no valen nada.
5. Los periódicos no ofrecen editoriales inteligentes.
6. No hay nada entretenido en la televisión.
7. No existen cuentos de hadas modernos.
8. Las revistas no tienen artículos intelectuales sino frívolos.
9. Las películas no tratan muchos de los asuntos de actualidad.
10. La gente no se interesa por lo que ocurre en el mundo.

Charlemos un poco más

X Encuentros personales

1. With a classmate, discuss likes and dislikes regarding media. Ask what television programs the other watches, what radio station he or she listens to, what papers (magazines / books) are read, what movies are seen, etc. Find out the reasons for these choices and agree or disagree with the choices.
2. One person is the television host(ess) and the other is a famous movie critic. The host(ess) interviews the guest about what people like and dislike in the movies and why certain movies are popular.

Y Actividades para grupos pequeños

1. Preparen Uds. la primera página de un periódico nacional o del diario de su comunidad. Escriban todos los artículos y los titulares. Redacten sus artículos.
2. Hagan Uds. los papeles de locutores de radio que anuncian las noticias internacionales o universitarias. Usen un grabador *(tape recorder)* para que puedan compartir las noticias con la clase entera. Pueden ser noticias verdaderas o ficticias.

3. Escriban un anuncio comercial para la televisión y hagan una presentación en clase para vender el producto.

4. Analicen el contenido de las noticias actuales. ¿Qué acontecimientos parecen ser lo más importantes? Hagan comparaciones y contrastes entre las noticias de hace tres años y las de hace diez años.

Z Debate. Formen Uds. dos grupos para criticar o defender las siguientes ideas. Preparen de antemano sus ideas y posibles refutaciones a las ideas del otro grupo.

1. Los medios de difusión, además de darle a una sociedad entretenimiento, pueden causar problemas por lo que anuncian. Se permite demasiada violencia y sexo en todos los medios de difusión. Esto promueve una moralidad negativa en la sociedad.

2. En 1989, la novela *Satanic Verses* escrita por Salman Rushdie fue condenada por el Ayatollah de Irán porque insultó la religión islámica. El Ayatollah ofreció una recompensa *(reward)* por la muerte de Rushdie. ¿Qué opina Ud.? ¿Hay ciertas ideas que no se deban expresar en los medios de difusión? Explique.

Aa Temas escritos.

1. Ud. tiene que escribir un editorial para el periódico universitario sobre algo que le interesa. Posibles temas: la política, las reglas (*rules*) universitarias, la censura, las noticias de actualidad, una respuesta a otro editorial, un problema de la universidad, etc.

2. ¿Es Ud. artista? Cree una tira cómica. Haga los dibujos y no se olvide de incluir (en español, claro) lo que dicen los personajes.

3. Discuta el papel de la prensa sensacionalista en la sociedad. Escriba Ud. un artículo típico de tal periódico.

4. Mire Ud. los dibujos. Escoja el que más le gusta e invente una historia.

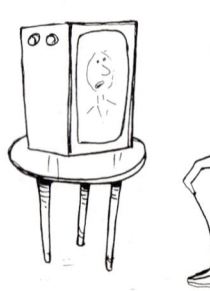

¡Digamos la última palabra!

Sustantivos
los acontecimientos de actualidad current events
el anuncio comercial ad, commercial
el asesinato assassination
la censura censorship
el cine movie theater
el comercial commercial
el cuento de hadas fairy tale
el chiste joke
los dibujos animados cartoons
el diario daily paper
el espionaje espionage
las historietas cómicas comics
el incendio fire
el (la) locutor(a) radio announcer
el (la) moderador(a) moderator
los medios de difusión mass media
las noticias news
la película movie, film
la prensa sensacionalista "yellow" journalism
el propósito purpose, reason
la publicidad publicity
el punto de vista point of view
la reseña review
la revista magazine
el suceso event
la telenovela soap opera
el terremoto earthquake
la tira cómica comic strip
el titular headline
la trama plot
la verosimilitud credibility

Verbos
contradecir (i) to contradict
enamorarse (de) to fall in love (with)
ensimismarse (en) to get lost (in), absorbed (in)
hojear to leaf through
lidiar (con) to fight, to contend (with)
opinar to have an opinion
oponerse a to oppose
promover (ue) to promote (something)
rodear to surround
tratar to deal with
tratar con to associate, to work, to deal with
tratar de to try to
tratarse to treat each other, to call each other
tratarse con to have dealings with
tratarse de to be about

Adjetivos
actual current
entretenido(a) entertaining, fun
maldito(a) damned, cursed

Adverbio
actualmente currently, presently

Expresiones útiles
¡De ninguna manera! No way!
Erase una vez... Once upon a time...
estar a favor de to be in favor of
estar en contra de to be against
¡Esto es el colmo! That's the last straw!
¡Imagínese! (¡Imagínate!) Imagine!
pasar / dar una película to show a movie
por supuesto of course
¡Qué idea más rara! What a strange idea!
¡Qué va! What nonsense! C'mon! Get out of here!
volverle loco(a) (a alguien) to drive (someone) crazy
¡Y con razón! And with reason!

CAPÍTULO

8
▼

The relationships we have with other people are an important aspect of our lives. This chapter explores different kinds of relationships, from family and friends, to work.

The reading selection in this chapter, "Águeda," explores the darker side of relationships.

Matrimonio Civil Cúcuta
Información clara y concisa. ☎ 970-42332.
Atendemos lunes a sábado.

▲

Las relaciones humanas: ¡complicadísimas!

Charlemos un poco

¿Qué emociones ve Ud. en las fotos? Describa las relaciones entre las personas que aparecen en cada foto.

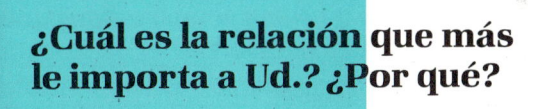

▼

¿Cuál es la relación que más le importa a Ud.? ¿Por qué?

▼

¿Cuáles son las características de un buen matrimonio? ¿De una buena amistad? ¿De una familia feliz?

▼

¿Es Ud. un(a) buen(a) amigo(a) / esposo(a) / padre / madre? Explíquese.

▼

Vocabulario

▼ Vocabulario personal

Make a list of the words and expressions you used to answer the questions about the photos. Then make another list of words and expressions that deal with family members, friends, enemies, and the emotions that relate to these people. Finally list any words you'd like to know in order to discuss this chapter's theme. You may want to consult **Apéndice I** for some ideas.

▼ Empecemos en contexto

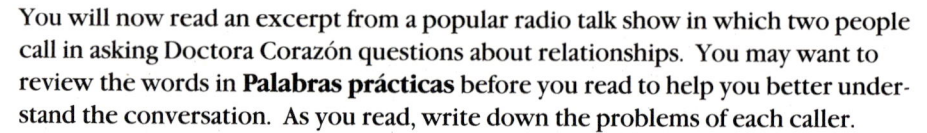

You will now read an excerpt from a popular radio talk show in which two people call in asking Doctora Corazón questions about relationships. You may want to review the words in **Palabras prácticas** before you read to help you better understand the conversation. As you read, write down the problems of each caller.

El hombre: _____

La mujer: _____

¿Tiene problemas?
¿Sufrimientos?
¿Quiere una vida tranquila, llena de superación material y espiritual?

¿Tiene dificultades en el hogar...? ¿Mala suerte en el amor...? ¿Problemas en el trabajo...? ¿Mala suerte en el juego...? ¿Los negocios marchan mal y no prosperan...? ¿Sufre enfermedades y malestares en la salud...? ¿Le persigue la mala racha, la envidia, intrigas y enemigos...? **Cuénteme sus pro-blemas,** por grandes o difíciles que sean daré la mejor e inmediata solución **Gratuitamente** a través del poder del Espiritismo en forma efectiva.
Si quiere una vida feliz, llena de dicha, fortuna, amor, salud, dinero y poder, escríbame hoy mismo con toda confianza, con toda sinceridad le indicaré el camino más seguro para el logro de su felicidad. Soy Directora del más grande Centro Espiritista del Mundo, Grafóloga, Astróloga, Vidente, Experta en Cartas Egipcias, Naipes, Tarots.
Gratuitamente enviaré el más preciso examen de su destino y le indicaré el camino seguro para el logro de su completa felicidad. **Escríbame hoy mismo,** cuénteme sus problemas con toda confianza, le guardaré absoluta reserva y confidencia. Envíe su nombre completo, fecha de nacimiento y su dirección exacta, el nombre de un familiar fallecido. Con toda confianza diríjase a:
DRA. SELMA HAROLD,
APARTADO 241, QUITO, ECUADOR.

Locutor: Buenas tardes. Hoy dedicaremos el programa a las relaciones humanas. Nuevamente con ustedes la famosa consejera que resuelve todos sus problemas: la Doctora Corazón, una mujer que lleva muchos años estudiando todos los aspectos de las relaciones humanas, desde la cuna hasta la tumba. Experta en resolver conflictos matrimoniales, en resolver problemas en la oficina, en solucionar dificultades entre amigos . . . los invitamos a que llamen y consulten sus problemas con la Doctora Corazón. A ver . . . buenas tardes. ¿Tiene Ud. una pregunta para la Doctora Corazón?

Hombre: Sí. Doctora Corazón, cada día me envejezco más y me arrepiento de no haberme casado cuando era más joven. Tengo 70 años y cómo le parece que hace un año conocí a una mujer muy madura y graciosa que va a cumplir 75. Mi pregunta es: ¿estoy demasiado viejo para comprometerme con ella?

Dra. Corazón: ¡Claro que no! Si Ud. ama a esta mujer y ella lo ama a Ud., cásese con ella inmediatamente y que Uds. tengan una boda tremenda. No espere más.

8 Las relaciones humanas: ¡complicadísimas!

Hombre: Ay, muchas gracias, doctora. Me dijo precisamente lo que yo quería oír.

Locutor: Buenas tardes. ¿Cuál es su pregunta para la doctora?

Mujer: Pues, mi novio y yo hemos tenido muchos problemas recientemente. No es que yo sea celosa, pero es que sé que sale con otras mujeres, y siempre me miente. Cuando salimos y nos encontramos con otras personas, él siempre abraza y besa a las otras mujeres del grupo. Es un picaflor. Después, se disculpa por lo que ha hecho, pero yo no lo creo. ¿Qué debo hacer?

Dra. Corazón: Mujer, ¡despiértese! ¡No sea tan ingenua! Ud. se ha metido con un canalla pretencioso que no la respeta y se cree un "superhombre". No lo piense más, ¡deshágase de él!

Locutor: Antes de continuar, escuchemos unos anuncios....

▼
Palabras prácticas
▲

Sustantivos
la boda wedding ceremony
el canalla swine, rotten person
la cuna cradle (birth)
la tumba grave, tomb (death)

Verbos
abrazar to hug
amar to love
arrepentirse (ie) (de) to regret
besar to kiss
casarse (con) to get married (to)
comprometerse to get engaged
cumplir (con) to fulfill
deshacerse (de) to get rid (of); to break up (with)
despertarse (ie) to wake up

disculparse to apologize
envejecer(se) to get old
mentir (ie) to lie
meterse (con) to get involved (with)
respetar to respect

Adjetivos
celoso(a) jealous
coqueta flirtatious woman
gracioso(a) funny; gracious
ingenuo(a) naive
maduro(a) mature
picaflor flirtatious man (coll.)
pretencioso(a) conceited

Expresión útil
llevar muchos años to spend many years (doing something)

▶ **¿Qué pasó?**

1. La Doctora Corazón es experta en _____.

2. La Doctora le recomienda al hombre que él _____.

3. Ella le sugiere a la mujer que _____.

4. Y Ud., ¿cuáles serían sus consejos para estas dos personas? ¿Tiene rázon la doctora? _____.

Vocabulario

Más vocabulario útil

Expresiones que tienen que ver con las relaciones humanas:

No puedo **soportar** este **comportamiento** / esta **conducta irracional**.
Me enfado / **Me enojo** con él (ella) cuando **suelta tacos**.
Me entristezco cuando veo **las lágrimas** de un(a) niño(a).
Me gustaría **trabar amistad** con **esa pareja**.
Odio la envidia.
Resiento mentiras y **el recelo**.
Estoy harto(a) de estas excusas.
Tengo suerte de que seas mi amigo(a).
Te adoro / **amo** / **quiero**.
Estoy enamorado(a) de ti.
¿Me **perdonas**?
Eres una persona muy **cariñosa** y **compasiva** / **comprensiva**.
No quiero **herir**lo(la).
¡No seas tan **orgulloso(a)**!
¿Te importa **el compañerismo**?
Hay noticias de **nacimiento**, de **fallecimiento**, de **divorcios**, y de **separaciones** en el periódico.
¿Lees **la astrología** o consultas **una bola de cristal** cuando tienes problemas **sentimentales** o, simplemente **lloras**?
Uso cualquier método **disponible** para resolver mis problemas.
¡Enhorabuena! / **¡Felicidades!**
¡Cuánto lo siento! / **¡Qué lástima!** / **¡Qué lío!**

Investiguemos un poco

1. Many Spanish adjectives are formed by adding **-oso(a)** to the last consonant of the corresponding noun. For example, the adjective **mentiroso(a)** ("deceitful," "lying") comes from the noun **la mentira**. Following this same pattern, form adjectives from these nouns and then give the meanings of the nouns and adjectives.

Noun	Adjective	Meaning
el celo	_____	_____
el orgullo	_____	_____
el cariño	_____	_____
el chiste	_____	_____
la gracia	_____	_____

(retain the '**i**' for sound purposes)

2. Many Spanish nouns are formed from **-ar** verbs by removing the **-ar** of the infinitive and adding **-amiento** and from **-er** and **-ir** verbs by removing the **-er**

8 Las relaciones humanas: ¡complicadísimas!

or **-ir** and adding **-imiento.** Form nouns from these verbs and give the meanings of the verb and noun.

Verb	Noun	Meaning
casar	el _____	_____
resentir	el _____	_____
fallecer	el _____	_____
nacer	el _____	_____
arrepentir	el _____	_____
comportar	el _____	_____

3. Remember that many masculine nouns have the same form as the present indicative **yo** form of the verb. Form nouns from these verbs using this pattern.

Verb	Noun
divorciar	el _____
besar	el _____
abrazar	el _____
respetar	el _____
recelar	el _____
enfadar	el _____
enojar	el _____
odiar	el _____

4. **La boda** and **el casamiento** both refer to the marriage ceremony. **El matrimonio** has two meanings: "married couple" and "marriage" (the state of being married).

5. Although **el fallecimiento** and **la muerte** are considered synonymous, **el fallecimiento** corresponds to the gentler term "passing away."

6. **El canalla** means "swine" and **la canalla** means "mob."

7. The verb **cumplir** ("to fulfill") is often used with age. "He is going to be seventy years old" would be expressed in Spanish as **Va a cumplir setenta.**

ATENCION DAMAS
Si es usted una dama de 40 a 50 años y se encuentra sola y busca un compañero para compartir su vida, escriba a
P.O. Box 47
El mundo
20 Columbia St., Cambridge, MA 02139

PRIMERA COMUNION QUINCEAÑERAS
Damitas de honor y pajecitos, faldones para bautizo, ajuares completos para bebé, vestidos para niña, tallas: 0 a 14.
Cra. 7a. No. 124-39. ☎ 2135449.
(Una cuadra abajo de la avenida). Centro Cial. Paseo Real. Cra. 7a. calle 122, local 207.
☎ 2139246. TARJETAS DE CREDITO.

Investiguemos un poco

Practiquemos

A **¿Sabe Ud. deducir?** Primero, complete las frases con las palabras del vocabulario que corresponden según el sentido que se desprende de la oración. Luego, forme frases originales con las palabras.

Modelo: Cuando una persona dice "lo siento", _____ por sus acciones.
se disculpa
Me disculpo cuando le miento a otra persona.

1. Cuando dos personas se dicen "te amo," ellos están _____ .
2. Dos personas casadas forman _____ .
3. Una demostración de amor o cariño con los labios es _____ .
4. Una persona que se cree perfecta es _____ .
5. Cuando una persona está muy triste, se le llenan los ojos de _____ .
6. Una persona que les toma el pelo a sus compañeros frecuentemente es _____ .
7. Alguien que envidia a otros es _____ .
8. Cuando una persona no puede soportar más, está _____ .
9. Una persona que entiende los sentimientos de sus seres queridos es _____ .
10. Una persona que dice palabras no muy corteses _____ .
11. Alguien que no dice la verdad es _____ .
12. Lo contrario de **amar** es _____ .

B **¿Qué hace o qué dice Ud.?** Empleando el vocabulario de esta lección, indique lo que Ud. haría o lo que diría en las siguientes situaciones. Emplee la imaginación.

Modelo: Sus amigos se casaron.
Digo: *¡Enhorabuena!*
Acciones: *Beso y abrazo a mis amigos.*
Les doy un regalo.

1. Ud. se enoja con un amigo que le miente.
2. Acaba de nacer su primera sobrina.
3. Ud. ve a una amiga íntima después de no verse durante cinco años.
4. El padre de su mejor amigo ha fallecido.
5. Una pareja de amigos suyos se ha divorciado.
6. Dos amigos suyos no se hablan porque se enfadaron uno con el otro. Ud. es amigo(a) de los dos.
7. Su compañero(a) de cuarto está comprometido(a).
8. Su novio(a) le mintió a Ud.

8   Las relaciones humanas: ¡complicadísimas!

9. Ud. se enamora por primera vez y el sentimiento es mutuo.
10. Su hermana acaba de separarse de su novio de tres años.

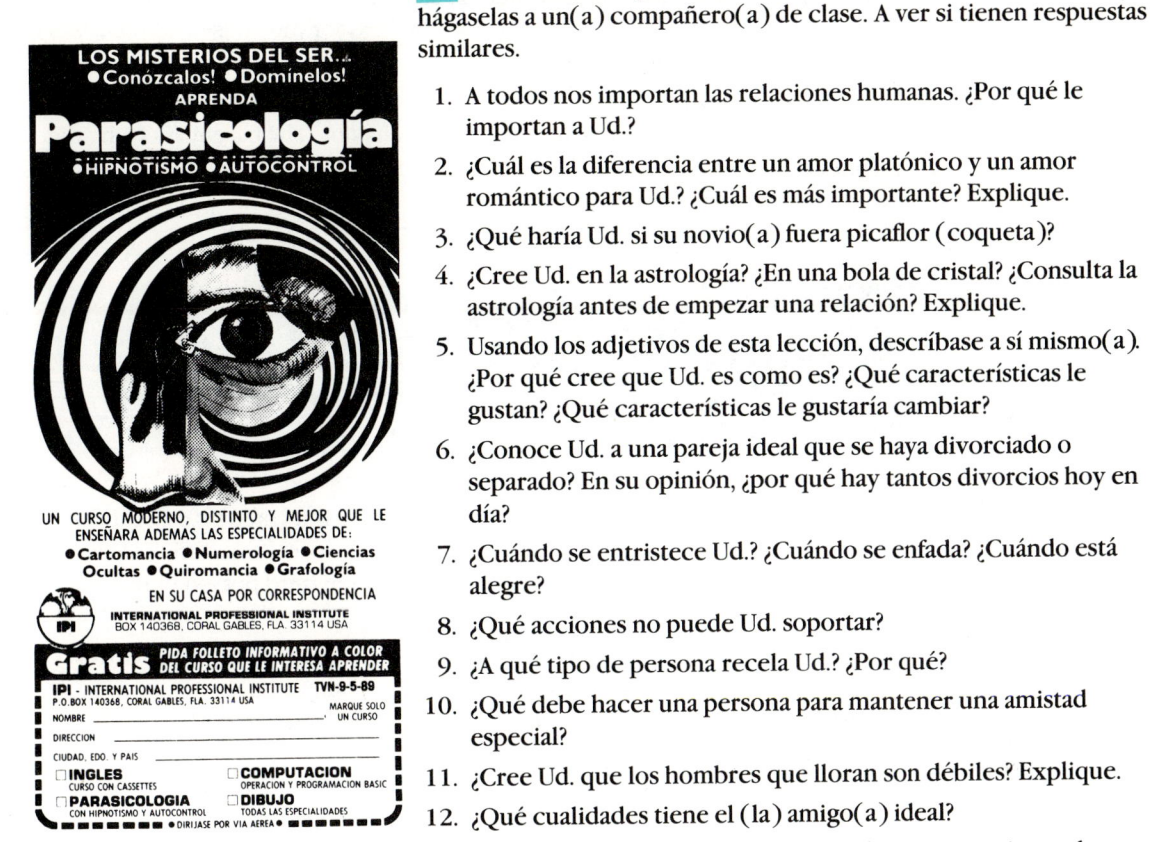

C **Una encuesta personal.** Conteste las preguntas. Luego, hágaselas a un(a) compañero(a) de clase. A ver si tienen respuestas similares.

1. A todos nos importan las relaciones humanas. ¿Por qué le importan a Ud.?
2. ¿Cuál es la diferencia entre un amor platónico y un amor romántico para Ud.? ¿Cuál es más importante? Explique.
3. ¿Qué haría Ud. si su novio(a) fuera picaflor (coqueta)?
4. ¿Cree Ud. en la astrología? ¿En una bola de cristal? ¿Consulta la astrología antes de empezar una relación? Explique.
5. Usando los adjetivos de esta lección, descríbase a sí mismo(a). ¿Por qué cree que Ud. es como es? ¿Qué características le gustan? ¿Qué características le gustaría cambiar?
6. ¿Conoce Ud. a una pareja ideal que se haya divorciado o separado? En su opinión, ¿por qué hay tantos divorcios hoy en día?
7. ¿Cuándo se entristece Ud.? ¿Cuándo se enfada? ¿Cuándo está alegre?
8. ¿Qué acciones no puede Ud. soportar?
9. ¿A qué tipo de persona recela Ud.? ¿Por qué?
10. ¿Qué debe hacer una persona para mantener una amistad especial?
11. ¿Cree Ud. que los hombres que lloran son débiles? Explique.
12. ¿Qué cualidades tiene el (la) amigo(a) ideal?
13. ¿Suelta tacos con frecuencia? ¿En qué circunstancias suele soltar tacos?

¡Aprenda de sí mismo(a)!

D **Un debate.** Formen grupos de tres o cuatro personas. Defiendan o critiquen las ideas siguientes.

1. Hay tantos divorcios hoy en día porque la gente no sabe comunicarse bien.
2. No existe el amor ideal.
3. Las mujeres saben expresar sus emociones mejor que los hombres.
4. Podemos aprender mucho de los viejos, pero frecuentemente no les prestamos mucha atención.
5. Aprendemos mucho de relaciones fracasadas *(failed)*.
6. No debemos entrar en discusiones fuertes con amigos ni con familiares.
7. No respetamos bastante el concepto de la familia.

Investiguemos un poco

E Encuentros personales

1. One person is the boss and the other an employee. The boss tells the employee that he or she is very proud of the employee's work. The boss says how lucky he or she is to have this employee and lists the characteristics that make this employee so good. The employee thanks the boss for the praise and then asks for a raise *(un aumento)*.

2. One person is a parent and the other a child. The parent tells the child that he (she) can no longer put up with the child's behavior. The parent asks why the child lies to him (her), why the child swears so much, and why the child is so unhappy. Try to resolve this conflict.

Enfoquemos el idioma
Formas del imperfecto del subjuntivo
Forms of the Past Subjunctive

You learned in Chapter 3 that the present subjunctive is formed by using the **yo** form of the present indicative. In a similiar fashion, the past subjunctive of all Spanish verbs is formed by removing the **-ron** from the third person plural preterite and adding these endings:

abrazar (abraza**ron**)	nacer (nacie**ron**)	compartir (compartie**ron**)
abraza**ra**	nacie**ra**	compartie**ra**
abraza**ras**	nacie**ras**	compartie**ras**
abraza**ra**	nacie**ra**	compartie**ra**
abrazá**ramos**	nacié**ramos**	compartié**ramos**
abraza**rais**	nacie**rais**	compartie**rais**
abraza**ran**	nacie**ran**	compartie**ran**

The endings are the same for all verb groups. The **nosotros** form has a written accent; the first and third person singular forms are identical.

There is another set of less frequently used endings for the past subjunctive that is used in some parts of Latin America and Spain. To form this alternative, remove the **-ron** ending from the third person plural preterite and add these endings:

abrazar (abraza**ron**)	nacer (nacie**ron**)	compartir (compartie**ron**)
abraza**se**	nacie**se**	compartie**se**
abraza**ses**	nacie**ses**	compartie**ses**
abraza**se**	nacie**se**	compartie**se**
abrazá**semos**	nacié**semos**	compartié**semos**
abraza**seis**	nacie**seis**	compartie**seis**
abraza**sen**	nacie**sen**	compartie**sen**

8 Las relaciones humanas: ¡complicadísimas!

- Verbs whose stems have a change to **y** in the preterite show that change throughout the past subjunctive.

oír	**oyeron**	oyera, oyeras, oyera, oyéramos, oyerais, oyeran
incluir	**incluyeron**	incluyera, incluyeras, incluyera, incluyéramos, incluyerais, incluyeran

- **-Ir** stem-changing verbs that show a change in the third person plural preterite show the change throughout the past subjunctive.

herir	**hirieron**	hiriera, hirieras, hiriera, hiriéramos, hirierais, hirieran
morir	**murieron**	muriera, murieras, muriera, muriéramos, murierais, murieran

- Irregular verbs, like regular verbs, use the third person plural preterite form with the **-ron** removed as the past subjunctive stem.

dar	**dieron**	diera, dieras, diera, diéramos, dierais, dieran
decir	**dijeron**	dijera, dijeras, dijera, dijéramos, dijerais, dijeran
estar	**estuvieron**	estuviera, estuvieras, estuviera, estuviéramos, estuvierais, estuvieran
haber	**hubieron**	hubiera, hubieras, hubiera, hubiéramos, hubierais, hubieran
hacer	**hicieron**	hiciera, hicieras, hiciera, hiciéramos, hicierais, hicieran
poder	**pudieron**	pudiera, pudieras, pudiera, pudiéramos, pudierais, pudieran
poner	**pusieron**	pusiera, pusieras, pusiera, pusiéramos, pusierais, pusieran
querer	**quisieron**	quisiera, quisieras, quisiera, quisiéramos, quisierais, quisieran
saber	**supieron**	supiera, supieras, supiera, supiéramos, supierais, supieran
ser / ir	**fueron**	fuera, fueras, fuera, fuéramos, fuerais, fueran
tener	**tuvieron**	tuviera, tuvieras, tuviera, tuviéramos, tuvierais, tuvieran
traer	**trajeron**	trajera, trajeras, trajera, trajéramos, trajerais, trajeran

- The past perfect subjunctive (**el pluscuamperfecto del subjuntivo**) is composed of the past subjunctive of **haber** and a past participle. It corresponds in meaning to the past perfect indicative and indicates that one past action occurred before another.

Creía que **se habían conocido** antes.	*I thought that they had met each other before.*
No creía que **se hubieran conocido** antes.	*I didn't think that they had met each other before.*

Enfoquemos el idioma

▶ You have studied the uses of the subjunctive in noun, adjective, and adverbial clauses in the present. The same criteria are followed for using the past subjunctive. Note, however, that the main verb (which sets up the need for the subjunctive) is usually in the past. This will be discussed in more detail in the second half of this chapter.

Noun clauses

Era importante que expresáramos nuestras emociones.

It was important that we expressed our emotions.

Adjective clauses

No había nadie con quien **yo pudiera hablar.**

There wasn't anyone with whom I could talk.

Adverbial clauses

Íbamos a felicitar al matrimonio **cuando volvieran** de su luna de miel.

We were going to congratulate the couple when they returned from their honeymoon.

▶ **Ojalá,** used with the past perfect subjunctive and the past subjunctive, has the English equivalent of "if only."

¡Ojalá que supiéramos! *If only we knew!*

¡Ojalá que hubiéramos sabido! *If only we had known!*

Practiquemos

F Una boda especial. He aquí algunos planes para la boda de una pareja muy enamorada. Sustituya las expresiones entre paréntesis por las palabras en bastardilla, usando los verbos en el imperfecto del subjuntivo.

1. Era importante que *pensáramos en los detalles.* (considerar a todos, hacer planes para la boda, felicitar a la pareja, ser comprensivos con ellos)

2. Yo quería que vosotros *fuerais a la boda conmigo.* (estar en la boda, saber donde estaba la ceremonia, sonreír mucho durante la ceremonia, no llorar)

3. Íbamos a reunirnos después de que *los novios salieran.* (los bailes — terminar, todos los invitados — comer, la novia — besar al novio, los novios — abrir sus regalos)

4. No había nada que la familia *olvidara.* (no poder hacer, tener que recordar, no compartir, no decirse)

5. Federico, ¿qué consejos te dieron tus amigos antes de que *pensaras en el matrimonio?* (pedirle la mano a Susana, enamorarte de Susana, conocer a Susana, comprarle flores a Susana)

G La pareja ideal. Conteste las preguntas con las expresiones que están entre paréntesis, usando el pluscuamperfecto del subjuntivo.

Modelo: ¿De qué no estaba seguro(a)? (casarse / ellos)
No estaba seguro(a) de que se hubieran casado.

1. ¿Qué no era verdad? (divorciarse / Juana y Carlos)
2. ¿Qué te sorprendió? (alguien decírmelo)
3. ¿De qué te alegrabas? (estar muy contentos / ellos)
4. ¿Qué dudaban Juana y Carlos? (creer el rumor falso / yo)
5. ¿De qué estaban contentos? (nacerles una hija)

H Los deseos y las dudas. Escoja un elemento de cada columna para formar frases lógicas. Ponga los verbos de la segunda columna en el imperfecto del indicativo, y los de la cuarta columna en el imperfecto del subjuntivo. Puede cambiar el orden de cualquier columna si quiere.

Nosotros	querer que	yo	deshacerse de él (ella)
Tú	esperar que	él	disculparse
Mi amigo(a)	no creer que	mi padre	ser compasivo(a)
Yo	sugerir que	nosotros	llorar por la muerte de su padre
Alicia y yo	no estar seguro(a)	vosotros	soportar este comportamiento
Mis amigos	aconsejar que	ellos	decirle que lo (la) amar
Vosotros	preferir que	Uds.	abrazar a su hermano(a)

I Una reunión familiar. Ud. asiste a una reunión familiar. Invente Ud. detalles que haya observado durante la celebración. Termine las frases de una manera original, usando el indicativo o el subjuntivo (según convenga) en el pasado. Emplee un verbo diferente en cada frase.

1. Era obvio que mis primos . . . .
2. Ojalá que yo . . . .
3. Era bueno que mi abuelo . . . .
4. Me alegraba de que . . . .
5. Sentí tristeza cuando . . . .
6. Quería hablar con mis primos en cuanto . . . .
7. Dudé que . . . .
8. Estaba orgulloso(a) de que . . . .
9. Me enfadé cuando . . . .
10. Era evidente que . . . .
11. Insistí en que . . . .
12. Había alguien que . . . pero no había nadie que . . . .

Una celebración familiar de cumpleaños.

Enfoquemos el idioma

J Temas escritos

1. Ud. es don (doña) Paquito(a), el (la) famoso(a) columnista que da consejos. He aquí un testimonio de alguien que Ud. ayudó.

   Yo era una persona muy triste. Aunque venía de una familia grande, no nos llevábamos muy bien. No tenía muchos amigos porque no sabía relacionarme bien con la gente. Quería tener más vida social. Me entristecía al ver grupos de amigos que se reían y se divertían. Quería formar parte de un grupo, pero me sentía tan solo. Le escribí una carta a don (doña) Paquito(a). Cambió mi vida.

   Ahora díganos, por favor, don (doña) Paquito(a), ¿qué ideas, recomendaciones, consejos o sugerencias le dio a este hombre? ¿Cómo le cambió la vida?

   MUY CONFIDENCIAL
   Por Tía Virtudes

2. Escriba una composición bien organizada sobre la importancia que tienen para Ud. las relaciones humanas. Incluya relaciones familiares, platónicas y románticas. Explique su filosofía personal respecto a las relaciones humanas en general.

Ahora, leamos

Para su comprensión

1. One's environment often reflects one's personality. The story you are about to read shows how Águeda's environment reflects her personality. Make a list of the things you have in common with the place in which you live, or choose someone else and compare him or her to his or her environment (e.g., the President, an actor, a relative, a friend, etc.).

2. This story also deals with the many emotions experienced within a family. What are some of the feelings people have toward members of their family (siblings, parents, grandparents, other relatives)? Make a list of some of these feelings and the reasons for them.

3. Jealousy and resignation are two of the emotions depicted in "Águeda." When are you jealous of someone else and when do you resign yourself to a situation?

Antes de leer

1. In the first part of this chapter, you studied the forms of the past subjunctive. There are several examples of the past subjunctive used in this story with endings in both the **-ra** and **-se** ending groups. Find examples of these forms in the story and explain their use.

8 Las relaciones humanas: ¡complicadísimas!

2. Guessing word meaning is a useful skill when reading. By relating words you already know to similar looking (sounding) words, you can often guess meanings. For example, you know the adjective **triste**. If you saw **se entristecía**, you would be able to identify it as a reflexive verb (by its reflexive pronoun and imperfect verb ending), and you could probably guess that it had something to do with being sad by recognizing the word **triste** within the verb.

Here are some more examples from the story. Guess the meanings of these new words and their parts of speech.

Known Word	Meaning	New Word	Meaning and part of speech
amarillo	*yellow*	amarilleaban	_____
colección	*collection*	el coleccionador	_____
esperaba	*he (she) was hoping for*	la esperanza	_____
el dominio	*domination, domain*	los dominados	_____
ser	*to be*	los seres	_____
triste	*sad*	la tristeza	_____

3. During your first reading of "Águeda," make a list of cognates used, to help expand your vocabulary. You may also want to keep a list of new words you'd like to keep in your vocabulary.

4. You will come across two new suffixes in this story. The suffix **-on** is often used to indicate largeness and is attached to nouns.

una mosca	*a fly*	unos moscones	_____
una cortina	*a curtain*	unos cortinones	_____
una almohada	*a pillow*	unos almohadones	_____

The other suffix is **-illo**, which is a diminutive suffix like **-ito (a / os / as)**.

| un pedazo | *a piece* | un pedacillo | _____ |
| una almohada | *a pillow* | una almohadilla | _____ |

Pío Baroja y Nessi (1872–1956) fue novelista y escritor de cuentos, ensayos, recuerdos y críticas. Era de España y era miembro de la Generación del '98, un grupo de escritores que se preocupaban por su país y por el desarrollo de la sensibilidad española.

La vida de Pío Baroja estuvo llena de desilusiones y de dificultades emocionales. Tenía períodos de melancolía y pesimismo, se sentía incapaz de tener éxito y pasó gran parte de su vida solo o al margen de la sociedad. Envejeció muy temprano y vivió con su madre que murió en 1935. Nunca se casó.

Ahora, leamos

Águeda
por Pío Baroja y Nessi

▲▲▲▲▲▲▲▲▲

encaje lace / **hacía saltar** she made ... jump / **boj** wood of the box tree / **los hilos** rows **se entrecruzaban** would intertwine
cuajado de *cubierto de muchos* / **alfileres** pins
trocitos *pedazos pequeños*
ruido de huesos a noise like bone hitting bone
un bastidor frame for embroidery
la tela fabric, material
los hombros shoulders
sus cabellos *su pelo*
bermejo red, ginger colored / **las facciones desdibujadas** blurred features of her face
vetustez old-age, antiquity
desconchado flaked, peeled / **raída** worn, threadbare / **brillo** luster, shine / **un solar** lot, building plot
empalizada de tablas wooden fence
carcomiendo eating away / **la tapia** *pared de adobe* / **solariega** ancestral home
los gorriones sparrows
nidos nests
las vigas beams, rafters
los escombros rubble
las mariposas butterflies
las ansias the longings, yearnings
apocado *tímido, sin ánimo*
bagatelas knick knacks
transcendiera *pareciera*

Sentada junto a los cristales, con la almohadilla de hacer encaje° apoyada en una madera del balcón, hacía saltar° los pedacillos de boj° entre sus dedos. Los hilos° se entrecruzaban° con fantásticos arabescos sobre el cartón rojo cuajado de° alfileres°, y la danza rápida de los trocitos° de madera entre sus manos producía un ruido de huesos° claro y vibrante.

Cuando se cansaba de hacer encaje cogía un bastidor° grande, cubierto con papeles blancos, y se ponía a bordar con la cabeza inclinada sobre la tela.°

Era una muchacha rubia, angulosa. Tenía uno de los hombros° más alto que el otro; sus cabellos° eran de un tono bermejo°; las facciones desdibujadas° y sin forma.

El cuarto en donde estaba era grande y algo obscuro. Se respiraba allí dentro un aire de vetustez°. Los cortinones amarilleaban, las pinturas de las puertas y el balcón se habían desconchado° y la alfombra estaba raída° y sin brillo.°

Frente al balcón se veía un solar°, y hacia la derecha de éste una plaza de un barrio solitario y poco transitado del centro de Madrid.

El solar era grande, rectangular; dos de sus lados los constituían las paredes de unas casas vecinas, de esas modernas, sórdidas, miserables, que parecen viejas a los pocos meses de construídas.

Los otros lados los formaba una empalizada de tablas°, a las cuales el calor y la lluvia iban carcomiendo° poco a poco.

La plaza era grande e irregular; en un lado tenía la tapia° de un convento con su iglesia; en otro una antigua casa solariega° con las ventanas siempre cerradas herméticamente, el tercero lo constituía la empalizada del solar.

En invierno el solar se entristecía; pero llegaba la primavera y los hierbajos daban flores y los gorriones° hacían sus nidos° entre las vigas° y los escombros°, y las mariposas° blancas y amarillas, paseaban por el aire limpio y vibrante, las ansias° de sus primeros y últimos amores . . .

La muchacha rubia se llamaba Águeda y tenía otras dos hermanas.

Su padre era un hombre apocado°, sin energía; un coleccionador de bagatelas°, fotografías de actrices y estampas de cajas de fósforos. Tenía una mediana renta y un buen sueldo.

La madre era la dueña absoluta de la casa, y con ella compartía su dominio Luisa, la hermana mayor.

De los tres dominados de la familia, Matilde, la otra hermana, protestaba; el padre se refugiaba en sus colecciones, y Águeda sufría y se resignaba. No entraba ésta nunca en las combinaciones de sus dos mayores hermanas que con su madre iban, en cambio, a todas partes.

Águeda tenía esa timidez que dan los defectos físicos, cuando el alma no está llena de rebeldías. Se había acostumbrado a decir que no a todo lo que transcendiera° a diversión.

8   Las relaciones humanas: ¡complicadísimas!

—¿Quieres venir al teatro?—le decían con cariño, pero deseando que dijera que no.

Y ella, que lo comprendía, contestaba sonriendo:

—Otra noche.

En visita era una de elogios° para ella, que la turbaban°. Su madre y sus hermanas a coro° aseguraban que era una joya, un encanto, y le hacían enseñar sus bordados° y tocar el piano, y ella sonreía; pero después, sola en su cuarto, lloraba . . .

La familia tenía muchas relaciones, y se pasaban los días, la madre y las dos hijas mayores, haciendo visitas, mientras la pequeña disponía° lo que había que hacer en la casa.

Entre los amigos de la familia había un abogado joven, de algún talento. Era un hombre de inteligencia sólida y de una ambición desmesurada°. Más amable o menos superficial que los otros, gustaba hablar con Águeda, que cuando le daban confianza se mostraba tal como era, llena de ingenuidad y de gracia.

El abogado no advertía° que la muchacha ponía toda su alma cuando le escuchaba; para él era un entretenimiento° hablar con ella. Al cabo de° algún tiempo comenzaron a extrañarse°; Águeda estaba muy alegre, solía cantar por las mañanas y se adornaba con más coquetería.

Una noche el abogado le preguntó a Águeda sonriendo, si le gustaría que él formase parte de su familia; Águeda, al oírlo, se turbó; la luz de la sala dio vueltas° ante sus ojos y se dividió en mil y mil luces . . .

—He pedido a sus papás la mano de Luisa—concluyó el abogado.

Águeda se puso muy pálida y no contestó.

Se encerró° en su cuarto y pasó la noche llorando.

Al día siguiente, Luisa, su hermana, le contó lo que le había pasado, cómo habían ocultado° su novio y ella sus amores, hasta que él consiguió un puesto que ambicionaba.

La boda sería en otoño; había que empezar a preparar los ajuares°. La ropa blanca se enviaría a que la bordase una bordadora; pero quería que los almohadones y la colcha° para la cama del matrimonio se los bordase su hermanita Águeda.

Esta no se opuso y comenzó con tristeza su trabajo.

elogios high praises
turbaban le molestaban
a coro al mismo tiempo
sus bordados embroidery
disponía hacía, preparaba

desmesurada sin límites
advertía observaba, notaba
un entretenimiento una diversión
al cabo de después de
extrañarse sorprenderse

dio vueltas hizo círculos

se encerró she closed herself up in

habían ocultado had hidden

los ajuares vestidos / ropa de una novia

la colcha cubierta de cama

Ahora, leamos

el porvenir *el futuro*

huellas marks

adivinaba *sabía, encontraba*

pesadumbre *las dificultades*
cabizbajos crestfallen and pensive
enclenques *enfermos*
envilecidos degraded
silvestres wild
las abejas bees
revoloteaban *volaban*

Mientras junto al balcón hacía saltar los pedacillos de boj entre sus dedos cada pensamiento suyo era un dolor. Veía en el porvenir° su vida, una vida triste y monótona. Ella también soñaba en el amor y en la maternidad, y si no lloraba en aquellos momentos al ver la indiferencia de los demás, era para que sus lágrimas no dejasen huellas° en el bordado.

A veces una esperanza loca le hacía creer que allá, en aquella plaza triste, estaba el hombre a quien esperaba; un hombre fuerte para respetarle, bueno para amarle; un hombre que venía a buscarla, porque adivinaba° los tesoros de ternura que guardaba en su alma; un hombre que iba a contarle en voz baja y suave los misterios inefables del amor.

Y por la plaza triste pasaban a ciertas horas, como seres cansados por la pesadumbre° de la vida, algunos hombres cabizbajos° que salían del almacén o del escritorio, pálidos, enclenques°, envilecidos° como animales domesticados, y el hombre fuerte para respetarle, bueno para quererle, no venía, por más que el corazón de Águeda le llamaba a gritos.

Y en el solar, lleno de flores silvestres°, las abejas° y los moscones revoloteaban° sobre los escombros y las mariposas blancas y amarillas paseaban por el aire limpio y vibrante, las ansias de sus primeros y últimos amores...

(This story was reprinted with permission.)

Reaccionemos

K **¿Comprendió Ud. el cuento?** Decida si las frases siguientes son verdaderas o falsas, de acuerdo con la lectura. Si son falsas, corríjalas.

1. Águeda hace encaje y sabe bordar también.
2. Águeda es una mujer de apariencia perfecta. Es morena, alta y tiene una cara bien definida.
3. La casa en que vive la familia está en una ciudad grande y la casa misma es muy moderna. El ambiente es muy optimista.
4. Los edificios vecinos parecen abandonados y muy viejos.
5. Durante la primavera, hay mucha vida y actividad en el solar; durante el invierno, el solar parece triste y solo.
6. El padre de Águeda es un hombre machista que es muy activo y rico.
7. A Águeda le gusta mucho salir con sus amigas al teatro o al café.
8. La madre y las hermanas adoran a Águeda y quieren que ella las acompañe cuando salen.
9. Águeda está enamorada del abogado. Empieza a cantar y a ser coqueta con él.
10. Al abogado le encanta hablar con Águeda y sabe que ella está enamorada de él por su comportamiento.

8 Las relaciones humanas: ¡complicadísimas!

11. Águeda está muy contenta cuando el abogado dice que quiere hacerse parte de la familia.
12. Águeda no sabía que el abogado estaba enamorado de su hermana Luisa.
13. Luisa no le dijo nada de su amor porque es una persona cruel y quiere herir a Águeda.
14. Águeda le prepara a Luisa cosas para la cama matrimonial alegremente, porque sabe que algún día también ella se casará.
15. Águeda tiene confianza en que conocerá al hombre perfecto algún día, pero no tiene prisa.

L **Vamos a analizar el cuento un poco más profundamente.** Formen grupos pequeños y comenten las siguientes ideas.

1. el tema del cuento
2. por qué no hay mucho diálogo y sí tanta descripción
3. por qué se pone tanto énfasis en el solar
4. la repetición de la línea "las ansias de sus primeros y últimos amores . . ."
5. las relaciones y las emociones dentro de la familia
6. las comparaciones en el cuento
7. el realismo o la fantasía del mundo de Águeda
8. el significado de la frase: "Águeda tenía esa timidez que dan los defectos físicos, cuando el alma no está llena de rebeldías."

M **Solicitamos su opinión.**

1. Si Ud. se encontrara en la misma situación que Águeda, ¿qué haría?
2. ¿Qué recomendaría Ud. que Águeda hiciera? Haga una lista de sugerencias.
3. ¿Tuvo Luisa razón en ocultar su amor hacia el abogado? ¿Debía ella haber hecho otra cosa? Explique.
4. ¿Existe el amor ideal? ¿Existe el hombre (la mujer) ideal? Explique.
5. Describa Ud. una relación perfecta entre dos personas. ¿Cómo es?
6. ¿Ayudaría Ud. a su hermana(o) a preparar cosas para una boda en la misma situación que Águeda? ¿Qué haría Ud.? ¿Cómo se sentiría?
7. ¿Qué hace Ud. cuando tiene celos? ¿Qué hacen otras personas?

N **Debate.** Formen Uds. dos grupos para criticar o defender esta idea. Clarifiquen de antemano sus opiniones y las maneras de defenderlas.

Es posible vivir solo(a). Una persona puede ser feliz sin compañero(a) de vida. El compañerismo no es tan importante como creen muchos.

Reaccionemos

O Temas escritos

1. Ud. tiene la oportunidad de ayudar a Águeda. Escríbale una carta, ofreciéndole apoyo emocional y haciéndole recomendaciones para su vida. Trate de convencerla de que tiene mucho que ofrecer a los demás.
2. Cambie Ud. el fin del cuento para que el cuento termine con la alegría de Águeda. Esté seguro(a) de incluir las reacciones de las hermanas.

Enfoquemos el idioma

La correspondencia de los tiempos verbales con el subjuntivo
Sequence of Tenses with the Subjunctive

You have studied the uses of the subjunctive in noun, adjective, and adverbial clauses in the present. The same criteria for determining when to use the subjunctive or indicative are followed in the past. In general, when the main verb is in the present tense, the subordinate verb is usually in the present subjunctive.

Estoy triste de que Ana y Felipe **se divorcien.**
I'm sad that Ana and Felipe are getting divorced.

When the main verb is in the past tense, the subordinate verb is usually in the past subjunctive.

Estaba triste de que Ana y Felipe **se divorciaran.**
I was sad that Ana and Felipe got divorced.

It is possible to comment in the present about something that occurred in the past.

Estoy triste (ahora) **de que** Ana y Felipe **se divorciaran.**
I'm sad (now) that Ana and Felipe got divorced.

Note the relationship between the tense of the main verb and the tense of the verb in the subordinate clause in these examples.

▶ Noun clauses

Me alegro de que Susana **sea** mi amiga.
I'm happy that Susana is my friend.

Me alegré (alegraba) de que Susana **fuera** mi amiga.
I was happy that Susana was my friend.

▶ Adjective clauses

No hay nadie que te **aprecie** más.
There is no one who appreciates you more.

No había nadie que te **apreciara** más.
There was no one who appreciated you more.

8 Las relaciones humanas: ¡complicadísimas!

- Adverbial clauses

¿**Vas a casarte tan pronto como** Raúl te lo **proponga**?	*Are you going to get married as soon as Raúl proposes to you?*
¿**Ibas a casarte tan pronto como** Raúl te lo **propusiera**?	*Were you going to get married as soon as Raúl proposed to you?*
Dice que se casará cuando tenga el dinero.	*He says he will get married when he has the money.*
Dijo que se casaría cuando tuviera el dinero.	*He said he would get married when he had the money.*

- Be careful with adverbial clauses. The only time the subjunctive is necessary is when **anticipation** is involved. Look closely at these examples.

Siempre visito a mis parientes **cuando voy** a España.	*I always visit my relatives when I go to Spain.* (customary action in the present — indicative)
Siempre visitaba a mis parientes **cuando iba** a España.	*I always visited my relatives when I went (used to go / would go) to Spain.* (customary action in the past — indicative)
Conocí a muchos parientes **cuando fui** a España.	*I met many relatives when I went to Spain.* (completed, one-time action — indicative)
Voy a conocer a otros parientes **cuando vaya** a España.	*I'm going to meet other relatives when I go to Spain.* (anticipated action in the present — present subjunctive)
Iba a conocer a otros parientes **cuando fuera** a España.	*I was going to meet other relatives when I went to Spain (but I didn't go that time).* (anticipated action in the past — past subjunctive)

LOUIS MARTIN
El fotógrafo de las estrellas.
PARA FOTOS DE BODAS Y CUALQUIER OCASION
325-4532

- The English equivalents of the various aspects are distinguished by the use of different tenses.

Creían que Ana **se casó** con Raúl.	*They believed that Ana married Raúl.*
Creían que Ana **se casaba** con Alfredo.	*They believed that Ana was marrying Alfredo.*
Creían que Ana **se casaría** con Felipe.	*They believed that Ana would marry Felipe.*

- Since there is only one aspect of the past subjunctive, it can have various English equivalents.

No creían que Ana se casara.	*They didn't believe that Ana { got married. / was getting married. / would get married. }*

Enfoquemos el idioma

Practiquemos

P **Problemas entre amigas.** A continuación le presentamos la historia de dos compañeras de cuarto. Cambie el verbo principal al pretérito o al imperfecto según el sentido de la oración y haga los cambios necesarios en el verbo subordinado.

Colleen y yo somos compañeras de cuarto. Nos respetamos mucho pero tenemos algunos pequeños problemas. A Colleen no le gusta que yo pase tanto tiempo con mi novio. No hay otra amiga que sea más importante para mí que ella, pero dudo que podamos resolver este conflicto. Estoy enamorada de mi novio y es importante que salga con él y que ella comprenda esto. Trato de hablar con ella y le digo que no sea tan celosa. Insiste en que no tiene envidia de mi relación, pero sé que no me dice la verdad. Cuando ella sepa que voy a comprometerme, es probable que no quiera continuar nuestra amistad. ¿Hay algo que pueda hacer para conservar esta amistad?

Q **¿Cuánto ha cambiado Ud.?** Piense en el pasado y en el presente. Luego, termine las frases de una manera original. Tenga cuidado con los tiempos verbales. Puede hacer esta práctica con un(a) compañero(a) de clase, si quiere.

Modelo: *Antes, era necesario que yo trabajara mucho para ser feliz. Ahora, es necesario que yo me divierta más para ser feliz.*

1. Hoy, es importante que _____ , pero antes, era importante que _____ .
2. Antes, yo decía que iba a _____ tan pronto como _____ , pero ahora digo que voy a _____ tan pronto como _____ .
3. Antes, dudaba que mis amigos _____ , pero ahora dudo que _____ .
4. Ahora, no hay nada que _____ . Antes, no había nada que _____ .
5. Antes, quería _____ cuando _____ . Ahora, quiero _____ cuando _____ .
6. Antes, me parecía absurdo que mi mejor amigo(a) _____ . Ahora, me parece absurdo que mi mejor amigo(a) _____ .
7. Ahora, me pone feliz que _____ . Antes, me ponía feliz que _____ .
8. Cuando yo era más joven, no conocía a nadie que _____ . Ahora, no conozco a nadie que _____ .

R **¿Es Ud. ingenioso(a)?** Termine las frases de una manera original. Cada una tiene que ver con la situación indicada. Emplee un verbo diferente en cada frase. ¡Cuidado! Algunas frases no requieren el subjuntivo.

1. Una jefa habla con sus empleadas.

   ¿Qué vais a hacer en cuanto _____ ?

   ¿Qué hacéis regularmente en cuanto_____ ?

   ¿Qué hicisteis ayer en cuanto _____ ?

   ¿Qué hacíais de costumbre en cuanto _____ ?

   ¿Qué ibais a hacer en cuanto _____ ?

8 Las relaciones humanas: ¡complicadísimas!

2. Ud. sale con un hombre (una mujer) no muy del agrado de (*pleasing to*) sus padres.

   ¿Qué dijeron tus padres después de que tú _____?

   ¿Qué van a decir tus padres después de que tú _____?

   ¿Qué decían tus padres después de que tú _____?

   ¿Qué dicen tus padres después de que tú _____?

3. Unas visitas a los parientes.

   Ellos visitan a los parientes todos los años cuando _____.

   Ellos visitaron a los parientes cuando _____.

   Ellos visitarán a los parientes cuando _____.

   Ellos siempre visitaban a los parientes cuando _____.

   Ellos dijeron que visitarían a los parientes cuando _____.

4. Ud. tiene hijos.

   Mis hijos no van a salir antes de que yo _____.

   Mis hijos no salieron antes de que yo _____.

   Mis hijos nunca salen antes de que yo _____.

   Mis hijos no saldrán antes de que yo _____.

   Mis hijos no saldrían antes de que yo _____.

5. Ud. y sus amigos tienen planes para una celebración.

   Los planes tendrán que esperar hasta que nosotros _____.

   Los planes siempre tenían que esperar hasta que nosotros _____.

   Los planes tuvieron que esperar hasta que nosotros _____.

   Los planes siempre tienen que esperar hasta que nosotros _____.

   Dije que los planes iban a esperar hasta que nosotros _____.

   Los planes tendrían que esperar hasta que nosotros _____.

S La consejera matrimonial. Mats y Alejandra, recién casados, tienen problemas en su matrimonio. Por eso hablan con Amalia Cedeño, una consejera matrimonial. Complete las frases con la forma correcta de los verbos que aparecen entre paréntesis. Se permite cualquier forma verbal que sea necesaria, en el presente o en el pasado.

Amalia Cedeño es una mujer que _____ (tener) gran interés en las relaciones humanas. Cuando era joven, trataba de pensar en una carrera que le _____ (dar) a ella la oportunidad de ayudar a otros. Por esa razón, hace diez años _____ (decidirse) a hacerse consejera matrimonial.

Ahora, no hay nada que Amalia _____ (preferir) hacer más que tratar de _____ (resolver) problemas matrimoniales. Es evidente que _____ (haber / tener) mucho éxito por el número de clientes que _____ (tener).

Enfoquemos el idioma

El otro día, Alejandra le _____ (mencionar) que hace unas semanas que su esposo y ella _____ (experimentar) algunas dificultades. Alejandra esperaba que Amalia _____ (poder) ayudarlos y deseaba que les _____ (ofrecer) consejos. Amalia le dijo a ella que _____ (ir) a su oficina tan pronto como _____ (hablar) con su esposo Mats. Quería que los dos _____ (ir) a la oficina.

Lo que sigue es la conversación entre los tres.

Amalia: Estoy contenta de que Uds. _____ (haber / decidir) hablar de sus problemas y estoy segura de que _____ (poder-nosotros) resolverlos.

Alejandra: Ojalá que _____ (tener-Ud.) razón. ¿Hay una fórmula para un matrimonio perfecto que nos _____ (recomendar)?

Mats: Querida, tú sabes que no _____ (existir) una fórmula que _____ (poder-nosotros) seguir.

Amalia: Alejandra, Mats tiene razón y hasta que Ud. _____ (darse) cuenta de que no la _____ (haber), no hay nada que yo _____ (poder) hacer.

Alejandra: Ya lo sé. Es que estoy un poco nerviosa y quiero mucho que Mats y yo _____ (compartir) una vida feliz hasta que _____ (envejecer).

Amalia: Bueno, ¿cuál es el problema?

Mats: Permítame explicarlo. Es que Alejandra no cree que yo _____ (hacer) bastante para ayudarla en casa. No comprende que yo _____ (trabajar) mucho durante el día y cuando _____ (volver) a casa quiero descansar, comer la cena y no _____ (sacar) la basura ni otras cositas. Por eso yo he insistido en que ella no _____ (conseguir) un puesto, aunque _____ (querer-ella) trabajar.

Amalia: ¿Cómo se siente, Alejandra?

Alejandra: ¡No quiero ser una sirvienta! No quiero pasar el día entero preparándolo todo para la llegada de Mats, para que él _____ (sentarse) enfrente del televisor toda la noche. Y también quiero trabajar, no porque necesitemos el dinero, sino porque es aburrido _____ (estar) en casa todo el día.

Mats: Mi padre insistió en que mi madre no _____ (trabajar) y ¡ella nunca _____ (quejarse)! ¿Por qué no me dijiste antes de que _____ (casarse-nosotros) que querías trabajar? Yo te habría dicho que nunca _____ (permitir-yo) que _____ (salir-tú) fuera de la casa. Según mi padre, la casa es el trabajo de las mujeres.

Amalia: Mats, ¿tiene miedo de que su padre no _____ (sentirse) orgulloso de Ud. si su esposa trabaja? ¿Es que en realidad le molesta que Alejandra _____ (trabajar)?

Mats: Tal vez _____ (ser) una de las razones. Quiero que Alejandra _____ (estar) contenta y también mi padre, pero....

Alejandra: ¿Por qué no me dijiste que _____ (ser) tu padre el que no quería que _____ (tener-yo) trabajo?

Amalia: Es obvio que Uds. _____ (amarse) mucho y también que esto

8 Las relaciones humanas: ¡complicadísimas!

_____ (ser) un problema serio. Les aconsejo que _____ (hablar) más claramente de esto entre Uds. y que _____ (volver) a verme la semana que viene. ¡No _____ (preocuparse) Uds.! Podemos resolver esto.

T Ahora, le toca a Ud. ¿Cómo resolvieron el problema de Mats y Alejandra? ¿Qué decidieron hacer y qué recomendaciones les dio Amalia a ellos? Escriba lo que pasó, contestando estas preguntas.

Charlemos un poco más

U Solicitamos su opinión. Conteste estas preguntas y después, hágaselas a un(a) compañero(a) de clase, tuteándose, claro.

1. ¿Cuándo tiene Ud. celos de un(a) amigo(a)? ¿Qué hace para resolverlo?
2. ¿Qué problemas existen hoy a causa del gran número de divorcios?
3. ¿Es la madre o el padre el (la) que tiene más influencia sobre los hijos? Explique.
4. ¿Qué responsabilidades tienen los hijos respecto a sus padres? ¿Y a la inversa?
5. ¿Qué características tiene su novio(a) / esposo(a) ideal? ¿Su boda ideal? ¿Su matrimonio ideal?
6. ¿Qué haría Ud. en esta situación?
   Ud. sabe que el (la) novio(a) / esposo(a) de su mejor amigo(a) sale con otra persona. Su mejor amigo(a) no sabe nada de esto. Explique su respuesta.

V Encuentros personales

1. Play the roles of parents and children. The teenager of the family wants to do the following things and asks permission of the parents. Resolve all situations.
   a. go to an all-night party
   b. have a party where alcohol (**bebidas alcohólicas**) will be served
   c. get married immediately after graduation instead of going to college
2. Continue with the situation in Exercise **S** acting out the following situations.
   a. the conversation between Alejandra and Mats
   b. the conversation between Mats and his father
   c. the next meeting with Amalia

W Debates. Formen dos grupos para criticar o defender estas ideas.

1. Cada individuo debe prepararse bien para la vejez (*old age*). No es la responsabilidad de los hijos cuidar de sus padres cuando son viejos.
2. Es más fácil ser niño(a) que ser adulto(a).

Esta niña está pensando en el recuerdo de un querido fallecido.

3. Es más fácil ser joven que viejo(a).
4. A veces no es malo mentirle a otra persona. La verdad no es siempre buena.
5. Los esposos no deben decírselo todo el uno al otro.
6. El amor puede resolver todos los problemas.

X Temas escritos

1. Cada persona tiene que redactar un problema, verdadero o imaginario, y dárselo al (a la) profesor(a). El (la) profesor(a) va a distribuirle un problema a cada estudiante. Ud. tiene que responder a la pregunta en forma escrita, ofreciendo recomendaciones y sugerencias.

2. Escríbale a alguien una carta que exprese sus sentimientos al oír de...

    a. el nacimiento de su primer(a) niño(a).
    b. su compromiso.
    c. la muerte de un(a) pariente.
    d. la separación de su novio(a) / esposo(a).

3. Escriba una composición bien organizada y pensada sobre una de las ideas del Ejercicio **W**.

4. Mire Ud. los dibujos. Escoja el que más le gusta e invente la historia.

8 Las relaciones humanas: ¡complicadísimas!

¡Digamos la última palabra!

Sustantivos
la astrología astrology
la boda wedding ceremony
la bola de cristal crystal ball
el canalla swine, a "rotten" person
la canalla mob
el casamiento marriage ceremony
el compañerismo companionship
el comportamiento behavior
la conducta behavior
la cuna cradle (birth)
el divorcio divorce
la envidia envy, jealousy
el fallecimiento death
la lágrima tear
el matrimonio married couple; marriage
la mentira lie
la muerte death
el nacimiento birth
la pareja couple
el recelo mistrust
la separación separation
la tumba grave, tomb (death)

Verbos
abrazar to hug
adorar to adore
amar to love
arrepentirse (ie) (de) to regret
besar to kiss
casarse (con) to get married (to)
comprometerse to get engaged
cumplir (con) to fulfill
deshacerse (de) to get rid (of), to break up (with)
despertarse (ie) to wake up
disculparse to apologize
enfadarse (con) to get angry (with)
enojarse (con) to get angry (with)
entristecerse to become sad
envejecer(se) to get old
herir (ie) to hurt (feelings)
llorar to cry
mentir (ie) to lie
meterse (con) to get involved (with)
odiar to hate
perdonar to forgive, to pardon
querer (ie) to love
resentir (ie) to resent
respetar to respect
soportar to put up with

Adjetivos
cariñoso(a) affectionate
celoso(a) jealous
compasivo(a) compassionate
comprensivo(a) compassionate, understanding
coqueta flirtatious woman
disponible avalible
gracioso(a) funny; gracious
ingenuo(a) naive
irracional irrational
maduro(a) mature
orgulloso(a) proud
picaflor flirtatious man
pretencioso(a) pretentious, conceited
sentimental sentimental, caring

Expresiones útiles
¡Cuánto lo siento! I'm so sorry!
¡Enhorabuena! / ¡Felicidades! Congratulations
estar enamorado(a) de to be in love with
estar harto(a) de to be fed up with
llevar muchos años to spend a lot of years (doing something)
¡Qué lástima! What a pity!
¡Qué lío! What a mess!
soltar (ue) tacos to swear
tener suerte to be lucky
trabar amistad to make friends (with someone)

CAPÍTULO 9

This chapter deals with politics. Many forms of government are represented in Hispanic countries: democracies, monarchies, dictatorships, etc. As in most countries, some citizens are actively involved in their country's politics; others are not. To some degree, political involvement has to do with what type of government a country has. The citizens of some nations enjoy many freedoms, while others are oppressed. Hispanics in the United States today form a formidable part of the electorate, with many Hispanic candidates seeking or now holding office.

The reading selection, "Un día de éstos," has political overtones and suggests solutions for dealing with repression on a local level.

En el plebiscito deben participar todos los puertorriqueños

COMIENZA LA LUCHA CONTRA LOS RADICALES LIBRES

La política: ¿le interesa o no?

▼

Charlemos un poco

Describa las fotos. ¿Cómo son las personas?

▼

¿Le interesan las actividades que se presentan aquí? ¿Por qué sí o por qué no?

▼

¿Qué estereotipos se asocian con los políticos?

▼

¿Le gusta hablar de la política? Explique.

NACIONALISMO Y ESTUPIDEZ

▼

PARA QUE EL CAMBIO SIGA SU MARCHA

E.U.: cubana al Congreso

¿Cuál es el problema político más importante de hoy?

▼

¿En qué asunto político tiene más interés? ¿Por qué?

Analizarán movimiento popular

▲

Vocabulario

Vocabulario personal

Make a list of words and expressions in Spanish that you needed to answer the questions about the photos. Make another list of words that deal with politics and political issues of interest to you. Finally, make a list of words and expressions you'd like to know in order to discuss politics. You may want to consult **Apéndice I** for some ideas.

Empecemos en contexto

You will now read a conversation between Cecilia and Teresa (Remember them from Chapter 7?) and their boyfriends Salvador and Ernesto. As you read, identify the viewpoint of each participant in the conversation. (Hint: In this case, opposites attract!) You may want to consult **Palabras prácticas** before you read to help you better understand.

El punto de vista de Cecilia: _____
_____.

El punto de vista de Teresa: _____
_____.

El punto de vista de Salvador: _____
_____.

El punto de vista de Ernesto: _____
_____.

Salvador: Cecilia, tenemos que salir pronto. Sabes que mañana daré mi discurso ante el senado estudiantil y tengo que ensayar.

Cecilia: Salvador, hace un mes que me vuelves loca con tu discurso. Por favor, hoy hablemos de otra cosa.

Teresa: Dime, Salvador. ¿De qué vas a hablar mañana? No sabía que te interesaba la política. Y ¿cómo es que sales con Cecilia? A ella no le interesa nada más que sus telenovelas.

Ernesto: Pobre Cecilia. Veo que sufres tanto como yo. Teresa también me vuelve loco con sus cosas.

Teresa: Somos adultos y como adultos, debemos tener una conciencia política.

Ernesto: Aun si me pudieras mostrar un político honrado, no me convencerías. Los políticos son todos ladrones que juegan un juego sucio.

Cecilia: De acuerdo, Ernesto. Yo no apoyo a nadie, por eso no tengo que tomar decisiones. Además tengo demasiados problemas personales como para preocuparme de la política.

¿De qué hablan estas personas? De qué habla Ud. cuando está con los amigos?

Salvador: ¿Cómo deciden Uds. por quién votar?
Cecilia: Yo no voto.
Ernesto: Ni yo tampoco.
Salvador: ¡Por Dios! ¡Qué irresponsables son Uds.!
Teresa: ¡No sé qué decir!
Ernesto: No sean así. ¡No somos criminales! Les explicaré mi punto de vista. Fulano decide que se va a lanzar de candidato a la presidencia. El sabe mucho y tiene gran carisma. Pero lo mismo podemos decir de su adversario. En un debate cada uno expone lo que piensa. Ambos son expertos en andar con rodeos . . . hablan y hablan pero no dicen nada. Pero lo hacen de una manera tan convincente que . . . .
Cecilia: Sé exactamente lo que vas a decir. Estás tan confundido que no sabes qué pensar, ¿verdad?
Ernesto: ¡Exacto!
Teresa: Si estudian la carrera política de cada candidato, podrán ver por qué quedaron de candidatos, qué hará cada uno si sale electo, etc., etc. Todo esto se basa en la historia política de cada candidato. No todos los políticos son malos ni ladrones.
Cecilia: Todo ciudadano tiene derecho a participar en el gobierno, ¿no?
Teresa: Sí. Veo que estás entendiendo.
Ernesto: Y todo ciudadano tiene igual derecho a no participar.
Cecilia: ¡Bien dicho!
Salvador: ¡Qué pesimistas son Uds.!
Ernesto: ¡Y qué moralistas son Uds.!

Vocabulario

Teresa: ¿Por qué no cambiamos de tema, eh? Hablemos de algo un poco menos controvertido.
Cecilia: Buena idea. Tengo una pregunta para los hombres. ¿Son Uds. feministas o machistas?
Salvador: ¡Por Dios! ¡Otro tema explosivo...!

▼ Palabras prácticas ▲

Sustantivos
el (la) adversario(a) opponent
el (la) ciudadano(a) citizen
el discurso speech
Fulano(a) John (Jane) Doe
el gobierno government
el (la) ladrón(ona) thief, crook
el partido political party
la política politics
el (la) político politician
el senado estudiantil student senate

Verbos
apoyar to support
ensayar to rehearse
interesarse por / en to be interested in
votar to vote

Adjetivos
confundido(a) confused
controvertido(a) controversial
honrado(a) honest, honorable
político(a) political
sucio(a) dirty

Expresiones útiles
andar con rodeos to beat around the bush
lanzar de candidato(a) to declare candidacy
salir electo(a) to be elected
tomar decisiones to make decisions

▶ **¿Qué pasó?**

1. Cecilia no quiere hablar de _____.
2. Teresa está interesada en el discurso de Salvador porque _____.
3. Ernesto no confía en los políticos porque cree que _____.
4. Cecilia no vota porque _____.
5. Teresa cree que si se sigue la carrera política de un(a) candidato(a), _____.
6. Salvador cree que Cecilia y Ernesto son pesimistas porque _____.
7. Teresa sugiere que los amigos hablen de algo menos controvertido y sugiere _____.
8. ¿Con qué punto de vista está Ud. de acuerdo? ¿Por qué? _____.

▼ Más vocabulario útil ▲

He aquí algunos de **los asuntos** que los políticos deben considerar, especialmente cuando hacen **una campaña electoral**:

los derechos humanos
las cruzadas a favor y contra **el aborto**

las huelgas sindicales
el seguro social
alzar / bajar impuestos

9 La política: ¿le interesa o no?

         los servicios sociales   la pobreza y el hambre
         personas sin casa ni hogar   el costo de la vida
         el bienestar público   la energía nuclear
         la igualdad entre los sexos   el desempleo
         asuntos / relaciones exteriores   leyes nuevas

la filosofía política de sus oponentes: ¿Son **derechistas, izquierdistas, liberales** o **conservadores**?

Cuando un partido político **confía en** un(a) político, lo (la) **nombran** de candidato(a).

Si un(a) candidato(a) es **sabio(a)**, no **cae en la trampa** de **plantear problemas** sin analizar **los hechos** y formar soluciones de antemano.

Un(a) candidato(a) que quiere **ganar** la elección necesita publicidad fuerte en forma de **carteles** con **lemas** evocativos, atención de la prensa, anuncios, debates, etc.

Una vez **elegido(a),** el (la) candidato(a) no puede **estar sin palabras** respecto a los asuntos importantes.

Oportunistas sí, los reformistas no

Editorial
No a la huelga, sí al diálogo

Nombramientos en pueblo internacional

Reanudan campaña electoral Colombia

Investiguemos un poco

1. In Spanish, many nouns and adjectives referring to people and professions end in **-ista** for both masculine and feminine forms. To form a noun referring to a person from a related noun ending in **-ismo**, drop that suffix and replace it with **-ista**. With other nouns, add **-ista** to the final consonant. For example: **optimismo** → **el (la) optimista, optimista** (adj.). Form other nouns and adjectives following these patterns.

	Noun	Adjective
comunismo	_____	_____
socialismo	_____	_____
pesimismo	_____	_____
periodismo	_____	_____
conformismo	_____	_____
derecho	_____	_____

izquierdo _____ _____
moral   _____ _____
editorial _____ _____

2. Several of the vocabulary items in this chapter merit special attention.
   a. **Apoyar** means "to support" in a moral sense. **Sostener** means "to support" in a physical sense and **mantener** means "to support" in a financial sense.
   b. **La política** refers to "politics." "Politician" is **el (la) político**. The ending doesn't change to a feminine form.
   c. **El partido**, in addition to meaning "political party," can also mean "game / match" in sports.
   d. The verb **votar** takes the preposition **para** when voting for an office and **por** when voting for a specific person: *Voté por Emilia Ramos. Sí, la voté para presidenta.*
   e. The word **derecho** has several uses. As a noun, it means "right" or "privilege." **Derecho a** means "the right to." It is also used as an adjective: **derecho(a)**, meaning "right side." **Derechista** ("right wing") can be used as both a noun and an adjective.

Practiquemos

A Una mujer admirable.   Cambie las palabras en letra bastardilla por sinónimos. A veces hay que hacer algunos cambios sintácticos.

Gabriela Hernández Ramos es una mujer muy *inteligente debido a sus experiencias*. La gente *cree* en ella porque *tiene mucho interés* en el bienestar de *la población de su país*. Ella nunca *habla y habla sin decir nada*, por eso, la gente la ha *votado* para representar al país como presidenta. La publicidad para la campaña es muy positiva: hay *fotos con lemas* de Gabriela por todas partes. Gabriela quiere eliminar *la falta de trabajo, la falta de comida* y *la falta de dinero*. Su *oponente* está más interesado en *decisiones legales* del gobierno que protegen los negocios grandes. ¡Ojalá que ella gane la elección!

B Encuesta personal.   Conteste las preguntas. Refiérase al Apéndice I si es necesario. Luego, hágaselas a un(a) compañero(a) de clase, tuteándose, claro.

1. ¿Participa Ud. en la política? ¿Cómo?
2. ¿Cuáles son los asuntos de actualidad más importantes para Ud.?
3. ¿Cree Ud. que la política es un juego sucio? ¿Es Ud. cínico(a) respecto a la política? Explíquese.
4. ¿Qué hace Ud. cuando apoya a un(a) candidato(a)? O sea, ¿cómo demuestra Ud. su apoyo?
5. ¿Cómo se describe a sí mismo(a) políticamente?
6. ¿Confía Ud. en el gobierno? ¿Por qué sí o por qué no?
7. ¿Le importa la política exterior de otros gobiernos? ¿Por qué?
8. ¿De qué está Ud. harto(a) políticamente? ¿Por qué?

9. ¿Cree Ud. que la política es un tópico interesante para discutir con amigos? Explique.
10. ¿Evita Ud. la discusión de asuntos controvertidos? ¿Qué asuntos evita y cuáles no evita? ¿Por qué?

C Encuentros personales

1. Two of you are running for office. One is conservative and the other is liberal. Each of you chooses two issues to debate. Take turns presenting your arguments.
2. You are very interested in politics, but your friend can't be bothered. Discuss why being politically involved is important to you. Your friend makes an argument for apathy (**la indiferencia**).
3. Two of you are in charge of a political campaign for a candidate you support. Discuss how you will present the candidate, how you can highlight his or her strong qualities, etc. Discuss potential problems and how you can solve them.

Enfoquemos el idioma

La voz pasiva con *ser* / condición resultante con *estar*
Passive Voice with **Ser** / Resulting Condition with **Estar**

The passive voice and the active voice are two different ways to express similar ideas. In the active voice, someone or something performs an action. In the passive voice, an action is done by someone or something (an agent). The passive focuses more on the action as opposed to who or what performs the action. Note the differences between active and passive voice in these two English sentences.

The citizens elected the president. (active voice)

The president was elected by the citizens. (passive voice)

▶ The passive voice can be expressed by using the verb **ser** with a past participle. An agent may or may not be expressed with **ser**. When the agent is expressed, the subject of the active sentence becomes the agent of the passive sentence and is then preceded by the preposition **por**. The verb **ser** must agree in number with the noun, and the past participle (used as an adjective) must agree in number and gender with the noun.

Los ciudadanos **eligieron** a la presidenta.	*The citizens elected the president.* (active voice)
La presidenta **fue elegida por** los ciudadanos.	*The president was elected by the citizens.* (passive voice, agent expressed)

Enfoquemos el idioma 237

▶ The passive voice with **ser** can be used in any tense or mood.

Los candidatos	**son nombrados.**	The candidates	are nominated.
	fueron		were
	serán		will be
	serían		would be
	han sido		have been
	habían sido		had been

Es necesario que los candidatos **sean nombrados.** *It's necessary that the candidates be nominated.*

Era necesario que los candidatos **fueran nombrados.** *It was necessary that the candidates be nominated.*

Es imposible que los candidatos **hayan sido nombrados.** *It's impossible that the candidates have been nominated.*

Era imposible que los candidatos **hubieran sido nombrados.** *It was impossible that the candidates had been nominated.*

▶ A past participle can also be used with the verb **estar**, but in a different manner. With the verb **ser**, the past participle expresses an action or process. A past participle used with the verb **estar** stresses the resulting condition of an action or process.

Los políticos **ganaron** la elección. *The politicians won the election. (active)*

La elección **fue ganada por** los políticos. *The election was won by the politicians. (passive, but still representing the event itself)*

Ahora, la elección **está ganada.** *Now, the election is (in a state of having been) won. (no action expressed; the event took place and this is the result)*

This same construction with **estar** is used with many reflexive verbs of change or process.

Algunos espectadores **se durmieron** durante el discurso aburrido. *Some spectators fell asleep during the boring speech.*

Todavía **están dormidos.** *They are still asleep.*

Practiquemos

D ¿Qué pasa en el mundo de la política? Cambie las frases de la voz activa a la pasiva. Tenga cuidado con los tiempos verbales.

Modelo: Algunos senadores discuten leyes nuevas diariamente.
Leyes nuevas son discutidas por algunos senadores diariamente.

1. No es cierto que el gobierno tomara varias decisiones importantes ayer.

9 La política: ¿le interesa o no?

En la Argentina las madres de los desaparecidos protestan en contra del gobierno.

2. Los adversarios del presidente seguramente plantearán más problemas.
3. El candidato para la presidencia consideró los derechos humanos.
4. Prometió que él eliminaría la pobreza y el hambre.
5. Es probable que los ayudantes escriban los discursos elocuentes de los políticos.
6. Es sorprendente que los representantes hayan sugerido la ilegalización del aborto.
7. No era verdad que los políticos hubieran bajado los impuestos.
8. Es cierto que la inflación ha alzado el costo de la vida.
9. Está claro que los candidatos habían evitado los asuntos antes.
10. También es obvio que los candidatos no evitan los asuntos ahora.

E Un debate bien planeado. Va a haber un debate pronto. Manuel Cruz está encargado de la organización. Cuando repasa su lista, ve que todo ya está hecho. Siga el modelo añadiendo un agente original.

Modelo: Hay que organizar una discusión. *Ya está organizada.*
 Claro, fue organizada por mis colegas.

1. Hay que establecer las reglas *(rules)* del debate.
2. Hay que ensayar los discursos.
3. Hay que hacer la publicidad.

Enfoquemos el idioma

4. Hay que distribuir los carteles.
5. Hay que plantear los problemas para la discusión.
6. Hay que considerar todos los hechos.
7. Hay que escoger a un moderador.

Enfoquemos el idioma

Otros usos del pronombre *se*
Other Uses of the Pronoun **Se**

You have already studied two uses of the pronoun **se**:

1. As an indirect object pronoun in front of **lo(s)** and **la(s)**.
   Juan le ofreció apoyo a Sara.
   Sí, él **se** lo ofreció.
2. As a third person reflexive pronoun.
   El candidato **se** acostó tarde después del debate.

There are other constructions in Spanish that involve the pronoun **se**.

▶ **Se** can signal an impersonal subject of a sentence. In English we use the words "one," "you," "they," "the people" or "it is" + *past participle* to express general or impersonal ideas.

Se ve cómo los hispanos afectan la política norteamericana.	*One can see how Hispanics affect American politics.*
Se dice que no **se debe** hablar de política en una fiesta.	*They say that one shouldn't talk about politics at a party.*
Eso **no se hace** en la política.	*You don't do that in politics.*
En este distrito **se habla** español.	*In this district Spanish is spoken.*

In the English sentences above, the subjects do not refer to anyone specific, but rather they are general, impersonal statements. In Spanish, **se** is used to express these ideas. In this construction, the verb is always in the third person singular. The implicit idea is that someone (but nobody specific) is doing the action.

▶ When it is unknown or unimportant who performs an action, Spanish often uses the pronoun **se** and a verb (**se pasivo**).

In the **se pasivo** construction, the noun usually follows the verb and functions as the subject, making agreement between noun and verb necessary.
Remember that when there is no expressed agent, either the construction with **se** or the passive with **ser** can be used. The former is more commonly used.

Se escribe el discurso.
(El discurso **es escrito**.) } *The speech is written.*

9 La política: ¿le interesa o no?

> **Se paraliza mercado negro dólar**
>
> **INTERNACIONALES**
>
> Se estrecha el cerco diplomático contra el régimen de Noriega
> Ordóñez: «No hay condiciones democráticas».
>
> No más paños de agua tibia: se pide la pena de muerte

Se escriben los discursos. *The speeches are written.*
(Los discursos **son escritos**.)

The **se pasivo** construction cannot be used if the noun is a person; instead the impersonal **se** construction is required, and the personal **a**, denoting an existing human direct object, must precede the object.

Se discuten los asuntos. *The issues are discussed.*

Se oye a los candidatos. *The candidates are heard.*

▸ The following verbs, when made reflexive and when used with indirect object pronouns, imply that the indirect object is less responsible for the action.

acabársele (terminársele) *to run out*

caérsele *to drop, to fall*

descomponérsele (estropeársele) *to fall apart*

escapársele *to get away from, to escape*

ocurrírsele *to occur, to come to mind*

olvidársele *to forget, to slip one's mind*

perdérsele *to lose, to get lost*

rompérsele *to break (tear), to get broken (torn)*

The verb is used in the third person singular or plural, depending on the subject, which usually follows the verb. The subject in the English sentence becomes the indirect object in the Spanish sentence.

Object Subject	Subject Object
Se **me** olvidó **votar**.	*I forgot to vote.*
Se **nos** olvidó **votar**.	*We forgot to vote.*
Se **les** olvidaron **los carteles**.	*They forgot the posters.*

Dejar caer is the active verb form for "to drop." When the above construction is used, just **caer** is needed. Compare these examples.

Dejaste caer los carteles al suelo. *You dropped the posters on the floor.*

Se te cayeron los carteles al suelo. *You dropped the posters on the floor.* (It happened to you, they dropped "on you.")

Note that there is not always a change in the English equivalent from the active construction to the indirect one. The use of the reflexive construction in Spanish, however, does de-emphasize the responsibility of the English subject.

Enfoquemos el idioma

241

Practiquemos

F ¿Qué cree Ud.? Piense en la política en general. Conteste las preguntas empleando el **se impersonal** en sus respuestas.

Modelo: ¿Qué se sabe? *Se sabe que los políticos hacen un papel importante.*

1. ¿Qué se dice?
2. ¿Qué se cree?
3. ¿Qué se hace?
4. ¿Qué no se hace?
5. ¿Qué se oye?
6. ¿Por qué se vota?
7. ¿En qué se basa una decisión de votar por alguien?

G Ud., el (la) redactor(a). He aquí una lista de frases extraídas de varios artículos del periódico *El Sol*. Aunque son correctas gramaticalmente, no son muy idiomáticas. Escriba de nuevo las frases usando la construcción impersonal o pasiva con **se**. Tenga cuidado con los tiempos y modos verbales.

Modelo: Los oficiales son elegidos. *Se elige a los oficiales.*

1. Las candidaturas fueron presentadas.
2. El alcalde *(mayor)* será escuchado esta tarde.
3. Los impuestos han sido bajados.
4. El aborto fue discutido en detalle.
5. Dijeron que los problemas de los ciudadanos serían discutidos.
6. Era importante que las reglas de la elección fueran explicadas.
7. Los candidatos son elegidos pronto.
8. Es fantástico que la senadora haya sido nombrada.

H ¡Aún más política! Elabore una pregunta usando la construcción pasiva con **se** en el pretérito. Conteste la pregunta usando la voz pasiva con **ser** y finalmente, exprese el resultado de la acción.

Modelo: planear los discursos / algunos escritores famosos / dos semanas
¿Se planearon los discursos?
Sí, fueron planeados por algunos escritores famosos.
Hace dos semanas que están planeados.

1. hacer la campaña electoral / los entusiastas de la candidata / un mes
2. tomar las decisiones / el presidente y sus ayudantes / una semana
3. alzar los impuestos / el gobierno / un año
4. resolver los problemas / los políticos / seis semanas
5. evitar las cuestiones de la pobreza y el hambre / los cínicos / un mes

I Una memoria muy mala. Cambie las palabras en bastardilla por las que están entre paréntesis y haga todos los demás cambios necesarios.

9 La política: ¿le interesa o no?

Modelo: El otro día se le ocurrió una idea *a Rogelio* respecto a la publicidad para el candidato que apoya. (a mí)
El otro día se me ocurrió una idea a mí respecto a la publicidad para el candidato que apoyo.

1. Escribió la idea en una hoja de papel pero se le cayó *a Rogelio*. (a mí, a nosotros, a vosotros)
2. Se le olvidó mencionársela *a los otros ayudantes*. (a ti, a Ud., a Juana y a Felipe)
3. *A Rogelio* se le escaparon las horas y no preparó la publicidad. (a ti y a mí, a Rodrigo y a Marta, a Uds.)
4. *A Rogelio* se le perdió una buena oportunidad. ¡El pobre candidato! (a ella, a nosotros, a ti, a vosotros)

J **¡Estas pobres personas!** De acuerdo con la información contenida en cada ejemplo, haga una pregunta que disminuya la responsabilidad de la persona usando los verbos entre paréntesis. Luego, haga un comentario.

Modelo: Se me olvidó ir a la reunión política. (ocurrir)
¿No se te ocurrió ir? Qué lástima que no se te ocurriera ir.

1. ¡Dios mío! ¡Son las siete y tengo que presentar un discurso a las siete y media! No sabía que fuera tan tarde. (acabar)
2. Carmen necesita tomar un taxi al discurso, pero no tiene dinero. (olvidar)
3. Teníamos unos carteles con nosotros. ¡Por Dios! ¿Dónde están? (perder)
4. El político va al debate en autobús porque no funciona su automóvil ni el de su esposa. (estropear)
5. Tengo mis papeles aquí. ¡Están en pedazos! ¿Qué pasó? (romper)

K **Encuesta personal.** Conteste las preguntas. Luego hágaselas a un(a) compañero(a) de clase, tuteándose, claro.

1. ¿Qué ideas se le ocurren al pensar en la política?
2. ¿Qué hace Ud. cuando discute de política con alguien y se le acaban las opiniones?
3. Cuando está en desacuerdo con alguien sobre la política, ¿qué se le olvida?
4. ¿Qué se le pierde con frecuencia?

L **¡Debatamos como políticos!** Formen dos grupos. Un grupo va a plantear un problema y dar su opinión sobre cómo resolverlo. El otro grupo no está de acuerdo con las ideas del primero.

1. La política es un juego sucio. No se puede confiar en ningún político.

Enfoquemos el idioma

2. Debemos preocuparnos más por los pobres.
3. Las relaciones exteriores son más importantes que lo que ocurre dentro de un país.
4. El aborto debe ser legal / ilegal.
5. No se debe apoyar la energía nuclear.
6. Los derechos humanos no tienen nada que ver con la política.

M Temas escritos

1. Escoja dos o tres de los asuntos mencionados en el Ejercicio **L** y desarrolle su punto de vista de una manera detallada y ordenada.
2. Para Ud., ¿cuáles son los asuntos de actualidad más controvertidos? ¿Por qué lo son? ¿Hay soluciones?

Ahora, leamos

Para su comprensión

1. By looking at these words that appear in the story in the order given here, try to anticipate what may happen. Write down as many ideas as possible, guessing the story line.

   el dentista   **sacar un diente**
   el alcalde   **un revólver**

2. This story deals with a visit to the dentist. What characteristics should a good dentist have? What responsibilities does he or she have? What power does a dentist have? What do dentists and politicians have in common? Write short answers to these questions as a dentist might answer them.

Antes de leer

1. In the first part of this chapter, you studied various uses of the pronoun **se**. During the first reading of this story, write down examples that show how the pronoun **se** is used.
2. You will be studying the present participle (**-ando, -iendo**) after the reading. Make a list of the present participles in this story and guess the infinitive of each verb form.
   (For example: **pedaleando** → pedalear)
3. It is often helpful when reading to write down questions you have concerning vocabulary, grammatical structures, and / or content. As you read "Un día de éstos," note such questions and, in small groups the following day in class, try to answer each others' questions before discussing the story with the entire class.

9   La política: ¿le interesa o no?

Gabriel García Márquez (1928–) es escritor de cuentos y novelas. Nació en Aracataca, Colombia, un pequeño pueblo que le dio mucho material para sus obras. El mundo ficticio de los cuentos y novelas de García Márquez se llama Macondo y él lo usa como un microcosmo de la sociedad colombiana que está política y moralmente en la ruina.

En 1983, García Márquez ganó el Premio Nóbel de Literatura. Su novela más famosa se llama Cien años de soledad *(1967). El cuento que Ud. va a leer proviene de la colección* Los funerales de la Mamá Grande *y trata de la relación entre dos hombres importantes y poderosos de un pueblo.*

Un día de éstos
por Gabriel García Márquez
▲▲▲▲▲▲▲▲▲

tibio *caliente*
madrugador *una persona que se levanta temprano*
la vidriera cabinet
una dentadura postiza *dientes falsos*
un puñado a handful
cargadores suspenders
enjuto *delgado, flaco*
una mirada a look
los sordos *personas que no pueden oír*
rodó *movió* / **la fresa** dentist's drill / **el sillón de resortes** *la silla en la oficina del dentista*
pulir *hacer más brillante* / **se servía de** *usaba* / **gallinazos pensativos** pensive turkey buzzards / **el caballete** ridge of roof
sacas una muela you remove a molar
a medio *parcialmente*
la salita de espera little waiting room
una cajita de cartón little cardboard box
guardaba *tenía*
un puente bridge

El lunes amaneció tibio° y sin lluvia. Don Aurelio Escovar, dentista sin título y buen madrugador°, abrió su gabinete a las seis. Sacó de la vidriera° una dentadura postiza° montada aún en el molde de yeso y puso sobre la mesa un puñado° de instrumentos que ordenó de mayor a menor, como en una exposición. Llevaba una camisa a rayas, sin cuello, cerrada arriba con un botón dorado, y los pantalones sostenidos con cargadores° elásticos. Era rígido, enjuto°, con una mirada° que raras veces correspondía a la situación, como la mirada de los sordos°.

Cuando tuvo las cosas dispuestas sobre la mesa rodó° la fresa° hacia el sillón de resortes° y se sentó a pulir° la dentadura postiza. Parecía no pensar en lo que hacía, pero trabajaba con obstinación, pedaleando en la fresa incluso cuando no se servía de° ella.

Después de las ocho hizo una pausa para mirar el cielo por la ventana y vio dos gallinazos pensativos° que se secaban al sol en el caballete° de la casa vecina. Siguió trabajando con la idea de que antes del almuerzo volvería a llover. La voz destemplada de su hijo de once años lo sacó de su abstracción.

—Papá.
—Qué.
—Dice el Alcalde que si le sacas una muela°.
—Dile que no estoy aquí.

Estaba puliendo un diente de oro. Lo retiró a la distancia del brazo y lo examinó con los ojos a medio° cerrar. En la salita de espera° volvió a gritar su hijo.

—Dice que sí estás porque te está oyendo.

El dentista siguió examinando el diente. Sólo cuando lo puso en la mesa con los trabajos terminados, dijo:

—Mejor.

Volvió a operar la fresa. De una cajita de cartón° donde guardaba° las cosas por hacer, sacó un puente° de varias piezas y empezó a pulir el oro.

Ahora, leamos 245
▲

te pega un tiro he'll shoot you
apresurarse *tener prisa*
la gaveta inferior the lower drawer
girar to turn
quedar de frente a *estar en frente de*
el umbral doorway
hinchada swollen
marchitos withered
hervían were boiling
un olor odor
pomos de loza ceramic jars / **cancel de tela** cloth screen
la altura height
afirmó he steadied
los talones heels
una cautelosa presión a careful squeeze
la cacerola instrument pan / **unas pinzas** tongs
la escupidera spittoon
el aguamanil washstand
perdió de vista lost from sight / **cordal inferior** lower molar
apretó he squeezed
el gatillo dental forceps
se aferró a he grasped
las barras arms (of a chair)
descargó he shifted
un vacío helado a frozen emptiness
soltó *permitió que saliera*
un suspiro a sigh
una amarga ternura a bitter tenderness
un crujido de huesos a crushing of bones
sudoroso sweaty
jadeante gasping for breath / **se desabotonó** he unbuttoned
la guerrera *uniforme*
el pañuelo handkerchief
un trapo rag

—Papá.
—Qué.
Aún no había cambiado de expresión.
—Dice que si no le sacas la muela te pega un tiro°.
Sin apresurarse°, con un movimiento extremadamente tranquilo, dejó de pedalear en la fresa, la retiró del sillón y abrió por completo la gaveta inferior° de la mesa. Allí estaba el revólver.
—Bueno, dijo. —Dile que venga a pegármelo.
Hizo girar° el sillón hasta quedar de frente° a la puerta, la mano apoyada en el borde de la gaveta. El Alcalde apareció en el umbral°. Se había afeitado la mejilla izquierda, pero la otra, hinchada° y dolorida, tenía una barba de cinco días. El dentista vio en sus ojos marchitos° muchas noches de desesperación. Cerró la gaveta con la punta de los dedos y dijo suavemente:
—Siéntese.
—Buenos días, dijo el Alcalde.
—Buenos, dijo el dentista.
Mientras hervían° los instrumentos, el Alcalde apoyó el cráneo en el cabezal de la silla y se sintió mejor. Respiraba un olor° glacial. Era un gabinete pobre: una vieja silla de madera, la fresa de pedal y una vidriera con pomos de loza°. Frente a la silla, una ventana con un cancel de tela° hasta la altura° de un hombre. Cuando sintió que el dentista se acercaba, el Alcalde afirmó° los talones° y abrió la boca.
Don Aurelio Escovar le movió la cara hacia la luz. Después de observar la muela dañada, ajustó la mandíbula con una cautelosa presión° de los dedos.
—Tiene que ser sin anestesia, dijo.
—¿Por qué?
—Porque tiene un absceso.
El Alcalde lo miró a los ojos. — Está bien — dijo, y trató de sonreír. El dentista no le correspondió. Llevó a la mesa de trabajo la cacerola° con los instrumentos hervidos y los sacó del agua con unas pinzas° frías, todavía sin apresurarse. Después rodó la escupidera° con la punta del zapato y fue a lavarse las manos en el aguamanil°. Hizo todo sin mirar al Alcalde. Pero el Alcalde no lo perdió de vista°.
Era un cordal inferior°. El dentista abrió las piernas y apretó° la muela con el gatillo° caliente. El Alcalde se aferró a° las barras° de la silla, descargó° toda su fuerza en los pies y sintió un vacío helado° en los riñones, pero no soltó° un suspiro°. El dentista sólo movió la muñeca. Sin rencor, más bien con una amarga ternura° dijo:
—Aquí nos paga veinte muertos, teniente.
El Alcalde sintió un crujido de huesos° en la mandíbula y sus ojos se llenaron de lágrimas. Pero no suspiró hasta que no sintió salir la muela. Entonces la vio a través de las lágrimas. Le pareció tan extraña a su dolor, que no pudo entender la tortura de sus cinco noches anteriores.
Inclinado sobre la escupidera, sudoroso°, jadeante°, se desabotonó° la guerrera° y buscó a tientas el pañuelo° en el bolsillo del pantalón. El dentista le dio un trapo° limpio.
—Séquese las lágrimas, dijo.

9 La política: ¿le interesa o no?

cielo raso desfondado
  broken, peeling ceiling
una telaraña polvorienta
  dusty spider web
araña spider
haga buches gargle
se puso de pie se levantó
displicente
  descontento, de mal humor
estirando stretching
red screen
vaina cosa

El Alcalde lo hizo. Estaba temblando. Mientras el dentista se lavaba las manos, vio el cielo raso desfondado° y una telaraña polvorienta° con huevos de araña° e insectos muertos. El dentista regresó secándose las manos. Acuéstese — dijo — y haga buches° de agua de sal. El Alcalde se puso de pie°, se despidió con un displicente° saludo militar, y se dirigió a la puerta estirando° las piernas, sin abotonarse la guerrera.
—Me pasa la cuenta, dijo.
—¿A usted o al municipio?
El Alcalde no lo miró. Cerró la puerta, y dijo, a través de la red° metálica:
—Es la misma vaina°.

(This story was reprinted with permission.)

Reaccionemos

N **¿Comprendió Ud. la lectura?** Completan las frases siguientes.

1. Don Aurelio Escovar es un hombre muy
   a. agradable.
   b. ordenado.
   c. desorganizado.
2. Hace su trabajo
   a. alegremente.
   b. rápidamente.
   c. mecánicamente.
3. Don Aurelio quiere que su hijo
   a. le abra la puerta al Alcalde.
   b. diga una mentira.
   c. se vaya sin molestarle.
4. Don Aurelio planea
   a. defenderse.
   b. matar al Alcalde.
   c. darle la bienvenida al Alcalde.
5. Se ve que el Alcalde
   a. es un hombre importante.
   b. no tiene miedo.
   c. sufre mucho.
6. El Alcalde
   a. no confía en don Aurelio Escovar.
   b. cree que don Aurelio es un buen dentista.
   c. sabe que el dentista tiene un revólver.

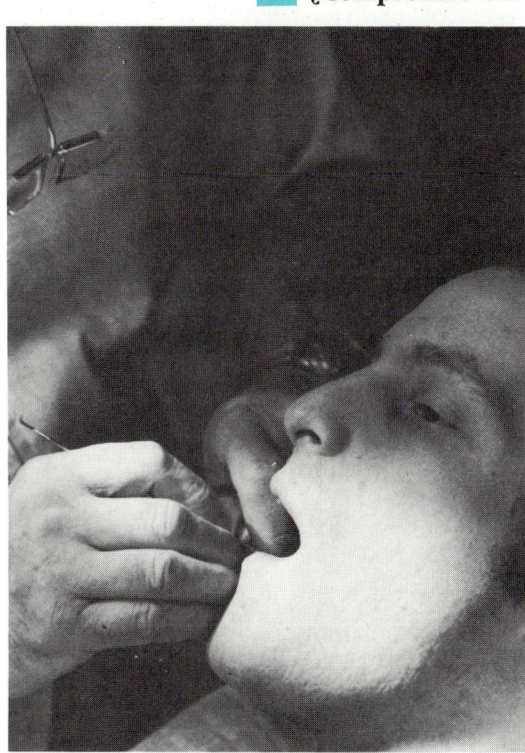

Describa Ud. la foto. ¿A Ud. le gusta visitar el dentista o no? Explique.

7. Cuando don Aurelio Escovar le saca la muela al Alcalde,
   a. no le duele.
   b. éste llora.
   c. él se ríe de venganza *(revenge)*.
8. La cuenta
   a. será pagada por la ciudad.
   b. será pagada por el Alcalde.
   c. no será pagada por nadie.

O **Ahora, cuéntelo en sus propias palabras.** Conteste las preguntas según el desarrollo del cuento. Trate de usar sus propias palabras.

1. ¿Cuál fue la reacción del dentista al oír que el Alcalde estaba en la oficina? ¿Qué le dijo el dentista a su hijo?
2. ¿Qué dijo el Alcalde que haría si el dentista no le sacara la muela? ¿Cómo reaccionó el dentista? ¿Qué hizo?
3. ¿Cómo estaba el Alcalde? Descríbalo.
4. ¿Cómo trató el dentista al Alcalde? ¿Y el Alcalde al dentista?
5. ¿Qué dijo el dentista después de examinar la muela? ¿Cómo reaccionó el Alcalde? ¿Por qué no perdió de vista el Alcalde al dentista?
6. ¿Qué no pudo entender el Alcalde después de la operación?
7. ¿Tiene miedo el dentista del Alcalde? ¿Y el Alcalde del dentista? Explique.

P **Vamos a analizar el cuento un poco más profundamente.** Formen grupos pequeños para analizar estas ideas.

1. el significado del título del cuento
2. la actitud del dentista hacia su trabajo
3. la relación entre el Alcalde y el dentista
4. por qué no usó el revólver el dentista
5. el significado de la frase "Aquí nos paga veinte muertos, teniente."
6. la venganza y la compasión
7. la última conversación entre el dentista y el Alcalde
8. el poder militar en este pueblo

Q **Solicitamos su opinión.**

1. ¿Haría Ud. una cita con un dentista que no tiene título *(degree)*? ¿Por qué fue el Alcalde al gabinete *(office)* de este dentista y no al de otro dentista?
2. ¿Qué diferencias nota Ud. entre Don Aurelio Escovar y su dentista personal?
3. ¿Cuándo es legítimo vengarse de *(avenge oneself)* otra persona? ¿Se vengó el dentista del Alcalde? Explique. ¿Por qué quería vengarse el dentista del Alcalde?

9 La política: ¿le interesa o no?

4. ¿En qué parte del cuento ocurrió un intercambio *(exchange)* de poder? ¿Qué es el poder?
5. ¿Es necesario que existan buenas relaciones entre el gobierno de un pueblo y los ciudadanos? Explique.
6. ¿Es el gobierno de este pueblo justo o injusto? Dé ejemplos a partir del texto. ¿En qué actividades no debe participar un gobierno? ¿Por qué?

R Debate. Formen dos grupos para criticar o defender esta idea.

Un(a) dentista o un(a) médico(a) tiene la responsabilidad de ayudar a otras personas a pesar de *(despite)* la conducta política del (de la) paciente, aún si ésta incluye la muerte o la tortura de otras personas. El (la) dentista no debe juzgar *(to judge)* las acciones del (de la) paciente y tiene que ayudarlo(la) sin condiciones. El (la) dentista no debe considerar su posición política ni sus creencias políticas cuando tiene un(a) paciente que lo (la) necesita.

S Temas escritos

1. ¿Qué opina Ud.? Escoja entre (a) y (b) y escriba una composición bien pensada y desarrollada que explique su propia opinión. Use ejemplos del cuento para apoyar su posición respecto a estas ideas.
   a. El dentista del cuento es un hombre muy compasivo. Tuvo la responsabilidad de ayudar al Alcalde y lo hizo.
   b. El dentista no es un hombre muy moral (compasivo). No usó anestesia porque quería que el Alcalde sufriera.
2. Conteste esta pregunta en una composición bien escrita. ¿Es la tortura necesaria a veces para enseñarle a alguien una lección? Dé ejemplos.
3. Ud. trabaja para el periódico universitario. Tiene que criticar el cuento de García Márquez positiva o negativamente. Escriba un resumen del cuento, hablando del tema y de la posición política de los personajes. Esté seguro(a) de incluir su recomendación y el por qué.

Reaccionemos

Enfoquemos el idioma

El gerundio
The Gerund

The gerund is a verb form that corresponds to the English *verb + -ing*. It can be used as a modifier or with an auxiliary verb.

El alcalde salió **sonriendo.** (modifier)	*The mayor left smiling.*
El dentista **estaba trabajando** en su gabinete. (verb)	*The dentist was working in his office.*

▶ The gerund is formed by adding **-ando** to the stem of an **-ar** verb and **-iendo** to the stem of an **-er** or **-ir** verb.

votar → **votando** voting
entender → **entendiendo** understanding
sonreír → **sonriendo** smiling

▶ With **-er** and **-ir** verbs whose stems end in a vowel, the **i** of the ending is changed to a **y**.

leer → leyendo   **creer → creyendo**   **traer → trayendo**

Estas personas españolas protestan la participación española en NATO.

9   La política: ¿le interesa o no?

▶ **-Ar** and **-er** stem-changing verbs form the gerund like regular **-ar** and **-er** verbs. The gerund of **-ir** stem-changing verbs, however, shows a stem change: **e → i** or **o → u**. Note that the change is the same as the **nosotros** / **vosotros** change in the present subjunctive and the preterite change in the third person forms. Here are some examples.

e, i → i	e, ie → i	o, ue → u
decir diciendo	**mentir** mintiendo	**dormir** durmiendo
elegir eligiendo	**sentir** sintiendo	**morir** muriendo
pedir pidiendo		
preferir prefiriendo		
repetir repitiendo		
seguir siguiendo		
servir sirviendo		

Los usos del gerundio
The Uses of the Gerund

▶ The gerund often follows a conjugated verb. The present of **estar** and the gerund are used to form the present progressive, an aspect of the present tense. The imperfect of **estar** with a gerund forms the past progressive. These aspects emphasize that an action is or was in progress at a certain point in the present or past. Since the ideas expressed by the progressive can also be expressed by the simple present and the imperfect, the progressive is not used as frequently in Spanish as it is in English. The choice of the present or past progressive depends on the immediacy of the action.

Los candidatos **hablan (están hablando)** con los ciudadanos. — *The candidates are talking with the citizens.*

Los candidatos **hablaban (estaban hablando)** con los ciudadanos. — *The candidates were talking with the citizens.*

▶ Other auxiliary verbs used with the gerund include:

andar, venir, ir

Ella **anda / viene / va pidiendo** apoyo. — *She goes around asking for support.*

continuar

El **continuaba pidiendo** apoyo. — *He was continuing to request support.*

entrar

Ellos **entran pidiendo** apoyo. — *They come in requesting support.*

salir

Ella **sale pidiendo** apoyo. — *She leaves asking for support.*

seguir

El **sigue pidiendo** apoyo. — *He keeps on asking for support.*

Enfoquemos el idioma

▶ Other tenses, moods, and aspects also have corresponding progressives to emphasize continuing action.

Sé que ellos
- **están votando.** (present — *are voting*)
- **estarán votando.** (future — *will be / are probably voting*)
- **estaban votando.** (imperfect — *were voting*)
- **estuvieron votando.** (preterite — *were voting*)
- **estarían votando.** (conditional — *would be / were probably voting*)

Dudo que ellos
- **estén votando.** (present subjunctive — *are / will be voting*)
- **estuvieran votando.** (past subjunctive — *were / would be voting*)

▶ The Spanish gerund can also be used as the English gerund.

Viajando en autobús, la candidata pide apoyo.   *Traveling by bus, the candidate requests support.* (simultaneous actions)

El entra **pidiendo** apoyo.   *He enters requesting support.* (adverb)

▶ When pronouns are used with the progressive, the pronouns can precede the form of **estar** or be attached to the gerund. When attached to the gerund, a written accent must be added.

El gobierno **está imponiéndonos** impuestos. El gobierno **nos está imponiendo** impuestos.

Está imponiéndonoslos. Nos los está imponiendo.

▶ While the English progressive can refer to an expected or planned future event, the Spanish progressive never has this meaning.

El candidato viene hoy.   *The candidate is coming today.*

El candidato está hablando.   *The candidate is speaking (at this very moment).*

Practiquemos

T La huelga estudiantil. Unos estudiantes están preparándose para una protesta contra ciertas reglas universitarias. La líder del grupo les recuerda a todos lo que cada uno tiene que hacer. Siga el modelo y use el presente del progresivo y los complementos directos e indirectos.

Modelo: La líder: Marcos, no olvides escribir la lista de protestas.
Marcos: *Estoy escribiéndola ahora.*

1. Anita, tienes que leer las reglas estudiantiles.
2. Tina y Fernando (vosotros), hay que prepararles los anuncios a los otros estudiantes.

9 La política: ¿le interesa o no?

3. ¿Dónde está Ray? Debe informarle a la presidenta de la universidad que hay huelga.
4. Paquita, tú y Alejandro debéis traer los carteles de protesta al cuarto de reunión.
5. Chong, tienes que darles la información a los periodistas universitarios.
6. Ken necesita presentarle las objeciones al comité de estudiantes.
7. Megan y Jaime tienen que hablarles a los profesores que están de acuerdo con nuestra posición.
8. Felipe, tienes que examinar bien las reacciones de la comunidad.
9. Anita y Alex deben sacar fotografías para el periódico.
10. Kristen necesita identificar a las personas que quieren participar.

U **La curiosidad.** Ocurrió un robo en la oficina de un candidato político. La policía les pide información a varios empleados del candidato adversario respecto a lo que hacían en el momento del robo. Conteste las preguntas usando las formas apropiadas del pasado del progresivo según el modelo.

Modelo: ¿Qué hacía Ud.? (escribir un discurso)
Estaba escribiendo un discurso.

1. ¿Qué hacían los secretarios? (copiar unos artículos)
2. ¿Qué hacíais vosotros? (discutir con los otros diputados [*representatives*])
3. ¿Qué hacía Ud.? (solicitar apoyo en el barrio)
4. ¿Qué hacía Roque? (poner carteles en el centro)
5. ¿Qué hacían Uds.? (dormir)

V **Las actividades durante una campaña política.** Escriba Ud. frases que incluyen elementos de cada columna. Use el presente del progresivo en el indicativo o en el subjuntivo. No olvide Ud. que es necesario usar **que** para unir la primera columna y la segunda. Puede cambiar el orden de las palabras.

Modelo: *Es posible que los representantes (no) estén solicitando apoyo.*

Dudo	el presidente	andar / mentir
Estoy contento(a)	la líder	estar / votar
Temo	el gobierno	estar / producir resultados
Es importante	la oposición	seguir / detener (*arrest*) a los izquierdistas
Me opongo a	el policía	entrar / sonreír
Creo	los candidatos	estar / apoyar a los militares
Es cierto	los ciudadanos	salir / hablar con los ciudadanos

Enfoquemos el idioma

Me alegro de	la huelga sindical	seguir / torturar a los partidos de la oposición
Es obvio	la junta	continuar / interrogar a la candidata
Es increíble	la vice-presidenta	ir / protestar contra la injusticia
Es posible	los representantes	estar / solicitar apoyo

W **La vida de un(a) político.** Termine las frases de una manera original hablando de la vida de un(a) político. Use el sujeto **él** o **ella**, o el sujeto **yo**, si quiere hacer el papel del (de la) político. Trate de emplear un verbo diferente en cada frase.

1. Sonriendo a los ciudadanos...
2. Hablando con sus (mis) consejeros...
3. Contestándoles a los periodistas...
4. Al salir corriendo de la reunión...
5. Saludando a las personas que lo (la / me) apoyan...

Charlemos un poco más

X **Solicitamos su opinión: discusión final.**

1. ¿Cuáles son las características del (de la) político ideal?
2. ¿Quiénes son sus políticos favoritos? ¿Por qué?
3. ¿Le gustaría ser político? ¿Cuáles son las ventajas y las desventajas de ser político?
4. ¿Cree Ud. que es importante votar? ¿Por qué sí o por qué no?
5. ¿Cuál debe ser el papel de los EE.UU. en otros países? Explique su respuesta.
6. ¿Alguna vez ha participado en una campaña política? ¿De quién? ¿Qué hizo Ud.?
7. ¿De qué libertades disfrutan los ciudadanos de los EE.UU.? ¿De qué no disfrutan?
8. ¿Cuál es la responsabilidad de la prensa respecto a los políticos? ¿Qué no deben investigar? ¿Qué deben investigar?
9. ¿Debe el presidente de los EE.UU. hablar otros idiomas? ¿Por qué sí o por qué no?
10. ¿Cree Ud. que la gente en general se queja injustamente del gobierno? Explique su punto de vista.

¡RESIDENTES TEMPORALES!

¿El Servicio de Inmigración de EE.UU. le concedió la residencia temporánea? De ser así, tiene que solicitar para la residencia permanente para poder obtener su "tarjeta verde" y permanecer en este país.

Es fácil hacerlo. Tome el próximo paso AHORA. ¡Vaya a la Oficina de Legalización en el 201 oeste calle 24 o llame al (718) 899-4000 para averiguar cómo puede convertirse en residente permanente!

SERVICIO DE INMIGRACION Y NATURALIZACION DE EE.UU.

Y Actividades

1. Ud. es un(a) candidato(a) político(a) o universitario(a). Escriba un discurso que explique las cosas que quiere cambiar en la sociedad o en la universidad y lo que Ud. hará para cambiarlas. (Por ejemplo: *La comida aquí no es muy buena. Si Uds. votan por mí, insistiré en que se sirva comida mucho mejor.*)

2. En clase, dé su discurso. Una parte de la clase va a representar a la ciudadanía y la otra parte va a representar a los periodistas. Después del discurso, habrá muchas preguntas que tendrá que contestar.

3. Usando una máquina de vídeo, haga un anuncio comercial para un(a) candidato(a) político(a).

Z Debate.
Formen dos grupos para criticar o defender la siguiente idea.

Los Estados Unidos a veces niegan la entrada al país a ciertas personas por sus creencias políticas, por sus actividades no democráticas o por su amistad con personas consideradas enemigos de los EE.UU. Por ejemplo, Rosario Murillo, la esposa de Daniel Ortega de Nicaragua, y el autor Gabriel García Márquez no pudieron obtener visas para entrar en los EE.UU., ella por ser parte de la revolución sandinista y él por su amistad con Fidel Castro. ¿Es justo esto?

Charlemos un poco más

Aa Temas escritos

1. Ud. es un(a) periodista que escuchó el discurso del (de la) candidato(a) del Ejercicio **Y.** Ahora tiene que escribir un artículo para el periódico universitario. Incluya las ideas mencionadas por el (la) candidato(a) y su propia reacción frente a lo que dijo. Justifique por qué es o por qué no es un(a) buen(a) candidato(a).

2. Escoja Ud. a otro(a) candidato(a) político(a) y escriba un editorial para el periódico universitario en la cual apoya o ataca a esa persona. Asegúrese de incluir sus razones.

3. Escríbale una carta a su diputado(a) o senador(a) estatal que explique su posición respecto
   a. al papel de los EE.UU. en Latinoamérica.
   b. a la situación financiera de los EE.UU.
   c. al uso de armas nucleares.
   d. a la contaminación del aire y de los oceános.
   e. a otra área de interés.

4. Desarrolle y defienda su interés o desinterés por la política.

5. Mire Ud. los dibujos. Escoja el que más le gusta e invente una historia.

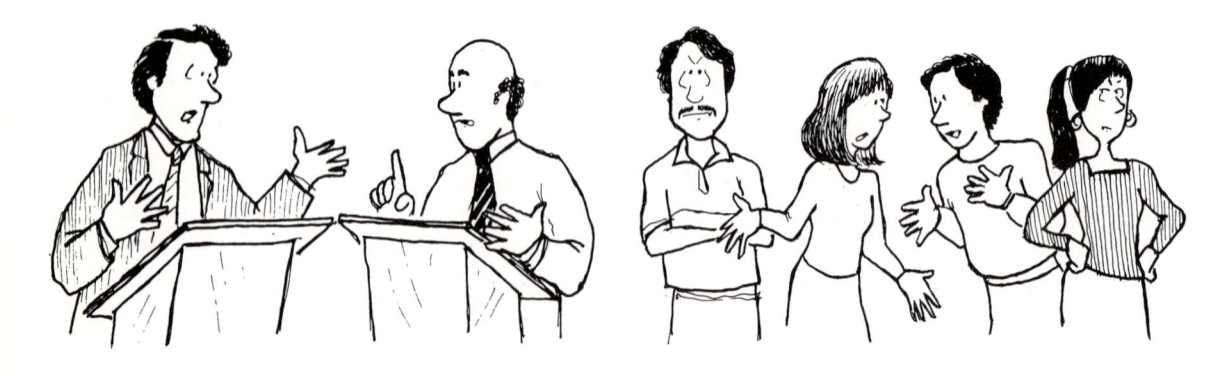

9 La política: ¿le interesa o no?

¡Digamos la última palabra!

Sustantivos
el aborto abortion
el (la) adversario(a) opponent
el asunto issue, topic
los asuntos exteriores foreign affairs *(Sp.)*
el bienestar público welfare
la campaña electoral political campaign
el cartel poster
el (la) ciudadano(a) citizen
el costo de la vida cost of living
la cruzada crusade
los derechos humanos human rights
el desempleo unemployment
el discurso speech
la energía nuclear nuclear power
Fulano(a) John (Jane) Doe
el gobierno government
el hambre *(f)* hunger
el hecho fact
la huelga sindical (union) strike, protest
la igualdad entre los sexos equal rights
el impuesto tax
el (la) ladrón(ona) thief, crook
el lema slogan
la ley law
el partido political party; game
las personas sin casa ni hogar homeless people
la pobreza poverty
la política politics
el (la) político politician
la regla rule
las relaciones exteriores foreign affairs *(Lat. Am.)*
el (la) diputado(a) representative
el seguro social social security
el senado estudiantil student senate
los servicios sociales human services

Verbos
alzar to raise
apoyar to support (morally)
bajar to lower
confiar (en) to trust (in)
ensayar to rehearse
ganar to win; to earn
interesarse (por) to be interested (in)
nombrar to nominate
votar para (por) to vote for an office (a person)

Adjetivos
confundido(a) confused
conservador(a) conservative
controvertido(a) controversial
derechista right-wing
elegido(a) elected
honrado(a) honest, honorable
izquierdista left-wing
liberal liberal
político(a) political
sabio(a) wise, learned
sucio(a) dirty

Expresiones útiles
andar con rodeos to beat around the bush
caer en la trampa to fall into a trap
estar sin palabras to be speechless
lanzar de candidato(a) to declare candidacy
plantear problemas to raise issues
salir electo(a) to be elected
tomar decisiones to make decisiones

CAPÍTULO
10
▼

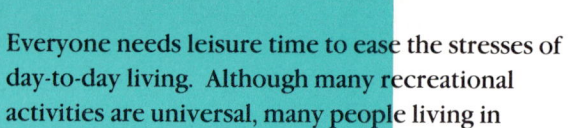

Everyone needs leisure time to ease the stresses of day-to-day living. Although many recreational activities are universal, many people living in Hispanic countries also focus on social activities such as taking walks with their families, getting together for sing-alongs, and going to parks. The reading selection for this chapter, "Momentos felices," is a poem that deals with some of the small pleasures in life.

Gran Bingo Bailable

Fondo de Familias Unidas "Fondefau". Invita: Centro de Convenciones Gonzalo Jiménez de Quesada, calle 26A No. 13A-10, próximo sábado 2 de septiembre a las 9:30 p.m.
Premio mayor: 2 pasajes aéreos Bogotá-Miami-Bogotá y estadía para 2 personas, 6 noches, 7 días.
Otros premios: $ 150.000 en efectivo, un televisor a color Sony control remoto y una vajilla 6 puestos.
Cartón por persona - Premios sorpresa.
Valor boleta $ 5.000 por pareja.
Informes:
☎ 2121503, 2121948, 2171894.

▲

¡Diviértase un poco!

▼

Charlemos un poco

¿En qué actividades participan las personas que aparecen en las fotos?

▼

¿Cuáles son las actividades que le gustan a Ud.? ¿Por qué?

▼

¿Qué hace Ud. para divertirse? ¿Dedica mucho tiempo a las diversiones o no?

▼

¿Tiene Ud. mucho tiempo libre?

▼

¿Cree Ud. que una persona debe trabajar más en vez de dedicarle mucho tiempo al descanso? Explique.

▲

Vocabulario

Vocabulario personal

Make a list of words and expressions in Spanish that you used to answer the questions about the photos. Make a list of other words and expressions you remember that deal with leisure activities, sports, or hobbies. Finally, make a list of those words you'd like to know in order to discuss this chapter's theme. You may want to consult **Apéndice I** for some ideas.

Empecemos en contexto

You will now read a conversation between Jessica and Mercedes, roommates who are making plans for spring break. As you read, write down Jessica's suggestions for vacation and Mercedes' recommendations. You may want to review the vocabulary in **Palabras prácticas** before you read to help you better understand.

Las sugerencias de Jessica: _____

_____.

Las recomendaciones de Mercedes: _____

_____.

Jessica: ¡Oye, Mercedes! Nos quedan sólo tres semanas antes de las vacaciones de primavera. Tenemos que planear algo inmediatamente.

Mercedes: ¿No podemos decidir más tarde? El partido de fútbol empieza en una hora y tengo que arreglarme para ir.

Jessica: Pues, es mejor que decidamos ahora. A propósito, ¿desde cuándo eres aficionada al fútbol?

Mercedes: ¡Me encantan los deportes! Si a ti no te gustaran tanto tus novelas, sabrías que yo voy a casi todos los eventos deportivos. ¡Acompáñame! ¡Lo pasarás bien!

Jessica: No me interesan los deportes. Son demasiado violentos. Para mí, los momentos de ocio más dichosos son cuando me estiro en el sofá a escuchar música clásica y a soñar despierta. Estos últimos días me he dedicado a soñar sobre mis vacaciones. ¿Qué vamos a hacer?

Mercedes: ¡Cálmate, mujer! ¿Por qué no me aceptas mi invitación? Vamos a Miami. Allí podríamos ir al jai-alai donde podemos apostar, o podríamos ir al cine o al teatro. Seríamos el prototipo del turista.

Jessica: Y luego podemos pasar otros días en la playa, o ir a unos museos que yo conozco... o podríamos jugar al ajedrez. ¿Qué te parece?

10 ¡Diviértase un poco!

Mercedes: ¡Dicho y hecho! Tengo que salir ya para el partido. ¿Me acompañas?
Jessica: No, gracias. Aprenderé a disfrutar de los deportes durante las vacaciones. No quiero adelantarme a los hechos. Chau.

Palabras prácticas

Sustantivos
el (la) aficionado(a) a a fan, enthusiast of
el ajedrez chess
el deporte sport
los hechos things, actions, events
el ocio leisure
el (la) partido(a) game, match

Verbos
adelantar to rush, to make earlier
apostar (ue) to bet
decidirse to make up one's mind
disfrutar de to enjoy
estirarse to stretch out

Adjetivos
deportivo(a) having to do with sports
dichoso(a) happy

Expresiones útiles
a propósito by the way . . .
¡Cálmese! (¡Cálmate!) Calm down!
Dicho y hecho. Said and done. O.K. Agreed.
¡Oye! Hey! Listen!
pasarlo bien to have a good time
soñar (ue) despierto(a) to daydream

▶ **¿Qué pasó?**

1. Jessica insiste en planear algo en seguida porque _____
   _____.
2. Jessica no sabía que su compañera de cuarto era _____
   _____.
3. Mercedes sugiere que Jessica (no) _____.
4. Para Jessica, los momentos de ocio más dichosos son cuando _____.
5. En Miami, Mercedes quiere _____.
6. En la playa, Jessica quiere _____.
7. Jessica no quiere acompañar a Mercedes al partido porque _____.
   _____.
8. Y a Ud., ¿qué le gustaría hacer para disfrutar de sus vacaciones de primavera?
   ¿Es Ud. una persona como Mercedes o como Jessica? Explíquese. _____
   _____.

Más vocabulario útil

Cuando Ud. habla de los deportes, puede decir:

El partido está **empatado,** dos a dos. **Los jugadores** deben **esforzarse** si quieren ganar.

Una jugadora de nuestro **equipo** acaba de **meter / hacer un gol.**

Al terminar el segundo **tiempo, el tanteo / el resultado** era de dos a uno.

¿Cuál fue el resultado? ¿Quién ganó **el campeonato**?

Cuando habla de las películas, puede decir:

Reí a carcajadas durante esa **comedia** y lloré durante **la tragedia.**

Vocabulario

261

COMIENZA LA TEMPORADA TEATRAL

Dentro del Festival de Otoño, durante el mes de septiembre, tendrá oportunidad de verse en Madrid la obra de Muñoz Pujol, ganadora del premio de teatro de Granollers, "Vador: Dalí de Gala", que, acompañada del elemento daliniano de la polémica, fue estrenada en el Grec'89. Un repaso por los espectáculos presentados en los distintos festivales veraniegos y la obra de Alfonso Sastre "Los últimos días de Emmanuel Kant contados por Ernesto Teodoro Amadeo Hoffmann" son parte del contenido del número de EL PÚBLICO correspondiente al mes de septiembre.

PÍDALO EN SU KIOSCO AL PRECIO DE 350 PESETAS

EL PÚBLICO

Prefiero **las películas de aventuras** a **las de horror** y a **las de amor**.

¿Quién era **el (la) realizador(a)**? ¿Quién era **el actor (la actriz)** / **el (la) artista**?

Cuando quiere conocer mejor a una persona, puede preguntarle sobre sus **pasatiempos** y **ensueños:**

¿Sabe(s) **pintar** / **tocar instrumentos** / **nadar** / **montar a caballo** / **bailar** / jugar a **juegos de salón**?

¿Quiere(s) acompañarme **al museo** / **al teatro** / **al concierto** / **a una obra de teatro**? Me fascinan **los argumentos** complicados.

¿Le (te) gustaría jugar a **los naipes** / a **las damas** / a **las tablas reales**?

Propongo que **hagamos turismo** esta tarde.

Para **rejuvenecerse,** una persona puede **experimentar** muchos pasatiempos. Es una buena idea **gozar de** éstos de una manera bien **pausada**, porque **la pereza** es también un gusto. Cuando una persona está **desocupada**, puede **arruinar** el ocio si trata de hacer demasiadas cosas al mismo tiempo.

Investiguemos un poco

1. Many nouns, and some adjectives, are formed from verbs by dropping the **-r** of the infinitive and adding the suffix **-dor(a)**. The noun **el (la) trabajador(a)** and the adjective **trabajador(a)** are formed in this way. Form other nouns and adjectives (where they exist), following this pattern.

Verb	**Noun**	**Adjective**
realizar	_____	_____
nadar	_____	_____
jugar	_____	_____
bailar	_____	_____
experimentar	_____	_____
soñar	_____	_____

10 ¡Diviértase un poco!

2. Several of the vocabulary items in this chapter merit special attention.
   a. **El juego** refers to "game" in general, as well as "gambling." **El partido** means "game" or "match" in sports. **La partida** means "game" in board games.
   b. **Dichoso(a)** has several meanings, both positive and negative. Some of its meanings include: "happy," "content," "lucky," "fortunate." **Dichoso(a)** is also a synonym of **maldito(a)**, meaning "tiresome," "cursed," "damned," "confounded." Context will make the meaning clear. Guess the meaning of **dichoso(a)** in these sentences.

   ¡Qué vida más **dichosa** lleva Jaime! No tiene ninguna preocupación.

   ¡Este **dichoso** trabajo me vuelve loco! ¡Nunca puedo divertirme!

Practiquemos

A Diviértase un poco. Escoja las palabras de la segunda columna que tienen algo en común con las de la primera columna. Luego, haga una frase original uniendo los conceptos de las dos columnas.

Modelo: correr — *hacer ejercicio*
Carmen hace ejercicio todos los días; corre por la playa.

1. _____ correr   a. juego
2. _____ cine   b. reír a carcajadas
3. _____ ocio   c. hacer ejercicio
4. _____ apostar   d. música
5. _____ partido   e. película
6. _____ bailar   f. tanteo / resultado
7. _____ comedia   g. las damas
8. _____ juego de salón   h. estirarse en el sofá

B La curiosidad. Usando las palabras que se sugieren a continuación, forme preguntas que tengan que ver con el recreo (*recreation*) o con el descanso. Luego, hágaselas a un(a) compañero(a) de clase.

Modelo: gustar / pintura / escultura
¿Te gusta la pintura o la escultura? ¿Por qué?

1. preferir / las películas de aventuras / las películas de amor
2. disfrutar / los deportes / los pasatiempos intelectuales
3. preferir ser / aficionado(a) / jugador(a)
4. saber / tocar instrumentos / bailar
5. gozar / el ajedrez / los naipes
6. ensimismarse / una novela / una revista
7. preferir / actividades pausadas / actividades emocionantes
8. reír a carcajadas / durante una comedia / durante una película de horror
9. preferir / estar desocupado(a) / trabajar

Investiguemos un poco

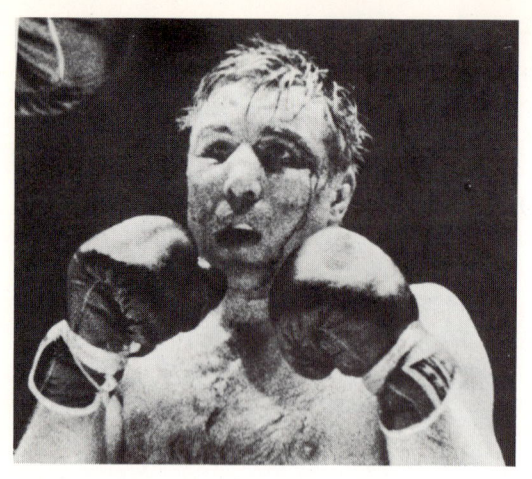

¿Qué le parece a Ud. este deporte? ¿Le gusta o no? Explique.

C Encuentros personales

1. Your boss has given you and a co-worker a day off for doing a good job. Plan how you'll spend the day together.
2. Describe to a classmate the last movie you saw. Include information about the plot, the actors, the director, etc. Your classmate should ask you questions about the film. Be sure to tell him or her why you'd recommend it or not.
3. You are married. One of you prefers leisure activities that spare no expense. The other prefers activities that are inexpensive. Discuss each point of view.
4. Discuss with a classmate whether football, boxing (**el boxeo**), bullfighting (**la corrida de toros**), etc., are too violent.

Enfoquemos el idioma

Los usos del infinitivo
The Uses of the Infinitive

The Spanish infinitive is used in several different ways.

▶ An infinitive can function as the subject of a sentence. When an infinitive functions as the subject, the definite article **el** may accompany it. This is common when the infinitive is the first word in the sentence and when the infinitive is followed by the verb **ser**. **El** must accompany the infinitive if it is modified.

(El) montar a caballo es peligroso.	*Horseback riding is dangerous.*
Es peligroso **montar a caballo**.	
El bailar profesionalmente requiere mucha práctica.	*Dancing professionally requires a lot of practice.*

Infinitives are often used in proverbs and sayings. In such cases, the article is usually omitted.

Ver es **creer**.   *Seeing is believing.*

▶ An infinitive can follow a conjugated verb, acting as the complement or object.

Felipe **quería meter** un gol.   *Felipe wanted to score a goal.*

Debemos tomar una decisión para planear las vacaciones.   *We should make a decision to plan our vacation.*

10 ¡Diviértase un poco!

Verbs like **deber, decidir, esperar, gustar, necesitar, pensar, poder, preferir,** and **saber** do not take a preposition when they are followed by an infinitive. There are, however, several verbs that do require a preposition before an infinitive. Some verb meanings (given in parentheses) do change slightly when used with an infinitive.

These verbs take **a** before an infinitive:

acostumbrarse	comenzar (ie)	ir
aprender	empezar (ie)	llegar
atreverse	enseñar	ponerse *(to begin)*
ayudar	esforzarse (ue)	salir
bajar	invitar	volver (ue) *(to do something again)*

These verbs require **de** before an infinitive:

acabar	disfrutar	pensar (ie) *(to think of—opinion)*
acordarse (ue)	gozar	preocuparse (de *or* por)
alegrarse	ocuparse	quejarse
cansarse	olvidarse	tratar
dejar *(to stop)*		

These verbs take **en:**

consistir	pensar (ie)	tardar
insistir	*(to think about)*	vacilar

These verbs take **con:**

contar (ue) *(to rely on; to count on)*   soñar (ue)

Remember that **tener** and **hay** require **que** when they mean "to have to."

▶ An infinitive can function as the object of a preposition. In fact, the only verbal form that can follow a preposition is the infinitive. (An infinitive following a preposition is usually translated by the *-ing* form in English.)

Después de ver la película conmigo, Sara escribió una reseña.	*After seeing the movie with me, Sara wrote a review.*
Pero, **para escribirla** bien yo, tendría que verla otra vez.	*However, for me to write it well, I would have to see it again.*

A prepositional phrase can be used with a compound verb as well.

Después de haberla escrito, Sara se la mandó al periódico.	*After having written it (the review), Sara sent it to the newspaper.*

After the preposition **sin,** the infinitive can be used to indicate that an action has not yet been completed. This often corresponds to the English prefix **un** + *past participle.* **Sin** can also mean "without."

El estadio se queda **sin llenar.**	*The stadium remains unfilled.*
Los jugadores salieron **sin decir** nada.	*The players left without saying anything.*

Enfoquemos el idioma

After the preposition **al**, the infinitive is used as the equivalent of "when" or "upon" + *-ing*.

Al estirarse en el sofá, ella se sintió mejor.

Upon stretching out (when she stretched out) on the couch, she felt better.

Practiquemos

D Planes para el verano. Conteste las preguntas con una frase completa usando las palabras entre paréntesis.

Modelo: ¿Qué espera Arturo? (planear un viaje)
Arturo espera planear un viaje.

1. ¿Qué espera Arturo? (encontrar el viaje perfecto)
2. ¿Qué le gustaría? (empezar el viaje inmediatamente)
3. ¿Cuándo quiere empezar el viaje? (después de graduarse)
4. ¿Qué quiere? (yo / ayudarlo / prepararse)
5. ¿Qué no debe hacer? (preocuparse tanto / planear cada momento)
6. ¿Con qué sueña? (hacer turismo en bicicleta)
7. ¿Qué tiene que hacer? (dejar / preocuparse por los detalles)
8. ¿Qué necesita? (descansar y comenzar / gozar / pasar unos momentos de ocio)
9. ¿Qué tiene que aprender? (esforzarse / relajar)
10. ¿De qué te alegras? (no ir con él)

E ¡Tengo ganas de rejuvenecer! Por fin, tengo algunos días libres. Combine las frases, usando una de las palabras entre paréntesis. Preste atención al uso del subjuntivo, del indicativo o del infinitivo.

Modelo: Había planeado ir de vacaciones. Empecé la clase. (antes de / antes de que) *Había planeado ir de vacaciones antes de empezar la clase.*

1. Había tomado la decisión. Descubrí que trabajaba demasiado. (después de / después de que)
2. Un amigo me había propuesto un viaje. Yo no arruinaría mi salud. (para / para que)
3. Me esforcé a prepararme. Supe que él tenía razón. (antes de / antes de que)
4. El me dijo que lo pasaríamos bien. Llegamos en la playa. (al / cuando)
5. Yo no me decidí a divertirme. Había subido al avión. (hasta / hasta que)
6. En el avión, me estiré en el asiento. Mi amigo pensaría que yo descansaba. (para / para que)
7. Pronto, descubrí que era fácil descansar. Empecé a soñar despierta. (al / cuando)
8. Me alegré. Había ido con mi amigo. (de / de que)
9. Decidí planear otro viaje. Volvimos. (al / cuando)
10. Tengo ganas de pasar muchos momentos de ocio. Rejuvenezco. (para / para que)

10 ¡Diviértase un poco!

Enfoquemos el idioma

Las preposiciones *por* y *para*
The Prepositions **Por** and **Para**

Since the English equivalents of **por** and **para** are often the same word(s), their uses must be carefully observed because each can convey a different meaning. In general, **para** designates a goal; **por** indicates cause, motivation from prior reasons, or means of movement through time or space. The differences are summarized below.

Por is used to express the following concepts:

- "because of" (followed by an infinitive)

  Por jugar a muchos deportes, Juan Ramón está de buena condición física.

  Because of playing many sports, Juan Ramón is in shape. (A cause and effect situation is established.)

- duration of time or indefinite time

  El equipo jugó **(por) dos horas.**

  The team played for two hours. (**Por** can be omitted in this case.)

  Esperamos ir de vacaciones **por mayo.**

  We hope to go on vacation by (around) May.

- "on behalf of," "for the sake of"

  Toco el piano **por Felipe.**

  I'm playing the piano for Felipe (because he is unable, doesn't want to).

- "per" as in per hour, per day, etc.

  Juegan dos partidos de fútbol **por semana.**

  They play two soccer games per week.

- "in exchange for," "instead of," "because of," "in search of"

  Le daré veinte dólares **por** la pintura.

  I will give you $20.00 for (in exchange for) the painting.

  Por el accidente, no podía bailar.

  Because of the accident, he was unable to dance.

  Ella corrió **por** él.

  She ran instead (in place) of him.

  Fue **por** los naipes.

  He went for (after, in search of) the cards.

- "through," "along," "by," "in"

  Corro **por** el parque.

  I run through (along, in) the park.

Enfoquemos el idioma

▶ **Por** introduces the agent in the passive voice.

La obra de teatro fue representada **por actores famosos.**
The play was done by famous actors.

▶ **Por** is also used in certain fixed expressions.

por ejemplo for example
por favor please
por lo general generally
por todas partes everywhere
por lo tanto therefore

por eso therefore
por fin finally
por lo menos at least
por supuesto of course

Para is used to express the following concepts:

▶ "in order to," "for the purpose of" (followed by an infinitive)

El va al cine **para escribir** reseñas.
He goes to the movies in order to write reviews. (A reason or purpose is established.)

▶ direction (destination or recipient) in future time or space

Necesito la bicicleta **para** mañana.
I need the bicycle for (by) tomorrow. (deadline)

Salgo **para** el teatro.
I'm leaving for the theater.

La partida es **para** ti.
The game is for you.

▶ "in the employ of"

Trabajo **para Felipe** en el estadio.
I work for Felipe at the stadium. (Felipe is my boss.)

▶ a comparison within a category

Para ser un equipo tan atlético, nunca gana el campeonato.
For such an athletic team, they never win the championship.

▶ "in the opinion of"

Para mí el ocio es muy importante.
For me (in my opinion), leisure is very important.

▶ purpose or goal

Practica regularmente **para** (ser) una jugadora profesional.
She practices regularly to be a professional player.

There are several common English verbs that require *for* before an object; their Spanish equivalents require neither **por** nor **para**.

Busco al jugador.
I'm looking for the player.

Pido la información del club.
I'm asking for the information about the club.

Pago la revista deportiva.
I'm paying for the sports magazine.

10 ¡Diviértase un poco!

Solicito el puesto en el parque de diversiones.
Espero la bicicleta.

I'm applying for the job in the amusement park.
I'm waiting for the bicycle.

Before beginning the exercises in **Practiquemos**, explain the differences in meaning between these sentences.

1. Lo hice **por** él. Lo hice **para** él.
2. Te doy veinte dólares **por** el juego. Te doy veinte dólares **para** María.
3. Busco dinero **por** el club. Busco dinero **para** el club.
4. ¿Hiciste el trabajo **por** él? ¿Hiciste el trabajo **para** él?
5. Salieron del club **por** no divertirse. Salieron del club **para** no divertirse, o sea, para trabajar.
6. Salen **por** el centro. Salen **para** el centro.
7. Descanse **por** la tarde. Descanse **para** la tarde.

▼
Practiquemos
▲

F Un descubrimiento importante.   Complete las frases con **por** o **para**.

Ayer me estiré en el sofá _____ una hora _____ pensar en mi vida. Pensé en varias cosas. _____ ejemplo, quisiera saber _____ qué se considera el trabajo tan importante. ¿No ganamos dinero _____ gastarlo como queremos? _____ supuesto, hay que pagar las cuentas, pero me parece que nunca hay bastante tiempo ni dinero _____ divertirse un poquito. _____ no descansar bastante, muchos no apreciamos las "pequeñas cosas" de la vida. _____ mí, es hora de cambiar. Voy a empezar este cambio _____ dar un paseo diariamente después del trabajo.

G Un cambio necesario.   Cambie las palabras en bastardilla por **por, para** o por una expresión idiomática con **por.** En algunos casos, hay que hacer cambios estructurales.

A causa de no divertirse, Julia está siempre cansada. Fue al médico y él le habló *durante* una hora. El le dijo que *considerando que es* una mujer joven, le falta mucha energía. Le sugirió que, *no más tarde que* el próximo mes, empezara un programa de ejercicios *durante* la mañana *con el propósito de* rejuvenecerse. *En la opinión de* Julia, es una idea maravillosa. *Generalmente,* ella no hace nada sino trabajar como una loca. Parece que ella *finalmente* entiende que *a fin de* ser feliz, hay que considerar algo más que sólo el trabajo. Después de hablar con el médico, Julia salió *hacia* la playa *pensando* dar un paseo. Ella decidió que iba a pasar *al* menos una hora de ocio *cada* día. Caminó *a través de* la playa y planeó su estrategia *destinada a* una vida más feliz.

Enfoquemos el idioma

H ¿Cuál es su punto de vista? Usando **por** o **para** con el vocabulario de esta lección, componga diez frases que tengan que ver con el ocio o con actividades de diversión. Emplee la imaginación y una variedad de usos de **por** y **para.**

> **Modelo:** ajedrez
> ***Para** mí, el ajedrez es más complicado que las tablas reales.*
> ***Por** no entender bien el ajedrez, siempre pierdo las partidas.*

I Temas de discusión. Formen grupos pequeños para discutir las siguientes ideas. Defiendan o critiquen las ideas.

1. Los jugadores profesionales ganan demasiado dinero.
2. Gastamos demasiado dinero en el ocio sin apreciar las diversiones que no cuestan nada.
3. Los ensueños son una pérdida de tiempo.
4. La televisión es una buena manera de divertirse.
5. Las personas que practican deportes no son tan inteligentes como las que dedican tiempo a las actividades más pausadas.
6. El tanteo de un partido no importa. Lo que importa es la manera de jugarlo.

J Temas escritos

1. Escoja uno de los temas del Ejercicio **I** y desarrolle su propia filosofía al respecto en una composición bien organizada.
2. En una composición, describa las actividades que Ud. hace para relajarse *(relax).* Explique por qué Ud. hace esas cosas y cómo contribuyen ellas a su bienestar *(wellbeing)* físico y mental.

¿Qué hacen estas personas para relajarse? ¿Y Ud.?

10 ¡Diviértase un poco!

Ahora, leamos

Para su comprensión

The title of the poem you are about to read is "Momentos felices." At the end of each stanza, the poet, Gabriel Celaya, asks a question about happiness. Before you read the poem, make a list of specific moments that make you happy.

Antes de leer

1. The word order in a poem varies a great deal, and it is therefore important to identify subjects, verbs, adjectives, etc. During your first reading of the poem, identify the subject and verb in each sentence (stanza), and the direct and indirect objects. Pay careful attention to which adjectives modify which nouns. (You may want to underline the subject, circle the verb, etc.)
2. Read each stanza carefully and write a summary of it in one or two sentences. Form small groups and compare your summaries with others in your group.
3. Since a poet must convey his or her message in few words, the choice of words is extremely important. Make a list of words from "Momentos felices" that are repeated, types of words used frequently, and thematically related words (e.g., water: rain, dew, ice, puddles, etc.).
4. While reading the poem, make a list of those cognates you would like to retain in your vocabulary.

Gabriel Celaya (1911–) es un poeta y novelista español. Además de usar el nombre de Gabriel Celaya, algunos de sus libros llevan el nombre de Rafael Múgica o de Juan de Leceta. Cada nombre que usa a menudo revela un aspecto diferente de su personalidad. Por lo general, el nombre de Celaya aparece en los libros que presentan una visión romántica de la vida; el de Múgica presenta una faceta más intelectual, de fuerte pensamiento; el de Leceta nos da una franca presentación de la realidad y de lo bueno y malo que existe.

Momentos felices
por Gabriel Celaya

pagarés *cuentas*

terco *stubborn*

Cuando llueve, y reviso mis papeles, y acabo
tirando todo al fuego: poemas incompletos,
pagarés° no pagados, cartas de amigos muertos,
fotografías, besos guardados en un libro,
renuncio al peso muerto de mi terco° pasado,

Los mayores se sientan en el centro para charlar, y los niños dan un paso. ¿Es ésta la felicidad para Ud.?

fúlgido *brillante*
engrandezco I exalt
atizo I stir up
las llamas the flames
la fogata bonfire, blaze
silbando whistling
el pitillo *cigarillo*
apunta *empieza*
ensanchando spreading out
estrenan *muestran por primera vez*
sus escotes armholes
asombrados *sorprendidos*
salpican *distribuyen*
tiembla reciente newly trembles
vacía empty
percebes *moluscos*
fiado on credit

soy fúlgido°, engrandezco° justo en cuanto me niego,
y así atizo° las llamas°, y salto la fogata°,
y apenas si comprendo lo que al hacerlo siento,
¿no es la felicidad lo que me exalta?

Cuando salgo a la calle silbando° alegremente
—el pitillo° en los labios, el alma disponible—
y les hablo a los niños o me voy con las nubes,
mayo apunta° y la brisa lo va todo ensanchando°,
las muchachas estrenan° sus escotes°, sus brazos
desnudos y morenos, sus ojos asombrados°,
y ríen ni ellas saben por qué sobreabundando,
salpican° la alegría que así tiembla reciente°,
¿no es la felicidad lo que se siente?

Cuando llega un amigo, la casa está vacía°,
pero mi amada saca jamón, anchoas, queso,
aceitunas, percebes°, dos botellas de blanco,
y yo asisto al milagro—sé que todo es fiado°—,

10 ¡Diviértase un poco!

y no quiero pensar si podremos pagarlo;
y cuando sin medida° bebemos y charlamos,
y el amigo es dichoso, cree que somos dichosos,
y lo somos quizá burlando° así la muerte,
¿no es la felicidad lo que trasciende?

Cuando me he despertado, permanezco tendido°
con el balcón abierto. Y amanece°: las aves°
trinan su algarabía pagana° lindamente;
y debo levantarme, pero no me levanto;
y veo, boca arriba, reflejada en el techo
la ondulación del mar y el iris de su nácar°,
y sigo allí tendido y nada importa nada,
¿no aniquilo° así el tiempo? ¿No me salvo del miedo?
¿No es la felicidad lo que amanece?

Cuando voy al mercado, miro los abridores°
y, apretando los dientes°, las redondas cerezas°,
los higos rezumantes°, las ciruelas° caídas
del árbol de la vida, con pecado° sin duda,
pues que tanto me tientan°. Y pregunto su precio,
regateo°, consigo por fin una rebaja°,
mas° terminado el juego, pago el doble y es poco,
y abre la vendedora sus ojos asombrados,
¿no es la felicidad lo que allí brota°?

Cuando puedo decir: El día ha terminado.
Y con el día digo su trajín°, su comercio,
la busca del dinero, la lucha° de los muertos.
Y cuando así cansado, manchado°, llego a casa,
me siento en la penumbra° y enchufo° el tocadiscos,
y acuden° Kachaturian, o Mozart, o Vivaldi,
y la música reina, vuelvo a sentirme limpio,
sencillamente limpio, y pese a° todo, indemne,
¿no es la felicidad lo que me envuelve°?

Cuando tras dar mil vueltas° a mis preocupaciones,
me acuerdo de un amigo, voy a verle, me dice:
"Estaba justamente pensando en ir a verte."
Y hablamos largamente, no de mis sinsabores°,
pues él, aunque quisiera, no podría ayudarme,
sino de cómo van las cosas en Jordania,
de un libro de Neruda, de su sastre, del viento,
y al marcharme me siento consolado y tranquilo,
¿no es la felicidad lo que me vence°?

sin medida unbounded
burlando tricking, evading
permanezco tendido I remain lying down
amanece *empieza el día*
las aves *pájaros grandes*
trinan su algarabía pagana warbling their pagan gibberish
nácar mother-of-pearl
aniquilo *destruyo*
los abridores peaches
apretando los dientes squeezing the garlic cloves
las redondas cerezas the round cherries
los higos rezumantes the oozing figs
las ciruelas plums
pecado sin, shame
tientan they tempt
regateo I bargain
una rebaja *un descuento*
mas *pero*
brota *aparece*
su trajín *su trabajo*
la lucha *la batalla*
manchado soiled
la penumbra shadow
enchufo *pongo*
acuden *entran*
pese a in spite of
envuelve wrap up
Cuando tras dar mil vueltas *Después de examinar completamente*
mis sinsabores *dificultades, problemas*
vence overcome

Ahora, leamos

huele a madreselvas
  smells of honeysuckle

sin mancha
  unblemished

Abrir nuestras ventanas; sentir el aire nuevo;
pasar por un camino que huele a madreselvas°;
beber con un amigo; charlar o, bien callarse;
sentir que el sentimiento de los otros es nuestro;
mirarse en unos ojos que nos miran sin mancha°,
¿no es esto ser feliz, pese a la muerte?
Vencido y traicionado, ver casi con cinismo
que no pueden quitarme nada más y que aún vivo,
¿no es la felicidad que no se vende?

(This poem was reprinted with permission.)

Reaccionemos

K ¿Comprendió Ud. el poema? Conteste las preguntas según el poema. Use sus propias palabras. Cada pregunta se refiere a una estrofa del poema.

1. ¿Cómo es el narrador cuando llueve? ¿Qué tira él al fuego? ¿Cómo se siente?
2. ¿Cómo es el narrador en la calle? ¿A quiénes les habla? ¿Cómo es el mes de mayo? Describa a las muchachas.
3. ¿Qué ocurre en casa cuando llega un amigo? ¿En qué no quiere pensar el narrador? ¿De qué se burlan las actividades?
4. ¿Cómo es el día cuando se despierta el narrador? ¿Qué hace en vez de levantarse? ¿Cómo se siente?
5. ¿Qué mira en el mercado? ¿Qué hace antes de comprar algo? ¿Por qué se asombra la vendedora cuando el narrador le paga?
6. ¿Qué hace el narrador cuando el día ha terminado? ¿En qué consiste un día típico para él? ¿Qué diferencia existe en su bienestar?
7. ¿De qué habla el narrador con un amigo? ¿De qué no hablan? ¿Cómo se siente el narrador cuando sale de la casa de su amigo?
8. Haga una lista de las actividades que le agradan al narrador. ¿Cómo se siente? ¿Qué no pueden quitarle?

L Vamos a analizar el poema un poco más profundamente. Formen grupos pequeños para analizar las siguientes ideas.

1. la repetición de la estructura (el comienzo: "Cuando. . ."; la terminación: una pregunta) y el efecto de esta repetición
2. las preocupaciones del narrador y lo que le gusta
3. el tono del poema — ¿es optimista o pesimista? ¿Por qué?
4. los temas del poema

M Solicitamos su opinión.

1. ¿Cuáles de los momentos presentados en el poema le agradan a Ud.?
2. ¿Cuáles de las preocupaciones presentadas son similares a sus propias preocupaciones?
3. ¿Cree Ud. que el narrador es feliz? Explique.
4. En su opinión, ¿qué es la felicidad?
5. ¿Puede Ud. compartir algunos "momentos felices" que ha experimentado?

N Debate.   Formen dos grupos para criticar o defender esta idea.
El tiempo que se pasa con un(a) amigo(a), dar un paseo, escuchar música, etc. son "momentos felices" pero no son tan importantes como ganar dinero, tener un buen trabajo, etc.

O Temas escritos

1. Haga una lista de las cosas (momentos / actividades) que le traen felicidad.
2. ¿Cuál es su receta para vivir una vida feliz? Escríbale sus recomendaciones a alguien que las necesite.
3. Conteste una de las preguntas en el Ejercicio **M** en una composición bien pensada y desarrollada.

Enfoquemos el idioma

Oraciones con *si*
Si Clauses

Consider these sentences:

Si te relajas, tendrás una vida más feliz.	*If you relax, you'll have a happier life.*
Si te relajas, tienes una vida más feliz.	*If (Whenever) you relax, you have a happier life.*
Si te relajabas, tenías una vida más feliz.	*If (Whenever) you relaxed (used to relax), you had a happier life.*
Si te relajaste, tuviste una vida más feliz.	*If you relaxed, you had a happier life.*
Si quieres tener una vida más feliz, **relájate.**	*If you want to have a happier life, relax.*

▸ In the sentences above, there is a cause-and-result relationship established between the main clause and the subordinate (**si**) clause. In some cases there are two possible meanings of **si:** *if* or *whenever.* In cause-and-result sentences,

Enfoquemos el idioma   275

the speaker accepts a premise from which he or she then draws a conclusion. In the sentences above, the indicative is used in the **si** (subordinate) clause.

Now look at these sentences:

Si te relajaras, tendrías una vida más feliz.	*If you relaxed (were to relax), you would have a happier life.* (You don't relax, however, so you don't have a happier life.)
Si te hubieras relajado, habrías tenido una vida más feliz.	*If you had relaxed, you would have had a happier life.* (You didn't relax, however, so you didn't have a happier life.)

▶ In these two sentences, contrary-to-fact situations are established, indicating an unlikely event. Contrary-to-fact situations in the present are expressed in Spanish by using the **conditional** in the main clause and the **past subjunctive** in the **si** clause. Contrary-to-fact situations in the past use the **conditional perfect** in the main clause and the **past perfect subjunctive** in the **si** clause. Note that the present subjunctive is never used with a **si** clause.

In all of these situations, the order of the clauses may be reversed.

Si te relajaras, tendrías una vida más feliz.
Tendrías una vida más feliz **si te relajaras.**

▶ **De** + *infinitive* is sometimes substituted for the past subjunctive. If there are pronouns, they are attached to the infinitive.

Si te hubieras relajado, habrías tenido una vida más feliz. **De haberte relajado, habrías tenido** una vida más feliz.	*If you had relaxed, you would have had a happier life.*

▶ A clause with **como si** *(as if)* always requires the past subjunctive, since its meaning denotes a contrary-to-fact situation. The main verb can be in any tense:

Viajas **Viajaste** **Viajabas** **Viajarás** **Has viajado** **Habías viajado**	**como si fueras** una persona sin trabajo.
You travel *You traveled* *You traveled, (used to travel / were traveling)* *You will travel* *You have traveled* *You had traveled*	*as if (though) you were a person without a job.*

10 ¡Diviértase un poco!

▶ **Ojalá** expresses either a hope for the future (followed by the present subjunctive) or a contrary-to-fact wish that things had turned out differently (followed by the past subjunctive).

¡Ojalá (que) **me relaje!**	*I hope I'll relax!*
¡Ojalá (que) **me relajara!**	*If only I relaxed!*
¡Ojalá (que) **me hubiera relajado!**	*If only I had relaxed!*

▼
Practiquemos
▲

P **Consejos importantes.** Alea tiene un problema respecto al *stress*. Su amigo Eduardo le da consejos. Complete las frases con la forma correcta de los verbos que están entre paréntesis.

Eduardo: Alea, no me mires como si no _____ (querer-tú) oír lo que tengo que decir. No puedo aconsejarte si no me _____ (escuchar-tú).

Alea: La verdad es que no tendría tantos problemas si no _____ (insistir-tú) en hablarme de esto.

Eduardo: Pienso que debemos hablar de la situación si _____ (desear-tú) mejorar tus condiciones de vida. Pero, si no _____ (esforzarte), no podré ayudarte.

Alea: ¡De no escucharte, no lo _____ (creer-yo)! Hablas como si _____ (tener-yo) una vida llena de problemas. Si tú _____ (seguir) hablando así, voy a preocuparme. Si _____ (haber + saber) que reaccionarías de tal manera, nunca te habría mencionado lo de mis preocupaciones. No es como si _____ (trabajar) siempre.

Eduardo: Es exactamente lo que haces. Si no _____ (descansar) más, te enfermarás. Recuerda lo que pasó el verano pasado: si _____ (relajarte), te sentías muy bien.

Alea: ¡No es verdad! Si _____ (haber-tú + estar) aquí los últimos meses pasados, habrías visto cómo descansaba. Y si _____ (continuar-tú) criticándome, voy a salir.

Eduardo: Y si tú _____ (seguir) negando que sufras de *stress*, nunca _____ (poder-tú) eliminarlo de tu vida, si _____ (ser) lo que quieres. Me preocupo por ti porque me importas mucho. Tienes que dedicar más tiempo a los pasatiempos.

Alea: Lo siento, Eduardo. Tienes razón. Me esforzaré a descansar más. De no habérmelo dicho tú, nunca _____ (haber-yo + saber) que tenía un problema. Voy a concentrarme en el recreo y en los deportes si me _____ (acompañar-tú). ¿Te gustaría?

Q **Ud., el (la) entrevistador(a).** Formule dos preguntas usando las palabras indicadas y los tiempos verbales que están entre paréntesis para la oración principal. Después, hágaselas a un(a) compañero(a) de clase. Siga el modelo.

Modelo: qué / hacer / si / ganar la lotería (condicional / futuro)
¿*Qué harías si ganaras la lotería?*
¿*Qué harás si ganas la lotería?*

Enfoquemos el idioma 277

1. cómo / disfrutar de la vida / si / tener tiempo (presente / imperfecto)
2. qué / escoger / si / poder tener tres cosas (condicional / futuro)
3. qué / cambiar en tu vida / si / existir la oportunidad (condicional perfecto / condicional)
4. cómo / reaccionar / si / ganar un campeonato nacional (condicional / futuro)
5. a qué / dedicarte / si / tener tiempo (presente / condicional)
6. cómo / descansar / si / poder (condicional / futuro)
7. en qué deportes / participar / si / ser más atlético(a) (condicional / condicional perfecto)

R **Situaciones de la vida.** Complete las frases de una manera original. Emplee un verbo diferente en cada caso.

1. Una esposa a su esposo:
   a. ¿Miras el partido de fútbol americano conmigo si . . . ?
   b. ¿Mirarías el partido de fútbol americano conmigo si . . . ?
   c. ¿Habrías mirado el partido de fútbol americano conmigo si . . . ?
   d. ¿Mirarás el partido de fútbol americano conmigo si. . . ?
2. Una compañera de cuarto a otra:
   a. ¿Participarías en un deporte conmigo si . . . ?
   b. ¿Participarás en un deporte conmigo si . . . ?
   c. ¿Habrías participado en un deporte conmigo si . . . ?
   d. ¿Tienes ganas de participar en un deporte conmigo si . . . ?
3. Una jefa, hablando con sus empleados:
   a. Este año, vamos a concentrarnos más en el bienestar físico y mental si vosotros . . . .
   b. Concentraríamos más en esto si . . . .
   c. Habríamos empezado un programa de ejercicios antes si vosotros . . . .
   d. Planeamos estas actividades si . . . .
   e. En años pasados, siempre nos concentrábamos más en el bienestar físico y mental si . . . .

10   ¡Diviértase un poco!

4. Los padres, charlando con sus hijos:
   a. De haber dedicado más tiempo a la diversión, nosotros. . . .
   b. ¡Ojalá que nosotros . . . !
   c. Podríamos disfrutar de más diversiones si nosotros . . . .
   d. ¿Qué hacéis si vosotros . . . ?
   e. No nos habríamos jubilado *(retired)* más temprano si . . . .
   f. Escuchad: la vida será más fácil si vosotros . . . .
5. Una recién graduada, pensando en su futuro:
   a. Nunca voy a trabajar demasiado si . . . .
   b. De haberme graduado más temprano, ...
   c. Si me graduara hoy . . . .
   d. Es probable que yo gozara más de la vida si . . . .
   e. Después de todo, no es como si . . . .

Charlemos un poco más

S Solicitamos su opinión: discusión final.

1. ¿Cómo se divierte Ud.? ¿Qué hace cuando está aburrido(a)?
2. ¿Cuáles son sus pasatiempos favoritos? ¿Sus recreos? ¿Sus deportes?
3. ¿Cómo pasa el tiempo si no tiene que estudiar? ¿Adónde va y con quién(es)?
4. Describa su película (libro / revista / obra de teatro) favorito(a).
5. ¿En qué tipos de trabajos se puede encontrar más *stress* y menos diversión? Explique su respuesta.
6. ¿Qué pasatiempos le recomendaría a otra persona? ¿Por qué?
7. Si tuviera un millón de dólares, ¿qué haría? ¿Qué compraría? ¿Adónde iría? ¿Trabajaría o se divertiría o las ambas cosas?
8. Si no tuviera que trabajar, ¿qué haría?
9. ¿Hay demasiada violencia en los deportes? ¿En cuáles? ¿Qué efecto tiene esto en la sociedad?
10. ¿Cuándo se siente dichoso(a)?

T Actividades

1. Ud. trabaja para una agencia de viajes y tiene que determinar qué personas pueden compartir una habitación durante el viaje. Cada persona tiene que entrevistarles a las otras personas de la clase y después hacer una lista de posibles compañeros de cuarto. Sus preguntas deben tener que ver con los pasatiempos. No pase más de cinco minutos con cada persona. Se recomienda que Ud. escriba las preguntas de antemano.

2. Formen un grupo de tres o cuatro personas. Escriban Uds. un cuestionario en español para identificar los pasatiempos, los deportes, etc., de los estudiantes de español de su universidad. Denles el cuestionario a las distintas clases de español que ofrece su universidad. Recopilen los resultados.

U Debate.
Formen Uds. grupos para analizar las siguientes ideas.

1. Es necesario trabajar como un(a) loco(a) para tener éxito.
2. En vez de poner énfasis en el presente, debemos prepararnos para el futuro.
3. La pereza es una condición peligrosa. Hay que trabajar.
4. El tiempo es oro.
5. Hay que gastar dinero para divertirse.
6. La diversión es tan importante como el trabajo.
7. Cuando alguien es joven, es necesario trabajar lo más posible. La diversión puede esperar hasta que uno sea viejo(a).
8. El bienestar físico y mental tiene que ver con la cantidad de *stress* en su vida.
9. La sociedad actual se preocupa demasiado en las preocupaciones.

V Temas escritos

1. Escriba Ud. una composición sobre una(s) de la(s) idea(s) del Ejercicio U.
2. Escriba Ud. un artículo para el periódico universitario que describa los resultados de la encuesta del Ejercicio T.
3. Escoja Ud. un partido, una partida o un juego y escriba las reglas o una descripción de este pasatiempo en español, usando un diccionario cuando sea necesario.
4. Escriba un resumen de lo que pasó en el último partido deportivo que vio. Este artículo es para el periódico universitario.
5. Escriba Ud. la historia de esta persona. Use la imaginación y ¡diviértase!

10 ¡Diviértase un poco!

¡Digamos la última palabra!

Sustantivos
el actor (la actriz) actor (actress)
el (la) aficionado(a) a a fan, enthusiast of
el ajedrez chess
el argumento plot
el (la) artista actor (actress)
el bienestar wellbeing
el campeonato championship
las cartas playing cards; letters
la comedia comedy
el concierto concert
las damas checkers
el deporte sport
el ensueño daydream
el equipo team
el instrumento instrument
el juego game; gambling
el juego de salón board game
el (la) jugador(a) player
el museo museum
los naipes playing cards
la obra de teatro play
el ocio leisure
la partida game, match (board games)
el partido game, match (sports)
el pasatiempo hobby, pastime
la película de amor / de aventuras / de horror love / adventure / horror movie
la pereza laziness
el (la) realizador(a) (film) director
el recreo fun, recreation
el resultado score; result
las tablas reales backgammon
el tanteo score
el teatro theater
el tiempo time; period (in a game)
la tragedia tragedy

Verbos
adelantar to rush, to make earlier
apostar (ue) to bet
arruinar to ruin
bailar to dance
decidirse to make up one's mind
disfrutar de to enjoy
esforzarse (ue) en / por to make an effort to, to try to
estirarse to stretch out
experimentar to experience
gozar de to enjoy
jugar (ue) a to play (games or sports)
nadar to swim
pintar to paint
proponer to propose, to suggest
rejuvenecer(se) to rejuvenate
tocar to play (music); to touch

Adjetivos
deportivo(a) having to do with sports
desocupado(a) at leisure, not busy
dichoso(a) happy, content, lucky, fortunate; tiresome, cursed, damned
empatado(a) tied (score)
pausado(a) calm, slow

Expresiones útiles
a propósito by the way
¡Cálmese! (¡Cálmate!) Calm down!
Dicho y hecho. Said and done. O.K. Agreed.
hacer turismo to sightsee
meter / hacer un gol to score a goal
montar a caballo to ride a horse
¡Oye! Hey! Listen!
pasarlo bien to have a good time
reír (i) a carcajadas to split one's sides laughing
soñar (ue) despierto(a) to daydream

CAPÍTULO

11

Most of us have stories to tell about trips we've taken. Despite problems with flights, accommodations, losses, etc., most trips usually end up being fun in one way or another. The Hispanic world is so large that travelers encounter an enormous variety of sights, people, languages, dialects, customs, and food that makes any trip a unique experience.

The reading for this chapter, "Los viajeros," takes a comical look at what happens when traveling becomes an obsession.

¡No espere más! ¡Haga el viaje de sus suenos!

▼

Charlemos un poco

¿Le gusta a Ud. viajar? ¿Por qué sí o por qué no?

▼

Describa las fotos.

▼

¿A qué lugares ha viajado Ud.?

▼

¿Adónde le gustaría ir? ¿Por qué?

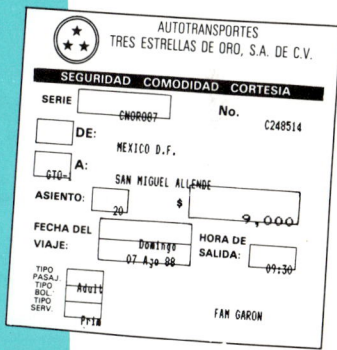

▼

¿Qué lugares no le interesan? ¿Por qué?

▼

¿Prefiere viajar por tren, autobús o avión? ¿Por qué?

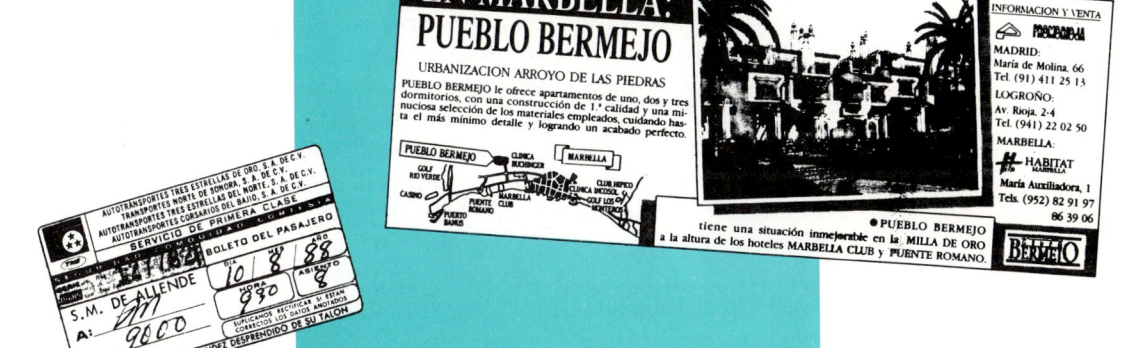

▲

Vocabulario

Vocabulario personal

Make a list of words and expressions you used to answer the questions about the photos. Then make a list of terms you remember that have to do with travel. Include vocabulary about air travel, train travel, money and banking needs, hotel accommodations, etc. Finally, make a list of words and expressions you'd like to know to be able to discuss the chapter theme. You may want to refer to **Apéndice I** for some ideas.

Empecemos en contexto

You will now read a conversation between Gabriela and Catalina, who have just returned to the United States from Peru and are about to go through customs at the airport. Although both had a wonderful trip, each has her own special reasons for traveling. As you read, make a list of the different interests of each woman. Before reading, you may want to familiarize yourself with **Palabras prácticas.**

Los intereses de Catalina: _____
_____

Los intereses de Gabriela: _____
_____

Catalina: ¡Qué viaje!, ¿no? ¡Cuánto nos divertimos! Pero tanto mi cartera como yo quedamos agotadas.

Gabriela: Igualmente. Pero me gustaría volver al Perú algún día. Los peruanos son encantadores . . . y bien guapos, ¿eh?

Catalina: De acuerdo. Y los recuerdos que traemos . . . de plata y turquesa . . . son preciosos.

Gabriela: Tú y tus gastos. Nos van a tener horas en la aduana con todo lo que tienes que declarar. ¿Para cuántos compraste regalitos?

Catalina: Pues, para muchos. ¡No es que yo sea gastadora, sino que yo soy generosa! Pero lo que sí te agradezco a ti es que hayas planeado el viaje. Me ahorraste mucho en el vuelo. Los boletos de ida y vuelta en clase turista salieron mucho más baratos que en primera clase.

Gabriela: Y realmente no te molestó que nos alojáramos en un hotel modesto en vez de uno de primera categoría, ¿verdad? Eso te dejó más plata para tus recuerdos de plata.

Catalina: Sí, realmente no me importó que no hubiera ascensor, ni agua caliente, ni servicio de habitación, ni botones para subir el equipaje, ni que no funcionara el ventilador.

¿Le gustaría a Ud. ver este desfile peruano? Pues, ¡vaya!

Gabriela: ¡Basta de quejas! Además, no pasamos tanto tiempo en el hotel.
Catalina: Tienes razón. Todavía me duelen los pies de tanto caminar.
Gabriela: Así se ve más.
Catalina: Sí. Pero tendremos que volver, quizás en las vacaciones del año que viene. Ahora, volvamos a la realidad. Ay, ¡cuánto pesan las maletas! ¡Y no me cabe todo lo que compré! Por eso me alegro de tener estos bolsones. Ay, y espero que en el vuelo de vuelta no haya tanta turbulencia. No quiero volver a marearme.
Gabriela: Pues, no tendremos que preocuparnos de eso si pasamos toda la noche en la aduana. Debiste haber dejado los cheques de viajero y las tarjetas de crédito en casa.
Catalina: Recuerda lo que dice American Express: ¡No salga de casa sin su tarjeta!

▼ Palabras prácticas ▲

Sustantivos
la aduana customs
el ascensor elevator
el boleto / el pasaje ticket *(Lat. Am.)*
el bolsón handbag
el botones bellboy
la cartera wallet
el equipaje luggage
el (la) gastador(a) spendthrift
el gasto expense
la maleta suitcase
la plata silver; money (slang)
el recuerdo souvenir; memory
el regalito small gift
el servicio de habitación room service
la tarjeta de crédito credit card
el ventilador fan
el viaje trip
el vuelo flight

Vocabulario

Verbos
agradecer to please
alojarse to lodge
caber to fit
funcionar to work, to function (machinery)
marearse to become dizzy, nauseous
pesar to weigh
subir to take up

Adjetivos
agotado(a) spent, exhausted
barato(a) cheap, inexpensive
encantador(a) charming
peruano(a) Peruvian

Expresiones útiles
de ida y vuelta round-trip
de primera categoría first-rate
en primera clase / turista in first / tourist class

▶ **¿Qué pasó?**

1. Gabriela quiere volver al Perú porque _____
   _____.

2. Catalina gastó mucho dinero en _____.

3. Gabriela planeó el viaje en vez de Catalina porque _____
   _____.

4. En el hotel donde las mujeres se alojaron había algunos problemas; por ejemplo, _____.

5. Gabriela cree que van a pasar mucho tiempo en la aduana porque _____
   _____.

6. Y a Ud., ¿le gusta viajar? ¿Cómo pasó las últimas vacaciones? _____
   _____.

▼ **Más vocabulario útil** ▲

¿Prefiere Ud. viajar como **forastero(a)** o como **extranjero(a)?** Siempre se puede encontrar a **un(a) guía.**

He aquí algunos consejos para **el (la) viajero(a)**:

Cuando Ud. hace un viaje **por avión,**
  ¡no se olvide de **la tarjeta de embarque** y **su pasaporte!**
    decida si quiere sentarse en **la sección de fumar** o en **la sección de no fumar.**
    recuerde que **las azafatas / los auxiliares de vuelo** están allí para ayudar y, por lo general, son muy **solícitas(os) / acomodadizas(os).**
    llame al aeropuerto para saber si el vuelo llega **a tiempo, con retraso,** si es **largo** o si hay **demora / escalas.**

Claro que hay aeropuertos, pero ¿jamás ha utilizado . . .
    . . . **el metro?** ¡Cuidado! Está muy **concurrido** durante **las horas punta / pico.**
    . . . el tren? **Los andenes** en **las estaciones de ferrocarril** también están concurridos a veces.
    . . . **los autobuses?** Son muy baratos y convenientes y, generalmente, se encuentra **la estación de autobús** en el centro de la ciudad.

11 ¡No espere más! ¡Haga el viaje de sus sueños!

Si Ud. se aloja en un hotel extranjero, **asegúrese** de que...
    ... funcionen **aparatos eléctricos** con (sin) **transformador.**
    ... **el (la) recepcionista / conserje** pueda resolver problemas.
    ... tenga **la llave** correcta.

Si Ud. necesita dinero,
    puede cambiar **un cheque de viajero.**
    puede ir a **una oficina / casa de cambio** si está en el extranjero.

Ahora, ¡**es hora de viajar!**

Investiguemos un poco

1. There are many words with related forms in this chapter's vocabulary. Here, the different forms are given to you. Complete the sentences.

   a. gastar, el (la) gastador(a), gastado
      He _____ todo mi dinero. ¡Soy una _____ terrible!

   b. encantar, encantador(a), encantado
      Nos _____ la ciudad de México. Estamos _____ de conocer a la gente _____ .

   c. alojarse, el alojamiento
      ¿Prefiere _____ barato o de primera categoría?

   d. viajar, el viaje, el (la) viajero(a)
      A Raúl le gustan _____ largos. El sabe _____ ; es _____ experto.

   e. volar, el vuelo
      A mí me encanta _____ . Mañana _____ a las Islas Baleares. Hay tres escalas en _____ .

2. Several of your vocabulary items merit special attention.

   a. **Largo(a)** is a false cognate meaning "long." "Large" is **grande.**

   b. While **extranjero(a)** means "foreigner" or "foreign," **forastero(a)** refers to an "outsider" or "out-of-towner." Both are used as nouns or adjectives.

   c. **Gastar** refers to spending money, energy, etc., and **pasar** refers to spending time. **Gastar** can also mean "to exhaust," and in that sense, it is synonymous with **agotar.**

   d. **El boleto / el pasaje** is "ticket" in Latin America and **el billete** is "ticket" in Spain. **El billete** also refers to bills (money) in all of the Hispanic world.

   e. **Caber,** "to fit," has an irregular first person form: **quepo.** The preterite stem is **cup-** .

   f. **Plata,** as well as meaning "silver," is used in many dialects to mean "money."

g. Be careful not to confuse the verbs **funcionar** and **trabajar**. **Funcionar** means "to work" (machines); **trabajar** means "to work" (people).

h. **El (la) guía** is a person who works as a guide. **La guía** also means "guidebook."

3. The word **regalito** is formed from **regalo** with a diminutive suffix. Diminutives are very common in Spanish and suggest smallness of size, lesser degree of importance, or affection. The most common diminutive suffixes are: **-ito, -illo,** and **-ico.** The endings agree with the noun or adjective to which the suffix is added. Here are some guidelines:

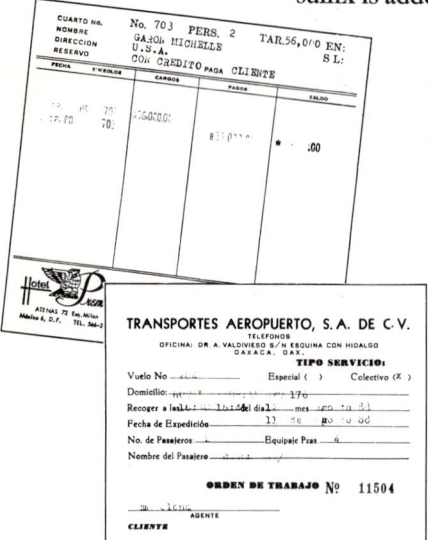

   a. Words ending in **-a, -o,** or a consonant (except **n** or **y**) usually add **-ito, -illo, -ico,** or **-ín** to the final consonant.
   regalo → regal**ito**   regalos → regal**itos**

   b. Words ending in **-e, -n,** or **-r** add **-cito** or **-cillo** to the word.
   estación → estacion**cita**

   c. Monosyllabic words ending in a consonant and words containing diphthongs add **-ecito** to the final consonant.
   pez → pec**ecito**   nuevo → nuev**ecito**

   d. Spelling changes must be observed.
   saco → sa**quito**   pago → pa**guito**   cruz → cru**cecita**

Make diminutives from the following words.

1. el avión
2. la tarjeta
3. el retraso
4. la maleta
5. el recuerdo
6. la habitación
7. el viaje
8. el talón
9. el libro
10. el pueblo

Practiquemos

A Un librito para turistas.   Este librito ofrece consejos para los viajeros a Madrid. Cambie las palabras en letra bastardilla por sinónimos del vocabulario.

1. Si Ud. *es de otro país,* necesitará un pasaporte, claro. Si Ud. *es ciudadano del país pero de un pueblo o ciudad diferente,* entonces no es necesario.

2. Antes de salir para el viaje, debe decidir dónde va a *pasar las noches* y hacer una reservación.

3. Si Ud. *se pone enfermo con el movimiento,* debe tomar precauciones antes de volar.

4. Es una buena idea llevar *un pedazo de plástico que sirve de dinero* para identificación.

5. Después de aterrizar *(landing),* vaya *al lugar donde se inspecciona el equipaje.*

6. Allí hay *máquinas que suben a personas y equipaje.*

7. En el aeropuerto también hay *lugares que convierten dinero extranjero en dinero del país.*

11 ¡No espere más! ¡Haga el viaje de sus sueños!

8. Si el aeropuerto está *llenísimo de gente,* tenga cuidado de no perder nada.
9. Si Ud. planea usar el metro, quizás deba pensar en alternativas para las horas *en que hay mucho tráfico,* especialmente si no le gustan los lugares *donde hay mucha gente.*
10. Tenga cuidado de no *agotar* todo su dinero en caso de una emergencia.

B El (la) agente de viajes solícito(a).   Ud. es agente de viajes. Entra en su oficina un cliente que va a viajar por primera vez. Explíquele las siguientes palabras para que el cliente las entienda perfectamente.

Modelo: una llave
Lo que se necesita para poder abrir una puerta.

1. la tarjeta de embarque
2. el auxiliar de vuelo / la azafata
3. un boleto de ida y vuelta
4. un pasaporte
5. llegar con retraso / una demora
6. la oficina / casa de cambio
7. una escala
8. los cheques de viajero
9. en primera clase / clase turista
10. el recuerdo

C Una encuesta personal.   Conteste las siguientes preguntas. Luego hágaselas a un(a) compañero(a) de clase, tuteándose, claro. ¡A ver si tienen intereses similares!

1. ¿Sueña Ud. con viajar? ¿Adónde? Describa su idea de un viaje ideal.
2. ¿Cómo quiere viajar: en primera clase o en clase turista? ¿Por qué?
3. ¿Prefiere volar o ir en tren? ¿Por qué?
4. ¿Le importa mucho o poco el tipo de alojamiento? Explique. ¿Prefiere Ud. un hotel donde hay botones para subir el equipaje o no? ¿Por qué?
5. ¿Prefiere Ud. el servicio de habitación o comer afuera? ¿Por qué?
6. ¿A qué países quiere Ud. ir? ¿Adónde no quiere ir?
7. ¿Qué prefiere usar: dinero en efectivo, tarjetas de crédito o cheques de viajero? ¿Por qué?
8. Cuando viaja, ¿lleva mucho o poco equipaje? ¿Por qué? ¿Usa bolsones cuando viaja? ¿Para qué?
9. Cuando viaja, ¿cuándo se pone de muy buen humor? ¿De muy mal humor?
10. Cuando está de viaje, ¿saca muchas fotos? ¿De qué?

Investiguemos un poco

11. Cuando está de viaje, ¿a quién(es) le(s) envía tarjetas postales?
12. ¿Jamás ha tenido un viaje memorable? ¿Adónde fue y qué hizo?

D Encuentros personales

1. A customer goes to buy a round-trip ticket on a nonstop flight. He or she gives the destination and asks what time the flight leaves and arrives. The employee asks which class of ticket the customer wants and if he or she wants the smoking or nonsmoking section. Role-play the conversation.

2. The conductor on a train asks a passenger for his or her ticket. The passenger hasn't bought one yet and asks if it is possible to buy one now. The conductor asks where the passenger is going and says that he or she can buy a ticket. The passenger needs to know the cost, what time the train arrives, and so on.

3. One person is the desk clerk in a hotel and the other is a potential customer. The customer, who will be traveling with a friend, asks a lot of questions about the hotel. Suggestions for things to discuss: prices, room service, cleanliness, transformers needed for electric appliances, etc.

4. One person is a travel agent. The other is a customer planning a special trip. Discuss places to go, prices, accommodations, etc.

Enfoquemos el idioma

Los pronombres relativos
Relative Pronouns

A relative pronoun introduces a subordinate clause that modifies a noun, and refers back to the noun or pronoun that is its antecedent.

> The travel agents help their customers. The travel agents are accommodating.
>
> The travel agents, **who** help their customers, are accommodating.

▶ **Que** is the most common relative pronoun in Spanish and refers to both people and things. You have already seen **que** used as both a conjunction and as a relative pronoun. **Que** joins two clauses and is a conjunction in this example.

Espero **que** el viajero se divierta.	*I hope (that) the traveler has a good time.*

In the following two sentences, **que** is a relative pronoun and acts as the subject of the subordinate clause.

Ese es el viajero **que** sabe hablar catalán.*	*That is the traveler who knows how to speak Catalán.*

*Catalán is a language similar to Spanish. In Barcelona, most natives speak both Spanish and Catalán.

11 ¡No espere más! ¡Haga el viaje de sus sueños!

Esa es la publicidad **que** promueve el hotel nuevo.	*That is the advertising that promotes the new hotel.*

Here **que** is a relative pronoun acting as the direct object of the subordinate clause.

Esa es la forastera **que** conocimos anoche.	*That is the out-of-towner (whom) we met last night.*
Ese es el tren **que** tomamos anoche.	*That is the train (that) we took last night.*

Note that in all the examples above, the conjunction and direct object relative pronouns are optional in English; they are essential in Spanish.

▶ In addition to **que**, other relative pronouns include **quien, el que / el cual, la que / la cual, los que / los cuales, las que / las cuales**. They are used in several different ways.

▶ Relative pronouns can be used in restrictive and nonrestrictive clauses.

A restrictive clause contains essential information and is introduced by **que**.

Estos son los extranjeros **que** conocimos.	*These are the foreigners (whom) we met.*
Estos son los recuerdos **que** compramos.	*These are the souvenirs (that) we bought.*

A nonrestrictive clause is set off by commas and is not considered essential. **Que** is used most frequently in such clauses, although all are acceptable. They are listed in the following examples in order of frequency of use.

Los viajeros, **que (los que / los cuales / quienes)** van a Barcelona todos los años, se alojan en el mismo hotel año tras año.	*The travelers, who go to Barcelona every year, stay in the same hotel year after year.*
Las oficinas de cambio, **que (las que / las cuales)** cobran comisiones para cambiar dinero extranjero, se abren temprano.	*The exchange offices, that charge commissions to change foreign money, open early.*

The parts of the sentences set off by commas are not considered essential information, the implication being that **all** of the travelers mentioned go to Barcelona and that **all** of the exchange offices charge commissions.

Note that **quien(es)** can be used only when referring to people.

The article with **que** and **cual** is often used to clarify a sentence that contains more than one antecedent.

La recepcionista del hotel, **la que / la cual** es muy agradable, sabe tratar bien a sus clientes.	*The hotel clerk, who is very pleasant, knows how to treat her customers well.*

La que / la cual refers to **la recepcionista** and not to **el hotel.**

Enfoquemos el idioma

Both **quien(es)**, and the article plus **que,** are used to express "the one (ones) who." The article plus **que** is more common.

Estas personas son los agentes de viajes **que** planean el viaje.	*These people are the travel agents who plan the trip.*
Estas personas son **las que / quienes** planean el viaje.	*These people are the ones who plan the trip.*

▶ Relative pronouns are used as direct objects. With nonhuman antecedents, **que** is used.

Este es el vuelo **que** perdieron.	*This is the flight (that) they missed.*

With human antecedents, either **que** or **quien(es)** may be used.

Ese es el turista **que / a quien** conocimos anoche.	*That is the tourist (whom) we met last night.*

▶ A relative pronoun can be used as object of a preposition. After prepositions, all relatives may be used with the following order of frequency.

article + **que**	human and nonhuman objects
que	only nonhuman objects
article + **cual**	human and nonhuman objects
quien(es)	only human objects

Esos son los viajeros modelos **a los que (a los cuales / a quienes)** me refiero.	*Those are the model travelers to whom I refer.*
Este es el viaje **con el que (con que / con el cual)** he soñado.	*This is the trip about which I have dreamed.*

Here are some other relative pronouns:

▶ **Cuyo (a / os / as)** means "whose" and can be used with human and nonhuman referents. It must agree in number and gender with the noun it modifies.

La viajera, **cuyas maletas (cuyos cheques)** se perdieron, decidió divertirse de todos modos.	*The traveler, whose suitcases (whose checks) got lost, decided to have fun anyway.*

Note that **cuyo** must agree with **maletas (cuyas)** and **cheques (cuyos).**
Cuyo is never used as an interrogative. **De quién(es)** is used in questions.

▶ **Quien** is often used in proverbs as a subject. It is a relative clause containing its own antecedent.

Quien viaja, aprende.	*He who travels, learns.*

11 ¡No espere más! ¡Haga el viaje de sus sueños!

▶ **Lo que** and **lo cual** *(which)* are neuter relative pronouns and, rather than referring back to a specific noun, they comment on an idea.

Los extranjeros tienden a experimentar problemas lingüísticos, **lo que (lo cual)** puede ser cómico a veces.	*Foreigners tend to experience linguistic problems, which can be comical at times.*

▶ Here is an example of an infinitival relative:

Ramón tiene muchos recuerdos **que (para)** comprar.

Ramón has a lot of souvenirs to buy (with **que**). / Ramón has a lot of souvenirs (in front of him) that he can buy (a large choice) (with **para**).

▶ A preposition followed by a relative pronoun (**que** or **quien**) plus an infinitive can replace a conjugated verb.

No hay nada de que debas quejarte. No hay nada **de que quejarte.**	*There's nothing to complain about.*
No hay nadie con quien pueda viajar. No hay nadie **con quien viajar.**	*There's no one to travel with.*

▶ Here is how to create subordinate clauses with relative pronouns. By using them, you can form more complex, less choppy, and less repetitive sentences.

Este es el agente de viajes. Planeó el viaje. Este es el agente de viajes **que** planeó el viaje.	*This is the travel agent.* *He planned the trip.* *This is the travel agent who planned the trip.*
Esta mujer es azafata. La azafata me sirvió la comida. Esta mujer es la azafata **que** me sirvió la comida.	*This woman is a flight attendant. The flight attendant served me the meal.* *This woman is the flight attendant who served me the meal.*
Este es el forastero. Lo conociste, ¿no? Este es el forastero **que (a quien)** conociste, ¿no?	*This is the out-of-towner. You met him, didn't you?* *This is the out-of-towner (whom) you met, right?*
Este es el turista. Le gusta mi país. Este es el turista **al que (al cual / a quien)** le gusta mi país.	*This is the tourist. He likes my country.* *This is the tourist who likes my country.*
Estos son los guías turísticos. Recibimos consejos de ellos. Estos son los guías turísticos **de los que (de los cuales / de quienes)** recibimos consejos.	*These are the tour guides.* *We get advice from them.* *These are the tour guides from whom we get advice.*
Estas son las turistas. Sus maletas están perdidas. Estas son las turistas **cuyas** maletas están perdidas.	*These are the tourists.* *Their suitcases are lost.* *These are the tourists whose suitcases are lost.*

Enfoquemos el idioma

La persona gasta mucho.	The person spends a lot.
Poco ahorra.	He saves little.
Quien gasta mucho, poco ahorra.	He who spends a lot, saves little.
Los andenes están siempre concurridos. Eso es fastidioso.	The platforms are always crowded. That is bothersome.
Los andenes están siempre concurridos, **lo que (lo cual)** es fastidioso.	The platforms are always crowded, which is bothersome.
El viajero tiene muchos cheques. Tiene que cobrarlos.	The traveler has a lot of checks. He has to cash them.
El viajero tiene muchos cheques **que (para)** cobrar.	The traveler has a lot of checks to cash.
Planeando el viaje, hay algo con que pueden soñar.	Planning the trip, there's something about which they can dream.
Planeando el viaje, hay algo **con que** soñar.	Planning the trip, there's something to dream about.

Practiquemos

E **Conversaciones en el aeropuerto.** Complete las frases con **de quién(es)** o con la forma apropiada de **cuyo**.

1. Esos viajeros, _____ maletas se perdieron, se pusieron de mal humor.
2. Las azafatas y los auxiliares de vuelo, _____ responsabilidades son extensas, son muy solícitos.
3. ¿_____ es esta tarjeta de embarque?
4. Esta agencia turística, _____ guías son inteligentes y encantadores, tiene una reputación excelente.
5. María, ¿_____ es esa cartera en el asiento?
6. Mis amigos, _____ hija se marea fácilmente, no vuelan con ella.
7. ¿Sabe Ud. _____ es esta tarjeta de crédito?

F **El arte de viajar.** Complete las frases con pronombres relativos. En algunos casos, habrá más de una posibilidad.

   Mi amiga Conchita es una mujer _____ sabe viajar, _____ yo considero un arte. Hace unos meses hizo un viaje con algunos amigos, _____ viajaban por primera vez. Conchita siempre dice que _____ no experimenta no aprende nada, con _____ estoy de acuerdo. Ralph es uno de los amigos con _____ Conchita hizo el viaje. Fueron a México, _____ es un lugar fantástico para viajeros. Ralph tenía miedo de hablar español, _____ no sabe muy bien. Conchita le explicó las situaciones en _____ es muy fácil comunicarse en una lengua extranjera. Así pues, Ralph trató de hablar español

11 ¡No espere más! ¡Haga el viaje de sus sueños!

lo más posible, por _____ Conchita le felicitó. El grupo de amigos se alojó en un hotel cerca de _____ está el Parque Alameda, _____ está prácticamente en el centro de la Ciudad de México. Conchita, _____ talentos para viajar son grandes, les enseñó a sus amigos a divertirse sin gastar mucho dinero. Todos quieren volver algún día, _____ no es una sorpresa. Hablan mucho de las personas tan amables _____ conocieron.

¿Es Ud. una persona _____ sabe viajar? Es algo en _____ pensar, ¿no?

G **Una segunda luna de miel** *(honeymoon).* Frank y Doris son un matrimonio feliz. Doris habla sobre el viaje que hizo el matrimonio. Una las frases con pronombres relativos. A veces habrá que quitar algunas palabras y cambiarlas de orden. En algunos casos, habrá más de una posibilidad.

Modelo: Hablamos con una agente de viajes. Conocemos a la agente de viajes.
Hablamos con una agente de viajes que conocemos.

1. El año pasado hicimos un viaje. El viaje fue estupendo.
2. Una agente de viajes nos recomendó España. Eso nos encantó.
3. Esa agencia de viajes tiene una reputación excelente. Sus viajes son baratos.
4. El hotel era de primera categoría. Nos alojamos en un hotel.
5. Conocimos a muchas personas. Las personas nos trataron muy bien.
6. Estas son las fotos. Sacamos fotos del viaje. Las fotos son magníficas.

H **¿Cuáles son sus deseos?** Usando pronombres relativos, termine las frases. Escriba un párrafo con las frases y cualquier otra información que quiera.

Modelo: Viajar a un país extranjero . . . .
Viajar a un país extranjero, que es mi sueño, requiere muchos planes.

1. Algún día quiero ir a . . . .
2. Planeo ir con algunos compañeros . . . .
3. Tengo un poco de miedo . . . .
4. Las experiencias de mis compañeros . . . .
5. Probablemente nos alojaremos en un hotel . . . .
6. Tenemos ganas de experimentar cosas . . . .
7. Utilizaremos los trenes y el metro . . . .
8. Todos prestaremos atención a los costos de los viajes . . . .
9. Vamos a comprar los boletos de ida y vuelta pronto . . . .
10. Si Ud. quiere acompañarnos . . . .

Enfoquemos el idioma

¡Descanse un poco en este hotel venezolano! ¡Tome un baño de sol!

I Un viaje que recordar. Lo que sigue es la narración de un viaje. El problema es que no está muy bien escrita. Corríjala, quitando todas las repeticiones innecesarias y uniendo con pronombres relativos todas las frases que pueda. Antes de empezar esta práctica, le sugerimos que Ud. lea el trozo entero.

Me compré un boleto de ida y vuelta. El boleto de ida y vuelta es más barato. Llegué al aeropuerto con retraso. Eso es lo normal para mí. Me alegré de que hubiera una demora en el vuelo. La demora duró dos horas. Así pues, basta de estas dificultades. Estas dificultades no tienen nada que ver con el viaje.

Bueno, llegamos a la hermosa ciudad de Caracas. Caracas está en Venezuela. Venezuela es un país de la América del Sur. Está al norte de la América del Sur. Pasé por la aduana del aeropuerto internacional. El aeropuerto internacional es grandísimo. Al salir del aeropuerto, fui a la oficina de cambio. Mi hotel está al lado de la casa de cambio. El hotel se llama El Excelsior. Es un hotel de primera categoría. Eso me gustó mucho.

Había reservado una habitación. La habitación tenía muchas ventanas. Descubrí algunos problemas. Podía sobrevivir con los problemas. El ventilador no funcionaba. Eso no me molestó mucho porque no hacía mucho calor. La lámpara necesitaba una bombilla *(light bulb)* nueva. Quería leer cerca de la cama. Llamé al recepcionista. El recepcionista me trató con mucha cortesía.

Pasé dos semanas en Caracas y me divertí muchísimo. Las aventuras de mi viaje fueron las mejores de mi vida. Quiero hablar sobre mis aventuras . . . .

296

11 ¡No espere más! ¡Haga el viaje de sus sueños!

J   Ahora, le toca a Ud.   Usando el mayor número posible de pronombres relativos, continúe la narración del Ejercicio **I**. Cuente sus aventuras.

K   Una discusión.   Formen grupos para hablar de lo siguiente.

Muchos norteamericanos, cuando viajan, proyectan la imagen del "americano feo *(ugly)*". ¿Qué causa esta imagen? ¿Hay personas de otros países que proyectan la misma imagen, o son solamente los norteamericanos? ¿Qué tiene que ver la lengua con esta imagen negativa? ¿Es una imagen verdadera o un estereotipo? ¿Qué pueden hacer los norteamericanos para cambiar esta imagen?

L   Temas escritos

1. Organice sus ideas del Ejercicio **K** y escriba un ensayo bien desarrollado.
2. Describa en detalle un viaje fantástico o desastroso que Ud. haya hecho.
3. Planee un viaje que piensa hacer en el futuro. Explique lo que quiere ver y hacer.
4. Ud. es agente de viajes. Escriba un folleto *(pamphlet)* que promueva un lugar que Ud. recomendaría para hacer un viaje.

Ahora, leamos

Para su comprensión

1. This story, "Los viajeros," deals with the Ponzevoys, a couple who travels extensively. What might people who travel extensively do? What might they accumulate over time? What could happen after years of travel to so many places?
2. This story is a satire. Think of how the author might poke fun at a couple like the Ponzevoys. What might the author exaggerate to sharpen the satire?

Antes de leer

1. The first paragraph of the story sets the scene for what follows. Read the first paragraph two or three times before continuing with the rest of the story. After you finish the story, go back to the first paragraph and pick out the "clue" words that hint at what might follow.
2. While reading, it is often not necessary to know the meaning of every word. This is especially true of the story you are about to read. The Ponzevoys collect many things. You do not need to know what every item is. The important thing is to understand that many items are being collected. Pay more attention to what is done with these things rather than what they are.
3. Pay attention to the verb tenses. They change from present to past frequently.
4. After your second or third reading, write a brief synopsis. Don't be overly concerned with grammar. Focus on ideas. Share these ideas in small groups.

Marco Denevi (1922–) es un autor argentino de mucho talento. Es conocido no sólo como novelista, sino también como cuentista y dramaturgo. Denevi fue premiado por su primera novela, Rosaura a las diez *(1955). A pesar de haber recibido otros premios por sus producciones teatrales, Denevi es reconocido por sus fábulas como "Los viajeros." Aquí nos presenta la condición humana de una manera satírica e irónica, con una moraleja implícita.*

Los viajeros
por Marco Denevi
▲▲▲▲▲▲▲▲▲

El matrimonio Ponzevoy, gente encantadora, tiene la manía de viajar. No le falta dinero y puede darse ese lujo°. Empezaron hace muchos años, cuando aún eran jóvenes. Entonces hacían excursiones en automóvil por los alrededores de la ciudad. Visitaban pueblecitos, los balnearios° de la costa del río. Volvían cargados de caracoles°, de frutas, de pescados, en tales cantidades que la mayor parte de las frutas y los pescados iban a parar a la basura. En cuanto a los caracoles, se hubiese dicho que se multiplicaban por sí solos. Alguna vez aplasté° uno con el pie.

Después hicieron viajes al interior del país. Utilizaban el servicio de ómnibus y ya no llevaban consigo simples bolsones sino maletines de fibra°. Había que oírlos, a la vuelta: hablaban entusiastamente de iglesias, de cementerios, de museos. Abrían los maletines y aparecían frascos de dulce, hongos, mates, bombillas de plata, cerámicas pintarrajeadas, ponchos, facones, tarjetas postales. Los amontonaban° en un rincón° y ya no les prestaban atención alguna porque preferían hacernos el relato de sus aventuras. A través de sus palabras uno adivinaba° que no habían permanecido más de uno o dos días en cada ciudad y que ese tiempo lo habían dedicado íntegramente a las visitas a los museos, a las iglesias y a los cementerios y a comprar lo que ellos llamaban *souvenirs*.

Más tarde recorrieron el continente, cada año un país distinto. Viajaban en ferrocarril, cargados de valijas de cuero°. Ya tenían un aparato fotográfico y al regresar nos mostraban tantas fotografías que era imposible verlas todas. También nos mostraban los *souvenirs*. Pero jamás, lo anoto entre paréntesis, nos trajeron un modesto regalito. Creo que fue por esa época cuando comenzaron las disputas sobre fechas y lugares. El señor Ponzevoy decía, por ejemplo:

—¿Te acuerdas, en Isla Verde, de aquellas ruinas?
—No era en Isla Verde—le replicaba su mujer—sino en Puerto Esmeralda.

Discutían durante una hora seguida. Yo, harto de presenciar esas escenas, una vez les insinué:

—Les convendría° llevar un diario de viaje.

Me contestaron de mal modo:

—Qué disparate°. No hay tiempo, mientras se viaja, de escribir.

Si alguien les preguntaba:

—¿Y la gente? ¿Cómo es la gente allí? ¿Es hermosa, es fea? ¿Es triste? ¿Es amable? ¿Qué piensa? ¿Cómo vive?

---

lujo luxury

balnearios seaside resorts
caracoles shells
aplasté destruí

maletines de fibra small cloth suitcases

amontonaban piled up
rincón corner
adivinaba llegaba a la conclusión

valijas de cuero leather suitcases

les convendría sería una buena idea
qué disparate qué absurdo

298 ▲ 11 ¡No espere más! ¡Haga el viaje de sus sueños!

¿Puede esta pareja ser como los Ponzevoy? ¿Adónde van? ¿Qué buscan?

Ponían cara de fastidio:
—La gente es la misma en todas partes—y añadían, sonriendo:—En cambio, qué edificación°. Trescientas cincuenta y cuatro iglesias, cinco museos, un cementerio de veinte hectáreas.

Aclaro que, al cabo de° varios viajes, la casa de los Ponzevoy estaba tan atestada° de objetos de toda clase que tuvieron que deshacerse de los muebles°.

El matrimonio fue a Europa en avión. Ya no cargaban valijas sino baúles de madera°. Regresaron con montañas de *souvenirs,* a tal punto que se mudaron a una casa más grande para poder ubicarlos°, pues ahora los *souvenirs* incluían relojes, cuadros, alfombras, espejos, tibores, cráteras, tapices, estatuas de tamaño natural, un trozo de columna del Partenón, mosaicos robados de la villa de Adriano en Tívoli y los inevitables ceniceros°. En cuanto a las fotografías, que eran cientos, nadie las vio. La señora Ponzevoy dijo:
—Más adelante.

Y las guardó dentro de las cráteras y los tibores.

Los viajes se sucedieron uno tras otro y por esa causa el matrimonio no pudo tener hijos ni asistir al entierro° de sus parientes. Iban a Europa, al Asia y al Africa. Permanecían en Buenos Aires apenas una semana, de la cual tres días los consagraban° a desembalar° los *souvenirs* y el resto a hacer los preparativos para la próxima expedición a lugares cada vez más lejanos°, más exóticos: Ubangui, Nagar Ace, Marie Galante. Disponían no sólo de varios aparatos fotográficos sino también de cámaras filmadoras, pero jamás proyectaron las películas. No había tiempo, en una semana, de ver la proyección de miles de metros de celuloide, ni

edificación *arquitectura*
al cabo de *después de*
atestada *llena*
deshacerse de los muebles get rid of the furniture
baúles de madera wooden trunks
ubicarlos *ponerlos*
ceniceros ashtrays

entierro *funeral*
los consagraban *necesitaban*
desembalar unpack
lejanos *distantes*

Ahora, leamos

desplegar la pantalla to unfold the screen
quello cimitero (italiano) aquel cementerio
les environs (francés) los alrededores
estragado arruinado
callos plantales corns
los pulmones lungs
arrugada wrinkled
alfiler pin
se entretejen como trenzas intertwine like braids
desenredarlos untangle them

enjambres swarms

padece sufre

cette ville (francés) esta ciudad

cacharros a cuestas things on their backs

frunció el entrecejo frowned

te souviens pas (francés) recuerdas

¿Ja? (alemán) ¿Sí?
mio caro (italiano) mi amor
agriamente sharply, bitterly

una pared libre donde desplegar la pantalla°. Las discusiones sobre fechas y lugares eran sumamente violentas.

Además mezclaban los idiomas.

—*I think*—decían—que *quello cimitero*°—estaba en *les environs*°—del *Gemeinderat*.

Cuando nos veían no nos reconocían.

—¿Quién es usted?—preguntaban—¿Dónde lo vi? ¿En Tarcolla Goldfield o en Axixá?

Sé que tienen el estómago estragado° por las comidas devoradas a toda prisa en los hoteles y en los aeropuertos. La señora Ponzevoy sufre de flebitis y el señor Ponzevoy de callos plantales° de tanto caminar por los museos, por las iglesias y cementerios. Los bruscos cambios de clima les han afectado los pulmones°. Como están siempre de paso no se cambian de ropa y la llevan sucia y arrugada°. Entretanto en su casa ya no cabe un alfiler°. Los rollos de celuloide se entretejen como trenzas° y no hay forma de desenredarlos°. Las fotos cubren el piso, la mayoría rotas. Hay por todas partes baúles sin abrir, colmados de recuerdos de viaje. Se percibe un olor nauseabundo. Pululan las arañas del Teneré, las serpientes del Amazonas. Vuelan enjambres° de moscas, entre las que temo que se haya infiltrado la terrible tsé-tsé africana.

Ultimamente el matrimonio Ponzevoy padece° graves confusiones. Cuando llegan a Buenos Aires de vuelta de Big Stone City o de Mukauuar, preguntan:

—¿Cuál es el nombre de *cette ville*°? Es muy hermosa. ¿Dónde están sus iglesias, sus *museums*, sus *cimitieri*?

Toman fotografías, hacen funcionar las cámaras filmadoras. Es necesario guiarlos hasta su casa. Al entrar gritan.

—*¡Wonderful!* ¡Cuántos *souvenirs*! ¡Los compramos!

Han olvidado quiénes son. El otro día los vi. Entraban en el Museo de Bellas Artes con sus cacharros a cuestas°. Me acerqué, los llamé.

—Señora Ponzevoy, señor Ponzevoy.

La mujer frunció el entrecejo° y miró al marido.

—¿Ponzevoy?

—¿Ya no *te souviens pas*°? Una isla del Caribe.

—*You are wrong,* como siempre. Una aldea del Kurdistán.

—Estuvimos allí en 1958. ¿*Ja*°?

—*Mio caro*°, en 1965.

Los dejé discutiendo agriamente°.

(This story was reprinted with permission.)

11 ¡No espere más! ¡Haga el viaje de sus sueños!

Reaccionemos

M **¿Comprendió Ud. la lectura?** Decida si las frases son verdaderas o falsas según el cuento. Si son falsas, corríjalas.

1. Los Ponzevoy son ricos.
2. Cuando empezaron a viajar, el matrimonio recorrió largas distancias.
3. Los recuerdos que los Ponzevoy amontonaban les importaban mucho.
4. Los Ponzevoy pasaban poco tiempo en un lugar antes de planear el próximo viaje.
5. La gente que conocieron los Ponzevoy en sus viajes era lo más importante.
6. Con el pasar de los años, los Ponzevoy llevaban cada vez más equipaje.
7. Los recuerdos que compraban los Ponzevoy eran regalos para sus parientes.
8. Los Ponzevoy empezaron a sufrir físicamente de tanto viajar.
9. Los Ponzevoy no sacaban fotos durante sus viajes.
10. Los Ponzevoy empezaron a sufrir confusiones de lenguas y lugares.
11. Después de muchos años, los Ponzevoy no se reconocen uno al otro.

N **Vamos a analizar el cuento un poco más profundamente.** Formen grupos pequeños para hablar sobre las ideas que sugerimos a continuación.

1. Las críticas que hace el autor: ¿Cómo las hace?
2. El efecto que tiene la técnica de adoptar el punto de vista de primera persona
3. Hay muchos ejemplos de ironía y de exageración en el cuento. Escojan algunos y discutan su valor respecto al cuento como totalidad.
4. Hay mucho humor en el cuento. Escojan ejemplos y discútanlos.

O **Solicitamos su opinión.**

1. ¿Son los Ponzevoy un matrimonio feliz? Explique.
2. Discutan la importancia de las citas siguientes:
   a. "La gente es la misma en todas partes" y añadían, sonriendo: "En cambio, qué edificación. Trescientas cincuenta y cuatro iglesias, cinco museos, un cementerio de veinte hectáreas."
   b. Los viajes se sucedieron uno tras otro y por esa causa el matrimonio no pudo tener hijos ni asistir al entierro de sus parientes.
3. ¿Serían diferentes los viajes de los Ponzevoy si éstos tuvieran menos dinero?
4. ¿Qué importancia tiene lo material para los Ponzevoy? ¿Y el elemento humano?
5. ¿Son los Ponzevoy turistas "típicos"? Explique.
6. ¿Cuál es su reacción personal hacia los Ponzevoy?

P Encuentros personales

1. You and a friend are going on a trip. One of you is a "thing" person and the other a "people" person. Discuss points of view and priorities. Determine how you will plan your trip to accommodate both personalities.
2. You have just returned from a trip. Your friend has many questions about your experiences. You answer the questions enthusiastically.

Q Temas escritos

1. Explique cuáles son sus prioridades personales cuando viaja y por qué lo son. Incluya lo siguiente: el idioma, las costumbres, las acomodaciones, los lugares de interés, la gente, la comida y cualquier otra actividad que le interese.
2. Escriba una moraleja para "Los viajeros." Justifique por qué escribió esta moraleja.
3. Escríbale una tarjeta postal (una carta) a un(a) amigo(a) haciendo el papel de los Ponzevoy durante uno de los viajes.

Enfoquemos el idioma

Frases comparativas
Comparative Sentences

There are two types of comparisons — equal and unequal. Comparisons of equality give the same characteristics to the things being compared. In English, we use *as...as* to establish this comparison. Comparisons of inequality assign characteristics of either greater or lesser degree to the things being compared. In English, the suffix *-er* or the words *more* or *less* are used.

▶ In Spanish, comparisons of equality use **tan** with adjectives and adverbs and **tanto(a / os / as)** with nouns. If the second part of the comparison is mentioned, it is preceded by **como.** Note that the adjective agrees with the first part.

El niño está mareado.	*The boy is dizzy.*
La niña está mareada también.	*The girl is dizzy, too.*
El niño está **tan mareado como** la niña.	*The boy is as dizzy as the girl.*
Ella hace muchos viajes.	*She takes a lot of trips.*
Ellos hacen muchos viajes también.	*They, too, take a lot of trips.*
Ella hace **tantos viajes como** ellos.	*She takes as many trips as they do.*

To express *as much as,* use **tanto como.**

El viaja **tanto como** ellos.   *He travels as much as they do.*

▶ Comparisons of inequality use **más** or **menos** with nouns, adjectives, and adverbs and **que** in front of the second part of the comparison.

11 ¡No espere más! ¡Haga el viaje de sus sueños!

El cobra **más** / **menos cheques que** yo.
He cashes more / fewer checks than I.

Ella viaja **más** / **menos frecuentemente que** ellos.
She travels more / less frequently than they do.

El está **más** / **menos agotado que** yo.
He's more / less exhausted than I am.

▸ To indicate *more than* and *less than,* use **más de** and **menos de**; note that **no** / **más que** means "only":

El tiene **más** / **menos de** mil dólares para el viaje.
He has more / less than a thousand dollars for the trip.

Yo **no** tengo **más que** seiscientos dólares.	*I have only six hundred dollars.*
Yo no tengo **más de** seiscientos dólares.	*I don't have more than six hundred dollars.*

▸ When a definite article is used in a comparison in Spanish, it indicates definiteness or uniqueness, as it does in English. **Más** means "more" and "most," and **menos** means "less" and "least."

Ella está agotada.	*She's exhausted.*
Ella es **la más agotada** de los dos.	*She is the more exhausted of the two.*
Ella es **la más agotada** de los tres.	*She is the most exhausted of the three.*

Note that a group among which a comparison is made is preceded by **de**, as opposed to the word "in" in English.

Ella es **la más** acomodadiza **del** grupo de viajeros.	*She is the most accommodating in the group of travelers.*

▸ As in English, there are some irregular comparative forms in Spanish.

bueno	**más bueno** o **mejor**
malo	**más malo** o **peor**
pequeño	**más pequeño** o **menor**
grande	**más grande** o **mayor**

It is very common to hear both comparative forms of **bueno** and **malo**. **Mayor** and **menor** generally are used to denote differences in age, size, status and importance — like the English "greater," "lesser." **Más joven** / **viejo,** on the other hand, emphasizes youth and age; **más grande** / **pequeño** refers to size only. Look at these examples.

El agente es **más joven** que el viajero.	*The agent is younger than the traveler.* (Both are young.)
La forastera es **más vieja** que el otro.	*The stranger is older than the other one.* (Both are old.)

Enfoquemos el idioma

Yo soy **mayor** que tú.   *I'm older than you.* (There is no implication that either of us is young or old; this states only relative age.)

Note that the forms **mejor, peor, mayor**, and **menor** precede the noun.

Este es el **mejor viaje** de todos.   *This is the best trip of all.*
Esta es la **peor comida** del viaje.   *This is the worst meal of the trip.*

▶ These are the irregular adverbial forms.

bien	mejor	mal	peor
mucho	más	poco	menos

Organizo **bien** los viajes.   *I organize trips well.*
Rita los organiza **mejor** que yo.   *Rita organizes them better than I.*
Sara los organiza **mejor** que todos.   *Sara organizes them the best of all.*

▶ Note the use of pronouns in comparisons. The comparative phrase is just the shortening of a full clause. Spanish keeps the pronoun of that clause.

Tú haces más viajes que **yo** (hago).   *You take more trips than I (do).*
Tú escribes más cheques que **él**.   *You write more checks than he.*

Practiquemos

R Comentarios sobre el viaje.   A continuación encontrará los comentarios de algunos viajeros que acaban de volver de un viaje. Redacte Ud. frases comparativas de desigualdad usando los elementos indicados. Use el imperfecto.

Modelo: La comida / estar / delicioso / la de mi último viaje
La comida estaba más / menos deliciosa que la de mi último viaje.

1. El segundo hotel / ser / barato / el primero
2. Los ciudadanos de Sevilla / ser / amables / los de Madrid
3. La arquitectura vieja / ser / interesante / la moderna
4. El viajar en primera clase / ser / bueno / el viajar en clase turista
5. La excursión por autobús / ser / malo / el viaje con el guía

Ahora, forme frases comparativas de igualdad.

Modelo: La comida / estar / delicioso / la de mi último viaje
La comida estaba tan deliciosa como la de mi último viaje.

6. La azafata / hablar / el guía
7. El paisaje extranjero / ser / hermoso / el nuestro
8. La gente mexicana / ser / solícito / la colombiana
9. Las ruinas mayas / ser / fascinante / las aztecas
10. Yo / poder entender español / fácilmente / el inglés

11   ¡No espere más! ¡Haga el viaje de sus sueños!

S ¿Qué opina Ud.? Redacte Ud. frases comparativas que expresen su propia opinión usando los elementos indicados. Luego, discútala con la clase.

Emplee el presente.

1. El viajar por avión / ser / bueno / el viajar por tren
2. Los europeos / viajar / los estadounidenses
3. Un viaje en coche / ser / largo / un viaje en autobús
4. Durante un viaje / se / aprender / en una clase
5. Cuando / se / viajar / tener dinero / ser / importante / poder hablar / idioma del país

Use el futuro.

6. El viajar / ser / fácil / ahora
7. La gente / viajar / fácilmente / hoy
8. (Yo) hacer / viajes / hoy
9. (Yo) gastar / dinero en viajar / hoy
10. Las habitaciones de hotel / costar / hoy

Use el presente perfecto.

11. (Yo) viajar / mi compañero(a) de cuarto
12. (Yo) ahorrar / dinero para viajar / mi hermano(a)
13. (Yo) hacer / viajes por tren / por avión
14. (Yo) alojarme / en hoteles baratos / en hoteles de primera categoría
15. (Yo) ver / países extranjeros / estados americanos

T Opiniones sobre el dinero, el viajar y los hoteles. Redacte frases comparativas de igualdad o de desigualdad según sus propias opiniones. Después, conteste la pregunta "¿por qué?" para defender su opinión.

Modelo: importante: dinero / experiencia
El dinero es más / menos importante que la experiencia.

1. bueno: ahorrar dinero / gastar dinero
2. difícil: usar el autobús / usar el tren
3. lógico: pagar con dinero en efectivo / escribir cheques
4. útil: una tarjeta de crédito / un cheque de viajero
5. divertido: conocer a la gente / comprar recuerdos
6. malo: la comida de un avión / la comida de un hotel
7. interesante: viajar sólo / viajar con un(a) amigo(a)
8. barato: alojarse en un hotel / quedarse con amigos
9. fácil: hablar el idioma de un país que se visita / buscar personas que comprendan inglés
10. fastidioso: llegar con retraso / tener un vuelo de muchas escalas

Enfoquemos el idioma

U **Encuesta personal.** Conteste las preguntas y luego hágaselas a un(a) compañero(a) de clase, tuteándose, claro.

1. ¿Viaja Ud. tanto hoy como cuando era niño(a)?
2. ¿Adónde viajaría si descubriera que hoy es más / menos rico(a) que ayer?
3. ¿Cómo serán sus vacaciones cuando tenga más dinero que ahora?
4. Si pudiera, ¿adónde iría? ¿Por qué?
5. ¿Son los hombres más / menos solícitos viajeros que las mujeres? Explique.
6. ¿Qué sugiere que alguien haga para ahorrar más dinero para poder viajar?
7. ¿Está Ud. más / menos nervioso(a) cuando viaja por avión o por tren? ¿Por qué?
8. ¿Quiere Ud. viajar más en el futuro? ¿Por qué?
9. ¿Cree Ud. que es mejor ir a un país cuyo idioma Ud. habla o no? Explique.

Enfoquemos el idioma

Equivalentes de *than*
Equivalents of *than*

We have already seen that **que** is used in unequal comparisons and **como** in equal comparisons as equivalents of *than*. Here are some ways to express the concept of *than* when there is a clause in the second part of the comparison with a verb form that is different from that of the first clause.

▶ When comparing a noun and an idea, **más** or **menos** is used, followed by **de lo que**, which introduces the clause containing the idea. An adjective or adverb will appear directly before **de lo que**.

El tren era muy cómodo. Tú no creías que el tren fuera cómodo.	The train was comfortable. You didn't believe that the train was comfortable.
El tren era **más cómodo de lo que** creías.	The train was more comfortable than you believed.
Ellos habían viajado **más de lo que** yo pensaba.	They had traveled more than I thought.

▶ When a clause that follows a comparison refers to a specific noun, the construction **de** + *definite article* + **que** is used. A noun usually comes directly in front of this construction. The definite article agrees with the noun.

El reservó **más habitaciones de las que** necesitaba.	He reserved more rooms than (the rooms) he needed.
Ellos me dieron **más cheques de viajero de los que** había pedido.	They gave me more traveler's checks than I had requested.

11 ¡No espere más! ¡Haga el viaje de sus sueños!

Practiquemos

V Una experiencia horrible. Complete las frases con las palabras adecuadas para completar correctamente las comparaciones.

　　Modelo: Pasé un viaje más horrible _____ creí posible.
　　　　　Pasé un viaje más horrible de lo que creí posible.

1. Me preparé más tarde para el viaje _____ quería.
2. Había esperado que el viaje fuera mejor _____ fue.
3. Tuve que pagar más por el hotel _____ pensaba.
4. Había que hacer más reparaciones en mi habitación _____ creía posible.
5. Tuve que llamar más veces a la recepcionista _____ quería.
6. Ellos me dieron un descuento de quince dólares menos _____ había pedido.
7. Había querido descansar más _____ pude.
8. Había más ruidos en el hotel _____ pude soportar.

W Observaciones de viajeros. Invente las observaciones que podrían haber hecho estos viajeros. Termine cada frase de una manera original.

　　Modelo: El agente de viajes era más / menos....
　　　　　El agente de viajes era menos solícito de lo que pensaba.

1. Mi viaje era más / menos....
2. El vuelo sin escalas es más / menos....
3. Había más / menos turistas en la ciudad....
4. La comida era más / menos....
5. Tuve más / menos experiencias interesantes....
6. He hecho más / menos excursiones....
7. Los hoteles eran más / menos....
8. Gasté más / menos dinero....
9. (frase original)
10. (frase original)

Charlemos un poco más

X Solicitamos su opinión: discusión final.

1. ¿Qué recomendaciones le haría Ud. a una persona que quiere viajar?
2. Ud. va a hacer un viaje y puede llevar solamente una maleta. ¿Qué pondría en la maleta y por qué? ¿Qué no cabe y por qué?

3. En los Estados Unidos, existe la tendencia a depender demasiado del carro. ¿Qué resultado produce esto? ¿Qué otras formas de transporte se necesitan? ¿Cómo se viajará en el futuro?
4. ¿Qué problemas puede causar el dinero respecto a los viajes? ¿Qué beneficios puede ofrecer?
5. ¿Qué necesita saber una persona para viajar por un país extranjero sin problemas?
6. ¿Con qué debe tener cuidado un(a) viajero(a)? ¿Por qué?

Y Actividades para grupos

1. Preparen Uds. un anuncio de radio que promueva un hotel, una agencia de viajes o un viaje específico. Grábenlo en una cinta.
2. Planeen un itinerario para el viaje ideal. Incluyan una descripción del hotel, los gastos, los medios de transporte y las actividades día por día. Luego, preséntenle su viaje a la clase.

Z Temas escritos

1. Escríbale una carta a una agencia de viajes, quejándose del viaje que ellos le planearon. Experimentó Ud. desastre tras desastre. El avión llegó tarde, se le perdió el equipaje, el hotel no tenía su reservación y por eso tuvo que buscar otro hotel, etc.
2. Prepare Ud. un folleto turístico que describa la ciudad en que vive o en que está su universidad. Tiene que recomendarle al lector los lugares de interés, las actividades que puede hacer, por qué debe visitar este lugar, etc.
3. Una compañía de autobús (tren o avión) quiere anunciar sus nuevos servicios. Prepare un anuncio para el periódico o para una revista.
4. Escoja uno de los dibujos siguientes e invente una historia.

¡Digamos la última palabra!

Sustantivos
la aduana customs
el andén platform
el aparato eléctrico appliance
el ascensor elevator
el autobús bus
el auxiliar de vuelo flight attendant, steward
la azafata flight attendant
el billete ticket *(Sp.)*; bill (money)
el boleto ticket *(Lat. Am.)*
el bolsón handbag
el botones bellboy
la cartera wallet
el (la) conserje desk clerk
el cheque de viajero traveler's check
la demora delay
el equipaje luggage
la escala stopover
la estación de autobús bus station
la estación de ferrocarril train station
el (la) extranjero(a) foreigner
el (la) forastero(a) out-of-towner
el (la) gastador(a) spendthrift
el gasto expense
el (la) guía guide
la guía guidebook
la habitación room
las horas punta / pico rush hour
la llave key
la maleta suitcase
el metro subway
la oficina de cambio exchange office
el pasaje ticket *(Lat. Am.)*
el pasaporte passport
la plata silver; money *(slang)*
el (la) recepcionista desk clerk
el recuerdo souvenir; memory
el regalito small gift
la sección de (no) fumar (non)smoking section
el servicio de habitación room service
la tarjeta de crédito credit card
la tarjeta de embarque boarding pass
el transformador transformer
el ventilador fan
el viaje trip
el (la) viajero(a) traveler
el vuelo flight

Verbos
agradecer to please
agotar to exhaust
alojarse to lodge
asegurarse to make sure
caber to fit
funcionar to work, to function (machinery)
gastar to spend (money); to exhaust
marearse to become dizzy, nauseous
pasar to spend (time)
pesar to weigh
subir to take up
volar (ue) to fly

Adjetivos
acomodadizo(a) accommodating
agotado(a) spent, exhausted
barato(a) cheap, inexpensive
concurrido(a) busy, crowded
encantador(a) charming
extranjero(a) foreign
largo(a) long
peruano(a) Peruvian
solícito(a) helpful

Expresiones útiles
a tiempo on time
con retraso late
de ida y vuelta round-trip
de primera categoría first-rate
en primera clase / en clase turista in first (tourist) class
Es hora de + *inf.* It's time to + *verb*
por avión by plane
sacar fotos to take pictures

CAPÍTULO 12

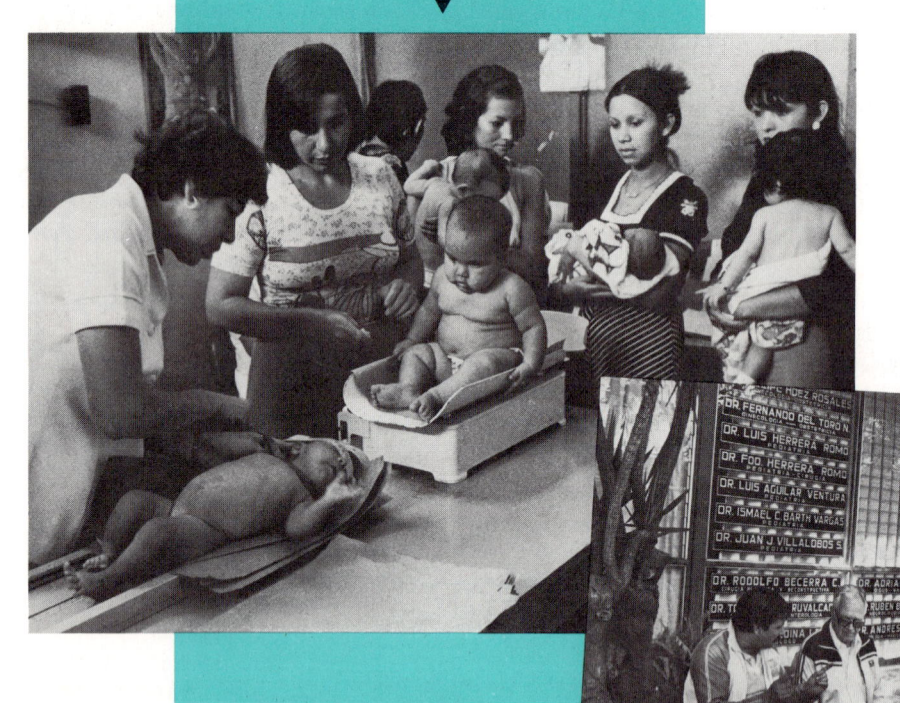

Health is an issue with which everyone is concerned. The ways we react to being ill and to others who are ill, although serious at times, can also be humorous. This chapter deals with issues related to health. The reading selection, "El indeciso," describes a person unable to make up his mind about how he feels and how he deals with life and death.

Algunas consideraciones sobre la salud

▼

Charlemos un poco

¿Es siempre una cosa seria la enfermedad?

▼

¿Cuál es un recuerdo notable que Ud. tiene de una enfermedad de su niñez?

▼

¿Se puede conocer mejor a una persona según cómo aguanta una enfermedad poco seria? ¿Por qué?

▼

¿Cómo reacciona Ud. cuando está enfermo(a)? ¿Es Ud. un(a) paciente modelo(a)? ¿Por qué?

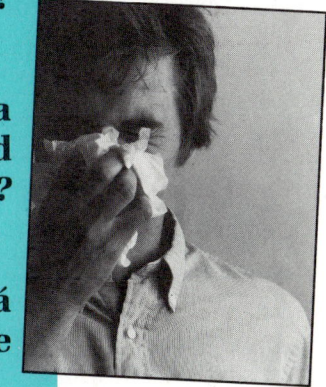

▼

¿Cómo sabe Ud. cuando empieza a mejorarse? ¿Hay algunas cosas que Ud. hace (o siente) que indican que la enfermedad está a punto de desaparecer?

Goce La Vida, Tenga Potencia, Sea Energético

Miles de personas comienzan su día, llenos de energía, vitalidad y deseos de trabajar tomando MULTI-VITA todos los días. Usted también puede. Olvídese de sentirse cansado, agotado y sin deseos... Déle energía a su cuerpo déle energía a la vida con MULTI-VITA cada día.

DOS FRASCOS $13.80 $11.80
(180 TABLETAS) AHORRE $2.00

Ordene MULTI-VITA hoy mismo, tome una diaria y sentirá la diferencia. MULTI-VITA cambiará su vida.

100% Garantizado o la Devolución Total de Su Dinero
☐ Dos Frascos MULTI-VITA para Adultos - $11.80
    Manejo y Envío   2.00
    Cheque o giro postal - $13.80
☐ Obtenga Información Gratis

Nombre _____
Direccion _____
Ciudad _____ Estado _____ Zip _____
Mejor Vida Products
27315 Jefferson Ave. Ste. G
Temecula, CA 92390

ADVERTENCIA DEL CIRUJANO GENERAL: Fumar Causa Cáncer del Pulmón, Enfermedades del Corazón, Enfisema, y Puede Complicar el Embarazo.

▲

Vocabulario

Vocabulario personal

Make a list of words and expressions you used to answer the questions. List other words and expressions you remember that deal with health issues. Finally, make a list of words you'd like to know in order to better discuss this chapter's theme. You may want to refer to **Apéndice I** for some ideas.

Empecemos en contexto

You will now read a conversation in which two nervous patients in a doctor's waiting room exchange worries and symptoms as they wait to be called. As you read, write down the general problem of each. You may want to review **Palabras prácticas** before you read to help you better understand.

El problema del primer paciente: _____
_____.

El problema de la segunda paciente: _____
_____.

Hombre: Buenas tardes.
Mujer: Buenas tardes. ¿Está Ud. tan nervioso como yo? Odio estas citas con el médico, sobre todo cuando no me siento bien.
Hombre: A mí tampoco me gustan. ¿Qué tiene Ud.?
Mujer: Desde hace una semana tengo una tos horrible, me dan escalofríos y tengo fiebre. Estornudo y no tengo apetito. Creo que estoy muy grave. Temo que el médico querrá que pase al menos una semana en el hospital. También querrá que me hagan unos análisis. Ojalá que no me ponga una inyección.
Hombre: Uy, señora, me parece que exagera un poco. Probablemente le recetará algo, como un jarabe para la tos o una aspirina para aliviar sus síntomas. Ud. lo que tiene es gripe o catarro. Ud. debe estar contenta de no estar tan mal como yo.
Mujer: Y a usted, ¿qué le pasa?
Hombre: Ayer me caí y me torcí o me quebré el tobillo. Hoy no me puedo ni mover. Tengo hinchado el tobillo y me duele mucho. Estoy seguro de que el médico querrá operarme. Solamente quiero poder caminar en el futuro.
Mujer: ¿Y soy yo quien exagera? El médico le pondrá una curita y lo mandará de vuelta a su casa. No querrá perder tiempo. Dirá que tiene pacientes más enfermos . . . como yo, por ejemplo.
Enfermera: Lo siento, damas y caballeros. Esta tarde el médico no podrá verlos a ninguno de Uds. El está **muy, muy** enfermo. Sufre de algo **muy** . . . .

12 Algunas consideraciones sobre la salud

Palabras prácticas

Sustantivos
el análisis (medical) test
el catarro (common) cold
la curita band-aid, bandage
el escalofrío chill
la fiebre fever
la gripe flu
la inyección shot, injection
el jarabe para la tos cough syrup
el tobillo ankle
la tos cough

Verbos
aliviar to relieve, to alleviate
doler (ue) to hurt
estornudar to sneeze
exagerar to exaggerate
quebrarse (ie) to break (bone)
recetar to prescribe
sentirse (ie) to feel (+ *adj.*)
torcerse (ue) to twist

Adjetivos
enfermo(a) sick, ill
grave serious
hinchado(a) swollen

Expresiones útiles
¿Qué le (te) pasa? What's the matter with you? What's wrong?
¿Qué tiene(s)? What do you have? What's the matter with you? What's wrong?

▶ **¿Qué pasó?**

1. Después de describir sus síntomas, la mujer dice que teme que _____.
2. El señor cree que ella exagera y cree que ella tiene _____.
3. El tobillo del señor está _____.
4. El señor cree que el médico _____.
5. El señor espera solamente que _____.
6. La señora cree que el médico le _____ al señor.
7. La enfermera dice que _____.
8. Y Ud., ¿cómo reacciona en la sala de espera del médico? ¿Está nervioso(a) o tranquilo(a)? ¿Es Ud. hipocondríaco(a)? Explique. _____

Vocabulario

Más vocabulario útil

Si Ud. está en **el consultorio del (de la) médico(a)** puede decir:
    Tengo **dolor de cabeza** / **una jaqueca** y **la garganta** está **doliente.**
    Estoy resfriado(a) y me **lloran los ojos.**
    Padezco de congestión en **los pulmones** y **sudores.** Estoy muy
        incómodo(a).
    Me desmayé al ver **sangre** después de **cortarme el dedo.**
    No tengo **alergia** a ninguna medicina.
    Me lastimé. / Me herí. Tengo **una herida.**

El (la) médico(a) puede decirle a Ud.:
    Debe Ud. **guardar cama.**
            permanecer inmóvil.
            aguantar los síntomas.
            comer **ligeramente / liviano.**
            dejar de fumar.
            cuidar mejor de su salud.
            evitar el alcohol.
    Tome dos aspirinas.
            estas **píldoras / pastillas.**
    Vaya Ud. a **la sala de emergencia** para que **el (la) enfermero(a)** le **saque /**
        dé los puntos.

Ud. puede decirle a una persona que está enferma:
    Ojalá que no **se agrave la enfermedad.**
    Me apiado / me compadezco de Ud.
    ¿Está Ud. **embarazada?**

Investiguemos un poco

1. Below is a list of nouns that are related to some of your new vocabulary. Supply the verbs that are related to these nouns and then form adjectives from the verbs. Remember that past participles can function as adjectives. For example: **la curita** is the noun from **curar**; the adjective form is **curado(a).** Try to guess the meaning of the nouns.

Noun	Verb	Adjective	Meaning of Noun
el alivio	_____	_____	_____
el resfriado	_____	_____	_____
la exageración	_____	_____	_____
la receta	_____	_____	_____
la quebradura	_____	_____	_____
el dolor	_____	_____	_____

12 Algunas consideraciones sobre la salud

2. The prefix **in-** added to a root word often gives the opposite of the root. For example, **incómodo(a)**, "uncomfortable," is the opposite of **cómodo(a)**, "comfortable." Following this pattern, form the opposites of these words and guess their meanings.

	Opposite	Meaning
móvil	_____	_____
evitable	_____	_____
aguantable	_____	_____
curable	_____	_____
digestión	_____	_____

3. Several of the vocabulary items in this chapter merit special attention.
   a. **Embarazada** is a false cognate meaning "pregnant." To say you are embarrassed, use the verb **avergonzarse** or the expression **tener vergüenza.**
   b. **Sentirse (ie)** is usually followed by an adjective (**Me siento alegre**), whereas **sentir (ie)** is followed by a noun (**Siento alegría**).
   c. **Enfermo(a)**, "sick," is used to describe one's current state of health. **Enfermizo(a)** is used to describe chronically unhealthy people; **malsano(a)** describes unhealthy foods, practices, etc. **Sano(a)**, "healthy," can describe both people and things.
   d. To mention an ache, you can use **tener dolor de** + *body part* or the indirect object pronoun + **doler (ue)** with the body part functioning as the subject. (If you need to review body parts, refer to **Apéndice I** for this chapter.)
   e. Remember that the verb **dejar** followed by **de** and an infinitive means "to stop" + *-ing*.
   f. **Herir(se) (ie)** means "to wound" or "to injure" in a literal or figurative sense. It can mean to cause a physical or emotional injury (to hurt someone's feelings).

Practiquemos

A Ud., el (la) médico(a). ¡Parece que todo el mundo está enfermo! Entran en su consultorio muchos pacientes que describen sus síntomas. Con un(a) compañero(a) de clase, hagan los papeles de los pacientes y del (de la) médico(a). El (la) médico(a) dice cuál es el problema y luego receta algo para ayudar al (a la) paciente. No importa si la receta es una medicina o solamente un remedio práctico como los remedios caseros *(home remedies)*.

   Modelo: Paciente: Me duele mucho la garganta.
   Ud.: *Según sus síntomas, parece que tiene un resfriado. Debe guardar cama y beber té con limón.*

1. Me caí esta mañana. Tengo el tobillo muy hinchado.
2. Me duele todo el cuerpo. Un momento tengo frío y luego tengo calor.

Investiguemos un poco

3. No puedo dejar de estornudar, pero no tengo catarro.
4. Tengo fiebre y sigo vomitando.
5. Me corté el dedo y he perdido mucha sangre.
6. Hace una semana que toso sin parar.

B **¿Es Ud. el (la) paciente ideal?** Describa cómo se porta Ud. cuando tiene una de las siguientes enfermedades. ¿Qué cosas les pide a sus compañeros de cuarto o a su familia para sentirse mejor?

Modelo: un catarro

Cuando tengo un catarro, me lloran los ojos, me quejo mucho y le pido a mi mamá que me traiga muchas bebidas.

1. la gripe
2. una pierna quebrada
3. un diente dolorido
4. una jaqueca
5. el insomnio
6. un dolor de estómago
7. una infección de garganta
8. una resaca (*hangover*)

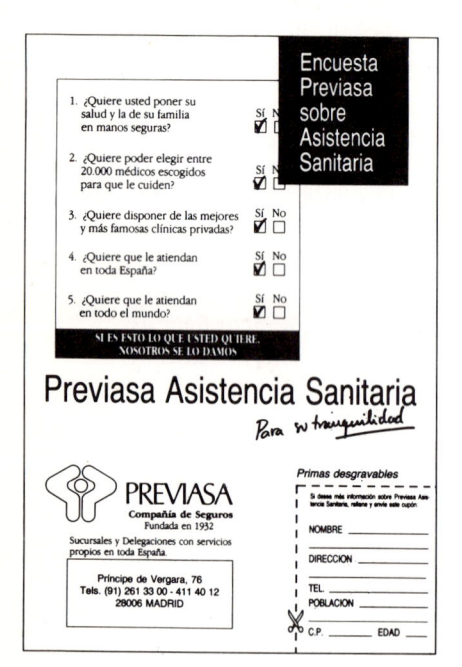

C **Encuesta y opiniones personales.** Conteste las preguntas. Luego, compare sus respuestas con las de sus compañeros de clase.

1. ¿Cree Ud. que algunas enfermedades son evitables? ¿Cuáles? ¿Y cómo se evita el contagio de ellas?
2. ¿Se compadece Ud. de los hipocondríacos? ¿Por qué sí o por qué no? ¿Cree que la hipocondría es una enfermedad mental? Explique.
3. ¿Le gustaría a Ud. ser médico(a) o enfermero(a)? ¿Por qué sí o por qué no?
4. Cuando Ud. va al (a la) médico(a), ¿siempre sigue sus instrucciones o no? ¿Por qué sí o por qué no?
5. ¿Cree Ud. que los médicos recetan demasiadas medicinas sin necesidad? Explique.
6. ¿Qué hace Ud. si un(a) amigo(a) sufre una enfermedad contagiosa?
7. Cuando Ud. está enfermo(a) de un catarro o de la gripe, ¿cuáles son los síntomas que le molestan más? ¿Por qué? ¿Cómo alivia Ud. los síntomas?
8. ¿Es Ud. cobarde (*cowardly*) con los médicos? ¿Por qué sí o por qué no?
9. En su opinión, ¿cuál es el problema médico más importante de hoy? Explique su selección.

12 Algunas consideraciones sobre la salud

D Encuentros personales

1. Go to the doctor's office and explain your problem to him or her. The doctor will advise you about what to do. Discuss several different problems, then switch roles.

2. You and a friend are discussing how important a role diet plays in a person's health. You believe that genetics (**la genética**) and family history play a more important role than daily habits. Your friend believes that most illnesses can be prevented (**prevenir**) through a good diet and plenty of exercise.

3. Your friend is a hypochondriac. Today he (she) comes to you with another tale of woe regarding the latest disease he (she) has supposedly contracted. Try to cheer up your friend by suggesting humorous solutions to this imagined illness. Your friend accuses you of not believing that he (she) is sick and elaborates dramatically on his (her) symptoms. Assure your friend that you believe him (her). Be patient!

Enfoquemos el idioma

Las preposiciones
Prepositions

In this section, several prepositions with which you are familiar are summarized and a few more are introduced. (**Por** and **para** are included in the exercises, so you may want to review the discussion in Chapter 10.)

▶ **A** means "to" or "at." It can be used:

— as **a personal.**

Veo **a** mis pacientes diariamente.   *I see my patients daily.*

— before an infinitive, following a verb of motion (indicating purpose).

Vamos **a** cuidarnos mejor.   *We're going to take better care of ourselves.*

La médica baja **a** hablar con los enfermeros.   *The doctor is coming down to speak with the nurses.*

— to indicate price or rate.

La aspirina se vende **a** dos dólares.   *Aspirin sells for two dollars.*

— to introduce an indirect object or a prepositional phrase clarifying or emphasizing a direct or indirect object pronoun.

La enfermera le habló **al** paciente.   *The nurse spoke to the patient.*

Doctor, por favor, déme consejos **a** mí, no **a** mi padre.   *Doctor, please give advice to me, not to my father.*

Enfoquemos el idioma

▶ **De** means "of," "from," or "about." It can be used:

— to indicate possession.

Las muletas son **de** Constanza.	*The crutches are Constanza's.*

— to indicate origin.

La enfermera es **de** Ecuador.	*The nurse is from Ecuador.*

— to join two nouns, the second of which modifies the first.

un sillón **de** ruedas	*a wheelchair*
una revista **de** medicina	*a medical journal*
un estudiante **de** enfermería	*a nursing student*

— to join a noun and an infinitive (where English sometimes uses a gerund + noun).

una máquina **de** escribir	*a typewriter*
una máquina **de** coser	*a sewing machine*
una máquina **de** lavar	*a washing machine*
un estilo **de** escribir	*a writing style*

— to identify personal attributes.

La paciente es **de** ojos negros y **de** altura mediana.	*The patient has black eyes and is of medium height.*

▶ **En** means "in," "on," or "onto." It can be used:

— to indicate fixed location.

Estoy **en** el consultorio del médico.	*I'm in the doctor's office.*

— as a synonym of **sobre**.

La receta está **en** la mesa.	*The prescription is on the table.*

— to indicate motion into.

Puso la receta **en** el bolsillo.	*He put the prescription in his pocket.*

— to indicate time.

La enfermera no vino a trabajar **en** tres días.	*The nurse didn't come to work for three days.*

▶ **Sobre** means "up," "upon," "above," or "about." It can be used:

— to indicate location (the equivalent of **encima de**).

La medicina está **sobre** la mesa.	*The medicine is (up) on the table.*

— to mean "concerning."

En la entrevista, hablaron **sobre** su habilidad como enfermero.	*In the interview, they talked about his abilities as a nurse.*

▶ **Desde**, meaning "since," indicates the beginning of an action. Remember that the present indicative is used in this construction.

Se siente mejor **desde** ayer.	*She has been feeling better since yesterday.*

12 Algunas consideraciones sobre la salud

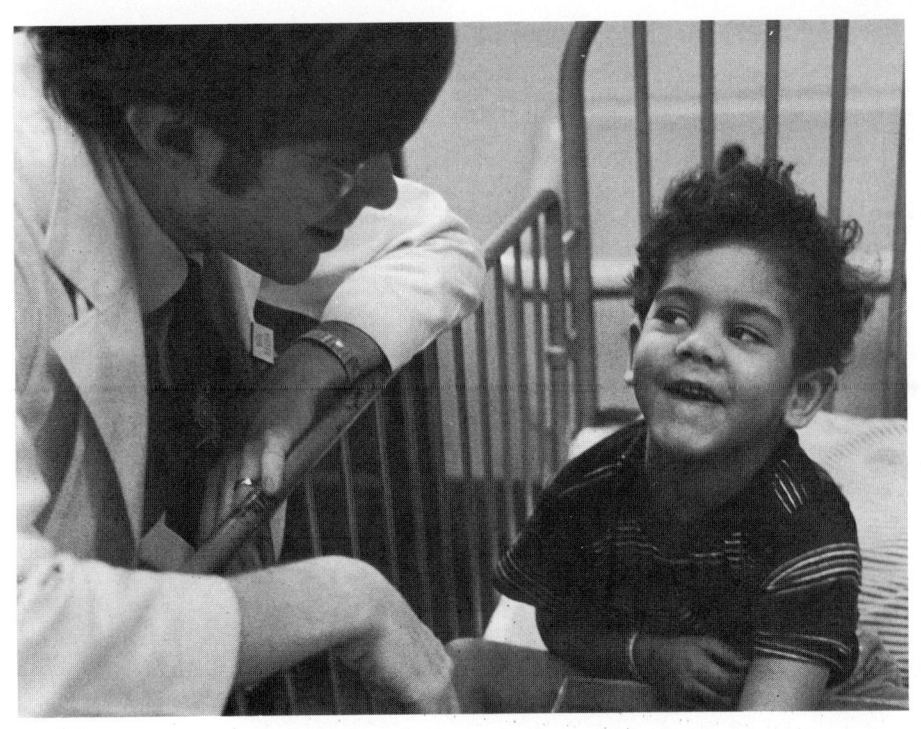

El médico necesita saber hablar con sus pacientes para que no tengan miedo.

- **Hasta** in reference to time means "until."

Va a seguir tomando medicina **hasta** sentirse mejor.	*He's going to keep taking medicine until he feels better.*

- **Contra** means "against." It can be used:
  — to express opposition to something or someone.

Están **contra** los prejuicios asociados con las enfermedades contagiosas.	*They're against prejudices associated with contagious diseases.*

  — to indicate location.

El hombre estaba mareado; se apoyó **contra** la pared.	*The man was dizzy; he leaned against the wall.*

- **Entre** means "between" or "among." It can be used:
  — to indicate location in the middle of other people or things.

El médico está **entre** tú y yo.	*The doctor is between you and me.*

  — to indicate a sort of partnership.

Hicimos los experimentos médicos **entre** nosotros.	*The medical experiments were done among ourselves.*

Enfoquemos el idioma

▶ **Hacia** means "toward" or "around." It can be used:
— to indicate direction.

Caminaba **hacia** el hospital.　　　*He was walking toward the hospital.*

— for approximation of time.

Debe venir a mi consultorio **hacia** las tres.　　　*You should come to my office around three.*

▶ **Detrás de** means "behind." It is used to indicate fixed location.

Su consultorio está **detrás de**l de la jefa.　　　*His office is (located) behind the boss.'*

▶ **Después de** means "after." It is used to indicate a time relationship.

Después de ver a sus pacientes, la médica salió.　　　*After seeing her patients, the doctor left.*

▶ **Delante de** means "in front of." It is used to indicate a fixed location.

Mi consultorio está **delante de**l de la jefa.　　　*My office is (located) in front of the boss.'*

▶ **Antes de** means "before." It is used to indicate a time relationship.

Antes de salir, preparé el informe para la médica.　　　*Before leaving, I prepared the report for the doctor.*

▶ Here is a list of some other common prepositions.

además de *besides*	**durante** *during*	**lejos de** *far from*
alrededor de *around*	**en busca de** *in search of*	**para** *for*
con *with*	**en vez de** *instead of*	**por** *for*
contrario a *contrary to*	**fuera de** *outside of*	**según** *according to*
debajo de *under*	**junto a** *next to*	**sin** *without*
dentro de *inside*		

Be careful not to confuse prepositions and conjunctions. The following prepositions are conjunctions when they are followed by **que**.

antes de　　　**hasta**　　　**sin**　　　**después de**　　　**para**

Nos cuidamos **para** tener buena salud. (preposition)
El médico trabaja **para que** tengamos buena salud. (conjunction)

▶ Many prepositions are also used as adverbs when **de** is omitted:

Adverb	Preposition	Adverb	Preposition
afuera	fuera de	antes	antes de
cerca	cerca de	después	después de
lejos	lejos de		

Remember that, in Spanish, the only verb form that can follow a preposition is the infinitive, regardless of the English equivalent.

Después de **ver** a sus pacientes, el médico salió.　　　*After seeing his patients, the doctor left.*

12 Algunas consideraciones sobre la salud

Practiquemos

E Mi amiga Cristina. Complete las frases con la preposición más apropiada, si es necesario.

Cristina trabaja _____ una clínica _____ Washington. Ahora mismo, ella está buscando _____ otra recepcionista _____ ayudarla _____ ella. Tiene _____ emplear _____ alguien pronto porque nunca puede terminar su trabajo. El problema es que se compadece _____ cada paciente que entra y pasa mucho tiempo hablando _____ ellos, _____ hacer su trabajo. Cristina cree que es importante charlar _____ ellos _____ sus síntomas pero, _____ oír sus problemas, ella cree que padece _____ la misma cosa.

Este fin _____ semana pasada, Cristina vino _____ visitarme. _____ toda la visita, ella se quejó _____ algo. (¡_____ Ud. y yo, ella empezó _____ volverme loca!) Le mencioné _____ ella que era hipocondríaca e insistió _____ que no era verdad. _____ tres días, escuché una lista _____ síntomas, _____ las nueve _____ la mañana _____ las once _____ la noche. Por fin, decidé decirle _____ ella que dejara _____ hablar _____ esas cosas.

¿Qué pasó? Termine Ud. esta anécdota. Trate de usar el mayor número posible de preposiciones.

F ¿Puede Ud. encontrar estas cosas? Observe Ud. el dibujo. Su amigo no puede ver bien porque acaba de romper sus anteojos *(glasses)*. Dígale a su amigo dónde están las siguientes cosas usando preposiciones.

Modelo: la revista
   Está encima de (sobre) la mesita.

1. el papel
2. la médica
3. el secretario
4. la planta
5. el cuadro
6. la medicina
7. la mujer
8. el niño
9. el teléfono
10. la mesa

Enfoquemos el idioma

G **Una visita al hospital.** Ud. acaba de visitar un hospital. Usando las preposiciones que siguen, escriba diez frases que cuenten lo que Ud. observó en el hospital.

Modelo: Los enfermeros _____ junto a _____.
Los enfermeros trabajaban junto a los médicos.

1. Durante mi visita, _____.
2. Fui en busca de _____.
3. Según los médicos, _____.
4. Contrario a _____, creo _____.
5. La ambulancia _____ para _____.
6. Alrededor del hospital, _____.
7. Antes de _____, yo _____.
8. Después de _____, yo _____.
9. Para _____, los médicos _____.
10. En vez de _____, yo _____.

H **Temas para la discusión.** Formen grupos para hablar de las siguientes ideas.

¡PARA!
AUN TIENES
TIEMPO
DILE ¡NO!
A LAS DROGAS

1. Las enfermedades como el alcoholismo y el abuso de drogas u otras sustancias como la comida o la cafeína realmente no son enfermedades. El tratamiento es fácil — dejar esas sustancias. Es solamente cuestión de fuerza de voluntad.
2. ¿Es difícil encontrar un(a) buen(a) médico(a)? ¿Por qué sí o por qué no? ¿Qué busca Ud. en un(a) médico(a)?
3. El estilo de vida que uno lleva no tiene nada que ver con la salud, ni con ninguna enfermedad.
4. Cuando una persona está enfermo(a), es mejor dejarla en paz hasta que se mejore, sin hacerle muchas visitas.

I **Temas escritos**

1. Escoja uno de los temas del Ejercicio **H** y escriba una composición bien pensada y desarrollada.
2. ¿Hay curas para los hipocondríacos? ¿Cuáles son? ¿Por qué es alguien hipocondríaco(a)?
3. ¿Determina la salud física la salud mental y emocional? Explique.
4. Planee un régimen para mejorar su salud. Incluya lo que comerá, qué ejercicio hará, qué dejará de hacer (comer), etc.

12 Algunas consideraciones sobre la salud

Ahora, leamos

▼ **Para su comprensión** ▲

1. This story, "El indeciso," deals with a man who can never make a decision. What happens when a person is indecisive? When a group is indecisive? When a country is indecisive?
2. Do you have trouble making decisions? What do you do in this case? How do people around you react when you cannot make a decision?

▼ **Antes de leer** ▲

1. There are several examples in this story of words with the prefix **in-**. Form new words using this prefix and guess their meanings.

		New Word	Meaning of New Word
soportable	*bearable*	_____	_____
decisión	*decision*	_____	_____
superable	*surmountable*	_____	_____
feliz	*happy*	_____	_____

2. During your first reading of the story, make a list of cognates you would like to retain in your vocabulary.
3. After reading "El indeciso" two or three times, write your reactions to the story and any suggestions you may have to help "cure" the main character of his problem. The following day in class, discuss your reactions and recommendations with your classmates. Do you agree or disagree?

José Milla Vidaurre (1822–1882), de nacionalidad guatemalteca, fue autor de muchas novelas históricas en las que también usó el seudónimo Salomé Jil. En sus obras mezcló lo imaginario con hechos históricos. Vio y escribió de muchas cosas con un sentido del humor, como se aprecia en este cuento. Entre sus novelas más notables están La hija del Adelantado *(1866), y* El visitador *(1867).*

El indeciso
por José Milla Vidaurre

I

Conocí yo a un caballero que podía pasar por el prototipo del indeciso. Se llamaba don Calixto La Romana*; era hombre de algún talento y de un carácter amable y bondadoso°. Su defecto, y defecto muy grave, era la indecisión. Lo

bonadoso *bueno*

*Calixto III was a Spanish Pope from 1455 to 1458. This name was also used for the main character in *La Celestina* which could be compared to *Romeo and Juliet*.

¿Sabe este señor adónde va? ¿Cómo llegará a su destino?

encontraba uno en la calle y lo saludaba con la fórmula acostumbrada, preguntándole por su salud.

—Así, así —contestaba La Romana—, ni bien ni mal. Tengo mis días buenos y mis días malos.

—¿Va Vd.* a tomar la Calle Real? —preguntaba el amigo. Nos iremos juntos. Don Calixto no se movía del sitio; reflexionaba y decía:

—Pensé, efectivamente, tomar esa calle; pero creo que tal vez será mejor que vaya yo por la del Comercio; aunque bien visto°, quizá debo ir por la otra—. El amigo se fastidiaba y se iba, dejando al indeciso, plantado en medio de las cuatro esquinas.

II

Don Calixto era rico. Había heredado° una fortuna, pero no sabía qué hacer con ella.

—¿Qué le parece a Vd.? —preguntó un día a un hombre de negocios—, ¿qué me aconseja? He pensado alguna vez emplear mis fondos° en la agricultura; pero eso es muy expuesto°. ¿Casas? Muy bueno fuera eso, si no hubiera inquilinos° que no pagan, las destruyen y tal vez se llevan hasta las llaves°.

—Lo que Vd. debe hacer —le dijo al fin uno de tantos—, es prescindir de° todo negocio y comerse sus fondos.°

Y así lo hizo don Calixto.

Don Calixto fue Diputado. Como su inteligencia era clara y su instrucción extensa, no hablaba mal. Sus discursos presentaban siempre con mucha habilidad

*Vd. is used in many countries instead of Ud.

bien visto on second thought
había heredado had inherited
mis fondos *mi dinero*
expuesto *peligroso*
inquilinos *personas que alquilan un apartamento*
se llevan hasta las llaves they even rob the keys
prescindir de *evitar*
comerse sus fondos live off your money

12 **Algunas consideraciones sobre la salud**

el pro y el contra de todas las cuestiones; pero no concluían en nada, y cuando volvía a su asiento, preguntaba el auditorio° qué opinaba don Calixto y nadie acertaba a° responderlo.

A la hora de votar hacía un movimiento como de balanza°, que dejaba perplejos a los secretarios, no sabiendo si aquel señor representante estaba en pie o sentado. Si la votación era nominal° y tenía que decir *sí* o *no,* evitaba el conflicto alegando que estaba impedido de votar, por interés personal, por parentesco°, o por cualquier otra razón. El caso era no decidirse.

III

Don Calixto tenía unos amores. Cuando yo lo conocí llevaba veinte años de cortejar a° una niña Prudencia, a quien no venía mal el nombre, pues mostró poseer aquella virtud en grado heróico. Por supuesto era celoso como un moro°. Estaba en su carácter. Un hombre que dudaba de todo, ¿cómo no había de dudar de su novia? De ésas dudan hasta los que no suelen dudar de nada.

—La Prudencia es excelente —me dijo un día—; quiero decir —añadió—, que es excelente en lo general; pero como mujer que es, tiene grandes defectos, y bien vista es insoportable. Es muy buena moza;° aunque la cara no es de lo mejor y el cuerpo un poco flaco y sin aire°; pero eso no hace el caso°. Al fin he de° casarme con ella; pero no sé cuándo será. El negocio es arduo. No puedo asegurar que a ella y a mí nos convenga este matrimonio. Nuestros genios no convienen y no podríamos vivir dos horas juntos sin arañarnos°.

Sin embargo, hacía veinte años que don Calixto vivía cosido con° doña Prudencia. La visitaba desde las nueve de la mañana hasta las tres de la tarde. Iba a su casa, comía a toda prisa y volvía a la de la novia, donde permanecía hasta las ocho de la noche. Salía a cenar y se instalaba donde vivía doña Prudencia hasta las doce. A esa hora se constituía° en el balcón en coloquio° con la dama hasta las dos o tres de la mañana. Así vivió durante veinte años aquel par de tórtolas°, ¡y sin embargo decía don Calixto que, en casándose, no podría permanecer dos horas en paz!

Pasaron todavía otros cinco años, hasta que un día la familia de doña Prudencia, viendo que la muchacha había cumplido ya sus cuarenta abriles°, acordó° decir al amartelado° que era preciso o herrar o quitar el banco°. Don Calixto pidió plazos° para pensarlo; dijo que el asunto era muy serio, y que él no podía decidirse así, de sopetón°. Le concedieron tres días. En ellos cambió tres mil veces de resolución, y por último, armándose de todo valor, tomó el sombrero y se presentó a la familia con aire muy grave.

—Estoy decidido —dijo—, a casarme dentro de un mes...quiero decir, si en este plazo no se atraviesa° algún obstáculo insuperable. Creo, supongo, sospecho, que todo podrá arreglarse satisfactoriamente, a menos que ...

La familia le cortó la palabra y aceptó el compromiso. Salieron a dar parte° a media ciudad para evitar que don Calixto se echara atrás° y a los dos días la gran noticia era el tema de todas las conversaciones.

—¿Con que al fin se casa Vd.? —dije a don Calixto, la primera vez que lo encontré en la calle.

—Sí, mi amigo —me contestó—; voy a casarme. Al menos estoy muy

Ahora, leamos

inclinado a tomar ese partido°. Es probable que lo haga. ¿Quién sabe? El hombre propone y . . .° ya Vd. me entiende. ¡Cómo la cosa es tan ardua! En fin, si no me caso, como muy bien puede suceder, no será por culpa mía. Hasta luego.

—¡Pobre doña Prudencia! —dije yo—; ¿en qué parará esto?

IV

Continuaron los preparativos para la boda. Don Calixto envió las donas°; ricas, pero adecuadas a su carácter. Los colores de los trajes eran dudosos. Predominaba el tornasol° y el gris. Los cortes° no rigurosamente a la moda; pero tampoco podía decirse que fuesen de hechura antigua°. Las alhajas° ni de muy buen gusto ni chocantes. Nadie pudo pronunciar un juicio° exacto sobre aquellos regalos.

Don Calixto eligió la hora. Quiso casarse a las seis de la tarde; entre oscuro y claro. Reunidos parientes y amigos, cura, testigos y sacristán°, se presentó el novio. Llegó el momento en que el párroco hizo la pregunta de ordenanza. Doña Prudencia contestó con un *sí* firme y sonoro. Pasó a don Calixto.

—¿Recibe Vd. por esposa y mujer a la señora doña Prudencia Mataseca, que está presente?

El hombre comenzó a temblar y no contestaba. Repitió el cura la pregunta, don Calixto sudaba de congoja° y al fin contestó en voz muy baja.

—Pues . . . , en efecto, yo estoy comprometido . . . , venía resuelto . . . , pero el caso es arduo. Quiero casarme, pero por ahora . . .

El cura lo requirió formalmente a que dijera sí o no, y entonces, haciendo un gran esfuerzo, dijo:

—Por ahora no. Después es muy probable que . . .

La infeliz Prudencia, que desde la primera respuesta de La Romana se había puesto pálida como un difunto°, al oír la segunda cayó con un patatús°. Los parientes estaban hechos unos demonios y hablaban de matar a don Calixto. El cura se marchó, los convidados nos escurrimos en seguida y don Calixto salió bastante corrido° y cubriéndose la cara con el sombrero.

Es fácil calcular el escándalo que causó aquella aventura en la ciudad. Don Calixto tuvo que esconderse° durante un mes, pues todos afeaban° su conducta y cada cual aseguraba que si con su hija o con su hermana hubiera pasado el lance°, el tal hombre no habría contado el cuento°.

Pero a los cuarenta días, el suceso estaba olvidado y sólo se recordaba de cuando en cuando, no ya con indignación, sino con burla. Y lo más curioso del caso era que culpaban menos a don Calixto que a la novia y a su familia.

Don Calixto quiso volver a las andadas°. Escribió, envió mensajes, pero doña Prudencia tuvo lo suficiente para no volver a hacerle caso, lo mandó noramala° y no pensó más en casarse.

V

El golpe fue rudo° para aquel hombre extraño, que no se decidía a casarse y que sin embargo no podía vivir sin aquellas relaciones. Cuando perdió toda esperanza, no comía, no dormía y una enfermedad muy seria comenzó a minarlo°. Llamó a un médico que lo asistió tres días. No le pareció bien, y fue otro. Lo

lo despidió a poco *he fired him after a time*
la Facultad *la Escuela de Medicina*
el ataúd *coffin*
los cabellos se nos erizaron *our hair stood up on end*
tendido *estirado*
un síncope *a swoon*

despidió a poco° y así fue repasando toda la Facultad°. El mal se agravó y por último el enfermo entró en agonía. Estuvo una semana luchando entre la vida y la muerte y al séptimo expiró. Por la noche fuimos a conducir el cadáver a una iglesia. Trataron de ponerlo en el ataúd°, pero...¡Oh sorpresa! Los cabellos se nos erizaron°, los asistentes estábamos más muertos que el difunto. Este se incorporó y se sentó en la mesa donde estaba tendido°. Abrió los ojos y exclamó:

—Me han creído muerto. El caso es grave. No se resuelve uno a morir así como quiera. Es necesario pensarlo mucho; —y no dijo más.

Había sido un síncope° con las apariencias de la muerte. Lo llevaron a la cama, lo asistieron y al mes estaba en la calle bueno y sano.

Tal era mi amigo don Calixto La Romana.

Reaccionemos

J **¿Comprendió Ud. la lectura?** Termine las frases de acuerdo con el cuento.

1. Don Calixto La Romana era _____ . *(descripción)*
2. La primera conversación entre don Calixto y el amigo trataba _____ .
3. Con su fortuna, don Calixto pensaba _____ .
4. De Diputado, don Calixto presentaba discursos _____ .
5. Cuando tenía que votar, don Calixto _____ .
6. Según don Calixto, Prudencia era _____ *(descripción)*
7. Su relación consistía en _____ .
8. Durante la ceremonia de la boda _____ .
9. La reacción del pueblo era _____ y luego _____ .
10. Cuando don Calixto supo que Prudencia no quería verlo, él _____ .
11. Cuando los médicos trataron de poner a don Calixto en el ataúd _____ .
12. Al final del cuento _____ .

K **Vamos a analizar el cuento un poco más profundamente.** Formen Uds. grupos pequeños para comentar estas ideas.

1. A quién (qué) critica Milla Vidaurre
2. El uso de estos nombres: Prudencia Mataseca y don Calixto La Romana
3. La profesión de don Calixto (diputado)
4. La última escena
5. Los refranes del cuento, ¿tienen razón?
6. La repetición de la frase: "Estaba en su carácter."

L Solicitamos su opinión.

1. ¿Es la indecisión a veces algo necesario? ¿Cuándo? Explique.
2. ¿Puede Ud. tomar una decisión fácilmente o es Ud. un poco indeciso(a)? Dé ejemplos.
3. ¿Tiene Ud. amigos indecisos? ¿Le molesta a Ud. su indecisión? ¿Qué le dice Ud. a tal amigo(a)?
4. ¿Qué otros prototipos existen en la sociedad? ¿Cuáles existen en su universidad?
5. ¿Qué haría Ud. si su novio(a) la (lo) dejara a Ud. en la iglesia?
6. ¿Qué haría Ud. si hubiera recibido mucho dinero de un(a) pariente rico(a)?
7. ¿Conoce Ud. a alguien como don Calixto? ¿Puede Ud. describirlo(a)?

M Temas escritos

1. Escriba Ud. una conversación hipotética entre Prudencia y don Calixto después del regreso de él de la muerte.
2. Escoja Ud. otro prototipo y escriba un cuento con un estilo semejante al de Milla Vidaurre. Ideas: el pretencioso, *el yuppie, un hippie* de los años sesenta, el corredor de Bolsa *(stockbroker)*.
3. Escríbale una carta de don Calixto a Prudencia después de la escena en la iglesia.
4. Alguna gente cree que la indecisión es una enfermedad de la mente, en vez del cuerpo. ¿Está Ud. de acuerdo? ¿Por qué sí o por qué no?

Enfoquemos el idioma

Los adjetivos y pronombres posesivos
Possessive Adjectives and Pronouns

Possessive adjectives in Spanish have two forms, a short form and a long form.

▶ These are the short forms:

mi, mis	*my*
tu, tus	*your* (familiar)
su, sus	*his, her, your* (formal)
nuestro (a/os/as)	*our*
vuestro (a/os/as)	*your* (familiar)
su, sus	*their, your* (formal)

12 Algunas consideraciones sobre la salud

These possessive adjectives always precede the nouns they modify. They agree in number with the noun, and the **nuestro** and **vuestro** forms agree in both number and gender. Note the difference between the prepositional pronoun **mí** and the possessive **mi**, and the subject pronoun **tú** and the possessive **tu**.

Mi doctor escribió la receta para **mí**. *My doctor wrote the prescription for me.*

Tú te pones triste al pensar en **tu** pierna quebrada, ¿no? *You get sad thinking about your broken leg, don't you?*

The third person forms can sometimes be ambiguous. For clarification, the **de** construction for possession can be used.

su médico = el médico { de él / de ella / de Ud. / de ellos / de ellas / de Uds. }

▶ These are the long forms of the possessive adjectives.

mío (a / os / as)	*mine, of mine*
tuyo (a / os / as)	*yours, of yours* (familiar)
suyo (a / os / as)	*his, of his; her, of hers; your, of yours* (formal)
nuestro (a / os / as)	*ours, of ours*
vuestro (a / os / as)	*yours, of yours* (familiar)
suyo (a / os / as)	*theirs, of theirs; yours, of yours* (formal)

The long forms always follow the nouns they modify, and all must agree in both number and gender. The long forms are more emphatic than the short forms. (In English, we place stress on the possessive for emphasis. Spanish uses the long form and places it after the noun.)

esta médica **mía**	*this doctor of mine*
un paciente **suyo**	*a patient of hers*
el paciente **suyo**	*her patient*

As with short forms, the **de** construction clarifies **suyo**.

la enfermera suya = la enfermera { de él / de ella / de Ud. / de ellos / de ellas / de Uds. }

Enfoquemos el idioma

▶ The long forms of the possessive adjectives can be used as pronouns when the noun is omitted. The number and gender of the pronoun must agree with the noun being replaced. Using this construction helps to avoid repetition.

¿Dónde está la receta vuestra?   Where's your prescription?
¿La **nuestra**?   No sabemos.   Ours? We don't know.

After the verb **ser**, the article is often omitted. When it is included, it emphasizes the ownership of the item(s).

¿Son **tuyas** las píldoras?   Are the pills yours?
Sí, son **mías**.   Yes, they're mine.
Sí, son **las mías**.   Yes, they're mine. (not his, hers, etc.)

Practiquemos

N El deseo de ser una persona más sana.   Antes de empezar un programa de ejercicios, quiero hablar con la médica. Cambie las frases según el modelo.

Modelo: Mi salud me preocupa. (él)
Su salud le preocupa.

1. Quiero mejorar mi condición física y mi salud general. (ellos, tú, la mujer, vosotras, nosotros)
2. Por eso, he decidido eliminar de mi vida las sustancias peligrosas. (ellos, tú, la mujer, vosotras, nosotros)
3. Mis cigarrillos, mis aspirinas, mi alcohol — los echo todos a la basura. (ellos, tú, la mujer, vosotras, nosotros)
4. Le he pedido a mi médica que me ayude a lograr mi meta. (ellos, tú, la mujer, vosotras, nosotros)
5. Empezaré mi nuevo régimen tan pronto como reciba las recomendaciones de mi médica. (ellos, tú, la mujer, vosotras, nosotros)

O Unos enfermeros distraídos.   Estas personas no pueden encontrar nada hoy. Siga el modelo.

Modelo: ¿Dónde está mi paciente? *(mine / yours — tú)*
El mío está aquí. No sé dónde está el tuyo.

1. ¿Dónde están vuestras píldoras? (*hers / ours*)
2. ¿Dónde está su receta? (*mine / yours* — Ud.)
3. ¿Dónde están mis curitas? (*his / yours* — tú)
4. ¿Dónde está su jarabe para la tos? (*yours* — vosotros / *theirs*)
5. ¿Dónde están nuestras revistas médicas? (*his / ours*)
6. ¿Dónde están sus pastillas? (*hers / ours*)
7. ¿Dónde está tu medicina? (*theirs / mine*)
8. ¿Dónde están nuestros antibióticos? (*mine / yours* — vosotros)

12 **Algunas consideraciones sobre la salud**

P Comentarios en el hospital. Elimine la repetición innecesaria usando los pronombres posesivos. Siga el modelo.

> **Modelo:** Mi tos está mejor hoy. ¿Cómo está tu tos?
> *Mi tos está mejor hoy. ¿Cómo está la tuya?*

1. Mi garganta me molesta. ¿Cómo está su garganta, Srta. López?
2. ¿Está mejor tu catarro? Nuestro catarro sigue molestándonos.
3. Tu pierna y mi pierna están quebradas. ¡Qué lástima!
4. El médico va a sacar mis puntos mañana. ¿Cuándo sacará tus puntos?
5. Mis alergias son horribles. Las alergias de nuestros hijos son mejores.
6. Su consultorio es más grande que mi consultorio.
7. La mayoría de los pacientes va a su sala de emergencia en vez de a nuestra sala de emergencia.
8. Vuestros medicamentos alivian la jaqueca más rápidamente que nuestros medicamentos.
9. Su fiebre es más alta que vuestra fiebre.
10. Sus análisis son tan caros como tus análisis.

Charlemos un poco más

Q Solicitamos su opinión: discusión final. Conteste estas preguntas y luego, hágaselas a un(a) compañero(a) de clase, tuteándose, claro.

1. ¿Qué cosas contribuyen al aumento de las enfermedades hoy en día? (Considere la contaminación del aire, etc.)
2. ¿Qué recomendaciones le daría Ud. a una persona que quiere mejorar su salud? ¿Que quiere dejar de fumar o de beber?

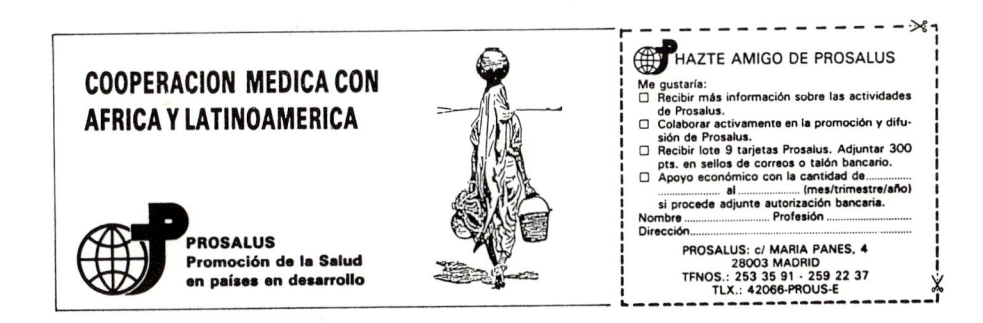

3. ¿Qué piensa Ud. de estas cosas?
   a. la acupuntura
   b. el poder de la mente para curarse
   c. la medicina holística
   d. la hipnosis para dejar de fumar, de comer compulsivamente, etc.
4. ¿Qué responsabilidades tiene un gobierno respecto a la salud de sus ciudadanos?
5. ¿Es mejor ser vegetariano(a) o comer carne? Explique.
6. ¿Se pone demasiado énfasis en la salud y en el ejercicio hoy? Explique las consecuencias de poner demasiado énfasis o de la falta de énfasis suficiente en ello. ¿En qué pone Ud. más énfasis, en su salud física o mental?

R Debate. Formen dos grupos para criticar o defender estas ideas.

1. Los médicos ganan demasiado dinero.
2. Los EE.UU. deben ofrecer un programa de medicina social para sus ciudadanos. El costo de seguro *(insurance)* es demasiado alto.
3. Si una persona quiere usar drogas, alcohol, cigarrillos, etc., está en su derecho. Nadie puede determinar lo que es bueno para otra persona.
4. La eutanasia debe ser una práctica legal.
5. Los adultos son más cobardes que los niños respecto a los médicos.

S Temas escritos

1. Escriba Ud. una composición bien pensada y desarrollada sobre algunas de las ideas mencionadas en el Ejercicio **R**.
2. La salud hoy en día debe ser la preocupación principal de un país. Todas las compañías o grupos que emplean a otras personas deben ofrecer programas de ejercicios, etc., para sus empleados. ¿Qué opina Ud. de esta idea y qué otras sugerencias tiene?
3. ¿Cómo se puede mejorar la actitud de muchas personas hacia los que sufren enfermedades contagiosas? ¿Por qué tienen aquéllas esta actitud? Ofrezca Ud. soluciones y recomendaciones.
4. Observe Ud. los dibujos y escriba una historia original. Use la imaginación y ¡diviértase!

332   12 **Algunas consideraciones sobre la salud**

¡Digamos la última palabra!

Sustantivos
la alergia allergy
el análisis (medical) test
la cabeza head
el catarro (common) cold
la congestión congestion
el consultorio del (de la) médico(a) doctor's office
la curita band-aid, bandage
el dedo finger
el dolor pain, ache
la enfermedad illness
el (la) enfermero(a) nurse
el escalofrío chill
la fiebre fever
la garganta throat
la gripe flu
la herida injury, wound
la inyección shot, injection
la jaqueca headache
el jarabe para la tos cough syrup
la pastilla pill
la píldora pill
el pulmón lung
la resaca hangover
la sala de emergencia emergency room
la salud health
la sangre blood
el sudor sweat, perspiration
el tobillo ankle
la tos cough

Verbos
agravarse to get worse
aguantar to put up with
aliviar to relieve, to alleviate
apiadarse (de) to pity
compadecerse (de) to sympathize (with)
cortarse to cut oneself
cuidarse to care for oneself
desmayarse to faint
doler (ue) to hurt, to ache
estornudar to sneeze
evitar to avoid
exagerar to exaggerate
herir (i) to hurt someone
herirse (i) to hurt oneself
lastimarse to hurt oneself
padecer to suffer
permanecer to remain, to stay
quebrarse (ie) to break (bone)
recetar to prescribe
sentirse (ie) to feel + *adj.*
torcerse (ue) to twist

Adjetivos
cobarde coward
doliente aching, painful
embarazada pregnant
enfermizo(a) unhealthy, ill, sickly
enfermo(a) sick, ill
evitable preventable
grave serious
hinchado(a) swollen
incómodo(a) uncomfortable
inmóvil immobile
liviano(a) light (weight)
malsano(a) unhealthy (things)
sano(a) healthy

Adverbio
ligeramente lightly

Expresiones útiles
dejar de + *infinitivo* to stop + *ing*
estar resfriado(a) to have a cold
guardar cama to stay in bed
ind. ob. pron. + **llorar los ojos** to have one's eyes water
¿Qué le (te) pasa? What's the matter with you? What's wrong?
¿Qué tiene(s)? What do you have? What's the matter with you? What's wrong?
sacar / dar puntos to remove / to get stitches

Apéndice I: Basic Vocabulary

▶ Capítulo 2

At the post office
la carta letter
comunicarse to communicate with someone; to get in touch
el franqueo postage
el (la) repartidor(a) mail carrier

Familiar letter openings (formal openings and closings are included in Chapter 5)
Amadísimo(a) + *name* Beloved . . .
Mi adorado(a) + *name* My darling . . .
Querido(a) + *name* Dear . . .

Familiar letter closings
Abrazos y besos Hugs and kisses
Me despido de ti Good-bye
Se despide de ti tu buen(a) amigo(a) Your good friend says good-bye
Un saludo muy afectuoso An affectionate good-bye

At the bank
ahorrar to save money
el billete bill (money)
el centavo cent
el dólar dollar
gastar to spend (money)
el interés interest
la moneda coin
pedir prestado(a) to borrow
un préstamo loan
prestar to lend
el suelto change

In the car
el aceite oil
arrancar to start (engine)
la bujía spark plug
el capó hood
el carburador carburetor
el embrague clutch
el faro headlight (*Sp.*)
el indicador de dirección directional light
el limpiaparabrisas windshield wiper
la luz de freno brake light
la luz de marcha headlight (*Lat. Am.*)
la llave key
el parachoques bumper
el ruido noise
una vibración vibration
el volante steering wheel

▶ Capítulo 5

Professions
el (la) abogado(a) lawyer
el (la) agente de viajes travel agent
el (la) antropólogo(a) anthropologist
el (la) arquitecto(a) architect
el (la) artista artist
el (la) asistente / ayudante administrativo(a) administrative assistant
la azafata / el mozo flight attendant
el (la) coordinador(a) coordinator
el (la) dentista dentist
el (la) director(a) director; school principal
el (la) economista economist
el (la) encargado(a) de oficina office manager
el (la) enfermero(a) nurse
el (la) gerente de negocios business manager
el (la) ingeniero(a) engineer
el (la) jefe (jefa) de personal director of personnel
el (la) maestro(a) teacher (elementary and secondary)
el (la) mecánico mechanic
el (la) mesero(a) / el (la) camarero(a) / el (la) mozo(a) waiter (waitress)
el (la) modelo model
el (la) músico musician
el (la) obrero(a) / trabajador(a) de fábrica factory worker
el (la) profesor / el (la) catedrático(a) university professor
el (la) recepcionista receptionist
el (la) redactor(a) editor
el (la) secretario(a) secretary
el (la) sicólogo psychologist
el (la) sociólogo sociologist
el (la) vendedor(a) salesperson

Adjectives
agradable pleasant
agresivo(a) aggressive
amable friendly
bien vestido(a) well-dressed
bilingüe bilingual
cómico(a) funny
compasivo(a) compassionate
competitivo(a) competitive
comunicativo(a) communicative
creativo(a) creative
dedicado(a) dedicated
entrenado(a) en trained in
entusiasmado(a) enthusiastic
honesto(a) honest
idealista idealistic
inteligente intelligent
leal loyal
ocupado(a) busy
optimista optimistic
organizado(a) organized
responsable responsible
seguro(a) reliable, dependable
tímido(a) shy
trabajador(a) hardworking
tranquilo(a) quiet, calm

▶ Capítulo 6

Foods and cooking utensils
el aceite oil
el ajo garlic
la alcachofa artichoke
la almeja clam
el almíbar syrup
el arroz rice
el azúcar sugar
el calamar squid
el caldo broth
la cebolla onion

el cocido stew
la col cabbage
la copa wine glass
el cordero lamb
la cuchara spoon
la cucharita / cucharilla teaspoon
el cuchillo knife
los chícharos peas
el chorizo sausage
la chuleta de cerdo pork chop
la ensalada salad
los espárragos asparagus
las espinacas spinach
el filete de ternera veal steak
la frambuesa raspberry
la fresa strawberry
la galleta cookie
el gazpacho cold tomato soup
los guisantes peas
el helado ice cream
el jamón ham
las judías verdes green beans
la langosta lobster
la leche milk
la lechuga lettuce
el mantel tablecloth
la mantequilla butter
la manzana apple
el melocotón peach
el melón melon
la ostra oyster
la papa potato (Lat. Am.)
la patata potato (Sp.)
el pato duck
la pimienta pepper
el platillo bread plate
el plato plate; dish (food)
el puré de papas (patatas) mashed potatoes
el queso cheese
el repollo head of cabbage
la sal salt
el salmón salmon
la servilleta napkin
el solomillo steak
la torta pie
la taza cup
el tenedor fork
la tocineta bacon

el tomate tomato
la toronja / el pomelo grapefruit
la tostada toast
la trucha trout
el vaso glass
el vinagre vinegar
la zanahoria carrot

Verbs
almorzar *ue* to have lunch
cenar to have dinner
cocinar to cook
desayunar to have breakfast
merendar *ie* to have a snack

Adjectives
aderezado(a) spiced, seasoned
ahumado(a) smoked
asado(a) roasted
cocido(a) boiled
frito(a) fried
revuelto(a) scrambled
salteado(a) sautéed
variado(a) assorted

▶ **Capítulo 7**

Nouns
el canal channel
la comedia de enredo situation comedy
el (la) comentarista deportivo(a) sportscaster
el crucigrama crossword puzzle
el drama drama, play
el editorial editorial
la editorial publishing house
el (la) editorialista editorial writer
el ensayo essay
el (la) locutor(a) del telediario newscaster
el (la) locutor(a) del boletín informativo radio newscaster
el (la) meteorólogo(a) meteorologist
la novela novel
la página deportiva sports page
el programa program
el programa de variedades variety show
la radio radio (program)
el radio radio (set)

el (la) redactor(a) editor
el televisor TV set

Verbs
editar / publicar to publish
estrenar to debut, to show for the first time
imprimir to print (book, etc.)
redactar to edit, to write

▶ **Capítulo 8**

Nouns
la amistad friendship
el (la) abuelo(a) grandfather (grandmother)
el (la) bisabuelo(a) great-grandfather (great-grandmother)
el compromiso engagement
el (la) cuñado(a) brother (sister)-in-law
el (la) esposo(a) husband (wife)
el (la) hermanastro(a) stepbrother (sister)
el (la) hermano(a) brother (sister)
el (la) hijastro(a) stepson (daughter)
el (la) hijo(a) son (daughter)
el (la) hijo(a) político(a) son (daughter)-in-law
la juventud youth
la madrastra stepmother
la madre política mother-in-law
la madrina godmother
el marido husband
el (la) nieto(a) grandson (granddaughter)
la nuera daughter-in-law
el odio hatred, hate
el padrastro stepfather
el padre político father-in-law
el padrino godfather
el (la) pariente relative
el (la) primo(a) cousin
el (la) querido(a) loved one
el (la) sobrino(a) nephew (niece)
el (la) suegro(a) father (mother)-in-law
el (la) tío(a) uncle (aunt)

la vejez old age
el yerno son-in-law

Verbs
divorciarse (de) to get divorced (from)
fallecer to die
llevarse bien (mal) to get along well (badly)
morir *ue* to die
nacer to be born
separarse (de) to get separated (from)

▶ Capítulo 9

Nouns
el (la) alcalde(esa) mayor
el comunismo communism
el (la) comunista communist
la democracia democracy
el (la) demócrata Democrat
el (la) dictador(a) dictator
la dictadura dictatorship
el (la) diputado(a) del Congreso Congressman(woman)
el (la) juez judge
la junta militar military junta
la monarquía monarchy
el (la) presidente(a) president
la república republic
el (la) republicano(a) Republican
el rey (la reina) king (queen)
el (la) senador(a) senator
el socialismo socialism
el (la) socialista socialist
el (la) vicepresidente(a) vice-president

Adjectives
carismático(a) charismatic
cínico(a) cynical
corrupto(a) corrupt
evasivo(a) evasive
honesto(a) honest
honrado(a) honorable, trustworthy
leal loyal
radical radical
reaccionario(a) reactionary

▶ Capítulo 10

Nouns
el baloncesto / el básquetbol basketball
el béisbol baseball
el boxeo boxing
la corrida de toros bullfighting
la diversión fun
la filatelia stamp collecting
el fútbol soccer
el fútbol americano football
el golf golf
la numismática coin collecting
la pelota / el balón ball
la piscina swimming pool
la playa beach
la raqueta racket
el relajamiento relaxation
el tenis tennis
el volibol volleyball

Verbos
cocinar to cook
correr to run
coser to sew
chismorrear to gossip
descansar to relax, to rest
dibujar to draw, to sketch
divertirse *ie* to have a good time
ensimismarse (concentrarse) en to get absorbed in, to get engrossed in
interceptar to intercept
jubilarse to retire
jugar *ue* to play

Expressions
dar un paseo to go for a walk
hacer bordado to embroider
hacer ejercicio to exercise
hacer ganchillo to crochet
hacer punto to knit
montar en bicicleta to ride a bike

▶ Capítulo 11

Nouns
el (la) agente de viajes travel agent
la aglomeración de gente crowd
la almohada pillow
el baño bathroom
la bombilla / el bombillo light bulb
la cama matrimonial double bed
el coche-cama sleeping car
el compartimiento compartment
el grifo faucet
la habitación doble (sencilla) double (single) room
el hostal / la posada rooming house
el inodoro / el retrete toilet
el interruptor light switch
la lámpara lamp
el rápido express train
la recepción reception desk
el talón baggage claim ticket
la tarifa rate, cost
el tomacorriente electrical outlet
la valija suitcase
la visa *(Lat. Am.)* / **el visado** *(Sp.)* visa

Verbs
abordar to board
apagar to turn off
aterrizar to land
cobrar to charge, to cash
despegar to take off
enchufar to plug in
facturar to check (luggage)
hospedarse to stay, to lodge
pararse to stop
transbordar to change (flights, trains, etc.)

Expressions
cargar (cobrar) una comisión to charge a commision
hacer turismo to go sightseeing
hacer una reservación to make a reservation
¿Me puede comunicar con. . .? Can you connect me with. . .?

Continents, countries, nationalities
Norteamérica - norteamericano(a)
  los Estados Unidos - estadounidense
  Canadá - canadiense
  México - mexicano(a)
El Caribe
  la República Dominicana - dominicano(a)
  Puerto Rico - puertorriqueño(a) / portorriqueño(a)
  Cuba - cubano(a)

La América Central (Centroamérica)
  Honduras - hondureño(a)
  Guatemala - guatemalteco(a)
  El Salvador - salvadoreño(a)
  Nicaragua - nicaragüense
  Costa Rica - costarricense
  Panamá - panameño(a)
La América del Sur (Sudamérica)
  Colombia - colombiano(a)
  Venezuela - venezolano(a)
  Ecuador - ecuatoriano(a)
  Perú - peruano(a)
  Bolivia - boliviano(a)
  Chile - chileno(a)
  Paraguay - paraguayo(a)
  Uruguay - uruguayo(a)
  Argentina - argentino(a)
  Brasil - brasileño(a)
Europa - europeo(a)
  Inglaterra - inglés(esa)
  Francia - francés(esa)
  Bélgica - belga
  España - español(a)
  Italia - italiano(a)
  Grecia - griego(a)
La Unión Soviética - ruso(a) / soviético(a)
Africa - africano(a)
Asia - asiático(a)
China - chino(a)
Japón - japonés(esa)

▶ **Capítulo 12**

Nouns
el antibiótico antibiotic
la apendicitis appendicitis
la artritis arthritis
el asma *(f.)* asthma

el ataque al corazón heart attack
la boca mouth
el brazo arm
los cabellos / el pelo hair
la cadera hip
el cáncer cancer
el cansancio fatigue
la ceja eyebrow
la cintura waist
el (la) cirujano(a) surgeon
el codo elbow
el comportamiento behavior
el corazón heart
el cuello neck
el diente tooth
la espada back
el estómago stomach
la fractura fracture
la frente forehead
el hombro shoulder
el hueso bone
la infección infection
el labio lip
la lengua tongue
el magullón bruise
la mano hand
la mejilla cheek
las muletas crutches
la muñeca wrist
el muslo thigh
las nalgas buttocks
las narices nostrils
la nariz nose
las naúseas nausea
la neumonía / la pulmonía pneumonia
el oído ear (inner)
la operación operation

la oreja ear (outer)
el pecho chest
la pestaña eyelash
la pierna leg
el rayo equís / el rayo X X-ray
la respiración respiration
el riesgo risk
la rodilla knee
el seguro insurance
el SIDA AIDS
la silla de ruedas wheelchair
el síntoma symptom
el talón heel
la úlcera ulcer
la uña nail (finger and toe)

Verbs
contagiarse to contract an illness
encajar / calzar (un hueso) to set (a bone)
enyesar to put in a cast
operarse to have an operation
respirar to breathe
vendar to bandage

Adjetives
ciego(a) blind
cojo(a) crippled
constipado(a) stuffed up, congested
evitable preventable
mareado(a) dizzy
mudo(a) mute
peligroso(a) dangerous
sordo(a) deaf

Expressions
Saque la lengua. Stick out your tongue.
Súbase la manga. Roll up your sleeve.

Apéndice II: Numbers, Dates, Time, Weather

▶ Numbers

Cardinal numbers

0-30

cero	ocho	dieciséis (diez y seis)	veinticuatro (veinte y cuatro)
uno	nueve	diecisiete (diez y siete)	veinticinco (veinte y cinco)
dos	diez	dieciocho (diez y ocho)	veintiséis (veinte y seis)
tres	once	diecinueve (diez y nueve)	veintisiete (veinte y siete)
cuatro	doce	veinte	veintiocho (veinte y ocho)
cinco	trece	veintiuno (veinte y uno)	veintinueve (veinte y nueve)
seis	catorce	veintidós (veinte y dos)	treinta
siete	quince	veintitrés (veinte y tres)	

30-1,000,000

treinta	ciento, cien	ochocientos(as)
(treinta y uno)	doscientos(as)	novecientos(as)
cuarenta	trescientos(as)	mil
cincuenta	cuatrocientos(as)	dos mil
sesenta	quinientos(as)	diez mil
setenta	seiscientos(as)	un millón (de)
ochenta	setecientos(as)	dos millones (de)
noventa		

Remember:

Y is used only in numbers 16–99.
Hundreds and one agree with modified nouns.
     doscient**as** y un**a** mujeres
Ciento shortens to **cien** before nouns and larger numbers.
     cien mil   **cien** libros
Ciento is used before smaller numbers.
     ciento cuarenta y seis
Mil is used for counting, never with **un**. It is used in dates and changes to the plural with plural nouns.
     mil dólares   *one thousand dollars*
     mil novecientos noventa y dos   *1992*
     miles de personas   *thousands of people*
Millón uses **de** before a noun.
     un **millón de** dólares
     unos **millones de** dólares
The use of periods and commas in Spanish is the reverse of English.
     2.000 = dos mil
     50,5 = cincuenta y cinco décimos (50 and 5/10)

▶ Ordinal Numbers
1-10

primero ($1^r, 1^o, 1^a, 1^{os}, 1^{as}$)	**quinto** ($5^o, 5^a, 5^{os}, 5^{as}$)	**octavo** ($8^o, 8^a, 8^{os}, 8^{as}$)
segundo ($2^o, 2^a, 2^{os}, 2^{as}$)	**sexto** ($6^o, 6^a, 6^{os}, 6^{as}$)	**noveno** ($9^o, 9^a, 9^{os}, 9^{as}$)
tercero ($3^r, 3^o, 3^a, 3^{os}, 3^{as}$)	**séptimo** ($7^o, 7^a, 7^{os}, 7^{as}$)	**décimo** ($10^o, 10^a, 10^{os}, 10^{as}$)
cuarto ($4^o, 4^a, 4^{os}, 4^{as}$)		

11-1,000,000

undécimo, decimoprimero	11th	**decimoctavo**	18th	
duodécimo, decimosegundo	12th	**decimonono**	19th	
decimotercero	13th	**vigésimo**	20th	
decimocuarto	14th	**trigésimo**	30th	
decimoquinto	15th	**cuadragésimo**	40th	
decimosexto	16th	**quincuagésimo**	50th	
decimoséptimo	17th	**sexagésimo**	60th	

septuagésimo	70th
octogésimo	80th
nonagésimo	90th
centésimo	100th
milésimo	1000th
millonésimo	1,000,000th

Remember:
Ordinal numbers (and their abbreviations) must agree with the nouns modified.
    la **primera** presidenta   la 1^a presidenta
Primero and **tercero** shorten to **primer** and **tercer** before a masculine singular noun.
    el **primer** mes   el **tercer** presidente
Colloquially, beyond tenth, the cardinal number is used after the noun
    el piso veinte   *the 20th floor*
To make fractions, use the cardinal number for the numerator and the ordinal number (pluralized) as the denominator (exceptions: 1/2 **una mitad**; 2/3 **dos tercios**).
    2/4 = dos cuartos
    1/5 = un quinto
Medio is the adjective for "half."
Una mitad del grupo trae **media** docena   *One half of the group is bringing half a*
    de lápices.   *dozen pencils.*

▶ Dates, days, months
Days of the week

lunes	Monday	**viernes**	Friday
martes	Tuesday	**sábado**	Saturday
miércoles	Wednesday	**domingo**	Sunday
jueves	Thursday		

Remember that days of the week are not capitalized.

El lunes, voy de compras.   *On Monday, I go shopping.*
Los viernes, descanso.   *On Fridays, I rest.*

Months of the year

enero	January	**abril**	April	**julio**	July	**octubre**	October
febrero	February	**mayo**	May	**agosto**	August	**noviembre**	November
marzo	March	**junio**	June	**septiembre**	September	**diciembre**	December

Remember, months are not capitalized.

Dates

el + *cardinal number* + **de** + *month* + **de** + *year*
    Hoy es el dos de mayo de 1990.
    Hoy es **el primero** *(first)* de abril.
When the date appears by itself, omit **el**.
    20 de octubre de 1990
When the day is mentioned, omit the article.
    Hoy es martes, tres de julio de 1991.
Numerical representation of dates:
    day/month/year
    6 / 7 / 90 = seis de julio de 1990

Other expressions

¿Cuál es la fecha? What's the date?	**la semana pasada** last week
¿A cuántos estamos? What's the date?	**la semana que viene** next week
¿Qué fecha es hoy? What's the date?	**el día** the day
el cumpleaños birthday	**la semana** the week
a principios de at the beginning of	**el mes** the month
a mediados de in the middle of	**el año** the year
a fines de at the end of	**la década** the decade
hoy today	**el siglo** the century
ayer yesterday	**la época** the epoch, period
anteayer day before yesterday	**mañana** tomorrow
el mes pasado last month	**pasado mañana** day after tomorrow
el mes que viene next month	

▶ Telling Time

On the hour

Es la una.	*It's 1:00.*
Son las dos.	*It's 2:00.*

Past the hour

Es la una y tres.	*It's 1:03.*
Son las dos y cuarto.	*It's 2:15.*
Son las tres y media.	*It's 3:30.*

Before the hour

Es la una menos tres.	*It's 12:57.*
Son las cinco menos cuarto.	*It's 4:45.*

Other possibilities

Faltan quince para las siete.	*It's quarter to seven.*
Faltan tres para la una.	*It's three minutes to one.*
Son las dos y cincuenta y cinco.	*It's 2:55. (digital clock)*

Official time

Son las seis de la tarde. = Son las dieciocho.   *It's 6:00 p.m.*

Other expressions

el mediodía	noon
la medianoche	midnight
en punto	on the dot, exactly
de la mañana (madrugada)	a.m.
de la tarde/noche	p.m.
la madrugada	dawn

de madrugada	at daybreak
¿A qué hora...?	At what time...?
¿Qué hora es?	What time is it?
Son las tres y pico.	It's just after three.
por la mañana/ (tarde/noche)*	in the morning/ (afternoon/evening)
el reloj	clock, watch

340
▲

▶ Weather

Hace + nouns

Hace (mucho) frío.	*It's (very) cold.*	Hace (mucho) fresco.	*It's (very) chilly.*
Hace (mucho) calor.	*It's (very) hot.*	Hace (muy) buen tiempo.	*It's (very) nice weather.*
Hace (mucho) sol.	*It's (very) sunny.*	Hace (muy) mal tiempo.	*It's (very) bad weather.*
Hace (mucho) viento.	*It's (very) windy.*		

Verbs

Llueve. (llover *ue*)	*It's raining.*
Nieva. (nevar *ie*)	*It's snowing.*
Llovizna. (lloviznar)	*It's drizzling.*
Graniza. (granizar)	*It's hailing.*

Other expressions

¿Qué tiempo hace? What's the weather?
Está despejado. It's clear.
Está nublado. It's cloudy.
Hay nubes. It's cloudy.
Está oscuro. It's dark.
Hace 80 grados. It's 80 degrees.
la lluvia rain
nevar *(ie)* to snow
la nieve snow

granizar to hail
la graniza hail
lloviznar to drizzle
la llovizna drizzle
la estación season
el invierno winter
el verano summer
el otoño autumn, fall
la primavera spring

la tormenta storm
el aguacero downpour
el trueno thunder
el relámpago lightning
la niebla fog
la neblina mist, dew
el rocío dew
el cielo sky

***Por la mañana (tarde/noche)** is not used if a specific clock time is mentioned. Use **de la mañana (tarde/noche)**.

Salgo **por la mañana**.   *I go out in the morning.*
Salgo a las ocho **de la mañana**.   *I go out at 8:00 in the morning.*

Apéndice III: Pronouns

Subject Pronouns

yo I
tú you
él he
ella she
usted (Ud.) you
nosotros(as) we
vosotros(as) you
ellos they
ellas they
ustedes (Uds.) you

Must agree with verb.
Used directly after
   que, entre, como.

Indirect Object Pronouns
(to, for, of, from, etc.)

me to me
te to you
le to him, to her, to you
nos to us
os to you
les to them, to you

Replace or repeat indirect object nouns.
Indirect object pronoun must appear if there is indirect object noun.
Le(s) in front of **lo(s), la(s)** →**se.**

Direct Object Pronouns

me me
te you
lo him, it, you
la her, it, you
nos us
os you
los them, you
las them, you

Replace direct object nouns.
Lo(s) and **la(s)** agree with noun replaced.

Reflexive Pronouns

me myself
te yourself
se himself, herself, yourself
nos ourselves
os yourselves
se themselves, yourselves

Subject = object.

Subject, object, and verb all agree in number and person.

Prepositional Pronouns
(para, a, en, etc.)

mí me
ti you
él him
ella her
Ud. you
nosotros(as) us
vosotros(as) you
ellos them
ellas them
Uds. you

Follow all prepositions.
After **a**: clarify or emphasize objects.
After **con**: **conmigo, contigo, consigo.**

Other Uses of *Se*

Impersonal subject
  se + *third person singular verb:*
  Se habla inglés. *One speaks English.*

Passive reflexive
  se + *third person plural verb:*
  Se venden libros. *Books are sold.*

Reciprocal reflexive
  se + *third person plural verb:*
  se escriben. *They write to each other.*

Position of Object Pronouns

Object pronouns are fixed in the following environments.

    In front of a conjugated verb:
        Lo compro.

    Attached to an affirmative command:
        Cómpralo.

    Before a negative command:
        No lo compres.

    Object pronouns can be placed before or after a *verb + verb* construction if the second verb is an infinitive or gerund:
        Voy a comprarlo. *or* **Lo voy a comprar.**
        Estoy comprándolo. *or* **Lo estoy comprando.**

Apéndice IV: Verbs

▶ Regular Verbs

	-Ar	**-Er**	**-Ir**
Infinitivo *Infinitive*	*to love* **amar**	*to eat* **comer**	*to live* **vivir**
Participio pasado *Past participle*	*loved* **amado**	*ate* **comido**	*lived* **vivido**
Gerundio *Gerund*	*loving* **amando**	*eating* **comiendo**	*living* **viviendo**

Presente del indicativo
Present indicative
	*I love, do love
	   am loving*
	am**o**
	am**as**
	am**a**
	am**amos**
	am**áis**
	am**an**
		*I eat, do eat,
		   am eating*
		com**o**
		com**es**
		com**e**
		com**emos**
		com**éis**
		com**en**
			*I live, do live,
			   am living*
			viv**o**
			viv**es**
			viv**e**
			viv**imos**
			viv**ís**
			viv**en**

Presente progresivo *Present Progressive*	*I am loving* estoy amando estás amando está amando estamos amando estáis amando están amando	*I am eating* estoy comiendo estás comiendo está comiendo estamos comiendo estáis comiendo están comiendo	*I am living* estoy viviendo estás viviendo está viviendo estamos viviendo estáis viviendo están viviendo

Presente del subjuntivo
Present subjunctive
	*I love, do love
	   am loving*
	am**e**
	am**es**
	am**e**
	am**emos**
	am**éis**
	am**en**
		*I eat, do eat
		   am eating*
		com**a**
		com**as**
		com**a**
		com**amos**
		com**áis**
		com**an**
			*I live, do
			   live, am living*
			viv**a**
			viv**as**
			viv**a**
			viv**amos**
			viv**áis**
			viv**an**

	-Ar	**-Er**	**-Ir**
Mandatos *Commands*	*(don't) love* am**a** (tú) no am**es** (tú) (no) am**e** (Ud.) (no) am**emos** (nosotros) am**ad** (vosotros) no am**éis** (vosotros) (no) am**en** (Uds.)	*(don't) eat* com**e** (tú) no com**as** (tú) (no) com**a** (Ud.) (no) com**amos** (nosotros) com**ed** (vosotros) no com**áis** (vosotros) (no) com**an** (Uds.)	*(don't) live* viv**e** (tú) no viv**as** (tú) (no) viv**a** (Ud.) (no) viv**amos** (nosotros) viv**id** (vosotros) no viv**áis** (vosotros) (no) viv**an** (Uds.)

Futuro *Future*	*I will love* amaré amarás amará amaremos amaréis amarán	*I will eat* comeré comerás comerá comeremos comeréis comerán	*I will live* viviré vivirás vivirá viviremos viviréis vivirán
Presente perfecto del indictivo *Present perfect indicative*	*I have loved* he amado has amado ha amado hemos amado habéis amado han amado	*I have eaten* he comido has comido ha comido hemos comido habéis comido han comido	*I have lived* he vivido has vivido ha vivido hemos vivido habéis vivido han vivido
Presente perfecto del subjuntivo *Present perfect subjunctive*	haya amado hayas amado haya amado hayamos amado hayáis amado hayan amado	haya comido hayas comido haya comido hayamos comido hayáis comido hayan comido	haya vivido hayas vivido haya vivido hayamos vivido hayáis vivido hayan vivido
Futuro perfecto *Future perfect*	*I will have loved* habré amado habrás amado habrá amado habremos amado habréis amado habrán amado	*I will have eaten* habré comido habrás comido habrá comido habremos comido habréis comido habrán comido	*I will have lived* habré vivido habrás vivido habrá vivido habremos vivido habréis vivido habrán vivido
Pretérito *Preterite*	*I loved* amé amaste amó amamos amasteis amaron	*I ate* comí comiste comió comimos comisteis comieron	*I lived* viví viviste vivió vivimos vivisteis vivieron
Imperfecto del subjuntivo *Past subjunctive*	amara (se) amaras (ses) amara (se) amáramos (semos) amarais (seis) amaran (sen)	comiera (se) comieras (ses) comiera (se) comiéramos (semos) comierais (seis) comieran (sen)	viviera (se) vivieras (ses) viviera (se) viviéramos (semos) vivierais (seis) vivieran (sen)

Imperfecto *Imperfect*	*I was loving, used to love, loved* am**aba** am**abas** am**aba** am**ábamos** am**abais** am**aban**	*I was eating, used to eat, ate* com**ía** com**ías** com**ía** com**íamos** com**íais** com**ían**	*I was living, use to live, lived* viv**ía** viv**ías** viv**ía** viv**íamos** viv**íais** viv**ían**
Imperfecto progresivo *Imperfect progressive*	*I was loving* estaba amando estabas amando estaba amando estábamos amando estabais amando estaban amando	*I was eating* estaba comiendo estabas comiendo estaba comiendo estábamos comiendo estabais comiendo estaban comiendo	*I was living* estaba viviendo estabas viviendo estaba viviendo estábamos viviendo estabais viviendo estaban viviendo
Condicional *Conditional*	*I would love* amar**ía** amar**ías** amar**ía** amar**íamos** amar**íais** amar**ían**	*I would eat* comer**ía** comer**ías** comer**ía** comer**íamos** comer**íais** comer**ían**	*I would live* vivir**ía** vivir**ías** vivir**ía** vivir**íamos** vivir**íais** vivir**ían**
Pluscuamperfecto *Past perfect*	*I had loved* había amado habías amado había amado habíamos amado habíais amado habían amado	*I had eaten* había comido habías comido había comido habíamos comido habíais comido habían comido	*I had lived* había vivido habías vivido había vivido habíamos vivido habíais vivido habían vivido
Pluscuamperfecto del subjuntivo *Past perfect subjunctive*	hubiera amado hubieras amado hubiera amado hubiéramos amado hubierais amado hubieran amado	hubiera comido hubieras comido hubiera comido hubiéramos comido hubierais comido hubieran comido	hubiera vivido hubieras vivido hubiera vivido hubiéramos vivido hubierais vivido hubieran vivido
Condicional perfecto *Conditional perfect*	*I would have loved* habría amado habrías amado habría amado habríamos amado habríais amado habrían amado	*I would have eaten* habría comido habrías comido habría comido habríamos comido habríais comido habrían comido	*I would have lived* habría vivido habrías vivido habría vivido habríamos vivido habríais vivido habrían vivido

Stem-Changing Verbs

-Ar and **-er** verbs undergo stem changes when they are stressed, i.e., in the present indicative and present subjunctive in all forms except **nosotros** and **vosotros.**

e → ie
pensar   **pienso, piensas, piensa,** pensamos, pensáis, **piensan**
entender   **entiendo, entiendes, entiende,** entendemos, entendéis, **entienden**

o → ue
recordar   **recuerdo, recuerdas, recuerda,** recordamos, recordáis, **recuerdan**
volver   **vuelvo, vuelves, vuelve,** volvemos, volvéis, **vuelven**

-Ir verbs also undergo stem changes in the present indicative in all forms except **nosotros** and **vosotros.**

e → ie
sentir   **siento, sientes, siente,** sentimos, sentís, **sienten**

o → ue
dormir   **duermo, duermes, duerme,** dormimos, dormís, **duermen**

e → i
seguir   **sigo, sigues, sigue,** seguimos, seguís, **siguen**

-Ir verbs in the present subjunctive undergo the same stem changes as do verbs in the present indicative. Note that in the present subjunctive the **nosotros** and **vosotros** forms change as well.

e → ie, i
sentir   sienta, sientas, sienta, sintamos, sintáis, sientan

o → ue, u
dormir   duerma, duermas, duerma, durmamos, durmáis, duerman

e → ie, i
seguir   siga, sigas, siga, sigamos, sigáis, sigan

With **-ir** verbs in the preterite, the third person singular and plural change. Since the past subjunctive is formed from the preterite (third person plural), the entire past subjunctive shows a stem change.

e → i
sentir   sentí, sentiste, **sintió,** sentimos, sentisteis, **sintieron**
   sintiera, sintieras, sintiera, sintiéramos, sintierais, sintieran

o → ue
dormir   dormí, dormiste, durmió, dormimos, dormisteis, **durmieron**
   durmiera, durmieras, durmiera, durmiéramos, durmierais, durmieran

e → i
seguir   seguí, seguiste, **siguió,** seguimos, seguisteis, **siguieron**
   siguiera, siguieras, siguiera, siguiéramos, siguierais, siguieran

-Ir verb gerunds also undergo these stem changes:

e → ie, i
sentir   sintiendo

o → ue, u
dormir   durmiendo

e → i, i
seguir   siguiendo

▶ Irregular Verbs

The following are the most common irregular verbs. Only those forms that have irregularities are listed here.

abrir Past participle **abierto**
Cubrir, descubrir, and **encubrir** have the same irregularity.

andar Preterite **anduve, anduves, anduve, anduvimos, anduvisteis, anduvieron**
Past subjunctive **anduviera, anduvieras, anduviera, anduviéramos, anduvierais, anduvieran**

aparecer Present indicative **aparezco**
Present subjunctive **aparezca, aparezcas, aparezca, aparezcamos, aparezcáis, aparezcan**
Agradecer, conocer, desaparecer, establecer, merecer, ofrecer, parecer, pertenecer, and **reconocer** have the same irregularities.

caber Present indicative **quepo**
Present subjunctive **quepa, quepas, quepa, quepamos, quepáis, quepan**
Future **cabré, cabrás, cabrá, cabremos, cabréis, cabrán**
Conditional **cabría, cabrías, cabría, cabríamos, cabríais, cabrían**
Preterite **cupe, cupiste, cupo, cupimos, cupisteis, cupieron**
Past subjunctive **cupiera, cupieras, cupiera, cupiéramos, cupierais, cupieran**

construir Gerund **construyendo**
Present indicative **construyo, construyes, construye, construyen**
Present subjunctive **construya, construyas, construya, construyamos, construyáis, construyan**
Preterite **construyó, construyeron**
Past subjunctive **construyera, construyeras, construyera, construyéramos, construyerais, construyeran**
Contribuir, destruir, incluir, influir, and **sustituir** have the same irregularities.

caer Present indicative **caigo**
Present subjunctive **caiga, caigas, caiga, caigamos, caigáis, caigan**
Preterite **caí, caíste, cayó, caímos, caísteis, cayeron**
Past subjunctive **cayera, cayeras, cayera, cayéramos, cayerais, cayeran**
Past participle **caído**

creer Gerund **creyendo**
Preterite **creí, creíste, creyó, creímos, creísteis, creyeron**
Past subjunctive **creyera, creyeras, creyera, creyéramos, creyerais, creyeran**
Past participle **creído**
Leer has the same irregularities.

dar Present indicative **doy**
Present subjunctive **dé, des, dé, demos, deis, den**
Preterite **di, diste, dio, dimos, disteis, dieron**
Past subjunctive **diera, dieras, diera, diéramos, dierais, dieran**

decir *i* Present indicative **digo**
Present subjunctive **diga, digas, diga, digamos, digáis, digan**
Affirmative **tú** command **di**
Future **diré, dirás, dirá, diremos, diréis, dirán**
Conditional **diría, dirías, diría, diríamos, diríais, dirían**
Preterite **dije, dijiste, dijo, dijimos, dijisteis, dijeron**
Past subjunctive **dijera, dijeras, dijera, dijéramos, dijerais, dijeran** participle **dicho**
Participle **dicho**

escribir	Past participle **escrito**
	Describir and **inscribir** have the same irregularity.
estar	Present indicative **estoy**
	Present subjunctive **esté, estés, esté, estén**
	Preterite **estuve, estuviste, estuvo, estuvimos, estuvisteis, estuvieron**
	Past subjunctive **estuviera, estuvieras, estuviera, estuviéramos, estuvierais, estuvieran**
haber	Present indicative **he, has, ha, hemos, han, (hay** = *there is/are*)
	Present subjunctive **haya, hayas, haya, hayamos, hayáis, hayan**
	Future **habré, habrás, habrá, habremos, habréis, habrán**
	Conditional **habría, habrías, habría, habríamos, habríais, habrían**
	Preterite **hube, hubiste, hubo, hubimos, hubisteis, hubieron**
	Past subjunctive **hubiera, hubieras, hubiera, hubiéramos, hubierais, hubieran**
hacer	Present indicative **hago**
	Present subjunctive **haga, hagas, haga, hagamos, hagáis, hagan**
	Affirmative **tú** command **haz**
	Future **haré, harás, hará, haremos, haréis, harán**
	Conditional **haría, harías, haría, haríamos, haríais, harían**
	Preterite **hice, hiciste, hizo, hicimos, hicisteis, hicieron**
	Past subjunctive **hiciera, hicieras, hiciera, hiciéramos, hicierais, hicieran**
	Past participle **hecho**
ir	Gerund **yendo**
	Present indicative **voy, vas, va, vamos, vais, van**
	Present subjunctive **vaya, vayas, vaya, vayamos, vayáis, vayan**
	Affirmative **tú** command **ve**
	Affirmative **nosotros** command **vamos**
	Preterite **fui, fuiste, fue, fuimos, fuisteis, fueron**
	Past subjunctive **fuera, fueras, fuera, fuéramos, fuerais, fueran**
	Imperfect **iba, ibas, iba, íbamos, ibais, iban**
morir *ue*	Past participle **muerto**
oír	Gerund **oyendo**
	Present indicative **oigo, oyes, oye, oímos, oís, oyeron**
	Present subjunctive **oiga, oigas, oiga, oigamos, oigáis, oigan**
	Preterite **oí, oíste, oyó, oímos, oísteis, oyeron**
	Past subjunctive **oyera, oyeras, oyera, oyéramos, oyerais, oyeran**
	Past participle **oído**
poder *ue*	Gerund **pudiendo**
	Future **podré, podrás, podrá, podremos, podréis, podrán**
	Conditional **podría, podrías, podría, podríamos, podríais, podrían**
	Preterite **pude, pudiste, pudo, pudimos, pudisteis, pudieron**
	Past subjunctive **pudiera, pudieras, pudiera, pudiéramos, pudierais, pudieran**
poner	Present indicative **pongo**
	Present subjunctive **ponga, pongas, ponga, pongamos, pongáis, pongan**
	Affirmative **tú** command **pon**
	Future **pondré, pondrás, pondrá, pondremos, pondréis, pondrán**
	Conditional **pondría, pondrías, pondría, pondríamos, pondríais, pondrían**
	Preterite **puse, pusiste, puso, pusimos, pusisteis, pusieron**
	Past subjunctive **pusiera, pusieras, pusiera, pusiéramos, pusierais, pusieran**
	Past participle **puesto**

querer *ie*	Future **querré, querrás, querrá, querremos, querréis, querrán** Conditional **querría, querrías, querría, querríamos, querríais, querrían** Preterite **quise, quisiste, quiso, quisimos, quisisteis, quisieron** Past subjunctive **quisiera, quisieras, quisiera, quisiéramos, quisierais, quisieran**
resolver *ue*	Past participle **resuelto** **Devolver, envolver, revolver,** and **volver** have the same irregularity.
romper	Past participle **roto**
saber	Present indicative **sé** Present subjunctive **sepa, sepas, sepa, sepamos, sepáis, sepan** Future **sabré, sabrás, sabrá, sabremos, sabréis, sabrán** Conditional **sabría, sabrías, sabría, sabríamos, sabríais, sabrían** Preterite **supe, supiste, supo, supimos, supisteis, supieron** Past subjunctive **supiera, supieras, supiera, supiéramos, supierais, supieran**
salir	Present indicative **salgo** Present subjunctive **salga, salgas, salga, salgamos, salgáis, salgan** Affirmative **tú** command **sal** Future **saldré, saldrás, saldrá, saldremos, saldréis, saldrán** Conditional **saldría, saldrías, saldría, saldríamos, saldríais, saldrían**
ser	Present indicative **soy, eres, es, somos, sois, son** Present subjunctive **sea, seas, sea, seamos, seáis, sean** Affirmative **tú** command **sé** Preterite **fui, fuiste, fue, fuimos, fuisteis, fueron** Past subjunctive **fuera, fueras, fuera, fuéramos, fuerais, fueran** Imperfect **era, eras, era, éramos, erais, eran**
tener *ie*	Present indicative **tengo** Present subjunctive **tenga, tengas, tenga, tengamos, tengáis, tengan** Affirmative **tú** command **ten** Future **tendré, tendrás, tendrá, tendremos, tendréis, tendrán** Conditional **tendría, tendrías, tendría, tendríamos, tendríais, tendrían** Preterite **tuve, tuviste, tuvo, tuvimos, tuvisteis, tuvieron** Past subjunctive **tuviera, tuvieras, tuviera, tuviéramos, tuvierais, tuvieran**
traducir	Present indicative **traduzco** Present subjunctive **traduzca, traduzcas, traduzca, traduzcamos, traduzcáis, traduzcan** Preterite **traduje, tradujiste, tradujo, tradujimos, tradujisteis, tradujeron** Past subjunctive **tradujera, tradujeras, tradujera, tradujéramos, tradujerais, tradujeran** **Conducir, producir,** and **reducir** have the same irregularities.
traer	Gerund **trayendo** Present indicative **traigo** Present subjunctive **traiga, traigas, traiga, traigamos, traigáis, traigan** Preterite **traje, trajiste, trajo, trajimos, trajisteis, trajeron** Past subjunctive **trajera, trajeras, trajera, trajéramos, trajerais, trajeran** Past participle **traído**

venir *ie*   Present indicative **vengo**
Present subjunctive **venga, vengas, venga, vengamos, vengáis, vengan**
Affirmative **tú** command **ven**
Future **vendré, vendrás, vendrá, vendremos, vendréis, vendrán**
Conditional **vendría, vendrías, vendría, vendríamos, vendríais, vendrían**
Preterite **vine, viniste, vino, vinimos, vinisteis, vinieron**
Past subjunctive **viniera, vinieras, viniera, viniéramos, vinierais, vinieran**

ver   Present indicative **veo**
Present subjunctive **vea, veas, vea, veamos, veáis, vean**
Imperfect **veía, veías, veía, veíamos, veíais, veían**
Past participle **visto**

Glossary

A
a to, at
abajo under; down, below 4
abierto(a) open; opened; open-minded
abogado(a) *(m, f)* lawyer
abordar to board
aborto *(m)* abortion 9
abrazar to hug 8
Abrazos y besos Hugs and kisses (letter closing)
abril *(m)* April
abrir to open
absurdo(a) absurd
abuelo(a) *(m, f)* grandfather(mother)
aburrido(a) bored; boring 5
aburrir to bore
   —*se* to get bored
acabar de + *inf.* to have just + *verb* 1
acabársele to run out
aceite *(m)* oil
acercarse to approach
acompañar to accompany 4
aconsejar to advise
acontecimientos de actualidad *(m pl)* current events 7
acordarse ue (de) to remember
acostar ue to put to bed
   —*se* to go to bed
acostumbrado(a) accustomed, used to
acostumbrarse a to become accustomed to 5
actitud *(f)* attitude
actividad *(f)* activity
actor *(m)* actor 10
actriz *(f)* actress 10
actual current 7
actualmente currently, presently 7
acuerdo *(m)* agreement
   de — OK, agreed
   estar de — to agree
adelante ahead
adelantar to rush 10
adelgazar to lose weight 6
además (de) besides
adentro inside 4
aderezado(a) spiced, seasoned
adivinar to guess
admitir to admit
¿adónde? where (to)? 1

adorar to adore 8
aduana *(f)* customs 11
adversario(a) *(m, f)* opponent 9
advertir ie to warn
afectar to affect
afectuoso/a affectionate
afeitar to shave
   —*se* to shave (oneself)
aficionado(a) *(m, f)* **(a)** a fan (of) 10
afortunadamente fortunately
África Africa
africano(a) African
afuera outside 4
agente de viajes *(m, f)* travel agent
aglomeración de gente *(f)* crowd
agosto *(m)* August
agotar to exhaust 11
agradable friendly, pleasant
agradar to please
agradecer to please; to appreciate 11
   Le (te) adradezco el favor Thank you very much for the favor 1
agravarse to get worse, to become more serious 12
agresivo(a) aggressive
agua (el) *(f)* water 2
aguacero *(m)* downpour
aguantable bearable
aguantar to put up with, to bear 12
ahí there
ahora now
   de — en adelante from now on
   — mismo right now
ahorrar to save money
ahumado(a) smoked
aire *(m)* air 2
   al — libre open-air
ajá Uh-huh, yes 4
ajedrez *(m)* chess 10
ajo *(m)* garlic
al = a + el
   al + *inf.* when, upon + *verb* + *ing* 6
alcachofa *(f)* artichoke
alcalde(esa) *(m, f)* mayor
alcanzable attainable
alcohólico(a) alcoholic
aldea *(f)* town, village
alegrarse (de) to be happy
alegre happy, gay

alegría *(f)* joy
alergia *(f)* allergy 12
alfombra *(f)* carpet, rug 3
algo something 6
alguien someone 6
algún (alguno[a]) some, any 5, 6
   algún día someday 6
   algunas veces sometimes
aliviar to relieve, to alleviate 12
alivio *(m)* relief
alma *(f)* soul
almacén *(m)* department store 4
almeja *(f)* clam
almíbar *(m)* syrup
almohada *(f)* pillow
almorzar ue to have lunch
almuerzo *(m)* lunch 6
alojamiento *(m)* lodging
alojarse to lodge 11
alquilar to rent 2
alrededor de around 4
alto(a) tall
altura *(f)* height
alzar to lift, to raise 9
allá (over) there
allí (over) there
amable friendly
Amadísimo(a) + *name* Beloved (letter opening)
amado(a) *(m, f)* loved one
amanecer to dawn
amar to love 8
amarillo(a) yellow
ambiente *(m)* atmosphere, environment 5
ambos(as) both
ameno(a) pleasant 10
América Central *(f)* Central America
América del Sur *(f)* South America
amigo(a) *(m, f)* friend
   — por correspondencia pen pal 2
amistad *(f)* friendship
amor *(m)* love
   — propio self-esteem 3
análisis *(m)* (medical) test 12
ancho(a) wide
andar to walk, to go, to function
   — con rodeos to beat around the bush 9
andén *(m)* platform 11
anécdota *(f)* anecdote
animar to inspire, to encourage

351

anoche last night 2
anteanoche the night before last 2
anteayer the day before yesterday 2
antemano: de antemano ahead of time
anteojos *(m pl)* eyeglasses
antes (de) before 6
   — **de que** before 6
antibiótico *(m)* antibiotic
antropólogo(a) *(m, f)* anthropologist
anunciar to announce, to advertise
anuncio *(m)* commercial, announcement
   — **clasificado** classified ad 5
   — **comercial** ad, commercial 7
añadir to add
año *(m)* year
   — **escolar** academic year
   — **pasado** last year 2
   — **que viene** next year
apagar to turn off
aparato eléctrico *(m)* appliance 11
aparecer to appear (physically)
apariencia *(f)* appearance
apartado postal *(m)* post office box 2
apenas scarcely, hardly
apendicitis *(f)* appendicitis
apetecer to appeal; to feel like eating 6
apiadarse to pity 12
apostar *ue* to bet 10
apoyar to support (morally) 9
apoyo *(m)* support
apreciar to appreciate
aprender (a) to learn (to)
apropiado(a) appropriate
aprovecharse de to make the most of; to take advantage of
aptitud *(f)* aptitude, qualification 5
apurar to rush
   — **se** to hurry up
aquel (aquella) that (over there) 5
aquél (aquélla) that (one)
aquello *(neuter)* that
aquéllos(as) those (ones)
aquí here
árbol *(m)* tree
área *(f)* area
Argentina *(f)* Argentina
argentino(a) Argentinian
argumento *(m)* plot 10
arquitecto(a) *(m, f)* architect
arrancar to start (engine)
arreglar to arrange; to fix, to repair
arreglo *(m)* arrangement
arrepentirse *ie* **(de)** to regret 8
arriba up 4

arroz *(m)* rice
arruinar to ruin 10
artista *(m, f)* artist
artritis *(f)* arthritis
asado(a) roasted
ascender to rise; to promote
ascenso *(m)* promotion 5
ascensor *(m)* elevator 11
asegurar to insure 2
   — **se** to make sure 11
asesinato *(m)* assassination 7
así so; like this, so thus
   — **que** as soon as 6
Asia *(f)* Asia
asiático(a) Asiatic
asiento *(m)* seat
asistente *(m, f)* assistant
asistir (a) to attend
asombrarse to be startled, to be surprised
aspiradora *(f)* vacuum cleaner 3
aspirante a empleo *(m, f)* job applicant 5
aspirar (a) to aspire (to)
astrología *(f)* astrology 8
asunto *(m)* issue, topic, matter 9
   — **s exteriores** *(m pl)* foreign affairs *(Sp.)* 9
asustar to frighten
   — **se** to become frightened
ataque al corazón *(m)* heart attack
aterrizar to land
atraer to attract
atrás back, behind 4
atreverse (a) to dare (to)
aumentar to gain, to increase 6
aumento *(m)* raise, increase
aún still, even
aunque although 6
ausencia *(f)* absence
autobús *(m)* bus 11
auxiliar de vuelo *(m)* flight attendant 11
avergonzado(a): estar avergonzado(a) to be ashamed, embarrassed
averiguar to make sure, to verify
ayer yesterday 2
ayuda *(f)* help, assistance 1
ayudante *(m, f)* assistant
ayudar to help
azafata *(f)* flight attendant 11
azúcar *(m)* sugar
azul blue

B

bailar to dance 10
baile *(m)* dance

bajar to go down, to lower 9
bajo under, underneath
bajo(a) low; short; under
balón *(m)* ball
baloncesto *(m)* basketball
bañarse to bathe
baño *(m)* bathroom 3
barato(a) cheap, inexpensive
barba *(f)* beard 4
barbería *(f)* barbershop 4
barbero(a) *(m, f)* barber 4
barrer to sweep 3
barrio *(m)* neighborhood
básquetbol *(m)* basketball
¡Basta (de)! Enough! 3
bastante quite; enough
bastar to be enough
bastardillas *(f)* italics
basura *(f)* trash, garbage 3
batería *(f)* battery 2
beber to drink
   — **se** to drink all up
bebida *(f)* beverage, drink
béisbol *(m)* baseball
belga Belgian
Bélgica *(f)* Belgium
belleza *(f)* beauty
beneficio *(m)* benefit
besar to kiss 8
beso *(m)* kiss
biblioteca *(f)* library
bien friendly; well
   — **conocido(a)** well-known
   ¡Bien dicho! Well said!
   — **vestido(a)** well dressed
bienestar *(m)* well-being 10
   — **público** *(m)* welfare 9
bienvenido(a) welcome 1
bilingüe bilingual
billete *(m)* ticket *(Sp.)*; bill (money) 11
bisabuelo(a) *(m, f)* great-grandfather(mother)
blanco(a) white
bobo(a) *(m, f)* silly person, fool; dummy (used affectionately) 3
boca *(f)* mouth
bocadillo *(m)* sandwich 6
bocado *(m)* bite (of food) 6
boda *(f)* wedding ceremony 8
bodega *(f)* wine store 4
bola de cristal *(f)* crystal ball 8
boleto *(m)* ticket *(Lat. Am.)* 11
Bolivia *(f)* Bolivia
boliviano(a) Bolivian

352

bolsa *(f)* handbag, purse
bolso *(m)* pocketbook
bolsón *(m)* handbag 11
bombilla *(f)* light bulb
bombón *(m)* chocolate (candy) 4
bombonería *(f)* candy store 4
bosquejo *(m)* sketch
botella *(f)* bottle
botica *(f)* drugstore
botones *(m)* bellboy 11
boxeo *(m)* boxing
Brasil *(m)* Brazil
brasileño(a) Brazilian
brazo *(m)* arm
breve brief
broma: en broma in jest, jokingly 3
buen(o) good
    ¡Buen provecho (apetito)! Enjoy your meal! 6
    buena presencia (f) good (physical) appearance 5
bujía *(f)* spark plug
burlarse de to make fun of
busca: en busca de in search of
buscar to look for 5
buzón *(m)* mailbox, slot 2

C

caballero *(m)* gentleman
cabellos *(m pl)* hair
caber to fit (into)
cabeza *(f)* head 12
cabo: al fin y al cabo after all is said and done 6
cada each, every
    ¿— cuánto? how often? 1
    — vez each time
    — vez más more and more
cadera *(f)* hip
caer to fall
    — bien to suit well
    — en la trampa to fall into a trap 9
    — mal to not suit
    —se to fall (down)
    —sele to drop, to fall
café *(m)* coffee; café
caja *(f)* box
cajero(a) *(m, f)* teller 2
calamar *(m)* squid
caldo *(m)* broth
calidad *(f)* quality
caliente hot
calmar to calm
    —se to calm down
    cálmese (cálmate) calm down 10

calor *(m)* heat
callado(a) quiet
callar to silence
    —se to shut up, to be quiet
calle *(f)* street 4
cama *(f)* bed 3
    — matrimonial *(f)* double bed
camarero(a) *(m, f)* waiter (waitress) 6
cambiar to change, to exchange 3
cambio *(m)* change
    en — on the other hand
caminar to walk
camisa *(f)* shirt
campaña electoral *(f)* political campaign 9
campeonato *(m)* championship 10
campo *(m)* countryside; field; area
Canadá *(m)* Canada
canadiense Canadian
canal *(m)* channel
canalla *(f)* mob 8; *(m)* swine, a "rotten" person 8
cáncer *(m)* cancer
canción *(f)* song
cansado(a) tired, fatigued
cansancio *(m)* fatigue
cansar to tire
    —se to become tired
cantante *(m, f)* singer
cantar to sing
cantidad *(f)* quantity
capacidad *(f)* ability, capability, qualification 5
capacitado(a) qualified, capable 5
capaz capable
capó *(m)* hood
cara *(f)* face
carácter *(m)* character, disposition
carburador *(m)* carburetor
cárcel *(f)* prison, jail
cargado(a) (de) loaded down (with)
cargar una comisión to charge a commission
cargo(a) long 11
Caribe *(m)* Caribbean
cariñoso(a) affectionate 8
carismático(a) charismatic
carne *(f)* meat 4, 6
carnicería *(f)* butcher shop 4
carnicero(a) *(m, f)* butcher 4
caro(a) expensive
carrera *(f)* career; race 3
carta *(f)* letter; menu 2, 6
    — de presentación (f) cover letter (of introduction) 5

cartas playing cards; letters 10
cartel *(m)* poster 9
cartera *(f)* wallet 11
cartero(a) *(m, f)* letter carrier 2
casa *(f)* house
    — de cambio *(f)* exchange office 11
casado(a) married
casamiento *(m)* marriage, wedding 8
casar to marry (officiate)
    —se (con) to get married (to) 8
casi almost
caso: en caso de (que) in case of (that) 6
casualidad *(f)* chance 2
catarro *(m)* (common) cold 12
catedrático(a) *(m, f)* university professor
catorce fourteen
causa: a causa de because of
causar to cause
cebolla *(f)* onion
ceja *(f)* eyebrow
celoso(a) jealous 8
cena *(f)* dinner 6
cenar to have dinner
censura *(f)* censorship 7
centavo *(m)* cent
centésimo(a) hundredth
Centroamérica *(f)* Central America
cerca (de) near 4
cero zero
cerrar ie to close
cervecería *(f)* beer store 4
cerveza *(f)* beer 4
cesto *(m)* basket
ciego(a) blind
cielo *(m)* sky
ciento (cien) one hundred
cierto(a) certain; definite 5
cinco five
cincuenta fifty
cine *(m)* movie theatre 7
cínico(a) cynical
cintura *(f)* waist
cirujano(a) *(m, f)* surgeon
cita *(f)* date; appointment
ciudad *(f)* city
ciudadano(a) *(m, f)* citizen 9
claro of course 1
claro(a) clear, light
clase *(f)* type, kind; class
clave *(f)* clue, key
cliente *(m, f)* client, customer
cobarde cowardly 12
cobarde *(m, f)* coward
cobrar to charge; to cash

353

cocido *(m)* stew
cocido(a) boiled
cocina *(f)* kitchen; cooking 3
cocinar to cook 3
cocinero(a) *(m, f)* cook
coche *(m)* car *(Sp.)*
   coche-cama sleeping car
codo *(m)* elbow
cojo(a) crippled
col *(f)* cabbage
colega *(m, f)* colleague, co-worker 5
Colombia *(f)* Columbia
colombiano(a) Columbian
color *(m)* color
comedia *(f)* comedy 10
   — de enredo *(m)* situation comedy
comentario *(m)* comment
comenzar *ie* to begin
comer to eat
   —se to eat all up
comercial *(m)* commercial 7
comestible *(m)* food; ingredient
   comestibles food; groceries 3
cómico(a) funny, comical
comida *(f)* food; meal 6
¿cómo? how? what? 1
como as, like; since, however
   — de costumbre as usual
   cómo no of course 1
   ¿cómo se (te) llama(s)? What's your name? 1
   ¿Cómo se dice. . .? How do you say. . .? 1
   — si as if
cómodo(a) comfortable
compadecerse (de) to sympathize (with) 12
compañerismo *(m)* companionship 8
compañero(a) *(m, f)* companion, friend
compañero(a) de clase *(m, f)* classmate
compañero(a) de cuarto *(m, f)* roommate
compartimiento *(m)* compartment
compartir to share 3
compasivo(a) compassionate 8
competencia *(f)* competition 5
competir *i* to compete
competitivo(a) competitive
comportamiento *(m)* behavior 8
comportarse to behave
compra *(f)* purchase 3
   de —s shopping
comprar to buy, to purchase
comprender to understand
comprensivo(a) compassionate 8

comprometerse to become engaged; to compromise oneself 8
compromiso *(m)* engagement
compuesto(a) composed, put together
común common
comunicarse to communicate, to get in touch with someone
comunicativo(a) communicative
comunidad *(f)* community
comunismo *(m)* communism
comunista *(m, f)* communist
con with
   — frecuencia frequently
   — permiso Excuse me 1
   — respecto a with respect to
   — retraso late 11
   — tal de provided 6
   — tal de que provided that 6
concierto *(m)* concert 10
concordancia *(f)* agreement (grammatical)
condiciones de trabajo *(f pl)* work conditions 5
conducir to drive, to conduct
conducta *(f)* behavior 8
conferencia *(f)* lecture
confianza *(f)* confidence, faith, trust
   — en sí mismo(a) self-confidence 3
confiar (en) to trust (in); to confide (in) 9
confitería *(f)* candy store 4
confundido(a) confused 9
congestión *(f)* congestion 12
conmigo with me
conocer to know, to be familiar with; to meet 1
conocimiento *(m)* knowledge, familiarity
conseguir *i* to get, to obtain 5
consejero(a) *(m, f)* counselor, adviser
consejo *(m)* piece of advice
   consejos advice
conserje *(m, f)* desk clerk 11
conservador(a) conservative 9
consigo with him (her/yourself)
consistir (en) to consist (of)
consolar *ue* to console
constipado(a) congested, stuffed up
construir to build
consuelo *(m)* consolation 5
consultorio del (de la) médico(a) *(m)* doctor's officer 12
contagiarse to contract an illness
contar *ue* to count; to tell, to relate
   — con to rely on

contener *ie* to contain, to hold
contento(a) happy, content
contestar to answer, to respond
contigo with you
continuación: a continuación following
continuar to continue
contra against
   estar en — de to be against 7
contradecir *i* to contradict 7
contradicción *(f)* contradiction
contrario a contrary to
contribuir to contribute
controvertido(a) controversial 9
convencer to convince
coordinador(a) *(m, f)* coordinator
copa *(f)* wine glass
coqueta *(f)* flirtatious (woman) 8
corazón *(m)* heart
corbata *(f)* tie 5
cordero *(m)* lamb
corregir *i* to correct
correo *(m)* post office; mail 2
   por — aéreo (certificado/ordinario/recomendado) by air (registered/regular/registered) mail
correr to run
correspondencia *(f)* mail, correspondence 2
corresponder: a quien corresponda to whom it may concern 5
corrida de toros *(f)* bullfight
corrupto(a) corrupt
cortar to cut (off)
   —se to cut oneself 12
cortés courteous, polite
cortesía *(f)* courtesy
corto(a) short
cosa *(f)* thing
coser to sew
Costa Rica *(f)* Costa Rica
costar *ue* to cost
   — mucho trabajo to be a lot of work 5
costarricense Costa Rican
costo de la vida *(m)* cost of living 9
costumbre *(f)* custom; habit
   de — usually
el cráneo hand, skull
crear to create
creativo(a) creative
creencia *(f)* belief
creer to believe
crisis *(f)* crisis
cristal *(m)* glass; window
crítica *(f)* criticism
crítico(a) critical

crucigrama (f) crossword puzzle
cruzada (f) crusade 9
cruzar to cross 4
cuadra (f) city block (*Lat. Am.*) 4
cuadragésimo(a) fortieth
cuadro (m) painting
cual who, which
¿cuál(es)? which? 1
   ¿cuál es la fecha? what's the date?
cualidad (f) (personal) quality
cualquier any, any at all
cuando when 6
   de — en — from time to time
¿cuándo? when? 1
cuanto:
   en — as soon as
   en — a regarding
¿cuanto(a)? how much (many)?
   ¿A cuántos estamos? what's the date
   ¡Cuánto lo siento! I'm so sorry! 8
   — ¿tiempo? how long? 1
Cuánto vale? How much is it worth? 1
cuarenta forty
cuarto (m) room; quarter, fourth 3
cuarto(a) fourth
cuatro four
cuatrocientos(as) four hundred
Cuba (f) Cuba
cubano(a) Cuban
cubierto(a) covered
cubo (m) (trash) can 3
cubrir to cover
cuchara (f) spoon
cucharilla (f) teaspoon
cucharita (f) teaspoon
cuchillo (m) knife
cuello (m) neck
cuenta (f) bill; account 6
   — corriente checking account 2
   — de ahorros savings account 2
cuento (m) story, short story
   — de hadas fairy tale 7
cuerpo (m) body
cuesta (f) hill 4
cuestión (f) question, matter, issue
cuidado (m) care
   — de los niños child care
¡Cuidado! Be careful!
cuidarse to care for 12
cumpleaños (m) birthday
cumplir (con) to fulfill 8
cuna (f) cradle (birth) 8
cuñado(a) (m, f) brother(sister)-in-law
curita (f) bandage 12

curriculum vitae (m) résumé 5
cuyo(a) whose
champú (m) shampoo 3
charco (m) puddle
charla (f) chat
charlar to chat
cheque (m) check 2, 11
   — de viajero (m) traveler's check 11
chiao goodbye (*slang*)
chicano(a) Mexican-American
chícharos (m pl) peas
Chile (m) Chile
chileno(a) Chilean
China (f) China
chino(a) Chinese
chismorrear to gossip
chismorreo (m) gossip
chiste (m) joke 7
chorizo (m) sausage
chuleta de cerdo (f) pork chop
chupar to sip; to suck

D

damas (f pl) checkers 10
dar to give
   — de comer to feed
   — en la boca to feed
   — la mano to shake hands
   — un bocado to take a mouthful 6
   — un paseo to take a walk 6
   — una película to show a film 7
   — cuenta (de) to realize 5
de of, from
   de nada you're welcome
debajo de under, underneath 4
deber should, ought to; to owe
débil weak 3
debilidad (f) weakness
década (f) decade
decidir to decide
   —se to make up one's mind 10
décimo(a) tenth
decimoctavo(a) eighteenth
decimocuarto(a) fourteenth
decimonono(a) nineteenth
decimoprimero(a) eleventh
decimoquinto(a) fifteenth
decimosegundo twelfth
decimoséptimo(a) seventeenth
decimosexto(a) sixteenth
decimotercero(a) thirteenth
decir *i* to say, to tell
declaración de aduana (f) customs form 2
dedicado(a) dedicated

dedo (m) finger 12
dejar to allow; to leave (behind) 6
   — caer to drop
   — de + inf. to stop + verb + ing 12
   — en paz to leave alone, in peace
   — un recado to leave a message
delante de in front of 4
delgado(a) thin 6
demás (m pl) the rest (m & f pl) the masses; the others
demasiado (adv.) too, too much 5
demasiado(a) too much, too many 5
democracia (f) democracy
demócrata (m, f) Democrat
demora (f) delay 11
demostración (f) demonstration
demostrar *ue* to show, to demonstrate
dentista (m, f) dentist
dentro de inside, within 4
depender (de) to depend (on)
dependiente (m, f) clerk
deporte (m) sport 10
deportivo(a) having to do with sports 10
depositar to deposit 2
deprimir to depress
derecha (f) right (direction)
   a la — (de) to the right (of)
derechista right-wing 9
derechista (m, f) right wing
derecho straight ahead
derecho (m) right, privilege
   — a + inf the right to + verb
derechos humanos human rights 9
derramar to spill 5
desacuerdo (m) disagreement
desafortunadamente unfortunately
desafortunado(a) unfortunate
desagradable disagreeable, unpleasant
desagradar to dislike, to displease
desaparecer to disappear
desarrollado(a) developed
desarrollar to develop
desarrollo (m) development
desastre (m) disaster
desayunar to have breakfast 6
desayuno (m) breakfast
descansar to relax, to rest 3
descanso (m) rest
descompanérsele to fall apart
descompuesto(a) broken
desconocido(a) unknown; (m, f) stranger
descortés rude, discourteous
descrito(a) described
descubierto(a) discovered

355

descubrir to discover
desde from, since
   — **hace** + *present* for + *time* 1
desear to wish, to want
desempeñar to carry out, to fulfill 5
desempleo *(m)* unemployment 9
deseo *(m)* wish, desire
desesperado(a) desperate
desesperarse to become desperate 6
deshacerse (de) to get rid of, to break up with 8
desigualdad *(f)* inequality
desinflado(a) flat (tire) 2
desmayarse to faint 12
desobedecer to disobey
desobediente disobedient
desocupado(a) at leisure 10
desodorante *(m)* deodorant 3
desorden *(m)* disorder, disarray 3
desordenado(a) messy 3
desorganizado(a) disorganized
despacio slowly
despacho *(m)* office
despedir *i* to fire, to dismiss 5
   — **(de)** to say goodbye (to) 5
   me despido de ti good-bye
   Se despide de Ud. atentamente Sincerely, Yours truly 5
despegar to take off
despertar *ie* to awake, to enliven
   —**se** to wake up
después after
   — **de** after 6
   — **de que** after 6
destruir to destroy
desventaja *(f)* disadvantage
desvestir *i* to undress
detalle *(m)* detail
detener to detain, to arrest, to stop
detergente *(m)* detergent 3
detrás de in back of, behind 4
devolver *ue* to return (something) 2
devuelto(a) returned 2
día *(m)* day
diablo *(m)* devil
diario *(m)* daily paper 7
diario(a) daily
dibujar to draw, to sketch
dibujo *(m)* drawing, sketch
   —**s animados** cartoons 7
diciembre *(m)* December
dictador(a) *(m, f)* dictator
dictadura *(f)* dictatorship
dicho(a) said

   — **y hecho** said and done, OK, agreed 10
dichoso(a) happy, content, fortunate, lucky; cursed, damned, tiresome 10
diecinueve (diez y nueve) nineteen
dieciocho (diez y ocho) eighteen
dieciséis (diez y seis) sixteen
diecisiete (diez y siete) seventeen
diente *(m)* tooth
dieta: estar a dieta to be on a diet 6
diez ten
   — **mil** ten thousand
diferencia *(f)* difference
difícil difficult, hard
dificultad *(f)* difficulty
dinero *(m)* money
   — **en efectivo** cash 2
Dios God
   ¡— **mío!** My goodness!
diputado(a) *(m, f)* representative 9
dirección del destinario (del remitente) *(f)* mailing (return) address 2
director(a) *(m, f)* director; school principal
dirigir to manage
   —**se** to address, to direct (oneself)
disculparse to apologize 8
   disculpe excuse me 1
discurso *(m)* speech 9
discutir to argue; to discuss
diseñar to design
disfrutar de to enjoy
disponible available 8
distinto(a) different
distraído(a) absentminded; distracted
distrito postal *(m)* zip code 2
diversión *(f)* fun, pastime
divertido(a) funny, amusing, entertaining
divertir *ie* to amuse
   —**se** to have a good time
divorciarse (de) to get divorced (from)
divorcio *(m)* divorce 8
doblar to turn 4
doce twelve
dólar *(m)* dollar
doler *ue* to hurt, to ache
doliente aching 12
dolor *(m)* hurt, ache, pain 12
dolorido(a) sore, aching
domar to tame 3
dominante domineering 3
domingo *(m)* Sunday
dominicano(a) Dominican
Don title of respect for a man
donde where 6

¿dónde? where? 1
   ¿de —? from where? 1
Doña title of respect for a woman
dormir *ue* to sleep
   —**se** to fall asleep
dormitorio *(m)* bedroom 3
dos two
doscientos(as) two hundred
drama *(m)* drama, play
dramaturgo(a) *(m, f)* playwright
droguería *(f)* drugstore 4
duda *(f)* doubt
dudar to doubt
dudoso: es dudoso it's doubtful
dueño(a) *(m/f)* owner
dulce sweet
duodécimo(a) twelfth
durante during
durar to last

E

e (y) and
economista *(m, f)* economist
Ecuador *(m)* Ecuador
ecuatoriano(a) Ecuadorian
echar to throw, to toss
   — **de menos** to miss, to long for
   — **una carta** to mail a letter 2
edad *(f)* age
editar to publish
editorial *(f)* publishing house; *(m)* editorial
editorialista *(m, f)* editorial writer
educación *(f)* education; upbringing
efecto *(m)* effect
eficaz effective; efficient
egoísta self-centered, egocentric 3
ejemplo *(m)* example
ejercicio *(m)* exercise
él he; him
elegido(a) elected 9
elegir *i* to choose, elect
El gusto es mío. The pleasure is mine. 1
El Salvador El Salvador
ella her; she
ellas *(f pl)* them; they
ellos *(m pl)* them; they
embarazada pregnant 12
embarazoso(a) embarrassing
embrague *(m)* clutch
emoción *(f)* emotion
empatado(a) tied (score) 10
empeñarse (en) to be determined (to)
empeorar to worsen
empezar *ie* to begin

empleado(a) *(m, f)* employee 4, 5
emplear to employ; to use
empleo *(m)* work, job; employment 5
en in; on; about
enamorado(a) (de) in love (with)
  estar — de to be in love with 8
enamorarse (de) to fall in love (with) 7
encantado(a) delighted 1
encantador(a) delightful, enchanting 11
encantar to delight, to like very much, to love
encanto *(m)* delight
encargado(a) in charge of
encargado(a) *(m, f)* person in charge
encasar (un hueso) to set (a bone)
encender *ie* to put on, to turn on (appliances)
encima de on top of
encontrar *ue* to find, to locate; to meet
encuentro *(m)* encounter, meeting
encuesta *(f)* poll, survey
enchufar to plug in
endosar to endorse 2
enemigo(a) *(m f)* enemy
energía nuclear *(f)* nuclear power 9
enero *(m)* January
enfadado(a) angry
enfadarse (con) to get angry (with) 8
énfasis *(m)* emphasis
enfermedad *(f)* illness, sickness 12
enfermero(a) *(m, f)* nurse 12
enfermizo(a) unhealthy, ill, sickly 12
enfermo(a) sick; sickly 12
enfocar to focus
enfoque *(m)* focus
enfrentarse to confront, to come up against
enfrente de in front of, facing 4
engordar to gain weight 6
¡Enhorabuena! Congratulations! 8
enloquecerse to go crazy (over something) 6
enojado(a) angry
enojar to anger
  —se (con) to get angry (with) 8
enorme enormous
ensalada *(f)* salad
ensayar to rehearse 9
ensayo *(m)* essay
enseñar to teach; to show
ensimismarse to get absorbed in
ensueño *(m)* daydream 10
entender *ie* to understand
entonces well; then
entrada *(f)* main course; entrance, entry 6

entrar to enter
entre between, among
entregar to deliver 2
entremés *(m)* appetizer 6
entrenado(a) (en) trained (in)
entretenido(a) entertaining 7
entrevista (f) interview 5
entrevistar to interview 1
entristecer to make sad
  —se to become sad 8
entusiasmado(a) excited, enthusiastic 2
envejecer(se) to get old
enviar to send 2
envidia *(f)* envy, jealousy 8
enyesar to put in a cast
época *(f)* time, period; epoch
equipaje *(m)* luggage 11
equipo *(m)* team 10
equivocado(a): estar equivocado to be mistaken
equivocarse to make a mistake
Erase una vez. . . Once upon a time. . . 7
escala *(f)* stopover 11
escalofrío *(m)* chill 12
escapársele to get away from, to escape
escena *(f)* scene
escoger to choose
esconder(se) to hide
escrito(a) written
escritor(a) *(m, f)* writer
escritorio *(m)* desk 5
escuela *(f)* school
ese (esa) that 5
ése (ésa) that (one)
esencial essential
esforzarse *ue* to make an effort 10
esfuerzo *(m)* effort
eso *(neuter)* that
ésos(as) those (ones)
espalda *(f)* back
España *(f)* Spain
español(a) Spanish
espárragos *(m pl)* asparagus
especial special
especialidad de la casa *(f)* house specialty 6
espejo *(m)* mirror
esperanza *(f)* hope
esperar to wait for; to hope; to expect
espinacas *(f pl)* spinach
espionaje *(m)* espionage 7
esposo(a) *(m, f)* husband (wife) 3
esquina *(f)* (street) corner 4
establecer to establish

estación *(f)* season; station
  — de autobús bus station 11
  — de ferrocarril train station 11
  — de servicio gas station *(Lat. Am.)* 2
Estados Unidos *(m, pl)* United States
estadounidense from the U.S.
estampilla *(f)* stamp (Lat. Am.) 2
estanco *(m)* tobacco shop 4
estanquero(a) *(m, f)* tobacco seller 4
estar to be (location, condition, etc.)
  ¿A cuántos estamos? what's the date?
  Está bien. OK. 1
  Está claro. It's clear
  Está despejado. It's clear.
  Está(s) en su (tu) casa. Make yourself at home. 1
  estar bien to be well
este (esta) this 5
éste (ésta) this (one)
este *(m)* east
  al — de to the east of 4
estereotipo *(m)* stereotype
estilo *(m)* style
  — de vida lifestyle
estimado(a) esteemed 5
estirarse to stretch out 10
esto *(neuter)* this
  Esto es el colmo! This is the last straw!
estómago *(m)* stomach
estornudar to sneeze 12
éstos(as) these (ones)
estrella *(f)* star
estrenar to show for the first time; to debut
estropearse to break down 2
estudiante *(m, f)* student
estudiantil student
estudiar to study
Europa *(f)* Europe
europeo(a) European
evasivo(a) evasive
evidente: es evidente it's evident
evitable avoidable, preventable 12
evitar to avoid 12
exageración *(f)* exaggeration
exagerar to exaggerate 12
examen *(m)* exam
excelente excellent
excursión *(f)* trip
existir to exist
éxito *(m)* success
experimentar to experience 10
explicar to explain
exquisito(a) exquisite
extranjero(a) foreign 11

extranjero(a) *(m, f)* foreigner 11
  en el — abroad
extraño(a) strange
extrañar: no es de extrañar it's no wonder
extraño(a) strange

F

fácil easy
facturar to check (luggage)
falso(a) false
falta *(f)* lack
faltar to be missing, to miss, to lack
fallar to fail 6
fallecer to die
fallecimiento *(m)* death 8
familiar pertaining to family
fantástico(a) fantastic
farmacéutico(a) *(m, f)* pharmacist 4
farmacia *(f)* drugstore, pharmacy 4
faro *(m)* headlight
fascinar to fascinate
fastidiar to bother, to annoy
fastidio *(m)* annoyance
fatiga nerviosa *(f)* stress 3
favor *(m)* favor 1
  estar a — de to be in favor of 7
  — de please
fe *(f)* faith
febrero *(m)* February
fecha *(f)* date
felicidad *(f)* happiness
  ¡Felicidades! Congratulations! 8
felicitar to congratulate
feliz happy, content
feo(a) ugly
ficticio(a) fictitious
fiebre *(f)* fever 12
fiel loyal, faithful
fiesta *(f)* party
  — de cumpleaños *(f)* birthday party
figurar to be prominent, to figure in
fijar to set, to fix, to establish
  —se (en) to notice
  ¡Fíjate! Imagine! 5
fijo(a) fixed, set
filatelia *(f)* stamp collecting
filete de ternera *(m)* veal steak
filosofía *(f)* philosophy
fin *(m)* end, ending
  al — y al cabo after all is said and done 6
  a — de que so that 6
  — de semana weekend
final: a finales de at the end of

financiar to finance
financiero(a) financial
fingir to feign, to pretend
firma *(f)* signature
firmar to sign
flor *(f)* flower 4
florería *(f)* flower shop 4
florista *(m, f)* florist 4
floristero(a) *(m, f)* florist 4
fondo *(m)* back, background
  a — in depth
  — fondos funds 2
forastero *(m, f)* out-of-towner 11
fósforo *(m)* match
foto *(f)* picture, photograph
fracasado(a) failed
fracaso *(m)* failure
fractura *(f)* fracture
frambuesa *(f)* raspberry
francés(esa) French
Francia *(f)* France
franqueo *(m)* postage
frase *(f)* sentence
frecuentemente frequently
fregar *ie* to scrub, to wash 3
frenos *(m, pl)* brakes 2
frente *(f)* forehead
fresa *(f)* strawberry
frío(a) cold
frito(a) fried
frontera *(f)* border
fruta *(f)* fruit 4
frutería *(f)* fruit store 4
frutero(a) *(m, f)* fruit vendor 4
fuera de outside of
fuerte strong 3
fuerza de voluntad *(f)* will power 6
Fulano(a) *(m, f)* John (Jane) Doe 9
fumar to smoke
funcionar to work (mechanical); to function
fútbol *(m)* soccer
  — americano football

G

gafas *(m pl)* eyeglasses
galleta *(f)* cookie 2
gana *(m)* desire, wish
ganar to win; to earn 9
ganga *(f)* bargain 4
garganta *(f)* throat 12
gasolinera *(f)* gas station 2
gastador(a) *(m, f)* spendthrift 11
gastar to spend (money), to exhaust 11

gasto *(m)* expense 11
gato(a) *(m, f)* cat
gazpacho *(m)* cold tomato soup
general general
genio *(m)* disposition, character 3
gente *(f)* people
gerente de negocios (m, f) business manager
girar un cheque to cash a check 2
gobierno *(m)* government 9
golf *(m)* golf
gordo(a) fat
gozar to enjoy 10
grabador *(m)* tape recorder
gracioso(a) funny, gracious 8
graduarse to graduate
grande (gran) big, large; great 5
graniza *(f)* hail
granizar to hail
grave serious 12
Grecia *(f)* Greece
griego(a) Greek
grifo *(m)* faucet
gripe *(f)* flu 12
gritar to shout, to scream
grito *(m)* shout, scream
guardar cama to stay in bed 12
Guatemala *(f)* Guatemala
guatemalteco(a) Guatemalan
guía *(m, f)* guide; *(f)* guidebook 11
guisantes *(m pl)* peas
gustar to like, to be pleasing to
gusto *(m)* taste 6

H

haber to have (used with past participle)
habilidad *(f)* skill, ability
habitación *(f)* room 11
  — doble double room
  — sencilla single room
habla (el) *(f)* (spoken) language
hablar to speak
hace + *present* for + *time* 1
hace + *time* + *preterite* ago 2
hacer to do, to make 3
  — amistad to make friends 1
  — bordado to embroider
  — ejercicios to exercise 6
  — el favor de + *inf*. to do the favor of verb + ing 3
  — el papel to play the role
  — errores to make mistakes
  — falta to need
  — ganchillo to crochet
  — preguntas to ask questions
  — punto to knit

— **turismo** to go sightseeing
— **una cita** to make a date, appointment
— **una llamada** to make a phone call
— **se** to become
hacia toward, around
hallar to find
hambre *(f)* hunger 9
harto(a) (de) sick of, fed up (with) 8
hasta until; even 2, 6
— **que** until 6
hay there is, there are
— **que** one must, it is necessary
no — nada que + *inf.* there's nothing to + *verb*
he aquí here is
hecho *(m)* fact 9
de — as a matter of fact
hecho(a) done, finished
helado *(m)* ice cream
herencia *(f)* heritage
herida *(f)* injury, wound 12
herir i to wound 12
— **se** to hurt oneself
herir ie to hurt (feelings) 8
hermanastro(a) *(m, f)* stepbrother (sister)
hermano(a) *(m, f)* brother (sister)
hermoso(a) beautiful
hierbajo *(m)* weed
hijastro(a) *(m, f)* stepson (daughter)
hijo(a) *(m, f)* son (daughter)
— **político(a)** *(m, f)* son (daughter)-in-law
hinchado(a) swollen 12
hispano(a) Hispanic
hispanohablante *(m, f)* Spanish-speaking person
hispanohablante Spanish-speaking
historia *(f)* history; story
historietas cómicas *(f pl)* comics 7
hojear to leaf through 7
hola hi, hello
hombre *(m)* man
— **de negocios** *(m)* businessman
hombro *(m)* shoulder
Honduras *(f pl)* Honduras
hondureño(a) Honduran
honesto(a) honest
honrado(a) honest, honorable 9
hora *(f)* hour; time
es — de + *inf* it's time to + *verb* 11
¿Qué — es? what time is it?
hora *(f)* hour; time
—**s pico** rush hour 11
—**s punta** rush hour 11

horario *(m)* schedule
hospedarse to stay, to lodge
hostal *(m)* rooming house
hoy today
— **en día** nowadays
huelga (sindical) *(f)* (union) strike, protest 9
huerta *(f)* garden
hueso *(m)* bone
huevo *(m)* egg 6
huir to flee
humor: estar de buen (mal) humor to be in a good (bad) mood 3

I

ida: de ida y vuelta round-trip 11
idealista idealistic
identificar to identify
idioma *(m)* language 1
iglesia *(f)* church
igual equal
al—que as well as
igualdad *(f)* equality
— **entre los sexos** equal rights 9
igualmente likewise 1
imagen *(f)* image
imaginarse to imagine
¡Imagínese! (¡Imagínate!) Imagine! 7
impedir i to impede, to prevent
importante important
importar to care about; to be important, to matter
no importa it doesn't matter
imposible impossible
impresionante impressive
imprimir to print
improbable improbable
impuesto *(m)* tax
incapaz incapable
incendio *(m)* fire 7
incluir to include
incluso including
incómodo(a) uncomfortable 12
increíble incredible
independiente independent
indicador de dirección *(m)* directional light
indicar to indicate, to point out
indiferencia *(f)* indifference, apathy
individual individual
individuo *(m)* individual (person)
infección *(f)* infection
infeliz unhappy
influyente influential
informar to inform

informativo meteorólogo(a) *(m, f)* meteorologist
informe *(m)* (written) report 5
ingeniero(a) *(m, f)* engineer
ingenuo(a) naive 8
Inglaterra *(f)* England
inglés(esa) English
injusto(a) unfair, unjust
inmóvil immobile 12
inodoro *(m)* toilet 3
insistir (en) to insist (on)
insoportable unbearable
instrumento *(m)* instrument 10
inteligente intelligent
intercambio *(m)* exchange
interceptar to intercept
interés *(m)* interest
interesante interesting
interesar to interest
—**se por** to take an interest (in) 9
interrumpir to interrupt
interruptor *(m)* light switch
inútil useless
invierno *(m)* winter
invitar to invite
inyección *(f)* injection, shot 12
ir to go
— **a** + *inf.* to go (to + verb) 1
— **bien** to go well
— **de compras** to go shopping 3
— **mal** to go badly
—**se** to go away; to leave
—**se de parranda** to go on a binge 6
irlandés(esa) Irish
Irlandia *(f)* Ireland
irracional irrational 8
Italia *(f)* Italy
italiano(a) Italian
izquierda *(f)* left
a la — (de) to the left (of)
izquierdista left-wing 9
izquierdista *(m/f)* leftist
izquierdo(a) left

J

jabón *(m)* soap 3
jamás ever 6
jamón *(m)* ham
Japón *(m)* Japan
japonés(esa) Japanese
jaqueca *(f)* headache 12
jarabe para la tos *(m)* cough syrup 12
jardín *(m)* garden
jefe (jefa) *(m, f)* boss, supervisor 5

jornada *(f)* workday 3
   de — completa full-time 5
joven *(m, f)* young man (woman)
joven young
joya *(f)* jewel 4
joyería *(f)* jewelry shop 4
joyero(a) *(m, f)* jeweler 4
jubilarse to retire
judías verdes *(f pl)* green beans
juego *(m)* game; gambling 10
   — de salón board game 10
jueves *(m)* Thursday
jugador(a) *(m, f)* player 10
jugar *ue* to play (games or sports) 10
jugo *(m)* juice *(Lat. Am.)* 6
julio *(m)* July
junio *(m)* June
junta militar *(f)* military junta
junto a next to
junto a together
justo(a) fair, just
juventud *(f)* youth

K

kilo *(m)* kilogram (roughly 2.2 pounds) 6

L

labio *(m)* lip
lado *(m)* side
   al — de beside, next to 4
ladrón (ladrona) *(m, f)* thief 9
lágrima *(f)* tear 8
lámpara *(f)* lamp
langosta *(f)* lobster
lanzar de candidato(a) to declare candidacy 9
lápiz *(m)* pencil
largo: a lo largo de along
largo(a) long
lástima:
   es una — it's a pity
   ¡qué —! what a pity! 8
lastimar to hurt
   —se to hurt oneself 12
lavadora *(f)* washing machine 3
lavandería *(f)* laundromat 4
lavandero(a) *(m, f)* laundromat employee 4
lavaplatos *(m)* dishwasher 3
lavar to wash 3
   —se to wash up, to get washed
leal loyal
lectura *(f)* reading passage
leche *(f)* milk

lechuga *(f)* lettuce
lectura *(f)* reading
leer to read
legumbre *(f)* vegetable 6
lejos (de) far (from) 4
lema *(m)* slogan 9
lengua *(f)* language; tongue
levantar to raise
   —se to get up 6
ley *(f)* law 9
liberal liberal 9
libra *(f)* pound 6
libre free
librería *(f)* bookstore 4
libreta *(f)* bankbook 2
   — de direcciones address book
libro *(m)* book
líder *(m, f)* leader
lidiar (con) to fight, to contend (with) 7
ligeramente lightly 12
ligero(a) light 6
limpiaparabrisas *(m)* windshield wiper
limpiar to clean 3
   — el polvo to dust 3
limpieza *(f)* cleaning; cleanliness 3
limpio(a) clean
lindo(a) nice; pretty
línea *(f)* line
lingüístico(a) linguistic
lío: ¡Qué lío! what a mess! 8
listo(a) ready; clever 6
liviano(a) light (weight) 12
lo it; him
   lo contrario *(neuter)* the opposite
   lo mismo *(neuter)* the same thing
   lo que which, what
   Lo siento mucho. I'm very sorry. 1
loco(a) crazy, foolish
locutor(a) *(m, f)* radio announcer 7
locutor(a) de telediario *(m, f)* anchorperson
lógico(a) logical
lograr to achieve, to realize 5
luego then, next
lugar *(m)* place
luna de miel *(f)* honeymoon
lunes *(m)* Monday
luz *(f)* light 2
   — de dirección blinker, directional light
   — de freno brake light
   — de marcha headlight *(Lat. Am.)*
llamada telefónica *(f)* telephone call
llamar to call

   —se to be named
llanta *(f)* tire 2
llave *(f)* key 11
llegada *(f)* arrival
llegar to arrive
llenar to fill 2
lleno(a) (de) full (of)
llevar to wear; to carry, to bring
   — muchos años to spend a lot of years 8
   —se bien (mal) con to get along well (badly) with 5
llorar to cry 8
   — los ojos to water (one's) eyes 12
llover *ue* to rain
llovizna *(f)* drizzle
lloviznar to drizzle
lluvia *(f)* rain

M

madera *(f)* railing
madrastra *(f)* stepmother
madre *(f)* mother
   ¡Madre de Dios! Good heavens!
   — política *(f)* mother-in-law
madrina *(f)* godmother
madrugada *(f)* dawn, daybreak
   de — at daybreak
maduro(a) mature 8
maestro(a) *(m, f)* teacher (elem. and secondary)
magullón *(m)* bruise
mal *(m)* evil
mal badly
mal(a) bad
maldito(a) cursed, darned 7
malentender *ie* to misunderstand
maleta *(f)* suitcase
malo: es malo it's bad
malsano(a) unhealthy (things) 12
mancebo(a) *(m, f)* young man (woman)
mandado *(m)* errand 3
mandar to send, to mail; to order, to command 2
mandato *(m)* order, command
manejar to manage; to drive
manera *(f)* way, manner
   de — que so that 6
mano *(f)* hand
mantel *(m)* tablecloth
mantener to maintain, to support (financially)
mantequilla *(f)* butter
manzana *(f)* apple; city block *(Sp)* 4
mañana *(f)* tomorrow
   de la — a.m.
mapa *(m)* map
máquina de escribir *(f)* typewriter

360

máquina de lavar *(f)* washing machine
maravilloso(a) wonderful, marvelous
marcharse to go away
mareado(a) dizzy
marearse to get dizzy, nauseous 11
marido *(m)* husband
mariscos *(m pl)* shellfish 6
martes *(m)* Tuesday
marzo *(m)* March
más more
   — **allá** further beyond
   — **bueno(a)** better; best
   — **de** more than (numbers)
   — **grande** bigger; biggest
   — **malo(a)** worse; worst
   — **o menos** more or less
   — **pequeño(a)** smaller; smallest
   — **que** more than
   — **tarde** later
   — **vale** it's better
matar to kill
matasellos *(m)* postmark 2
materia *(f)* subject matter, material
matrimonio *(m)* marriage; married couple 8
mayo *(m)* May
mayor major; older, oldest
mayoría *(f)* majority
mecánico *(m, f)* mechanic
mediados: a mediados de in the middle of
mediano(a) average
medianoche *(f)* midnight
medida: a medida de as
medio(a) half
   de media jornada part-time 5
mediodía *(m)* noon
medios de difusión *(m, pl)* mass media 7
medir *i* to measure 2
mejilla *(f)* cheek
mejor better; best
   a lo — most likely
mejorar to get better, to improve
melocotón *(m)* peach
melón *(m)* melon
menor minor; younger, youngest; smaller
menos minus; less
   a — que unless 6
   — **de** less than (numbers)
   — **que** less than
mensaje *(m)* message 2
mente *(f)* mind
mentir *ie* to lie 8
mentira *(f)* lie 8
menú *(m)* menu 6

menudo: a menudo often
mercado *(m)* market 4
merecer to deserve 5
merendar *ie* to have a snack
merienda *(f)* snack 6
mes *(m)* month
   — **pasado** last month
   — **que viene** next month
mesa *(f)* table 3
mesero(a) *(m, f)* waiter (waitress) 6
meta *(f)* goal 5
meter to place, to put, to insert
   — **la pata** to put one's foot into one's mouth 5
   — **un gol** to score a goal 10
   —**se con** to get involved (with) 8
metro *(m)* subway 11
mexicano(a) Mexican
México *(m)* Mexico
mi my
mí me
miedo *(m)* fear
mientras (que) while 6
   — **tanto** meanwhile
miércoles *(m)* Wednesday
mil one thousand
   — **gracias (por)** many thanks (for) 1
milagro *(m)* miracle
milésimo(a) thousandth
millón *(m)* **(de)** a million
millonésimo(a) millionth
mío(a) mine; of mine
mirar to look at, to watch
mismo(a) same; oneself 5
mitad *(f)* half
mochila *(f)* knapsack
modelo *(m, f)* model
moderador(a) *(m, f)* mediator, moderator 7
moderno(a) modern
modo: de modo que so that 6
mojado(a) wet
molestar to bother, to annoy
monarquía *(f)* monarchy
moneda *(f)* coin
montar:
   — **a caballo** to ride a horse 10
   — **en bicicleta** to ride a bike
montones de mountains of
moraleja *(f)* moral
morir *ue* to die
   —**se** to die
mostrar *ue* to show 5
moverse *ue* to move

móvil mobile
mozo *(m)* steward, flight attendant
mozo(a) *(m, f)* waiter (waitress) 6
mucho(a) many, much, a lot
   muchas gracias (por) many thanks (for) 1
muchas veces often, many times
   muchísimas gracias (por) many thanks (for) 1
Mucho gusto en conocerlo (te). A pleasure to meet you. 1
mudo(a) mute
mueble *(m)* piece of furniture 4
mueblería *(f)* furniture store 4
muerte *(f)* death 8
mujer *(f)* woman; wife
   — **de negocios** businesswoman
muletas *(f pl)* crutches
mundo *(m)* world
muñeca *(f)* wrist
museo *(m)* museum
músico *(m, f)* musician
muslo *(m)* thigh
mutuo(a) mutual
muy very
   — **bien** very well, very good
   — **del agrado** very pleasing

N

nacer to be born
nacimiento *(m)* birth 8
nada nothing 6
   de — you're welcome
nadar to swim 10
nadie no one 6
naipes *(m pl)* playing cards 10
nalgas *(f pl)* buttocks
naranja *(f)* orange 6
narices *(f pl)* nostrils
nariz *(f)* nose
narrar to narrate
naturaleza *(f)* nature
náuseas *(f pl)* nausea
neblina *(f)* mist, dew
necesario(a) necessary
necesidad *(f)* necessity
necesitar to need
negar *ie* to deny
   —**se** to refuse
negocio *(m)* business
negro(a) black
neumonía *(f)* pneumonia
nevar (ie) to snow
ni:
   — **siquiera** not even

—...—... neither...nor 6
Nicaragua *(f)* Nicaragua
nicaragüense Nicaraguan
niebla *(f)* fog
nieto(a) grandson (daughter)
nieve *(f)* snow
ningún (ninguno[a]) none, no one, any 5
  ¡De ninguna manera! No way! 7
ninguno no, none 6
niñez *(f)* childhood
niño(a) *(m, f)* child
noche *(f)* night
nombrar to nominate 9
nombre *(m)* name
nonagésimo(a) ninetieth
noreste *(m)* northeast 4
norte *(m)* north
  al — de to the north of 4
Norteamérica *(f)* North America
norteamericano(a) North American
Nos vemos. See you (around). 1
nosotros(as) we; us
nota *(f)* message 2
notar to notice
noticia *(f)* message 2
  —s news 7
novecientos(as) nine hundred
novela *(f)* novel 4
noveno(a) ninth
noventa ninety
noviembre *(m)* November
novio(a) *(m, f)* boyfriend (girlfriend); fiancé(e)
nube *(f)* cloud
nuera *(f)* daughter-in-law
nuestro(a) our; ours; of ours
nueve nine
nuevo (a) newly acquired; brand-new 5
  de — again 6
número de teléfono *(m)* telephone number
numismática *(f)* coin collecting
nunca never 6

O

o or
  —...—... either...or... 6
  — sea rather
obedecer to obey 3
obediencia *(f)* obedience
obediente obedient
obra *(f)* work (of art)
  — de teatro play 10
obrero(a) *(m, f)* worker, laborer
  — de fábrica factory worker

obtener to obtain
obvio: es obvio its obvious
occurir to happen, to occur
ocio *(m)* leisure 10
octavo(a) eighth
octogésimo(a) eightieth
octubre *(m)* October
ocultar to hide
ocupado(a) busy
ocurrir to happen, to occur
  —sele to occur, to come to mind
ochenta eighty
ocho eight
ochocientos(as) eight hundred
odiar to hate 8
odio *(m)* hate, hatred
oeste *(m)* west
  al — de to the west of 4
oferta *(f)* offer
oficina *(f)* office
  — de cambio exchange office 11
  — de correos post office 2
ofrecer to offer
oído *(m)* ear (inner)
oír to hear
ojalá I hope; if only
ojo *(m)* eye
oler ue to smell
olvidar to forget
  —se (de) to forget 2
once eleven
operación *(f)* operation
operarse to have an operation
opinar to have an opinion 7
oponerse a to oppose 7
optimista optimistic
opuesto(a) opposite 2
oración *(f)* sentence; clause; prayer
órdenes: a sus (tus) órdenes at your service 1
oreja *(f)* ear (outer)
organizado(a) organized
orgullo *(m)* pride
orgulloso(a) proud 8
origen *(m)* origin
oro *(m)* gold
oscuro(a) dark
ostra *(f)* oyster
otoño *(m)* autumn, fall
otro(a) other, another
  otra vez again
¡Oye! Hey! Listen! 10

P

paciencia *(f)* patience

paciente patient
paciente *(m, f)* patient
padecer to suffer 12
padrastro *(m)* stepfather
padre *(m)* father
  — político father-in-law
  —s parents
padrino *(m)* godfather
pagar to pay (for)
página *(f)* page
  — deportiva sports page
país *(m)* country
paisaje *(m)* countryside
palabras: estar sin palabras to be speechless 9
pálido(a) pale 5
pan *(m)* bread 4
panadería *(f)* bakery 4
panadero(a) *(m, f)* baker 4
Panamá *(m)* Panama
panameño(a) Panamanian
papa *(f)* potato *(Lat. Am.)*
  —s fritas French fries
papel *(m)* paper, stationery; role 4
  — de escribir stationery
  — higiénico toilet paper 3
papelería *(f)* stationery shop 4
paquete *(m)* package 2
para by; for, in order to; in the opinion of 6
  — que so that 6
  ¿— qué? for what? 1
parachoques *(m)* bumper
parada *(f)* stop
paraguas *(m)* umbrella
Paraguay *(m)* Paraguay
paraguayo(a) Paraguayan
parar to stop (something, someone)
  —se to stop (oneself)
parecer to seem, to appear
  —se a to resemble
  ¿Qué le (te) parece? What do you think? 1
parecido(a) similar
pared *(f)* wall
pareja (f) couple 8
pariente *(m, f)* relative
párrafo *(m)* paragraph
parte *(f)* part
partida *(f)* game, match (board game) 10
partido *(m)* political party; game, match (sports) 9, 10
pasado *(m)* past
  — mañana day after tomorrow
pasado(a) past
pasaje *(m)* ticket *(Lat. Am.)* 11
pasaporte *(m)* passport 11

pasar to happen, to pass; to spend time
  Pase Ud. (Pasa). Come in 1
  — **una película** to show a film 7
  —**le** to happen; to be wrong (with)
  —**lo bien** to have a good time 10
  ¿Qué le (te) pasa? What's wrong? 12
pasatiempo *(m)* hobby, pastime 10
paso *(m)* step
pasta dentífrica *(f)* toothpaste 3
pastel *(m)* pastry, pie 4
pastelería *(f)* bakery, pastry shop 4
pastelero(a) *(m, f)* baker 4
pastilla *(f)* pill 12
patata *(f)* potato *(Sp.)*
pato *(m)* duck
pausado(a) slow, calm 10
paz *(f)* peace
pecho *(m)* chest
pedazo *(m)* piece, slice, bit, portion 6
pedir *i* to request; to order (restaurant); to request; to ask for 6
  — **prestado(a)** to borrow
película *(f)* movie, film 7
  — **de amor** love movie 10
  — **de aventuras** adventure movie 10
peligro *(m)* danger
peligroso(a) dangerous
pelo *(m)* hair
pelota *(f)* ball
peluca *(f)* wig 4
peluquería *(f)* beauty salon 4
peluquero(a) *(m, f)* hairdresser 4
pena *(f)* pain, aggravation
  me da mucha —. I'm very embarrassed. 1
penoso(a) difficult, painful
pensamiento *(m)* thought
pensar *ie* to think
  — + *inf.* to intend to + *verb*
  — **de** to have an opinion about
  — **en** to think about (someone/thing)
peor worse; worst
pequeñísimo(a) very small, tiny
pequeño(a) small, little
perder *ie* to lose
  — **de vista** to lose sight of
  — **tiempo** to waste time
  —**se** to miss out on
pérdida *(f)* loss
perdido(a) lost
perdonar to forgive, to pardon 8
  perdone excuse me 1
pereza *(f)* laziness 10
perfecto(a) sheer; perfect 5

periódico *(m)* newspaper 4
periodismo *(m)* journalism
periodista *(m, f)* journalist 5
permanecer to remain, to stay 12
permiso *(m)* permission
permitir to permit, to allow
pero but 5
perro(a) *(m, f)* dog
perseguir *i* to follow, to pursue
persona *(f)* person
  —**s sin casa ni hogar** homeless people 9
personaje *(m)* (fictional) character 3
personal *(m)* personnel 5
personalidad *(f)* personality
pertenecer to belong
Perú *(m)* Peru
peruano(a) Peruvian
pesado(a) heavy, boring
pesar: a pesar de in spite of
pesar to weigh 11
pescado *(m)* fish 6
peseta *(f)* Spanish currency
peso *(m)* weight; peso (currency) 6
pestaña *(f)* eyelash
picaflor *(m)* flirtatious (man) 8
picante spicy 6
pie: a pie on foot
pierna *(f)* leg
píldora *(f)* pill 12
pimienta *(f)* pepper
pintar to paint 10
pintura *(f)* painting; paint
piscina *(f)* swimming pool
piso *(m)* apartment; floor
plan *(m)* plan
planchar to iron
planear to plan 2
plantear problemas to raise issues 9
plata *(f)* silver; money (slang) 11
platillo *(m)* bread plate
plato *(m)* plate; dish (food) 3
playa *(f)* beach
población *(f)* population
pobre poor (without money); unfortunate 5
pobreza *(f)* poverty 9
poco a poco little by little
poco de todo *(m)* a little of everything
poco(a) a few *(adj)*; a little *(adv)*
poder *(m)* power
poder *ue* to be able
poderoso(a) powerful
poema *(m)* poem

poesía *(f)* poetry
poeta *(m)* poet
poetisa *(f)* poetess
política *(f)* politics 9
político *(m, f)* politician 9
político(a) political 9
polvo *(m)* dust 3
pollo *(m)* chicken 6
pomelo *(m)* grapefruit
poner to put, to place; to turn on
  — **una carta** to mail a letter 2
  —**se** to put on; to become
  —**se (a)** to begin (to)
por in search of; through; along; for, by, because of
  — **la noche (tarde/mañana)** in the evening (afternoon/morning)
  — **ahora** for now
  — **avión** air mail; by plane 2, 11
  — **casualidad** by chance
  — **delante de** in front of
  — **Dios!** My goodness! 1
  — **ejemplo** for example
  — **eso** therefore
  — **favor** please
  — **fin** finally
  — **la mayor parte** for the most part
  — **lo general** generally
  — **lo menos** at least
  — **lo tanto** therefore
  — **otro lado** on the other hand
  — **parte de** on the part of
  — **primera vez** for the first time
  — **qué?** why? 1
  — **supuesto** of course 1, 7
  — **todas partes** everywhere
porque because
posada *(f)* rooming house
poseer to possess
posible possible
postre *(m)* dessert 4
practicar to practice
precio *(m)* price
preciso(a) precise; necessary
preferir *ie* to prefer
pregunta *(f)* question
preguntar to ask a question
  —**se** to wonder; to ask oneself
prensa sensacionalista *(f)* "yellow" journalism 7
preocupación *(f)* worry
preocupado(a) worried
preocupar to worry (someone)
  —**se (de/por)** to worry (about) 5
preparar to prepare
  —**se** to prepare, to get ready

presedente(a) *(m, f)* president
presentación *(f)* presentation; introduction
presentar to introduce, to meet; to present 1
préstamo *(m)* loan
prestar to lend
— **atención** to pay attention
pretencioso(a) pretentious, conceited 8
prevenible preventable
prevenir to prevent
primavera *(f)* spring
primero(a) (primer) first 5
de primera categoría first-rate 11
primera clase first class 11
primo(a) *(m, f)* cousin
principio *(m)* beginning
al — at the beginning
a —s de at the beginning of
prisa *(f)* haste
probar *ue* to taste; to try, to test 6
problema *(m)* problem
producir to produce
profesor(a) *(m, f)* university professor
programa *(m)* program
— **de variedades** *(m)* variety show
prohibir to prohibit
prometer to promise
promover *ue* to promote 7
pronto soon
propina *(f)* tip 6
propio(a) own; characteristic 5
proponer to propose, to suggest 10
propósito *(m)* purpose, reason 7
a — by the way 10
próximo(a) next, following
proyecto *(m)* project
prueba *(f)* quiz, test
publicar to publish
publicidad *(f)* publicity, advertising 7
pueblo *(m)* town; population
puerta *(f)* door 3
Puerto Rico *(m)* Puerto Rico
puertorriqueño(a) Puerto Rican
pues well, then
puesto *(m)* job, position 5
puesto que since
puesto(a) put, placed
pulmón *(m)* lung 12
pulmonía *(f)* pneumonia
punto *(m)*:
al — de at the point of; on the verge of
en — exactly
— **de vista** point of view 7

— **s** stitches 10
puré de papas (patatas) *(m)* mashed potatoes
puro(a) pure, uncontaminated; sheer 5

Q
que that, which, what, who, whom
a — so that 6
es — its that
¿qué? what
¿Qué tal? How's it going? 1
¡Qué va! What nonsense! Get out of here! 7
quebrada *(f)* break (bone)
quebrarse *ie* to break (a bone) 12
quedar to be located; to be; to be left
— **como nuevo** to be like new (again) 3
— **mucho por hacer** to have a lot left to do 3
—**se** to be located; to remain, to stay 4
quehacer doméstico *(m)* chore, housework 3
queja *(f)* complaint
quejarse to complain 3
querer *ie* to want; to love 8
¿Quiere + *inf.*? Will you + verb? 3
— **decir** to mean 1
querido(a) dear, beloved
querido(a) *(m, f)* loved one
Querido(a) + *name* Dear (letter opening)
queso *(m)* cheese
quién(es)? who? 1
¿de quién? whose 1
quince fifteen
quincuagésimo(a) fiftieth
quinientos(as) five hundred
quinto(a) fifth
quiosco *(m)* newsstand 4
Quisiera pedirle(te) un favor I'd like to ask you a favor 1
quitar to take away (off)
—**se** to take off
quizá(s) perhaps, maybe

R
radiador *(m)* radiator 2
radical radical
radio *(f)* radio (program)
radio *(m)* radio (set)
rápidamente rapidly, quickly
rápido *(m)* express train
raqueta *(f)* racket
rascacielo *(m)* skyscraper

rato *(m)* a short period of time, a while 2
rayo equis *(m)* X-ray
razón *(f)* reason
¡Y con —! and with reason!
(no) tener — to be right (wrong) 2
reaccionario(a) reactionary
realidad *(f)* reality
realizador(a) *(m, f)* (film) director 10
realizar to realize, to achieve
recado *(m)* errand; message 3
recelo *(m)* mistrust 8
recepción *(f)* reception desk
recepcionista *(m, f)* receptionist
receta *(f)* recipe; prescription
recetar to prescribe 12
recibir to receive
recoger to collect 2
recomendar *ie* to recommend
recompensa *(f)* reward
reconocer to recognize
recordar *ue* to remember
recreo *(m)* fun, recreation 10
recuerdo *(m)* souvenir; memory 11
redactar to edit
redactor(a) *(m, f)* editor
referirse *ie* (a) to refer (to)
refrán *(m)* saying, proverb
regalito *(m)* small gift 11
regalo *(m)* present, gift
regatear to bargain
regla *(f)* rule 9
regresar to return
regreso *(m)* return
reina *(f)* queen
reír *i* to laugh
— **a carcajadas** to split one's sides laughing 10
rejuvenecer(se) to rejuvenate 10
relación *(f)* relationship
relaciones exteriores foreign affairs *(Lat. Am.)* 9
relajado(a) relaxed
relajamiento *(m)* relaxation
relajarse to relax
relámpago *(m)* lightning
relato *(m)* story, account
reloj *(m)* clock, watch
relojería *(f)* watch shop 4
relojero(a) *(m, f)* watch maker 4
rellenar to fill out
remendar *ie* to mend
renta *(f)* savings
repartidor(a) *(m, f)* mail deliverer
repartir to deliver 2
repasar to review

repaso *(m)* review
repente: de repente suddenly
repetir *i* to repeat
repollo *(m)* head of cabbage
república *(f)* republic
   República Dominicana *(f)* Dominican Republic
republicano(a) *(m, f)* Republican
requerir *ie* to require
requisito *(m)* requirement, responsibility 5
resaca *(f)* hangover 12
resecar to scorch
reseña *(f)* review 7
resentir *ie* to resent 8
reserva *(f)* reservation 6
reservación *(f)* reservation 6
resfriado *(m)* cold
   estar — to have a cold 12
residencia estudiantil *(f)* dormitory
resistir to resist
resolver *ue* to resolve; to solve
respecto a with respect to
respetar to respect 8
respiración *(f)* respiration
respirar to breathe
responder to answer, to respond
responsabilidad *(f)* responsibility
responsable responsible
respuesta *(f)* answer
restaurante *(m)* restaurant
resuelto(a) resolved, solved
resultado *(m)* score; result 10
resumen *(m)* summary
retirar to withdraw 2
retrete *(m)* toilet
reunión *(f)* meeting, get-together
reunir to gather
   —se to meet, to get together 1
revés: al revés in reverse
revisar to check, to go through 2
revista *(f)* magazine 7
revuelto(a) scrambled
rey *(m)* king
rico(a) rich, wealthy
ridículo(a) ridiculous
riesgo *(m)* risk
risa *(f)* laugh, laughter
rocío *(m)* dew
rodear to surround 7
rodilla *(f)* knee
rogar *ue* to beg
rojo(a) red
rompérsele to get broken, to get torn

ropa *(f)* clothing
roto(a) broken
rubio(a) blond
ruido *(m)* noise
rumbo a on the way to 6
ruso(a) Russian

S

sábado *(m)* Saturday
sábanas *(f pl)* sheets 3
saber to know (how), to know (facts, information) 1
sabiduría *(f)* knowledge, wisdom
sabio(a) wise, learned 9
sabroso(a) delicious 6
sacar to take out, to extract
   — foto(grafía)s to take pictures 11
   Saque la lengua. Stick out your tongue.
sal *(f)* salt
sala *(f)* living room 3
   — de emergencia emergency room 12
   — de espera waiting room
   — de reunión meeting room
salario *(m)* salary 5
saldo *(m)* balance (in an account) 2
salir to leave; to exit
   — bien (mal) to do well (badly) 5
   — con to go out with
   — electo(a) to be elected 9
salmón *(m)* salmon
salón de belleza *(m)* beauty salon 4
saltarse to skip, to omit
salteado(a) sauteed
salud *(f)* health 12
saludar to greet
saludo *(m)* greeting; good-bye
salvadoreño(a) Salvadoran
sangre *(f)* blood 12
sano(a) healthy 12
sastre *(m, f)* tailor 4
sastrería *(f)* tailor shop 4
satisfacer to satisfy
satisfecho(a) satisfied
se themselves; yourself; yourselves; one; himself; herself
secadora *(f)* dryer
secar to dry 3
sección de (no) fumar *(f)* (non)smoking section 6, 11
seco(a) dry
secretario(a) *(m, f)* secretary
seguida: en seguida immediately
seguir *i* to follow
   — derecho to go straight ahead 4

según according to 6
segundo(a) second
seguramente surely
seguro *(m)* insurance
   — social social security 9
seguro(a) sure; reliable, dependable; safe
seis six
seiscientos(as) six hundred
sello *(m)* stamp *(Sp.)* 2
semana *(f)* week
   — pasada last week
   — que viene next week
semejante such; similar 5
senado estudiantil *(m)* student senate 9
senador(a) senator
sencillez *(f)* simplicity
sensibilidad *(f)* sensitivity
sensible sensitive
sentado(a) seated
sentarse *ie* to sit down
sentido *(m)* sense
   — del humor sense of humor
sentimental sentimental 8
sentimiento *(m)* feeling, sentiment
sentir *ie* to feel; to regret, be sorry; to feel 12
   —se to feel + *adj*
señalar to signal, to indicate
señas del destinario *(f pl)* mailing address 2
señas del remitente *(f pl)* return address 2
señor *(m)* man; Mr.
señora *(f)* woman; Mrs.
señorita *(f)* young woman; Miss
separación *(f)* separation 8
separarse (de) to get separated (from)
septiembre *(m)* September
séptimo(a) seventh
septuagésimo(a) seventieth
ser to be
   — goloso(a) to have a sweet tooth 4
ser *(m)* being
serio(a) serious
servicio de habitación *(m)* room service 11
servicios sociales *(m pl)* human services 9
servilleta *(f)* napkin
servir *i* to serve
   ¿En qué puedo —le (te)? How may I help you? 1
   —se to serve oneself
sesenta sixty
setecientos(as) seven hundred
setenta seventy
sexagésimo(a) sixtieth
sexto(a) sixth
si if

sí yes; himself, herself, yourself, themselves, yourselves
— **que** yes (emphatic)
sicólogo(a) *(m, f)* psychologist
SIDA *(m)* AIDS
siempre always 6
Siéntese (Siéntate). Sit down. 1
siesta *(f)* nap
siete seven
siglo *(m)* century
significado *(m)* meaning
significar to mean 1
siguiente following, next
silla *(f)* chair
— **de ruedas** wheelchair
simpático(a) nice, friendly
simple mere; simpleminded 5
sin without 6
— **duda** without a doubt
— **embargo** nevertheless
— **que** without 6
sino (que) but (rather) 5
síntoma *(m)* symptom
sistema *(m)* system
situado(a) located, situated 4
sobrar to be (to have) left over
sobre on top of; about, concerning 2
sobre *(m)* envelope 2
sobrevivir to survive
sobrino(a) *(m, f)* nephew (niece)
socialismo *(m)* socialism
socialista *(m, f)* socialist
sociedad *(f)* society
socio(a) *(m, f)* member
sociólogo(a) *(m, f)* sociologist
soicedad *(f)* society
sol *(m)* sun
solamente only, just
soler *ue* to be accustomed to
solicitar to apply for 5
solícito(a) helpful 11
sólo only
solo(a) alone
solomillo *(m)* steak
soltar *ue* **tacos** to swear 8
sonreír *i* to smile
sonrisa *(f)* smile
soñar *ue* **(con)** to dream (about)
— **despierto(a)** to daydream 10
sopa *(f)* soup 6
soportar to put up with, to bear 8
sordo(a) deaf
sorprendente: es sorprendente it's surprising

sorprender to surprise
sorpresa *(f)* surprise
sospechar to suspect
sostener to support (physically)
su his; her; your; their
suave smooth
subir to go up; to board; to rise 11
  Súbase la manga. Roll up your sleeve.
subsuelo *(m)* subfloor; underground
suceder to happen, to occur
suceso *(m)* event 7
suciedad *(f)* dirt, filth
sucio(a) dirty 3, 9
sucursal *(f)* business branch
Sudamérica *(f)* South America
sudor *(m)* sweat, perspiration 12
suegro(a) *(m, f)* father (mother)-in-law
sueldo *(m)* salary 5
suelo *(m)* floor; ground 3
suelto *(m)* change (coins)
sueño *(m)* dream
suéter *(m)* sweater
sufrir to suffer
sugerencia *(f)* suggestion
sugerir *ie* to suggest
sujeto *(m)* subject
sumamente very, incredibly
sur *(m)* south
  al —de to the south of 4
suroeste *(m)* southwest 4
suspirar to sigh
sustantivo *(m)* noun
sustituir (por) to substitute (for)
suyo(a) (his, her, your, their; of his, of hers, of theirs, of yours

T

tablas reales *(f pl)* backgammon 10
tal such
  — **vez** perhaps, maybe
talón *(m)* baggage claim ticket; heel 2
talonario *(m)* checkbook 2
también also 6
tampoco neither, either 6
tan so, such
  — **pronto como** as soon as 6
  — **...como** as...as
tanteo *(m)* score 10
tanto so much
  — **como** as much as
tanto(a) so much, so many
tapiz *(m)* tapestry
tardanza *(f)* tardiness
tardar (en) to take time in doing something

tarde *(f)* afternoon
tarde late
tarea *(f)* task
tarifa *(f)* rate, cost
tarjeta (postal) *(f)* (post) card 2
  — **de crédito** credit card 11
  — **de embarque** boarding pass 11
taza *(f)* cup
té *(m)* tea
teatro *(m)* theater 10
técnica *(f)* technique
tela *(f)* fabric, material
telefonear to telephone
teléfono *(m)* telephone
telenovela *(f)* soap opera 7
televisor *(m)* television set
tema *(m)* theme
temblar *ie* to tremble
temer to fear
temprano early
tenedor *(m)* fork
tener to have
tener...años to be...years old 2
  ¿Qué tiene(s)? What's wrong? 12
  — **...metros (de largo)** to be...meters (long) 2
  — **...metros (de alto)** to be...meters (tall) 2
  — **calor** to be hot 2
  — **celos** to be jealous 2
  — **cuidado** to be careful 2
  — **éxito** to be successful 2
  — **frío** to be cold 2
  — **ganas de** + *inf.* to feel like *verb* + *ing*
  — **hambre** to be hungry 2
  — **la bondad de** + *inf.* to be so kind as to + *verb* 3
  — **miedo** to be afraid 2
  — **paciencia** to be patient 2
  — **prisa** to be in a hurry 2
  — **que ver con** to have to do with 2
  — **razón** to be right 2
  — **sed** to be thirsty 2
  — **sentido** to make sense 2
  — **sueño** to be sleepy 2
  — **suerte** to be lucky 2, 8
  — **vergüenza** to be ashamed 2
  Tenga la bondad de + *inf.* Be good enough to + *verb*.
teniente *(m, f)* lieutenant
tenis *(m)* tennis
tentación *(f)* temptation 6
tercero(a) (tercer) third 5
tercio *(m)* third
terminar to finish, to end
  —**sele** to run out

término *(m)* term
terremoto *(m)* earthquake 7
terrible terrible
ti you
tiempo *(m)* time; period, quarter (game) 10
  al mismo — at the same time
  a — on time 11
tienda *(f)* store
timbre *(m)* stamp *(Lat. Am.)* 2
tímido(a) shy
tintorería *(f)* dry cleaners 4
tintorero(a) *(m, f)* dry cleaner 4
tío(a) *(m, f)* uncle (aunt)
tira cómica *(f)* comic strip 7
titular *(m)* headline 7
título *(m)* degree (college)
  — universitario university degree 5
toalla de papel *(f)* paper towel 3
tobillo *(m)* ankle 12
tocar to play (music); to touch 10
  —le a uno to be one's turn 3
tocina *(f)* bacon
todavía still, yet
todo(a) all, every
  de todos modos at any rate
  — el mundo everyone
  — lo contrario just the opposite
tomacorriente *(m)* electrical outlet
tomar to take; to drink
  — decisiones to make decisions 9
  — en serio to take seriously
  — un trago to take a sip; to have a drink 5
  — una decisión to make a decision
  — el pelo a uno to pull one's leg, to tease 3
tomate *(m)* tomato
tonto(a) foolish, stupid
torcerse *ue* to twist 12
tormenta *(f)* storm
toronja *(f)* grapefruit
torpe clumsy 5
torta *(f)* pie; cake 4
tos *(f)* cough 12
tostada *(f)* toast
trabajador(a) hardworking; working
trabajador(a) *(m, f)* worker
trabajar to work
trabajo *(m)* work, job 5
trabar amistad to make friends with someone) 1, 8
traducción *(f)* translation
traducir to translate

traer to bring, to carry
tragar to swallow
  — el orgullo to swallow one's pride
tragedia *(f)* tragedy 10
traje *(m)* suit
  — de baño bathing suit
trama *(f)* plot 7
tranquilo(a) quiet, calm, peaceful
transbordar to change (flights, trains, etc.)
transformador *(m)* transformer 11
transitado(a) visited, traveled through
tras after (in a sequence)
tratamiento *(m)* treatment
tratar to treat; to deal with 7
  — con to associate, to work with; to deal with 7
  — de to try to; to be about 7
  —se to treat (call) each other 7
  —se con to have dealings with 7
  —se de to be about 7
trece thirteen
treinta thirty
tres three
trescientos(as) three hundred
trigésimo(a) thirtieth
triste sad
tristeza *(f)* sadness
tropezar *ie* to trip
trozo *(m)* bit, piece (of literature)
trucha *(f)* trout
trueno *(m)* thunder
tu your *(familiar singular)*
tú you
tumba *(f)* grave (death) 8
tutearse to use the **tú** form 1
tuyo(a) your; of yours; yours

U

u or **(o)**
Ud. you
úlcera *(f)* ulcer
último(a) last, final
un (uno[a]) a, an; one
undécimo(a) eleventh
único(a) only; unique 5
Unión Soviética *(f)* Soviet Union
uno one
uña *(f)* nail (finger and toe)
Uruguay *(m)* Uruguay
uruguayo(a) Uruguayan
usar to wear; to use
uso *(m)* use
usted (Ud.) you *(formal singular)*

ustedes (Uds.) you *(formal plural)*
útil useful

V

vacaciones *(f pl)* vacation
vaciar to empty 3
vacilar (en) to hesitate
  Vale. OK *(Sp.)* 1
valer to be worth
  — la pena to be worthwhile 6
valija *(f)* suitcase
valor *(m)* value
vamos a + *inf.* Let's + *inf.*
variado(a) assorted, varied
varios(as) several, many
vaso *(m)* glass
vecino(a) *(m, f)* neighbor
veinte twenty
veinticinco (veinte y cinco) twenty-five
veinticuatro (veinte y cuatro) twenty-four
veintidós (veinte y dos) twenty-two
veintinueve (veinte y nueve) twenty-nine
veintiocho (veinte y ocho) twenty-eight
veintiséis (veinte y seis) twenty-six
veintisiete (veinte y siete) twenty-seven
veintitrés (veinte y tres) twenty-three
veintiuno (veinte y uno) twenty-one
vejez *(f)* old age
vencer to conquer
vendar to bandage
vendedor(a) *(m/f)* salesperson
vender to sell
venezolano(a) Venezuelan
Venezuela *(f)* Venezuela
venganza *(f)* vengeance
vengarse de to avenge oneself
venir *ie* to come
  — bien (mal) to (not) suit
venta *(f)* sale
ventaja *(f)* advantage
ventana *(f)* window 3
ventanilla *(f)* service window 2
ventilador *(m)* fan 11
ver to see
  a — let's see
  Ver es creer. Seeing is believing.
verano *(m)* summer
verdad *(f)* truth
  ¿Verdad? Isn't that so? Really?
verdadero(a) true, real
verde green; unripe
vergüenza *(f)* embarrassment, shame 2
verosimilitud *(f)* credibility 7
vestido *(m)* dress

vestir *i* to dress
   —**se** to get dressed
vez *(f)* time; occasion, instance 5
   de — **en cuando** from time to time
   a la — **de** at the same time as 6
   a veces sometimes
   en — **de** instead of 2
viajar to travel
viaje *(m)* trip 11
viajero(a) *(m, f)* traveler 11
vibración *(f)* vibration
vicepresidente(a) *(m, f)* vice-president
vice versa vice versa
vida *(f)* life
viejo(a) old; former 5
viernes *(m)* Friday
vigésimo(a) twentieth
vinagre *(m)* vinegar
vinería *(f)* wine store 4
vino *(m)* wine 4
virtud *(f)* virtue
visa *(f)* visa *(Lat. Am.)*

visado *(m)* visa *(Sp.)*
visita *(f)* visit
   de — visiting
visitar to visit
vista *(f)* view
visto(a) seen
vivienda *(f)* housing
vivir to live
vivo(a) alive; lively
volante *(m)* steering wheel
volar *ue* to fly
volcar *ue* to spill, to tip over 5
volibol *(m)* volleyball
volver *ue* to return, to go back
   — **a** + *inf.* to *verb* again
   —**se** to become
   —**se loco** to go crazy
vosotros(as) you *(familiar plural Sp.)*
votar para (por) to vote (for office)/(for person) 9
voz voice
vuelo *(m)* flight 11

vuelta *(f)* return
   a la — **de la esquina** around the corner 4
   de — on the return trip
vuelto(a) returned
vuestro(a) your; of yours; yours *(familiar plural Sp.)*

Y

y and
ya already
   — **no** no longer
yerno (m) son-in-law
yo I
yo I

Z

zanahoria *(f)* carrot
zapatería *(f)* shoe store 4
zapatero(a) *(m, f)* shoemaker 4
zapatos *(m, pl)* shoes 4
zona postal *(f)* zip code 2
zumo *(m)* juice *(Sp.)* 6

Index

A
A
- personal, 22, 171, 317
- as a preposition, 15, 23, 85, 103, 155

Accents
- adjectives and, 130, 158
- future tense and, 188–189
- gerunds and, 252
- in interrogative words, 25
- past participles and, 132
- pronouns and, 98, 112
- verb syllables and, 9, 112, 113

Adjective(s)
- clauses, subjunctive in, 170–171, 214, 222
- comparison of, 35–36
- demonstrative, 126–127
- emphatic uses of, 124
- formation of, 262–263
- interrogative, 24
- and noun agreement, 158, 208
- past participles as, 46, 132–133
- position of, 128–130
- possessive-, 129, 162, 328–330
- predicate-, 140

Adverb(s)
- clauses, subjunctive in, 173–175, 214, 222, 223
- and interrogative words, 25
- prepositions as, 320

Affirmative statements, 157–158
- alternative constructions of, 84, 85
- in direct commands, 83–85, 112, 160
- indicative formation in, 75
- object pronouns in, 101

Arciniegas, Germán, 104, 105

Articles
- and antecedents, 291–292
- definite-, 162, 264, 303, 306
- and word order, 129

Auxiliary verb(s), 143, 144, 198, 250
- used with gerunds, 251–252

B
Baroja y Nessi, Pío, 217

C
Camba, Julio, 194
Celaya, Gabriel, 271
Circumlocution, use of, 85, 138

Cognates
- false, 46, 134, 166, 185, 287, 315
- recognizing, 46, 78, 105, 134, 166, 194, 217

Commands
- direct, 83–85
- indirect, 74–74
- object pronoun position in, 101, 112, 160

Comparative sentences, 302–304

Conditional
- forms of, 134, 188, 191–192, 276
- perfect, 198
- *See also* Tense, past

Conjugation, 9–10
- imperfect forms and, 43, 191
- indicative forms and, 9–10, 13, 66, 143, 155, 171
- preterite forms and, 38–40, 51, 213
- pronouns and, 111
- subjunctive forms and, 67–69, 78, 143, 144, 213, 276

Conjunctions, 173, 174, 290, 291
- prepositions as, 175

Conocer, use of, 7, 53, 67

D
Dar
- English equivalents of, 104
- present indicative of, 13
- present subjunctive, 69
- preterite of, 40

Demonstrative(s)
- adjectives, 126–127, 129
- neuter-, 127
- pronouns, 127

Denevi, Marco, 298

Dependent clause. *See* Subordinate clause

Desde, 318
- and present indicatives, 16

Diminutive endings. *See* Suffix(es), diminutive

Direct object
- in noun clauses, 72–73
- and personal **a**, 22
- -pronouns, 97–98, 101, 111–113, 160, 292
- in questions, 23

E
Emphasis, use of **sí** for, 200

Estar
- with adjectives, 75
- and gerund formations, 251
- indicative of, 13
- and passive voice, 237–238
- subjunctive of, 69
- uses of, 139–141, 143

Exclamation(s)
- indicative formations, 74
- **que** + noun as, 124

Expressions
- command-, 83–85
- of commentary and emotion, 75, 178
- of doubt vs. certainty, 74–75, 170, 303
- formal/informal, 6–7, 139
- of human relationship, 208
- idiomatic, 134, 140
- of influence, 73–74, 83, 170
- of respect, 78
- using **gustar**, 108–110, 154
- *See also* Affirmative statements; Negative statements

F
False cognates, 46, 134, 166, 185, 287, 315
Formalities, 6

G
Gender
- adjectives and, 130, 132, 235
- nouns and, 25, 98, 127, 132, 154, 235, 237

Gerund formation, 45–46, 97, 101, 111, 250
- and accents, 112
- use of, 251–252

Gustar, 108
- verbs similar to, 109–110, 154

H
Haber
- subjunctive of, 69, 213
- and verbs as past participles, 46, 143, 198

Hace, and time expressions, 16, 41

I
Idioms. *See* Expressions, idiomatic
Imperative verbs, 66
Imperfect formations, 40–41, 43, 191
- compared to preterites, 51–54
- *See also* Tense, past

Indicative verbs, 66, 155
- and conjunctions, 174

369

in expressions of certainty, 74–75
  past perfect, 143–144
  subjunctive and, 171–174
  See also Present indicative
Indirect object pronouns, 63, 100–101, 111–113, 160, 241
  gustar expressions and, 108
Infinitive(s)
  conditional forms of, 134
  and future tenses, 188–189
  and imperfect, 43
  and past participles, 132–133
  and prepositions, 15, 155, 265
  and present indicatives, 9–10, 13
  and present participles, 45–46
  preterites and, 39
  pronouns and, 97, 111, 112
  and subjunctive, 73–74
  uses of, 264–266
Influence, verbs of, 73–74, 170
Informal expressions, 6, 25
Interrogative words, 23–25
  See also Questions
Ir
  future tense and, 189
  imperfect form, 43
  indicative of, 13, 84
  preterite of, 40
  subjunctive of, 69, 84, 213
Irregular verbs
  conditional form of, 134, 188
  conjugation of, 13, 40, 67–69
  past participles of, 132

L
Lopez y Fuentes, Gregorio, 46

M
Manuel, Don Juan, 78
Márquez, Gabriel Garcia, 245
Mood, verbal, 66, 171, 252
  future tense and, 174
  passive voice and, 238
  See also Tense

N
Negative statements, 11, 157–158
  in commands, 83–85
  gustar in, 109
  tag positions in (yes?/no?), 22, 84, 85, 97, 101, 113
  verbs of doubt in, 74–75
Neruda, Pablo, 166

Neuter demonstratives, 127
Nosotros
  in direct commands, 83–84
  and past subjunctive, 212
Nouns
  clauses, subjunctive in, 72–73, 170, 214, 222
  and demonstrative pronouns, 127
  formation of, 208–209, 262–263
  and gender, 25, 98, 127, 132, 154, 237
  modified, 170, 329
  past participles and, 46
  See also Word order

O
Object of the preposition, 23
Object pronouns, 97–98, 100–101, 241
  double-, 111–113
  in negative sentences, 11, 97
  and prepositional pronouns, 103, 292
  and reflexive verbs, 160
  See also Direct object pronoun; Indirect object pronoun

P
Padilla, Ernesto, 17, 18
Passive voice, 237–238, 268
Past participle
  as an adjective, 46, 132–133, 314
  perfect tenses and, 143–144
Past perfect. *See* Perfect tenses
Past subjunctive
  forms of, 212–214
  uses of, 6
  See also Subjunctive formations
Perfect tenses
  conditional, 198, 276
  future, 198
  past, 143–144, 213
  present, 143
  See also Tenses
Poder, formation of, 54
Possessive adjectives, 129, 162, 328–330
  See also Adjective(s)
Predicate adjectives, 1140
  See also Adjective(s)
Prefix(es), 134, 315
Preposition(s), 102, 139, 140, 267–269, 317–320
  as conjunctions, 175
  and infinitives, 15, 265
  in questions, 23
  and word order, 22, 184
  See also Pronouns, prepositional

Present indicative, 9–10, 13, 155
  and period of time, 16, 143
  uses of, 15–16, 143
  See also Conjugation
Present participle, 45–56, 244
Present perfect. *See* Perfect tenses
Present subjunctive, 143
  See also Subjunctive formations
Preterite formation, 38–40, 213
  compared to imperfect forms, 51–54
  uses of, 40–41
  See also Tense, past
Pronoun(s)
  demonstrative, 127
  direct object, 97–98, 160
  double object, 111–113
  indirect object, 63, 100–101, 108, 160, 241
  possessive, 328–330
  prepositional, 102–103, 109
  and reflexive verbs, 159–163, 241
  relative, 290–294
  se, uses of, 240–241
  subject, 8–9, 84, 102
Punctuation, 166, 291
  See also Exclamation(s)

Q
Que
  in comparisons, 302–303, 306
  + noun, 124
  + preposition, as conjunction, 175
  as relative pronoun, 290–291
  + subjunctive, 75
Querer, formation of, 54
Questions
  affirmative, 75, 157–158
  formation of, 22, 23–25
  indirect, 25
  and intonation, 21, 23

R
Redundant construction, 100, 103
Reflexive construction
  of despedirse, 123
  reciprocal, 162
  of **sí**, 102
  verbs of, 159–163, 241
Relative pronouns, 290–294
  infinitival, 293
Reporting, verbs of, 73–74
Restrictive clause, 291
Roxlo, Conrado Nalé, 135

S

Saber, uses of, 7, 53, 69
Ser
   imperfect formation, 43
   passive voice with, 237–238
   present subjunctive, 69
   preterite of, 40
   uses of, 139–141, 330
Si clauses, 275–277
Statements
   comparative, 302–304
   and intonation, 21
   repetitive, 51
   See also Affirmative statements; Negative statements
Stem-changing verbs, 10–11, 39–40, 68–69, 213
   in direct commands, 85
   gerunds and, 251
   See also Verb forms
Subject pronouns, 8–9
   compared to prepositional pronouns, 102
   in direct commands, 84
   See also Object pronouns; Pronouns
Subjunctive formation
   in adjective clauses, 170–171
   in conditional clauses, 173–175
   definition of, 66
   in expressions of doubt, 74–75
   past, 78, 143–144, 213–214, 276
   past perfect, 144, 276
   present-, 67–69, 143
   uses of, 72–76, 110, 170–171, 222–223
Subordinate clause, 66, 110, 174–175, 275–276, 290, 293
Suffix(es)
   and adjectives, 155, 235, 262
   diminutive, 35, 217, 288
   recognizing, 78, 134, 217, 302
   See also Verb forms
Synonyms, 25, 158, 209

T

Tener
   expressions, 35–36, 265
   imperfect formation, 43, 54
   present subjunctive of, 67
   preterite of, 40, 54
Tense
   future, 18, 76, 174, 188–189, 191–192, 198, 252, 277
   passive voice and, 238
   past, 16, 38–40, 43, 46, 51–54, 66, 132–133, 144, 191–192, 212–214, 222–223, 276
   present, 15–16, 41, 45–46, 66–69, 143
   and verbal mood, 66, 252
Than, equivalents of, 306
Time indications
   and action, 51–54, 143–144, 188–189, 252
   ser and, 139–141
   uses of, 16, 18–19, 23, 267
   See also Tense
Tú, uses of, 6, 9, 83, 85

U

Usted (Ustedes)
   in commands, 83–85
   use of, 6, 8–9
   See also Subject pronouns

V

Verb forms
   and accents, 98
   gerunds, 45–56, 97, 101, 111, 250–252
   imperfect, 40–41, 43, 51–54, 191
   past participle, 46, 132–133, 143–144, 314
   past perfect indicative, 144
   past subjunctive, 6, 212–214
   present indicative, 9–10, 13, 143, 155
   present participle, 45–46
   present subjunctive, 66–69, 72–76, 143
   preterite, 38–40, 51–54, 213
   reflexive, 102, 123, 159–163, 162, 241
   stem-changing, 10–11, 39–40, 68–69, 85, 213, 251
   subordinate, 66, 110
   See also Conjugation; Tense
Vidaurre, José Milla, 323
Vosotros, 9
   in direct commands, 83, 84–85

W

Word order, 21–22, 22, 84, 97, 101, 104, 112, 127, 128–130, 160, 184, 306